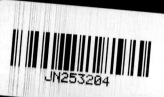

消費が社会を滅ぼす?!

幼稚化する人びとと**市民**の運命

ベンジャミン・R・バーバー
(Benjamin R. Barber)

竹井 隆人 訳

吉田書店

Consumed
: How Markets Corrupt Children,
Infantilize Adults, and Swallow Citizens Whole
By Benjamin R. Barber

Japanese translation rights arrangement with
W. W. Norton & Company, Inc.
through Japan UNI Agency, INC., Tokyo

消費が社会を滅ぼす?!
幼稚化する人びとと市民の運命

目　次

第Ⅲ部　市民の運命

本書における〔　〕は訳者による補注である。

日本語版刊行に寄せて

我らが相互依存するこの世界では、国ごとの文化によって資本主義や商業の在り様が千差万別であることが明らかにされている。固定観念《ステレオタイプ》には一定の真実も含まれていて、アメリカの企業文化は個人主義的かつ起業家的であり、フランスのそれは官僚主義的かつ国家志向的であり、イギリスのそれは（サッチャーリズム以前から）非情実的かつ貴族主義的である。しかし、日本よりもユニークな資本主義文化をもつ国家はおそらく他にないのであり、同国経済史には企業共産主義的な形態までもが登場する。

日本の資本主義化は19世紀の明治維新後から始まり、同世紀後半にそれが形づくられていき、20世紀に入ってから戦前までは“財閥”が、資本集中と同族支配による巨大企業化と、それによる競争の無効化を体現していた。第二次世界大戦後の米国による占領統治期に、旧財閥は敗北した大日本帝国の象徴として解体の憂き目に遭った。しかし、旧財閥は戦後の“系列”となってたちまち復活、継承され、その同族や銀行による提携化と役員兼任化から成る形態は、戦後西側世界では微塵も見られぬものとして貴重な役割を演じ続けてきた（そして現在も続けている）。

それでも、この資本主義的な文化や組織化に関しての日本のもつ魅惑やユニークに富む形態をもってしても、ここ数十年間で進化してきた資本主義による積極的で押し付けがましいマーケティングは、その偏在的圧力をもってこの日本文化のユニーク性を超越してしまった。すなわち強制的消費主義によって、需要が生産に対する勝利を収めてきたのである。市場資本主義が生き残る条件はグローバル化することであり、当該条件は消費者による集団性やその流通条件に重きを置き、企業組織や生産環境にはほとんど注目していないのである。

私が本書で示すようにマーケティングに国境はないし、消費者は文化的相違や自国史の特異性でもって区分されることなどなく、万国共通の市場による被創造物として登場するのである。私がかつて著作『ジハード対マックワールド』（三田出版会、1997年）で主張したのは、資本主義そのものが主権国家または国家社会の境界をもはや認めずに、グローバルな商業物質主義という斬新かつ有害な文化を打ち立てる意図をもった、積極的で唯物論的な文化に関与することであった。この目途は地元文化に打ち勝つことにあるのみならず、それは資本主義的自由にも、資本主義が育み補強することとなる政治的デモクラシーにもほとんど関心を示さぬものなのである。

それゆえに、戦後日本における消費主義の歴史を見ると、そのあらゆる文化的特殊性をもってしても、その傾向が世界の別の場所にある消費主義とさほど異なるわけでもない。日本とアメリカの資本主義の歴史にはある程度の並行性すらある。日本人の経済的思慮分別を表す象徴として、貯蓄に重点を置くことがかつては知られていたが、初めは西欧の資本主義経済でも同等に貯蓄が称揚される美徳だったのである。ジェームズ・ステュアート主演の往年の米名画『素晴らしき哉、人生！』では、小さな町における生活の特質だった、思慮分別をもってコツコツと貯蓄することが、大銀行による放漫出費との対比で描写されたのであり、それは戦前期のあらゆる保守的な日本の同族企業でも必ず賞賛されたに違いないことなのだ。節制を志向するのは当時以前からの日本の美徳であって、また西欧でもマックス・ヴェーバーが『プロテスタンティズムの倫理と資本主義の精神』で称揚したように、それは資本主義においてプロテスタントを見直すための基盤であった。第二次世界大戦前に、東洋と西欧は思慮分別と節制に対する関心を共有したのであり、贅沢や利己的態度は太平洋の両側でともに顰蹙を買ったのであり、精勤は文化的かつ経済的な美徳であった。消費財を売り付け、それを享受するのを条件とするレジャーとは、戦後初めて出来したものであろう。さらに第二次世界大戦後は西欧のみならず日本でも、資本主義的成長におけるその主要な駆動体は貯蓄から消費へと軸足が移った。〔軍縮した日本では〕軍需品に対する軍事支出、それに国産戦闘機の代替が手っ取り早く見つけられねばならかったが、消費商品はその代用を完璧に果たしたのであった。しかし、物質の豊かさという環境という価値と無縁だった大衆には、その価値を教え込まねばならず、それは広告とマーケティングの仕事であった。

日本における国家主義者や儒教家の価値は、西欧におけるプロテスタントの価値の如く、戦後における出費や消費に対して、自己犠牲、精勤、そして規律を念入りに強調し続けてきたことにある。しかし、映画館やデパートが日本でも西欧と同等に急速に普及すると、ポスト儒教家（ポスト・プロテスタント）がライフスタイルや多様性という言葉に特権を与えることで、「善良生活」の条件たる物質的な豊かさとその享受にはいよいよ熱が込められたのである。その理想たる善良生活は何処にでもある特徴となって具現化されたが、それは戦後の消費資本主義の特徴ともなり、また、とりわけ商品でなく善良生活を販売する「ライフスタイル」のマーケターたちの手中にあったのだった。

歴史的にみて人間のアイデンティティの非常に多くが、家庭や歴史、そして文化に帰属する文化的状況下では、新たな完全なる自己をデッチ上げる西欧式概念は異質に映るのかもしれない。しかしその概念は、日本人が消費者としての「固有の表現」を見出したかの如く、新たな日本式マーケティングという概念の内にその拠り所を見出した。家庭や市民に関する事項では集団主義がまだ勝利を収めていたが、消費という舞台では「新たな個人主義」が登場してきた。人びとが自分で所有する商品を購入することは理想であったが、皮肉にも等質的嗜好に同調してしまうことで、大量市場では調達できぬ異質な個人的嗜好が大量市場に求められるよりも、むしろマーケターによって同質的集団が形成されたのである。フォード主義なる大量生産は、フォード主義なる多嗜好を惹起したが、それはフォードやシボレー同様に、トヨタやスバルの嗜好も引き起こしたのだ。

1950年代後半までに、国防費を膨張させることなく平和的繁栄を享受し始めた日本の消費者は、いわゆる「3S」(新たな家庭経済の象徴)として扇風機、洗濯機、そして電気炊飯器を購買する意欲を高めた。初手に大層でない家財の必要性を強調することで、賢くもマーケターたちはより大きな消費財による経済の進展を求め、家庭経済的な「3S」から製品経済的な「3C」として自家用車、クーラー、カラーテレビによる、相対的高級品へとすぐに軸足を移した。そして、やがては、これらに「3J」として宝石、ジェット機、そして持家による贅沢市場商品が続いたのである。

日本が消費商品を海外で販売することに成功したのは、何にもましてアメリカに存在する家電製品や自動車の買い手市場のお蔭によるものであったが、それが日本の国内市場で消費必需品を押し付けていくのに打って付けの基盤をつくり上げたのである。それが仮に日本の資本主義が基礎を置く伝統的かつ文化的価値や保守的なコミュニタリアン的エートスを過小評価した見解だとしても余りあるものであった。それにもかかわらず、日本は国内消費の売上高の伸長を遅らせることとなっても、保守的価値や儒教的エートスを持続することで外国製品の輸入を妨げ続けたのである。

イオン、イトーヨーカ堂、ユニー、ダイエー、そして西友といったスーパーマーケット・チェーン店が、高島屋や伊勢丹といった巨大デパート、また、セブン&アイ・ホールディングスやＪ・フロント リテイリング［大丸と松坂屋の共同持株会社］といった持株会社と提携することで影響力を増したが、それは興隆する消費市場に経済的勢威を与えることとなった。たとえ需要が押し売り《プッシュ》型マーケティングと人工の「ニーズ」によって推進されねばならなかったとしても、後期資本主義が生産面でと同じ程度に消費需要面でも非常に左右されることが明白になれば、こうした企業は売上高と消費を伸ばすために広告とマーケティングにいよいよ力を注いだからである。日本では「真のニーズ」がそれを満足させるための真の商品をドンドン製造することに拍車をかけたと思われる古典的な資本主義的手法が横行したが、そのようなニーズはもはや明白なニーズがない商品を売るための（マーケティングを介した）「人工的なニーズ」の製造を求める手法に変換されてしまった。消費は王様であって、社会の繁栄にとっては間違いのない駆動者なのだ。

それゆえに、2007～08年の金融危機以後、日本経済が他国に比べても劇的なぐらいに急降下した際、（物価下落《デフレーション》合併型の）消費はその治療薬とみなされた。2010年までに、金融崩壊後のポスト危機に促進された消費需要は国家的景気回復のための主要な資源となった。当時（2010年）、世界銀行は日本のGDPのほぼ60%弱が消費によって生じたと報告した。また、若き消費者たちはデリバリー・サービス、携帯電話操作、オンライン・ショッピング、そしてスマートフォン統合化に焦点をあてたことで消費革命を引き起こした。ミレニアル・ジェネレーション〔2000年以後に社会進出する世代〕なる浪費家たちは若い日本人で約700万人と数えられ、彼らは伝統的かつ日本文化的な価値観から解放された可処分所得をすぐに拠出する。20代の消費者は夜に一度外出すると平均3600円を費消すると推定されている。衣類店、レストラン、娯楽店、贅沢品店はその受益者である。セブン-イレブン（イトーヨーカ堂)、ローソン（三菱)、ファミリーマート（伊藤忠)、サークルKサンクス（ユニー）とデイリー・ヤマザキ（ヤマザキ）の如きコンビニエンス・ストアも好業績を上げている。

しかし、日本のミレニアル・ジェネレーションは、世界の他の場所にいる同類世代には似ても似つかない。経済の停滞していたここ20年間、1980年代に初期の“ロスト・ジェネレーション”〔就職氷河期世代〕が生まれた。それに加わったのは今日の新たなポスト金融危機による“ロスト・ジェネレーション”であり、彼らは就職する機会を見出せぬことで無力化し、経済的かつ現実的な不安に苛まれたのである。この新たな“ロスト・ジェネレーション”には、時給の低い短期労働を繰り返し、その労働と同じぐらい格安旅行や趣味に多くの時間を費やす、いわゆる「フリーター」（フリー・アルバイターや非正規雇用者）が含まれる。“引き籠もり”（重篤な社会隠遁者）に苦しむ「草食系」と嘲られている人びとから成る二系統の「ロスト・ジェネレーション」は、苛烈な消費経済はもちろんのこと、その経済的生き残りにも資する貧困層の形成に貢献するのである。

しかしながら、だからこそ活力に乏しい消費者に動機を付与することを積極的な広告マーケティング戦略は目指したのである。米国におけるのと同じく、広告はしばしば、売り付けられるモノにまったく必然的関連が無くとも、商品を魅惑的背景や魅力的情感と結びつけようとしている。文化的背景が商品説明に置き換わる一方で、スタイルはその実体を打ち負かしている。米国や西欧で生み出されるマーケティング戦略は、日本で再現、展開され、そしてより積極的アプローチによってその成功に足りないものを補うのである。そして、経済が停滞したままで、消費者が費消する物資が制限された状況では、いくら努力しようが最も強烈なマーケティングさえもが経済的無気力を克服することなどできぬのである。

それでも、本書で示されるマーケティング哲学が、日本を分析する際に（修正された上で）適用されることには多くの点で意義があるように思う。しかし同時に、公的市民が私的消費者へと、また思慮分別ある大人が貪欲で操られ易い子供へと人工的に変換されることが、他のどの国家よりも日本のマーケティング哲学の特徴としてよく表れていることにはほとんど疑問の余地がない。拙論が完全に日本にあてはまるか否かは読者が判断することだが、経済がグローバル化し、マーケットに境界のない、この我らが相互依存する世界では、日本はますます世界と異なるというよりもむしろ世界と同一化しているように映る。文化面での自国第一主義は例外的なのであって、遺憾ではあるのだが、グローバル化するマーケティングの勢威により操られる万国共通の消費者の存在は通有的なのである。

2014年11月　ニューヨーク市にて

ベンジャミン・R・バーバー

第Ⅰ部

消費者《コンシューマー》の誕生

第１章

資本主義の勝利と幼稚エートス

結局のところ、人間の波乱に満ちた生涯の大詰めは、第二の幼児期なのである。

（シェークスピア『お気に召すまま』第２幕第７場）

私は幼児だった時分は幼児らしく話し、幼児らしく感じ、幼児らしく考えたが、大人になると幼児らしさを捨て去ってしまった。

（新約聖書、パウロ第一コリント書簡第 13 章第 11 節）

資本主義の凱歌が虚《うつ》ろに響くこの当節、我らは消費至上主義にのめり込んでしまっているが、それはシェークスピアが説いたように、人間というものが生涯に七つの段階を踏むものの、終生にわたり小児病に引きずられていく危うさを孕んでいるということなのだ。大衆文化《ポップ・カルチャー》に敏感なジャーナリストたちはいつまでも若年のままでいる新たな種族を表現しようと多くの術語を編み出してきた。すなわち、「キッザルト〔子供大人〕」、「リ・ジュブナイル〔第二期子供〕」、「ツイクスター〔青年と大人の中間〕」、「アダルトセント〔若者文化を享受する大人〕」であり[1)]、全世界でも同様に、ドイツ語では「ネストホッカー〔巣ごもり人〕」、イタリア語では「マンモーネ〔マザコン〕」、日本語では「フリーター〔非正規雇用者〕」、ヒンディー

1）『ウェブスター新英語辞典』は「アダルトセント」を 2004 年の「ワード・オブ・ザ・イヤー」とした。

語では「ジッピー族〔15～25歳のZ世代〕」、フランス語では「タンギー症候群〔引きこもり〕」、もしくは「プエリキュルチュール〔幼児文化体現者〕」と呼ばれている。こうした大衆新造語とともに認知されているのは、その強力で新たな文化的なエートス（生活態度）への帰着であり、それらは認識されるというよりも感得されるものである。それは誘発的な幼稚っぽいエートスであり、その幼稚化はグローバル市場経済の下、消費資本主義が追い求めるものと密接に関わるのである。

この幼稚エートスは、今日の急進的消費社会におけるイデオロギーや行動規範を形づくるほどの影響力をもつが、これはマックス・ヴェーバーの名付けた「プロテスタントの倫理」が、生産至上主義的《プロダクティビスト》な初期資本社会における起業文化を形成したのと同等である。民営化のイデオロギー、銘柄品《ブランド》の流通戦略、嗜好の均質化と結びつくことで、この幼稚エートスは、消費資本主義を維持するよう作用してきたのだが、同時に礼節および文明を喪失させ、資本主義自体にリスクを増幅させる代償を払うこととなった。我らはそれにある種の広がりがあることを仄《ほの》めかすためにもデモクラシー制資本主義という語句を用いるが、そこに含まれるデモクラシーと資本主義という二つの用語は現実には互いに緊張関係にある、しばしば異なるシステムをそれぞれ表象している。消費主義がこの両者をまったく別物に仕立て上げたのだ。

この事態を我らはどれほど気に掛けねばならぬものなのか。テロリズムがこの地球上にはびこり、ジハードの恐怖が、自由の侵害を引き起こす恐怖と同じくらいに一般化し、エイズや津波や戦争、そして大量虐殺《ジェノサイド》が発展途上国にも先進国にも押し寄せてデモクラシーを危地に陥れる時世では、超消費主義の危険に警鐘を鳴らしてもそれはただの戯言にしか聞こえぬかもしれないのだ。発展途上国では貧しき子供たちが不当に扱われ、飢餓に喘ぎ、売春を行い、兵士として徴用されているのに、その一方で先進国では、若者があまりに急速に消費者に成長してしまい栄華に浮かれ、あるいは大人があまりに簡単に痴愚に成り果てる様を案じることは、偏狭で、独りよがりにさえ映るだろう。

しかし、かつてジェームス・マディソンが述べた如く、自由の病理は専制政治の病理と同等に危険であり得るし、またこのことを認知したり、矯正したりするのは非常に難しいことだ。ジハード〔民族至上主義〕の勢力がマックワールド〔市場至上主義〕の成功に対して苛烈な戦闘を挑み続けており、貧困の下に生きる子供たちの困難は、栄華を極めた大人たちの幼稚化よりもはるかに難しい問題であるが、近代化はこれからも長期にわたり覆《くつがえ》ることのないように見受けられる。しかし、勝利を収めた資本主義の下での市民の運命は別の問題をもたらす。消費者の勝利は、市民の勝利とは同義でない。マックワールドが勝利し得ても、自由はまだ敗北する余地がある。資本主義にとっての悩みの種でもある、繁栄という災厄は完全に死滅はしない。それは正義に関わる法理を明瞭に犯すことがないからである。それでも、資本主義の成功は、斬新かつ危険な難題を引き起こすのだ。

資本主義自体に問題があるというわけではない。問題は市場に代わるものがあるか否かにあるのではなく、資本主義が応えようとする真のニーズに市場が合致し得るか否かに、そして資本主義の存続についてデモクラシー当局だけが認め、資本主義がそのような当局に適応し得るか否かに掛かっているのだ。

＊　　　　＊

ずっと以前、資本主義はデモクラシー、（政治的）責任、および市民権にも微量ながら貢献する長所を伴っていた。今日では消費主義がデモクラシー、（政治的）責任および市民権を徐々に蝕むことに手を貸していくために、資本主義は害悪を伴っている。よって、まさに問題はデモクラシーや資本主義のどちらもが、その依存する幼稚エートスを越えて生き永らえ得るかにある。本書では自由市場の病理を診断することで、それ相応の得心を読者に与えることだろう。明白なことは、資本主義が幼稚エートスをデモクラシー的エートスに置き替えて、それによって利益と同等に平等を、また消費と同等に多様性を促す能力を取り戻していくのか、さもなくば、幼稚化がデモクラシーだけでなく資本主義そのものを抹殺しかねないか、のどちらかである。その原因の多くは、消費主義が生き永らえる論理に内在するのであって、その創造性など微塵もない破壊性について、それが幼稚化とは関連なきものと考えてしまう我らの資質にあるのだ。

この「幼稚エートス」なる概念は、ヴェーバーの論じた「プロテスタントの倫理」の着想と同じくらい挑発的で、論争的である。幼稚化とは捉えどころがないとともに挑戦的な用語だが、それが強く暗示することは、一方で人びとの需要よりも多くの商品を生産するようなポストモダン的グローバル経済では、商品と購入層の質を劣化させることであり、他方で購入層が決して十分に存在しない市場では、子供たちを消費者として標的にすることである。かつて、フロイト心理学の中心的課題は退行の精神病理に集中していたが、幼稚化という用語はこの数年間で心配性のジャーナリストたちのお気に入りとなっており、デビット・アンセンは「大衆文化における広範な幼稚化」を懸念しており[2]、レオン・ウィーゼルティアは「ハ

2）David Ansen, "Cliffhanger Classic," *Newsweek*, June 15, 1981.

リウッドは、アメリカの幼稚化に重大な責任がある」と告発し[3)]、フィリップ・ヘンシャーは、英国の『インディペンデント』紙で「大人文化が幼稚化に向かう徴候は至る所にある」との確信を表明している[4)]。

青年文化《アダルトセント》の影響力については、リベラル、保守派ともに認めている。穏健なリベラルたるロバート・J・サミュエルソンは以下のように述べる。「我らは、人びとが年齢相応に振る舞うことをますます拒む時代に生きている。若者たち（またはその多く）はより年長になることに憧れ、一方で老人たち（またはその多く）はより若返ることに憧れる。我らはライフサイクルに見合った伝統的な階層を次第に破却し、幼児期を短縮し、また、幼児期を幾筋かの裏道を辿って再踏破するのだ。青春が思春期以前から始まる人もいれば、それが永久に続く人もいる。年齢否認は至る所にある」[5)]。このサミュエルソンの言は穏健な保守派のジョゼフ・エプスタインによって以下の如く反芻される。「第二次世界大戦直後からの市場や文化について言えば、広告が埋め尽くされることで、歳を取れば取るほど若々しくいられる可能性を広げているが、一方で若さの基準を断続的に下げることになっている」[6)]。消費者が幼稚化するとの批判を受け入れない保守派でさえ、その勢威については認めている。たとえば保守派のジョージ・F・ウィルは進歩的思想家たちを批難し、

3）以下からの引用。Maureen Dowd, "Leave It to Hollywood," *New York Times*, August 16, 1997.

4）Philip Hensher, "Harry Potter—Give Me a Break," *Independent*, January 25, 2000.

5）Robert J. Samuelson, "Adventures in Agelessness," *Newsweek*, November 3, 2003.

6）Joseph Epstein, "The Perpetual Adolescent," *Weekly Standard*, March 15, 2003.

彼らが2004年の大統領選挙戦でのブッシュ勝利に際し、「我らすべてもが市場操作の犠牲者」だと説明して「アメリカ大衆の幼稚主義」という命題を推し進めてきたのだとする7)。それからすれば少しも驚くにあたらないのは、たとえば『タイム』誌が「人びとはまさに成長を望んでいない」と述べ、『ニューヨーク・マガジン』誌が「永遠なる若人。何故に誰もがこれ以上大人になりたがらないのか」と述べるなど、有名雑誌がアメリカのピーター・パン・シンドロームについて特集記事を組んで懸念を表明していることだ8)。

その間接的な証拠は至る所にある。空港警察《エアポート・ポリス》は臨検地点で憤る乗客を宥めるために棒キャンディー《ロリポップ》を配布している9)。テレビのニュース番組部局は目をあらぬ方、つまりエンターテイメント部門の幹部の動向や、「青臭い企業家《アンファントプレナー》」についての〔ファッション誌〕『ヴァニティ・フェア』流の大衆文化的おしゃべりや、7歳児に紐状の

---

7) George F. Will, "Validation by Defeat," *Newsweek*, December 15, 2004. ウィルは本書の批判するところを確実に具象化し、以下のように述べる。「アメリカの大衆に見る幼稚化の信条は、50年間にわたる『進歩主義的』な思考面を拡大してきたものであって、それは広告が爆発的に成長して以後のものである」。

8) Lev Grossman, "They Just Won't Grow Up," *Time*, January 24, 2005. Adam Sternbergh, "Forever Youngish: Why Nobody Wants to be an Adult Anymore," *New York Magazine*, April 3, 2006, p.24. スタンバーグのエッセイはこの手法を明らかにしている。「彼は11対のスニーカーをもち、ジーンズ以外のものは履かず、〔ロック・バンド〕デス・キャブ・フォー・キューティーの最新のCDを物置に仕舞い込むことなどない。しかし、彼は子供ではない。我らがかつて知ったる大人の在り様を再定義し、ジェネレーション・ギャップを死滅させた、大人だが子供のままでいる種族なのだ」。

9) 「ペンシルベニア州のハリスバーグ国際空港警察は、棒キャンディーで乗客のご機嫌をとる。アルフレッド・テスタ・ジュニアが述べるには、『我らがまったく威圧的なわけでもないのに』、警官がやけに馬鹿丁寧で、顔に笑みさえ浮かべている」。Eugene Volokh, "The Infantilization of America," posted on February 19, 2004, on the website AFFBRAINWASH.com.

水着を着せることについて「子供がファッションに何を望むかは、少女の口から言わすべし」[10]と『ニューヨーク・タイムズ』紙が強調することに、目を向けている。高校スポーツ界のプロフェッショナル化により、10代の占めるバスケットボール・コートはNBAへ転向するための芝生と化し、バスケットボール選手の身体は屋外広告塔と化している。大人たちはまだすっかり読書を止めてしまっているわけではない場合には、『ハリー・ポッター』や『ロード・オブ・ザ・リング』といった虚構物語の読者となってこれらに飛び付いている。世界を席巻するファスト・フードのチェーン店が（とりわけ）不当に利用しているのは、席に座り落ち着いて食事することに対して子供が抱く反発心である。あるいは『ワールド・オブ・ウォークラフト』、『グランド・セフト・オート』、『ナーク』といった10代の間で流行しているゲームソフト、それにエンターテイメント市場では『ターミネーター』、『スパイダーマン』、『キャットウーマン』、『シュレック』といった漫画映画が支配している。ベビー・ファーストといった新しい“教育系”テレビチャンネルや『ベビー・アインシュタイン』のようなビデオがある。娘を羨むベビーブーム世代の女性に若さの源泉を得ることを約束する美容整形とボトックス治療がある[11]。レビトラ、シアリス、バイアグラ（2002年

10) William Norwich, “The Children's Department,” *New York Times Magazine*, July 28, 2002. この注目すべきエッセイは、アメリカの主要新聞に、「オートクチュールに包まれた赤ん坊」の副題でファッション面に掲載された。

11) 米国美容整形外科協会によれば、2002年に690万人のアメリカ人が美容整形で77億ドルを費消した。これには、170万人のボトックス治療、49.5万人のピーリング治療、12.5万人の顔のシワ取りに、8.3万人の腹のたるみ取りが含まれており、これらの患者の88%は女性である（Samuelson, “Adventures in Agelessness”）。

の売上高は10億ドル超）といった性的興奮薬は、社会保障が適用される年代でも原始的若さを手に入れるために、人並みの快感を得られぬ男性の間で爆発的に売れた。そして、未成熟な自分たちの子供が故意にダラシのない格好をするのを真似て、野球帽、ジーンズ、ヨレヨレの線なしシャツを着込むビジネスマンもいる。幼稚エートスはもはや大衆文化を凌駕して支配的なものとなっている。政治や宗教に白黒つける独善的判断が、大人にあるべき道徳上の微妙なニュアンスを含む複雑性に置き換わってしまい、一方で、永久に残る子供っぽい兆候が、喜怒哀楽を欠いた小児病や、無邪気さを欠いた怠惰に溺れる大人に付随している。それゆえに、新しい消費者が求めるのは、年齢相応の品位を欠いた格好、型破りな服装、その場限りの性交渉、規律なき仕事、自発性なき遊興、目的を欠いた衝動買い、疑いを差し挟まぬ確信、そして、責任なき人生、わずかな叡智や謙遜をも欠いた老いや死へのナルシシズム、である。我らが生きる今の時代にあって、文明とは理想や抱負ではなく、ただのテレビゲームなのである[12)]。

これらの無数の逸話はひとつの物語を仕立てているが、第二の幼年期でなく持続的な幼年期という意味で、その幼稚症にはまさに催眠療法的に信じ込ませる暗喩以上のものがある。グローバル消費主義と緊密に連関する、ある新たな文化的エートスが創り出されているのである。世界市場に向けての商品を製造かつ広告宣伝する責任者たちは、今日の市場動向や広告宣伝について実際に調査し、教え込み、実践しており、人口構成上のより若い層に売り付けることと、

12）世界で最も人気あるビデオゲームに『シビライゼーション』があり、これは紀元前4000年から紀元2050年に至るまでの、16の古典的文化を介して「世界支配」の権限をプレーヤーに与えるものである。

そしてより年配の消費者には若者の嗜好を刷り込むことの双方を目指している。

市場調査者《マーケター》や商品企画者《マーチャンダイザー》が自覚しているのは若き商品購買層を追い回すことだが、それは非常に魅力に富む市場にするために市場に収まり切らないほど彼らの多くを取り込みつつも、広告宣伝、市場調査、ブランド化を介した意図的な企業操作に対して彼らが脆弱であるように彼らの嗜好を念入りにつくり上げることなのである。同時に、この消費資本主義の権化は、世界中にゲーム、ガジェット、そして無数の消費商品といった相対的に役立たぬ代物をふんだんに売り付けるよう、大人の退行を促し、また大人になろうとする若者に子供の嗜好や習慣を再燃させることを目論むのだが、そこには資本主義そのものがもつ狂気じみた販売の命法によってつくりあげられたもののほかには明確な「需要市場《ニード・マーケット》」がないのだ。幼児発育学者のスーザン・リンは「幼児期の敵対的買収」と名付けた批判的研究を介し、大衆文化が「こうした消費にとって価値をもつ子供に対し容赦なく売り付ける商業文化によって、押さえ込まれる」一方で、企業は「ますます積極的に若き消費者に」攻勢を仕掛けている、と述べている[13]。

これは幼稚化の皮肉ともいえるが、先進世界の人びとが齢を重ねていくことで、アメリカのベビーブーム世代が老齢期に突入するに従い、青春期という定義上の適齢期を上昇させている。一方、若者は適度な稼ぎ手である以前に、非常なる浪費家への道を歩んでおり、2000年にはアメリカの12～19歳までの3100万人の子供がすでに

13) Susan Linn, *Consuming Kids: The Hostile Takeover of Childhood* (New York: New Press, 2004), p.8.

1550億ドルの消費の鍵を握っている[14]。そのちょうど4年後には、3350万人の子供が1690億ドルを費消し、子供一人につき週におよそ91ドルの行方を握っている[15]。潜在的若者市場は世界の彼方此方でより強烈な影響を与えており、総人口に対する25歳以下の占める割合が非常に大きいインドや中国のような国家の新たな繁栄は、数年後の数億に及ぶ若者市場の到来を約束している。

このことについて以前、『エコノミスト』誌は千年紀《ミレニアム》特集を組み、以下にまとめている。「かつて皆さんは、成長するにつれて子供っぽさの残るものを捨てていった。今日では、35歳のウォール街のアナリストは、キック・スケーターで仕事に飛び出し、ヘッドホンでモービーの楽曲を聞きながら、背負い鞄《バックパック》で年次報告書を運ぶのであり、彼らはひと世代前の人びとが為したことよりも、現時点の20歳の人びとのしていることと共通するところを多分にもっている」[16]。ジョン・ティアニーは、アメリカ人の結婚年齢が上昇し（1970年以後、結婚時の平均年齢は女性が25歳、男性が27歳だったのが、それが4歳も上昇している）、そしていまの30歳が新たな20歳であり、いまの40歳は新たな30歳だ、と『ニューヨーク・タイムズ』紙で述べている[17]。ハリウッドでは若いままでいたいという切望が映画

14）Ibid.

15）1690億ドルという数値は以下による。Teenage Research Unlimited, "TRU Projects Teens Will Spend $169 Billion in 2004," December 1, 2004. Retrieved March 30, 2005, at www.teenresearch.com.〔市場調査会社〕ハリス・インタラクティブ社の研究によると、8～21歳の5400万の人びとは、2110億ドルの"収入"をもって1720億ドルを費消している。また、ハリス・インタラクティブ社のほかの研究によると、大学生は「総出費力1220億ドル」とされる（http://www.harrisinteractive.com）。

16）"The Kids Are All Right," *The Economist*, December 21, 2000.

17）John Tierney, "Adultescent," *New York Times*, December 26, 2004.

と同じくらい古くからあり、それがまったく極端になるので、「40歳は新たな30歳であり、50歳は新たな40歳であるが、それのみならず、どうやらその新たな40歳と50歳は外科手術によって強化される。この頃では40代の女優が60代の男優の相手役として抜擢されても、女優が10代の少女と同じくらい皺のない顔でいるため、そのような年齢に合わせた配役の意味がなくなってしまう」[18)]。

アメリカでは25〜34歳までのそう若くもない400万人の大人が自分たちの両親といまだに一緒に暮らしており、彼らの多くは中流階層である。英国では国家統計局が同様の傾向を明らかにし、「20〜24歳の大人のうち、男性では57パーセント、女性では38パーセントが、自分たちの両親と現在も一緒に暮らしている」と答えているとしている。2005年のレポートによれば、「男性のうち5人に1人以上が20代後半まで親の家に住んでおり、女性はその倍がそうである」[19)]。これらの親と同居する人びとは、「家賃、住宅ローン、そして子供という重荷を負わなくてよいため、多くの可処分所得をもっており、だからこそ市場調査者《マーケター》は少なくとも1996年時点以後にアダルトセントの嗜好を注視しているのである」[20)]。マッカーサー財団の「大人への移行」プロジェクトがその移行の終期を34歳と見込んでいる一方で、思春期医療協会という医療者団体がそのウェブサイトに10歳から26歳までの人びとに関心があると報告し

18) Manohla Dargis, "One World for What's Happening to Actor's Faces Today: Plastics," *New York Times*, January 23, 2005.

19) "More British men holding on to parental nest," *Times of India*, February 22, 2006.

20) "The Top Trends of 2004," *New York Times*, December 23, 2004. 同一の数値は、インドでも明瞭に表れており、そこでは家庭にいる若き大人たちが莫大な可処分所得をもつため、彼らは消費主義にとっての賜物として大事にされている。

ている。

もちろん、それは幼稚化という皮肉であり、アメリカ人が実際には歳をとっていることの裏返しであり、1960年というベビーブーム世代が最高潮に達したときの人口の中央値年齢が25歳だったのが2000年には35歳にまで移動しており、2050年までには人口は10代よりも70代の方がより多くなっていることだろう[21)]。同じことは、ヨーロッパの、そして遍く先進世界の（移民を除く）すべての人にとってよく当てはまる事実である。第三世界でのみ、そして第一世界における第三世界からの移民集団でのみ、若者がその集団内での大多数を占めるのだが、彼らが消費に溺れた小児病を発症することはまずあり得ない。また、アメリカでも困窮層の3分の1以上が子供であり、彼らは発展途上国での困窮者たちと同様、消費マーケットからは、その誘惑が原因でないのならば、その帰結が原因で、相対的に貧困によって遮断されている。

ずっと以前、資本主義がより創造性に溢れ、より成功を収めていた頃、生産資本主義は実際に存在する人びとの真のニーズに見合うことで繁栄した。金を儲けることと他人を助けること（企業家としての美徳に向かう清教徒的教義）との間に相乗効果を生み出すことで、生産者たちは自分たちが雇う労働者の生活必需品をつくり、そこから利益を得て、それが生産者がリスクを負担し、労働者を搾取する要素となる一方で、双方の階級と社会を普く潤すことで、それが美徳となって循環した。しかしながら、今日の消費資本主義が利益を得るのは、重大な生活需要がすでに満たされているけれども、「新

21）"The Kids Are All Right," *The Economist*, December 21, 2000. こうした数値は米国ではどんどん古くなっていくのだろうが、それを止めるのは全面的に平均年齢を引き下げる移民だけだろう。

たな」、そして発明された必要性、マルクスのいう「想像上のニーズ」を満たす手段をもつ人に対してだけである。世界の大多数にはまだ、心理学者Ｔ・ベリー・ブラゼルトンとスタンレー・Ｉ・グリーンスパンが「子供にとって最低限必要なこと」[22]と呼んだものと相関する大量の真に自生的な必要性《ニーズ》がある。しかしながら、彼らを相手にする手段がないために、彼らは、彼らを消費者にしてくれるはずだった資本と仕事への投資からは、世界市場の不平等（"南北問題"）によって切り離されてしまう。このことは世界における第三世界にとってばかりでなく、富裕層の中で生きる貧困層という第一世界の内側で成長しつつある第三世界にとっても真実である。彼らは消費市場に参加する手段をもたずにその誘惑に晒されているのである。

消費市場を支配する子供たちと、大人文化を破壊しつつある彼らを支える嗜好文化《テイスト・カルチャー》をもって、北米や欧州から韓国や日本に至るまでの先進世界の居留民たちは世代的に年嵩であっても、振る舞いや格好、それに慣らされた気風の点で若いのである。他の発展途上世界では、人口統計上、より若い人口が伸びていても（中東の人口の半数以上が16歳以下であるとの周知の事実を想起すればよい）、子供は貧困のままに取り残され、圧倒的ニーズをもつにもかかわらず消費者であることとは無縁であり、早く成長することを強いられ、子供兵士、子供売春婦、服飾工場の子供労働者となるのであり、それによって世界市場経済に何らかの寄与はするが、そこから利益を得ることはほとんどないのである。彼らが使役され、虐待される場にお

22) Berry Brazelton and Stanley I. Greenspan, *The Irreducible Needs Of Children: What Every Child Must Have To Grow, Learn, And Flourish* (Cambridge, Mass.: Perseus, 2000).

いてさえ、彼らはまったく何の力も与えられることがない。そして、彼らは世界経済による不平等の犠牲を常に最初に払わされるのだ。彼らのニーズというものは、自分で賄うだけの可処分所得がないために、グローバル資本主義から無視される。彼らのニーズに応じることを担うはずの機関たる世界銀行（WB）や国際通貨基金（IMF）でさえ、彼らの問題を軽減する目的をもった援助や貸付に「条件」を課そうとする。「腐敗的」かつ「非効率」な第三世界の政府は、子供が飢餓や病気で死んでいくことで非難を浴びる。子供は戦争や貧困の下、また、自然災害や人為的大量虐殺における貪欲に消費者を求める資本主義の最初の犠牲者にして、最後の受益者となる。

ニーズを求める貧者には収入がなく、富者《ウエル・ヒールド》にはニーズがない、というこの新たな時代には、根本的不平等は当然視されている。たとえばアメリカとカナダが世界総人口の5パーセント強を占めるのみでありながら、世界の全個人消費支出のほぼ3分の1（31.5パーセント）を占めている。同じく西欧は世界総人口の6.4パーセントを占めるのみでありながら、世界の全個人消費支出の29パーセントを占めるのであって、以上を総計すれば、世界総人口の11.5パーセントにしか相当しない人びとが世界の全消費支出の60パーセントを占めることを意味している。一方で、サハラ以南のアフリカは世界総人口のほぼ11パーセントを占めておきながら、全消費支出の1.2パーセントを占めるに過ぎないでいる[23)]。

不平等は資本主義に矛盾を課すのであり、この矛盾によって過剰

23) 数値は以下を参照。Worldwatch Institute's fact sheet summary, *State of the World 2004* report, Table 1-1, "Consumer Spending and Population, by Region, 2000" January 7, 2004. Retrieved April 6, 2005, at http://www.worldwatch.org/.

生産制資本主義市場は成長し続けるか、息絶えるかせねばならないのである。貧困者が消費者になるほど豊かになれないのならば、現時点で世界消費の60パーセントを支配し、ニーズをほとんどもたずに莫大な可処分所得をもつ第一世界の大人たちが買い物へと誘惑されるのは当然だろう。彼らの嗜好を子供っぽく浅薄なままに維持するよう仕向ければ、怠惰に享楽を貪る若者に見合うよう設計された世界市場の商品を彼らが買うことは確実だろう。対外援助の出費額に対しての広告出費の額に目を向けると、この容赦なき不平等は際立った対照を描き出す。アメリカは、2003年におよそ160億ドルを対外援助に費やす一方、2005年の広告出費額は2760億ドルと見込まれるのであり、これは2005年に全世界で見積もられた広告出費額の半分に相当するのである[24)]。しかし、商品よりむしろニーズを捏造することが消費資本主義の主要な業務であるならば、広告と市場調査に最大限の予算を注ぎ込むことは理解はできる。

マルクス自身は1848年の著作『共産党宣言』の中で「古き需要に代わって、我らは新しき需要を見つける」として、新たな産業が時代遅れの産業を取り除くと論じた。カルヴァン・クーリッジは広告について「望ましいもののために欲求をつくり出す方法」とし、それを予見的に描写したが、1960年代にギー・ドゥボールが広告について「人間の主要なニーズを満足させるための、今や最も手っ

24）広告出費は以下を参照。Robert Coen, Universal McCann's Insider's Report on Advertising Expenditures, December 2000. 対外援助の総額は世界で米国がトップであるが、GNPにおけるパーセンテージでみると、米国の対外援助は22の西欧諸国のうち最下位にランクされており、そのGNP比の約0.14パーセントという比率は、欧州平均の0.2パーセント超を下回り、また、国連ミレニアム開発目標値たる先進国のGNPの0.7パーセントを遥かに下回る。その数値は、2005年までに僅かながら0.22パーセントまで改善した。

取り早い手法であり、それは架空のニーズを絶え間なく生むことによりその満足と見合うのだ」[25]との、より過激な主張を約40年前に先取りするものだった。一方で、「単純化できない」とされる子供たちのニーズの多くは、マーケットに合致することはまずなく、親子関係、育児、自己イメージ、学習、そして躾の仕方に掛かっているのだ[26]。その多量のニーズは資本主義が生産し販売するもの以上であるために、資本主義はケインズが述べた購買力のある種の「内需拡大《パンピング・アップ》」と呼んだものを求めている。ヴィクトリア・デ・グラツィアの説明によれば、ファイリーンズ・デパートの創始者は1935年に訪問中のパリから舞い戻り、「産業社会に直面する主な経済問題は、今の商品生産に関する明らかに無尽蔵な能力に合致して商品を分配することにある。商品の生産過剰ではなく、それを上手に分配できないことが問題だった」[27]と解説した。実業社会に身を置く人びとから言わせれば、彼らはそれほど生産し過ぎているわけではなく、消費者がほんの少量しか買わないのである。

これは、消費資本主義の内で当初から駆け巡っていた命題だった。我らの時代に至るまで、それはまるで知恵の大半をニーズの生成に費やした市場調査者《マーケター》によって拾われる主題だった。我らは、ヴァンス・パッカードによる隠れた説得者に対する警告を気に留める必要

25) Guy Debord, *The Society of the Spectacle* (1967; reprint, New York: Zone Books, 1994), p.33. ドナルド・ニコルソン・スミスによる翻訳。

26) ブラゼルトンとグリーンスパンによる7つの削減できないニーズのリストは、ある程度は間接的に経済的要因に依拠しているが（飢えている親はその子供を守り、愛する可能性はまずない）、物理的保護安全性を除けば、商品よりもむしろその関連性に基礎を置いている。以下を参照。Brazelton and Greenspan, *The Irreducible Needs of Children*.

27) Victoria de Grazia, *Irresistible Empire: America's Advance through Twentieth-Century Europe* (Cambridge, Mass.: Belknap Press, 2005), p.131.

などない。隠れた説得者とは隠れ部屋から表に出てきて、全国会議で10代の若者に対する市場調査技術を企業経営者に教え込み、参考書やビジネススクールの市場調査コースで幼児向けの市場調査技術を明瞭に口にする。そして、我らはヘルベルト・マルクーゼのいう「一次元的人間」による巧みな議論も必要としない。利口なマーケティング・コンサルタントは、単なるブランド志向のみならず一生涯にわたるブランド・アイデンティティを追求することで、人間の多元的なアイデンティティを公然と破壊している。

言い換えると、私は幼稚化の概念というものについて、その強制的に売り込みを掛ける時代の市場の行為に脚光を当てて、読み取ろうとするのではない。私は消費市場の実際の活動から、購買力を飛躍的に格上げし、ニーズを捏造し、幼稚化を促すアイデアの存在性を推論するのだ。私はそれを「幼稚化のプロセスは着実に進行しつつある」というように受身的に示唆しているつもりはない。私が論じているのは、それによって我らの主要産業機関、教育機関、そして政府機関の多くが幼稚化に意識的かつ意図的に関わっていることであり、また、そのために、一方で我ら自身は民営化やブランド化といったそれと関連して為される事項の影響を受けてしまうことである。このことを踏まえて、本書で論じたいことは、もはや需要と供給による伝統的なマーケットの力に支えられるわけではない消費資本主義のシステムを維持する方法に関することなのだ。

ここでの議論は、ジーン・デル・ヴェェッキオのような商品企画《マーチャンダイジング》の提唱者のメッセージに立脚しており、それと一貫したかたちで表現するものである。デル・ヴェェッキオが彼の顧客たちに語り掛けるのは、資本主義が追い詰められていることであり、よって「商品とサービスを求める大人の需要に終わりなきことなどないことがすでに証明され」[28]、ニーズのある困窮者たちに売ることではほぼ利益が見込めない世界市場で売っていこうとするならば、生産者たちは裕福な若者を標的として同型の世界的商品を生産するのみならず、別の市場調査者《マーケター》の言う現実的な「子供の消費者化」[29]にも着手せねばならないということである。新たな資本主義は、「その嗜好が明瞭に理解できる子供、すなわち4歳以上の」[30]子供を標的として「子供向けの商品やサービスに対する異様な興奮《キッズ・クウェイク》」を起こさせねばならない。ニューヨークで開催された「ユース・パワー 2005」(2005年2月24〜25日）という子供向けマーケティングに関する会議とカリフォルニア州ハンチントンで開催された「ユース・マーケティング・メガ・イベント」(2005年4月10〜13日）での公開討論の主題は、「子供に近づくため、如何にその心をつかむ市場にするかを詳細かつ徹底的に原因究明すること」と「若者の観測的実地見聞」であり、こうして企業が継続的に「幼児、10代、20代についての知識を新たにし、あるいは『まさに昨日まではそうだった』という危険を負わない」ようにすることを約束する。

このような会議は世界的規模で催されている。パリの「ユース・マーケット・カンファレンス」(2005年4月7〜8日：25歳前後の購買層をどう取り込み、保持するかという討議を行った)、シンガポールの「マーケティング・トウ・ユース・カンファレンス」(2005年5月18〜19日：従来のマーケティング戦略をカスタマイズし、ターゲットを絞ること)、シドニーの「ユース・マーケティング」(2005年5

28) Gene Del Vecchio, *Creating Ever-Cool: A Marketer's Guide to a Kid's Heart* (Gretna, La.: Pelican Publishing, 1997), p.19.

29) Norma Odom Pecora, *The Business of Children's Entertainment* (New York: Guilford Press, 1988), p.154.

30) Del Vecchio, *Creating Ever-Cool*, pp.19, 24.

月20日～6月2日)、上海の「ユース・マーケティング・フォーラム中国」(2005年5月2～26日：中国全土で若き消費者に近づくためのターゲット・マーケティング戦略)。これらの戦略は単なる広告の問題ではない。とはいえ、アメリカの広告産業だけで2001年に2300億ドル超を、そして子供たちを標的にしたものでは400億ドル（1968年の22億ドルから1984年の42億ドルに上昇している）もの多額を費やすことを示しているのだから、もちろん広告の問題ともいえるのだ31)。

ここ数年間で、その出費額が年に5パーセントずつ増加し、子供向け出費額も同等に増加している広告業界では、この現象は世界共通である。ヨーロッパの広告業界ではすでに出費額が年間1000億ドルに近づきつつあり、南米での出費額は年間5パーセント伸び、すでに年間160億ドル超に達している。中国では8歳から21歳までの若者市場において、その若者たちが総計で約400億ドルの年間収入を得ており、そこから稼ぐことの可能な利益も試算され始めている。今日でわずか90億ドルであるものの、それは2006年までに120億ドル、そして2011年までに180億ドルに増加すると予測されている。そして、その時点で、世界で3番目に大きな広告市場となると想定される32)。

専門家《オブザーバー》たちが現在の中国について述べることは、フランスやメキ

---

31)「センター・フォー・ア・ニュー・アメリカン・ドリーム」のウェブサイト（http://www.newdream.org/）からの数値で、これは広告会社のマッキャン・エリクソン社のレポートを引用し、その「子供向け広告とマーケティングの事実」から見積もっている。それによると、総広告出費額はバラつきがあるが、年間1740億から2640億ドルの幅の間にある。明らかなることは、それらが米国と世界中の双方で急速に上昇していることだ。

32) 世界広告数値は以下を参照。Tobi Elkin, "Just an Online Minute...Look East," *MediaPost*, December 6, 2004.

シコについて述べることとほとんど異ならない。「中国の子供、10代、ヤングアダルトたちは、文字通りの費消家として中国の消費小売市場における重要な役割を担う」。それのみならず、西欧諸国の場合と同じく、「両親の購買決定に影響を与える」点でも、成長するオンラインショッピングに対する出費においても同様である[33]。一人っ子政策により、1人の子供のニーズと欲求に集中する6人の大人（2人の両親と4人の祖父母）からなる数億もの家族をつくり出したこの国家では、市場（決して子供を甘やかすのを気にしない）を幼稚化する風潮は異常なまでに促されており、現実には中国が将来的に担う世界での役回りに対する影響は一層図りしれないものとなるだろう。

アメリカでは、ボストン大学の文化批評家ジュリエット・B・ショアー以上に、非常な明晰さをもっていま起きていることを意識する者は他にいない。彼女は以下のように述べている。「アメリカは世界中で最も消費志向の強い社会であり、そしてこの文化の建設者たちは今や、その狙いを子供たちに定めている。子供と10代の若者は、現在のアメリカの消費文化の中核にある。彼らは広告者の注意力や創造性、そして資金力を意のままに操っている。彼らの嗜好は市場動向を操作している。彼らの意見はブランド戦略を形成している」[34]。かくして、消費主義は我らに子供っぽいことを取り戻す

33）Andy Zhang, "Kids' Buying Power in China," Eguo China Retail Group, September 8, 2003. Retrieved april 6, 2005, at www.eguo.com

34）Juliet B. Schor, *Born to Buy: The Commercialized Child and the New Consumer Culture* (New York: Scribner, 2004), p.9. David L. Siegel, Gregory Livingston, Timothy J. Coffey, *The Great Tween Buying Machine: Capturing Your Share of the Multi-Billion-Dollar Tween Market* (Chicago: Dearborn Trade Publishing, 2004), and David A. Morrison, *Marketing to the Campus Crowd: Everything You Need to Know to Capture the $200 Billion*

よう駆り立てるのであり、そのバイブルが教示するのは、市場が完成していてもはやその成長は望めないと予測される下でも、大人のために現代的デジタル遊戯場を構成する電子おもちゃ、ゲーム、ガジェットから成る新世界を発足させ、またそこに入り込むことを促すことである。我らは学校というものを子供たちが玩具から卒業するのを助けるものとして用いるよりむしろ、玩具を学校に導入しているのであって、教室で広告付きのテレビ番組を流すのと同様に、エイズ（HIV）を教えるのに「娯楽的教育《エデュテインメント》」としてビデオゲームやコンピューターなどを用いるのである[35)]。ゲーム開発者たるマーク・プレンスキーはその利害関係について「商業世界は見込みをもってから発注する」と明言する。ジェン・シュリーヴはそれに以下を付け加える。「ゲームという商業世界の魔力、すなわち子供たちを英雄にしたり、ハリー・ポッターの運命を彼らの手に握らせたりするものと、伝統的な教育法がわたり合うのは容易ではないのだ」[36)]。

全米中の高校の教室は、この商業化が校内で軟派な「ニュース」を提供する「チャンネル・ワン・ネットワーク」の如き一団によって支援されており、このテレビ番組はアメリカンフットボールのスーパーボウルのようなゴールデンタイムの特別番組に匹敵する価

College Market (Chicago: Dearborn Trade Publishing, 2004).

35）以下参照。Jenn Shreve, "Let the Games Begin," subtitled "Video games, once confiscated in class, are now a key teaching tool," *Edutopia*, April 2005. シュリーヴは2004年の教育用ビデオゲームの売上を1400万ドルと見積もり、それはアメリカのビデオゲーム市場、年間73億ドルのうちの2パーセントと報告する。

36）Ibid., sidebar, "Shut It Off". シュリーヴはこの補足文にてプレンスキーを引用して、自らの考えをまとめている。

格で売られるほどの強気の広告を備えている[37]。高等教育においてかつては商業文化と対照的に振る舞った単科大学《カレッジ》や総合大学《ユニバーシティ》は、大学行政管理者《アカデミック・アドミニストレーター》が対抗する意志も独自の資金拠出も示せないような企業の研究支援者に膝を屈してしまった。ソースティン・ヴェブレンは1918年に怒りに満ちた批評を為していたが、高等教育は常に職業主義の勢威に靡《なび》く傾向にあった。これについてクラーク・カーが1960年代に述べた、マンモス大学たる「知識工場《ナレッジ・ファクトリー》」に成り果てる傾向は現代企業化の開始を合図しただけである。それについては、左派のスタンリー・アロノウィッツや右派のアラン・ブルームが騒々しく不満をぶちまけたが、私は以下に民営化《プライヴァタイゼーション》に関する私見をコメントしていこう[38]。

37）チャンネル・ワン・ネットワークは、もともと〔メディア起業家〕クリス・ホイットルによって設立されたが（スリー・エム社に買収され、2006年にはプリメディア社の所有となる）、アメリカ中で1万2000以上の高校にテレコミュニケーション設備をリースした。その代わりに、通常の授業時間の合間に学生たちに対する視聴を義務付けた、軟らかい内容のニュース（3分間のお堅い広告付きの、9分間の「教育用」の10代向けの易しいニュース）を流す権利を得る。以下を参照。http://www.channelone.com

38）Thorstein Veblen, *The Higher Learning in America* (1918; reprint, with a new introduction by Ivar Berg, New Brunswick, N.J.: Transaction Books, 1993)［T・ヴェブレン／小原敬士訳『有閑階級の理論』岩波文庫、1961年］; Clark Kerr, *The Uses of the University* (Cambridge, Mass.: Harvard University Press, 1963); Allan Bloom, *The Closing of the American Mind: How Higher Education Has Failed Democracy and Impoverished the Souls of Today's Students* (New York: Simon & Schuster, 1987); Stanley Aronowitz, *The Knowledge Factory: Dismantling the Corporate University and Creating True Higher Learning* (Boston: Beacon Press, 2000). 商品化は非常に普及するようになり、今日ではよりそのことが批判に晒されることがなくなったために、職業訓練《ジョブ・トレーニング》、国家間の市場競争といった合理化を弱めている。以下を参照。Jennifer Washburn, *University, Inc.: The Corporate Corruption of Higher Education* (New York: Basic Books, 2005). 実際に企業的大学を称

今日の腐敗は、斬新かつ、より高次元であり、学生たちを自主的学習者としてではなく、自由な消費者として、さらには教育部門サービスにおける熱心なブランド購入者として扱うことから生じている。売り手側が注目しているのは、年間2000億ドルの市場であり、それがいまだにブランドを買い続け、そして、驚異的な可処分所得と、両親や他の大人に対しての市場影響力を支配する「アメリカ青年のとりわけ魅力的な一面」から成り立つことである[39]。資金繰りが苦しい単科大学と総合大学は、州の補助金縮小により枯渇する予算の補塡のため、元手が「タダ」の「共同ブランド化」の機会（コークやペプシとのスタジアム命名権の排他的利用契約）に目を付けているのだ。

しかし、企業のマーケターは教育を商品企画化して転換させることにこだわってはおらず、さまざまな子供特有の機会を捉えては商品化計画に取り入れている。リチャード・ウッドワードはそれを「資本主義の際限なき発明の才能の証拠」[40]と表現するが、たとえば、

賛する人はまずいないが、多くの人は企業教育や、職業訓練というより高度な職業教育化の契機を歓迎する。Jeanne Meister, *Corporate Universities: Lessons in Building a World-Class Work Force* (New York: McGraw-Hill, 1998); Mark Allen, editor, *The Corporate University Handbook: Designing, Managing, and Growing a Successful Program* (New York: AMACOM, 2002); and Kevin Wheeler Eileen Clegg, *The Corporate University Workbook: Launching the 21st Century Learning Organization* (San Francisco: John Wiley & Sons, 2005).

39) Morrison, *Marketing to the Campus Crowd*, p.225. モリソンはこの数値を『アメリカン・デモクラフィック』より引用するが、2000年代初頭の大学の売上はテレコミュニケーションで90億ドル、教科書で85億ドル、旅行で50億ドル、下宿の家具で50億ドル、ペットボトルの水とソフトドリンクで44億ドル、CDで27億ドルとなっている。

40) Richard B. Woodward, "Have Yourself a Merry Little Festivus," *New York Times Book Review*, December 26, 2004, p.23. ウッドワードのエッ

今時の学生は宿題をこなすのに図書館でなくインターネットを利用するが、そこにはポップアップ広告が配備されている。また、以前は「聖なる日」であった感謝祭、クリスマス、ラマダン、ハヌカー祭、復活祭、そしてクワンザ祭といった祭日は、バレンタインデイ、ワシントン誕生日《プレジデンツ・デイ》、母の日、父の日、労働者の日、といった非宗教的な祝日と一緒くたとなって、長期にわたる販売促進期間へと転換され、それぞれの祝祭日ごとに異なったその商業的特徴を与えられるのだ。

高等教育機関やそれ以外の所でも、幼稚化を伴う商業化エートスが促し、また促されるのは、民営化という政治的イデオロギーであり、それは（かつての高等教育での主要目的だった）批判的思考や公的市民権のような大人の公共財について、自己の私的選択やナルシシスト的個人的利得を支持することによって非正当化していく。そうして、大学マーケットの専門家は、まず第一に学生を「その研究者としての峻厳さと不確かな将来のストレスとを相殺することで自己満足する、貪欲な消費者」[41]とみなすのだ。そのエートスが触媒作用を及ぼすのは新規のアイデンティティ政治に対してであり、そこでは人種、宗教、そして任意の市民的かつ政治的アイデンティティに沿って帰属するアイデンティティよりも、消費者側のブランド化によって我らが何者かが定まるようになるのだ。熟慮と共通認識は政治的論議においてはほぼ消滅してしまい、縮小するラジオのトーク番組は発信者が駄々っ子のように振る舞うのを促し、ケーブルテレビの絶叫するショーはニュース番組のフリをするが、厳密に

セイに言及する著作は以下。Maud Lavin, *The Business of Holidays* (New York: Monacelli Press, 2004).

41）Morrison, *Marketing to the Campus Crowd*, p.225.

はエンターテイメントであり、ますます多くの人びとが信頼やモラルを共有するよりも、むしろドグマと絶対的思考に根ざす単純勁烈で宗教的なイデオロギーを抱いている[42)]。

保守的批評家ジョゼフ・エプスタインによると、ますます多くの大人が「心中にあるハイスクールに閉じ込められてしまい、乾燥シリアルを食べて、膨大な量のテレビを見て、性的アピールに勤《いそ》しみ」、そして一般的に、「厄介事が付きものの人生の及ぼす実際のプレッシャーとは無縁に、永久の青春、解放、無責任」[43)]を楽しむのだ。左派のジュリエット・ショアはこれに同意し、「我らは、消費するよう訓練することよりも、子供たちが如何にして社会的、知的、そして精神的に成長するかを教え込むことの優先度を劣後させる国家にしてしまった」[44)]と述べている。また、ノーマ・ペコラは以下のように論じる。「子供の消費者化とともにもたらされるのは、大人をイデオロギー的に形づくることだ。子供の内面に付け込むような近時のコマーシャルにあるように、我らが皆、大人に『ライオン・キング』たることを求めよなどということでなく、人生が決まった方向に流されるものと思うように仕向けられていることを申し

42) フロイトは以下の著作で、「非常に高貴な父親の肖像」を宗教と結びつけ、「すべての事項は間違いなく幼児期のもので、現実とは異質で、大多数が人生の見方を超越し得ることはないのだ」とする。Sigmund Freud, *Civilization and Its Discontents.* この見方は以下のフロイトの著作に発展的に示されている。Sigmund Freud, *The Future of an Illusion.* フロイトによる宗教の道具主義化はそれ自体で単純な形であり、私はこれを受動的かつ幼稚化の傾向をもつ「通常の宗教」よりもむしろ唯一原理主義的なものと他で論じてきた。

43) Epstein, “The Perpetual Adolescent”

44) Schor, *Born to Buy,* p.13.

たいのだ」[45]。それは、人生が如何に幼稚エートスの条件付けによって流されることになるのかを我らが予想できることでもあるのだ。

青春期を称揚することは、単なるライフスタイルの選択に留まらず、それ以上の意味合いをもつ。専門家には生物科学を変革しようとする者もいる。アンチ・エイジング医学会は、老化が「自然で回避不能」[46]であることを否定することで、永久的青春を保つための外科手術や薬効、あるいは不滅的生命を保つ人体冷凍保存といった不自然で邪悪なものに対し称賛を送る態度の元凶ともなっている[47]。消費者が老けているのか若いのかには関係なく、青春期とは金の掛かるものなのだ。

勃興しつつある全面的商業世界では、パーキングメーターにも広告があり、公共建築物にも広告があり、いわゆる非営利の公共的なテレビや、また、至る所を飛び交う気球や飛行機（あるいはその煙）の象形そのものに広告があり、かつては公的人物名と関連したスポーツ・スタジアムといった公共建築物に対する命名機会があり、そして（昔は軍用化されていた）宇宙空間にも広告の可能性があり、もはや商業化されないものなど他にあるのだろうか？　しかし、いまや差し掛かっている最後の未開分野は宇宙空間ではなく、人体以外にはあり得ない。実際に奴隷制度を経由したことで人体の販売はほぼ目に付かない（マルクスとフーコーによる）強制交換の比喩とな

45）Pecora, *The Business of Children's Entertainment*, p.154.

46）Samuelson, "Adventures in Agelessness."

47）ミシガン州クリントン郡区《タウンシップ》にあるクライオニクス研究所は、「延命に関するサービスと情報を提供する。法定死後可能な限り早期に、会員患者は身体を腐敗させないように安置、冷却され、冷凍状態で永遠に保存される。未来の医療技術で可能ならば、会員患者は治癒され、再生されるのであり、青年期の健康体での人生を延長されて目覚めることになる」（以下のウェブサイトからの引用。http://www.cryonics.org）

ったのであり、今日ではそれが常態化し、アイデンティティが商業に従属することを甚だ大目に見る典型ともなり、ヒトゲノムの構成要素の販売にもつながっている。今やゲノムのおよそ20パーセントが私的な商業的利用の特別許可を得て、その傾向は加速している。極限へと向かう世界的競争における他の多くの要素と同様、私化《プライヴェティゼーション》を駆動させるのはグローバリズムであって、遺伝子の特許を求めることは研究をグローバル化することにも資するのだ。「我ら（アメリカ人）」がそれを為さないならば、韓国人やフランス人や中国人がそれを為すことだろう。そして、彼らの「ニーズ」とともにあらゆる消費可能品がこの消費全盛の後期資本主義に資すよう世界中の市場で出回るために、生物工学、クローン技術、その他の先進的遺伝子研究成果は企業の手に渡るに違いないのだ。

同様に、グローバリゼーションは別の重要な方法により、若者に対する売り付けを鼓舞する。グローバル・マーケットは、相対的に若者の一般的嗜好によって規定されることとなる。大人文化は多様性と特異性に富むが、若者文化は非常に共通性がある。チップ・ウォーカーはそれを的確に説明し、「文化が異なるにもかかわらず、世界中の中流階級の青年たちはまるで並行世界にいるかのように同一の生活を送っている。朝起床して、リーバイスとナイキに身を包むと、帽子、リュックサック、ソニーのポータブルＣＤプレーヤーをつかんで、学校に向かう」[48]としている。こうした少年にはフランスの“市民”、イボ部族民、イラクのスンニ派教徒、ブラジルの

48) Clip Walker, “Can TV Save the Planet?” *American Demographics*, May 1996. 以下よりの引用。Naomi Klein, *No Logo: Taking Aim at the Brand Bullies* (New York: Picador, 2000), p.19.［ナオミ・クライン／松島聖子訳『ブランドなんか、いらない――搾取で巨大化する大企業の非情』はまの出版、2001年］

愛国者が同時に含まれるのであり、子供は子供である限り子供なのだ。これらの国家と種族と宗教とが子供たちと同様に、グローバル市場に対する嗜好と青年志向のブランドに対する欲求に従属するように見えるのならば、資本主義は多元性によって妨げられることはない。異文化のひしめく世界の中で、“グローバル”な消費経済は均一商品を売り付けるその能力に依拠しているのだ。ナオミ・クラインは、この問題を以下のように正確に表現している。「複数の境界を飛び越えて、均一製品を売り付ける最高の方法は、何だろうか？　広告主たちは、すぐさま全世界へと訴え掛けるため、どのような声音を使わなければならないのだろうか？　一貫して国内にいたままの一つの企業がどのようにして文化的異質性を呑み込んでいくことができるのだろうか？」[49)]。事業戦略指導家たるジェームズ・U・マクニールは、その賛同者たちが「子供向けのすべてのマーケターにとってのバイブル」[50)]と呼ぶものを著したが、そこには説得力ある以下の答えが述べられている。

> 大まかではあるが、地政区分上の文化がある以前に、子供たちによる文化が存在するように思えるのであり、この子供たちはまず間違いなく先進世界にいる。彼らは遊興好きで、間食好きで、そして先進世界以外の子供たちが大人の担う多くの役割を引き受けることとは対照的に、子供でいることが好きなのだ。その結果、彼らは非常に同一のものを欲し、また、そのニーズ

49）Klein, *No Logo*, p.115.

50）フォックス・チルドレンズ・ネットワークの副社長、ヘレン・ベームによる推薦広告からの引用であり、以下のマクニールの著作の裏表紙に記されている。James U. McNeal, *Kids as Consumers: A Handbook of Marketing to Children* (New York: Simon & Schuster, 1992).

を文化と超越する傾向をもつ類似品へと常に変換していくのである。したがって、世界中の子供たちに照準を合わせた多国籍的なマーケティング戦略が活かされるように思えるのだ[51)]。

マクニールの論理の出発点は、クラインによる現代消費資本主義の精神に変転する論理にあるのと同時に、ウィリアム・グレイダーのいう生産過剰によるグローバル・マーケットにある[52)]。それによればこの進展する不平等と少なくとも可処分所得のある人びとの中では、減退する消費需要の時代においては、また同じ商品を希望するのでも（少しでも何かを希望すれば）購入手段をもつ顧客があまりに多様であるグローバル経済の下では、あまりにも多くの商品があまりにも少ない消費者を追い回しているのだ。至極簡単に言えば、あまりにも多くの必需品とあまりにも少ない買い物客とがせめぎ合うこの世界では「子供が消費者として貴重な存在となる」[53)]のである。

子供にマーケットを開放し、この惑星のマーケットを死守せよ。それは、マーケティング主唱者たるアルンダティ・パーマーによって取り入れられた率直な戦略であり、彼は「グローバルな若者の集合態」を「アメリカのマーケターにとっての主要目標」たり得る「同質的集団」として魅惑に満ちたものとして述べている[54)]。またその恩恵にあずかれば、子供たちの成長がすなわち、顧客の伸張に

51）McNeal, *Kids as Consumers*, p.250.

52）William Greider, *One World Ready or Not: The Manic Logic of Global Capitalism* (New York: Simon & Schuster, 1997), p.250.

53）Pecora, *The Business of Children's Entertainment*, p.7.

54）Arundhati Parmar, "Global Youth United: Homogeneous Group Prime Target for U.S. Marketers," *Marketing News*, October 28, 2002.

なるのだ。ダビット・ジョナス博士とドリス・クラインが35年以上も前に述べているが、「他者のニーズなど考慮せずに、子供は欲するときに欲するものを望むのであり、そして幼稚化した大人《マン・チャイルド》はこのパターンからはみ出ることはない」[55]のである。

時計が止まり、年老いた大人たちが、ジョナスとクラインの著書のタイトル『幼稚化した大人《マン・チャイルド》』さながらに、生涯にわたり若い消費者のままでいることで、幼児や思春期前の「トゥイーン」たちは「大人」の消費者に変貌しても、これまで通りより若い年齢層として「配列」される。このようにして、この後期大量消費時代に相当する資本主義は、その来るべき運命との邂逅を延期してしまい、少なくともあと一世代か二世代は生き永らえることとなる。経済的に肝心なところは、人びとが気に掛けるべき他の価値は押し除けられるようにしてでも、その有効性を保っているのだ。我らはコミュニティに資する選択を必ずしも為さないが、それを個人に資す選択ならば為す種を蒔《ま》いているのだ。もはや市民としての我らに属する公共財が、その勘定の一部にも入っていない個人志向の消費文化に我らは陥っている。資本主義の運命と市民の運命とは、もはや融合することがないのだ。

デモクラシー社会に直面するトラブルとは、その唯一の合法的管理人たる、信頼に値する成長した市民が奪われることのみならず、同時に幼稚化倫理が幼児期を歪めるということにあり、我らに子供たちをその道具として扱うことを促すのであるが、これは大資本主

55) David Jonas and Doris Klein. *Man-Child: A Study of the Infantilization of Man* (New York: McGraw, 1970).［ジョナス＆クライン／竹内靖雄訳『幼稚化の時代』竹内書店、1972年］。1970年でさえ著者たちが信じているのは、「我らは近時の幼稚化につき、その急激な進展を見るように思う」（同書343頁）ことである。

義からサービスをあまり受ける存在とならないということではなくて、大資本主義の使用人として扱われることである。J・M・バリーによるファンタジー、ピーター・パンにはこのことが手際よく反映される。バリーにとっての夢とは子供たちのために、大人の負担、つまり仕事、家族、借金、そして政治的かつ道徳的な責任を免れられるよう、決して彼らを成長させないことにあった。ピーターは「僕は成長したくない」と、ネバーランドへ逃げ込み、「僕は大人になりたくない。男の子のまま、ずっと楽しんでいたい」と宣言するのだ。

現代の広告宣伝者もまた、ピーターが成長することを望まないが、それは無邪気さを保持させてやりたいからでも、商業界からその身を匿《かくま》ってあげたいからでもない。それは彼を忠実なる消費者に仕立てるためであり、彼が母親や家族から離れていくことを利用するためであり、その青春期にはまるで費用がなくても味わえた享楽を今度は“買う”ことを促すためである。飛べ、ピーター・パンよ、ネバーランドへ、というその場所は、少年時にずっと望み、大きくなってから現金で買わなければならぬすべてのものが揃っている場所であり、それを得たいと待ち侘びた場所でもある。そこに行かなければ、それらは贖《あがな》うほかに手に入れることができず、またそれを贖うことは家庭と無邪気さを売り払った代償であり、またマイケル・ジャクソンのブランドで装われたネバーランドの模造物がそれにあたるのだろう。この場合、両親は後に残して、それでいて“自分”の財布と性倒錯癖はしっかりと身につけていくのだ。

ジーン・デル・ヴェッキオが巧みに表現したが、「常にクール（格好良さ）をつくる」という功績をもつ幼稚エートスの維持を図る専門家たちにとっては、ピーター・パンの魂に掛けて戦うことは、大きな「戦い」に係わることを意味し、それは「クールの征服」[56)]のための闘争でもある。それはまるでピーターパンのフック船長との戦いであり、その「最も激しい」戦いは「子供たちがいよいよ影響力とともにいよいよ選好性をもち、競争が過熱する」闘技場《アリーナ》で行われる。この戦いは「最も子供のことを、つまり彼らの感情的なニーズ、ファンタジー、夢、欲求を理解する企業の手に勝利が収められる。このような知識は、子供の心を摑むマーケターの兵器のうちで最も強力な武器なのだ」[57)]。ピーター・パンよ、退場せよ。バリーやルイス・キャロルといった情感的な作家たちよ、退場せよ。彼らは文学をもって若者の想像力をあらゆる面において掻き立てている。代わりに子供たちを市場の思いのままにし、彼らの想像力を捕捉することを狙っている人びとは入場せよ。〔歌手〕マイケル・ジャクソン、〔アニメ映画〕『シュレック』、〔ゲーム・ソフト〕『スーパー・マリオ・ブラザーズ』、〔映画監督〕スティーブン・スピルバーグ、〔歌手〕ブリトニー・スピアーズ、〔ゲーム・ソフト〕『グランド・セフト・オート』、〔バスケットボール選手〕コビー・ブライアント、〔ショー番組〕『アメリカン・アイドル』、それに〔エンターティメント施設〕ディズニー・ワールドも入場せよ。こうして幼児消費主義はクールな消費として完璧に盛装するのだ。マイク・デイ

---

56) トマス・フランクがその手法を鮮やかに描き出しているが、そこではヒッピーたちが紛れもなき「クールの征服」という反抗と革新の論理を先導するのを、広告と男性アパレル業界とが助けたのである。Thomas Frank, *The Conquest of Cool: Business Culture, Counterculture, and the Rise of Hip Consumerism* (Chicago: University of Chicago Press, 1997).

57) Del Vecchio, *Creating Ever-Cool*, p.24. “クール”は若いマーケターの語彙のうちで、最も説得力ある用語で、「熱い《ホット》」や「短気」や「情熱的」といった競争相手よりもよりクールなのであり、同語は、大人たちが成り得ず、為し得ないと10代たちが思うことを捉える意味をも結合している。

ヴィスがかつて「監獄都市」[58]の中の「全展望監視型《パノプティコン》モール」と呼んだ獄にピーター・パンはつながれ、そしてウェンディはネットでホーム・ショッピングを眺めているのだ。

この戦いは、マーケティングやマーケットに限られてはいない。デル・ヴェッキオの言葉は単にマーケティングのエートスを明らかにするのみならず、論議を、論争を、そして単純さを招く政治的言語を明らかにし、民営化、ナルシシズム、そして利益に主眼を置いたイデオロギー的言語を明らかにし、深刻な問題に対していよいよ浅薄な解決を提供する遠隔的商品と解され得る遠隔信仰的で商業復興的な言語を明らかにする。このすべては、貧しき者が必要とするものの支払えないものを売るわけにいかず、その一方で富める者には必要としないものを必死に売ろうとする、減退気味のグローバル消費経済の利益になるように配備されるのである。この道具主義的形態による幼稚化が合図するのは、幼児期を太古より受け継がれてきた貴重な財産と考え、また、自律や自己防衛をいまだ成し得ない子供達について、彼らの幸福と安寧が公共財としての究極的目標と考える、西洋文明的合意（以前の文化で必ずしも共有されていたわけではない）を放棄することである。このように、我らのデモクラシーは少しずつ崩壊し、公共財と公共市民から成る我らの共和的領域は徐々に民営化され、そして、同様にデモクラシーと共和制に類似した社会を供する方向に一旦向かっていた資本主義的経済は屈折していき、いまにもそこから飛び出そうなのだ。

かつて哲学者ソクラテスが古代アテネの無道な統治者に対して言

58) Mike Davis, "Fortress Los Angeles" in Micheal Sorkin ed., *Variations on a Theme Park: The New American City and the End of Public Space* (New York: Hill and Wang, 1992), pp.169, 176.

い放ち、かつ説いたのは、正義を貫徹させたいなら、王を哲学者にするか、もしくは哲学者を王にするほかない、ということだった。もし、マーケティングを専門とする今日の学者に独自の崇高なる見識がないならば、似たようなことを言うほかないだろう。すなわち、消費資本主義にとっては子供を消費者にするか、もしくは消費者を子供にすることだ、と。それは子供を浪費家に仕立てて、その「権限を増強」することであり、そして大人を押し黙らせて、その市民としての権限を弱体化させることなのだ。マクニールがこれに関し指摘するのは、「子供たちはいまや将来有望なマーケットそのものであり、それは子供たちがマーケットの適齢期に到達した時、より早く消費者へと変貌し得るよう、せっせと耕されている」[59]ことを我らが理解するのを求められていることだ。

ファッション業界において売り手が標的とするのは、たとえば「40歳にも見まがうほど飾りたてられた」幼稚園児であるのと同時に、「自分を15歳に見せようとするその母」であることで、これは、「子供服のアイデア・メーカーたちがようやく納得した」ことなのだ。服飾工科大学附属美術館の責任者ヴァレリー・スティールに言わせると、「オーバーオールに身を包んで大人っぽく見える8歳の女の子が、同時にプッシュアップ・ブラを欠かさずに身につけていることに気づくはず」[60]なのだ。よって、そこには青春期を取り戻

59) McNeal, *Kids as Consumers*, p.249.

60) Ginia Bellafante, "Dressing Up: The Power of Adult Clothes in a Youth-Obsessed Culture," *New York Times*, March 28, 2004. ベラファンテは以下の通り指摘する。「1960年代の反抗文化的運動から、1990年代の普段の仕事場にいる大衆の包含に至るまで、ある世代のアメリカ人たちは、まるで大人に徴集されたかのようにオシャレに対する嗜好を持続的に示した。事実、1950年代後半以後のことではなく、大人たちの確立した見た目は、自らが投影した少年少女と著しく相違している」

したい老いた大人に対し、そして、若さにとって一昔前の世代のスタイルを纏うことが真のクールであると思っている若者や10代に対し、ノスタルジア的な服飾、映画、その他の商品を押し付ける成長著しき「レトロ」な市場がある。実際にレトロ市場は、年齢を重ねても若く、そして若いままでいようとすることに手を貸すのだ。

過去数年にわたるグーグル検索結果は、成功した大衆文化が如何に急落するかを示唆している。人びとの研究心というものが、何を知ろうとしているのかをグーグルによる同社公表数値によって確認すると、2001年から2005年（後掲の表を参照）までのグーグルの通常検索数のランク付けによれば、〔司会者〕エミネム、〔歌手〕ブリトニー・スピアーズ、〔モデル〕パメラ・アンダーソン、〔映画〕『ハリー・ポッター』、〔歌手〕ジャネット・ジャクソン、それに〔モデル〕パリス・ヒルトンが注目される。一連の結果（全90項目のうち）のトップ10を見ると、ほぼ10代の有名人、大衆文化、スポーツ関連の項目で占められており、それらを除くとわずか4つだけがより広き世界の話題（ノストラダムス、ハリケーン・カトリーナ、津波、そしてイラク）である。

映画の中では、幼稚化の影響がより強まってさえいる（けれども最終章にて後述するように、精査すると変革の素地はあるものの、その反動さえも見られる）。映画チケットの売上げが（過去数年にわたり）落ち込むなか、ハリウッドは13歳から30歳までに拡張した「10代市場」を狙い目とする超大作映画によって、さらなる支配力を強めている。ピーター・ビスカインドは1970年代（ルイス・メナンドによって解釈された時点）のハリウッド史についての見解を示し、「1967年頃にアメリカの映画製作が過熱し、発展したが、それからスピルバーグとルーカスがやって来ると、その14歳向けジャンクフード並の作品で生じた現金の洪水でもってその熱は鎮められ

グーグル 2001-2005　検索トップ 10

年	性別	1	2	3	4
2001	男性	ノストラダムス	オサマ・ビン・ラディン	エミネム〔司会者〕	マイケル・ジャクソン〔歌手〕
	女性	ブリトニー・スピアーズ〔歌手〕	パメラ・デニス・アンダーソン〔モデル〕	ジェニファー・ロペス〔歌手・女優〕	マドンナ〔歌手〕
2002	男性	エミネム〔司会者〕	ブラッド・ピット〔男優〕	ネリー〔ラッパー〕	2パック〔ラッパー〕
	女性	ジェニファー・ロペス〔歌手・女優〕	ブリトニー・スピアーズ〔歌手〕	シャキーラ〔歌手〕	ハル・ベリー〔女優〕
2003	全体	ブリトニー・スピアーズ〔歌手〕	ハリー・ポッター	マトリックス	シャキーラ〔歌手〕
2004	男性	オーランド・ブルーム〔男優〕	エミネム〔司会者〕	アッシャー〔歌手〕	ジョニー・デップ〔男優〕
	女性	ブリトニー・スピアーズ〔歌手〕	パリス・ヒルトン〔モデル〕	クリスティーナ・アギレラ〔シンガーソングライター〕	パメラ・デニス・アンダーソン〔女優〕
	全体	ブリトニー・スピアーズ〔歌手〕	パリス・ヒルトン〔モデル〕	クリスティーナ・アギレラ〔シンガーソングライター〕	パメラ・デニス・アンダーソン〔女優〕
2005	全体	ジャネット・ジャクソン〔歌手〕	ハリケーン・カトリーナ	津波	Xbox360〔ゲーム機〕

5	6	7	8	9	10
ハワード・スターン〔DJ〕	ジョージ・ハリスン〔歌手〕	ジョシュ・ハートネット〔俳優〕	デイル・アーンハート〔レーシングドライバー〕	ボブ・マーリー〔レゲエ歌手〕	マイケル・ジョーダン〔バスケットボール選手〕
アリーヤ〔歌手、女優〕	カイリー・ミノーグ〔歌手〕	シャキーラ〔歌手〕	アンナ・クルニコワ〔テニス選手〕	アンドレア・トンプソン〔女優〕	マライア・キャリー〔歌手〕
ヴィン・ディーゼル〔男優〕	ジョシュ・ハートネット〔俳優〕	ベン・アフラック〔男優〕	ディビッド・ベッカム〔サッカー選手〕	ロナルド〔サッカー選手〕	ジャ・ルール〔ラッパー〕
ジェニファー・ラブ・ヒューイット〔女優〕	ハイディ・クルム〔モデル・女優〕	パメラ・デニス・アンダーソン〔女優〕	サラ・ミシェル・ゲラー〔女優〕	カルメン・エレクトラ〔モデル・女優〕	アンナ・クルニコワ〔テニス選手〕
ディビッド・ベッカム〔サッカー選手〕	50セント〔司会者〕	イラク	ロード・オブ・ザ・リング〔映画〕	コービー・ブライアント〔バスケットボール選手〕	ツール・ド・フランス〔自転車レース〕
ブラッド・ピット〔男優〕	ディビッド・ベッカム〔サッカー選手〕	50セント〔司会者〕	ボブ・マーリー〔レゲエ歌手〕	ジャスティン・ティンバーレイク〔シンガーソングライター〕	マイケル・ジャクソン〔歌手〕
カルメン・エレクトラ〔モデル・女優〕	ジェニファー・ロペス〔歌手・女優〕	アンジェリーナ・ジョリー〔女優〕	アヴリル・ラヴィーン〔シンガーソングライター〕	ビヨンセ〔シンガーソングライター〕	ヒラリー・ダフ〔女優〕
チャット	ゲーム	カルメン・エレクトラ〔モデル・女優〕	オーランド・ブルーム〔男優〕	ハリー・ポッター	mp3〔音声ファイル〕
ブラッド・ピット〔男優〕	マイケル・ジャクソン〔歌手〕	アメリカン・アイドル	ブリトニー・スピアーズ〔歌手〕	アンジェリーナ・ジョリー〔女優〕	ハリー・ポッター

た」[61] と述べた。単年で見ると、チケット売上げでは2004年の最高ヒット映画トップ5のうち、その4つまでが子供を標的にしたもので、第1位『シュレック2』、第2位『スパイダーマン2』、第4位『ハリー・ポッターとアズカバンの囚人』、第5位『Mr. インクレディブル』であった。以下のリストが示すように、莫大な興行収入を上げる映画トップ20のうち、少なくともその半数は若者市場に向けられたものである。メル・ギブソン監督の『パッション』とマイケル・ムーア監督の『華氏911』は、双方とも宗教的右派と非宗教的左派による社会規範と戦う大人向け映画としての特例的な二作品であったが、あとはすべて漫画市場（トップ12のうちの4つ）、冒険活劇の若者市場、あるいは女子市場の範疇に属している。（第一位と第二位を含む）三つの映画作品は第一作目でのヒット作の続編である。また、ほとんどは『スター・ウォーズ』、『ハリー・ポッター』、『マトリックス』のような「イベント」映画のカテゴリーに属し、主に青少年向けに売ることが考慮され、世界最大数の観衆に届くよう意図されている。

2004年　映画興行収入ランキング[62]

1位　シュレック2（米：ドリームワークス）　4億4100万ドル

61）ルイス・メナンドは以下の著作にてピーター・ビスカインドの見方を描写している。Louis Menand, “Gross Pints: Is the blockbuster the end of cinema?” *New Yorker*, February 7, 2005, p.83. モーリン・ダウドはいまだに鈍感で、「スピルバーグ、ルーカス、『原始家族フリントストーン』、ゆかいなブレディ一家、ケヴィン・コスナーのおとぎ話《フェアリー・テイル》、スタローンやシュワルツネッガー、13歳未満注意、17歳未満禁止、その他なんでも」を、彼女は「観衆を子供のように扱う」と以下で主張する。Dowd, “Leave It to Hollywood”.

62）以下の報告書を参照。Sharon Waxman, “Big Films,” *New York Times*,

2位　スパイダーマン2（米：ソニー）　3億7400万ドル
3位　パッション（米：ニューマーケット）　3億7000万ドル
4位　ハリー・ポッターとアズカバンの囚人（米：ワーナー）
2億5000万ドル
5位　Mr.インクレディブル（米：ディズニーピクサー）
2億3700万ドル
6位　デイ・アフター・トゥモロー（米：フォックス）
1億8700万ドル
7位　ボーン・スプレマシー（米：ユニバーサル）
1億7600万ドル
8位　シャーク・テイル（米：ドリームワークス）
1億5900万ドル
9位　アイ、ロボット（米：フォックス）　1億4500万ドル
10位　トロイ（米：ワーナー）　1億3300万ドル
11位　ナショナル・トレジャー（米：ディズニー）
1億3300万ドル
12位　ポーラー・エクスプレス（米：ワーナー）
1億2400万ドル
13位　50回目のファースト・キス（米：ソニー）
1億2100万ドル
14位　ヴァン・ヘルシング（米：ユニバーサル）
1億2100万ドル
15位　華氏911（米：ライオンズゲート）　1億1900万ドル

December 20, 2004, p.E1. エクスヒビター・リレーションズ社の数値で〔映画興行成績の集積、分析ウェブ〕、ボックス・オフィス・モジョ（2004年12月19日）による。

16位　ドッジボール（米：フォックス）　1億1400万ドル
17位　ヴィレッジ（米：ブエナビスタ）　1億1400万ドル
18位　THE JUON 呪怨（米：ソニー）　1億1100万ドル
19位　コラテラル（米：ドリームワークス）　1億1010万ドル
20位　プリティ・プリンセス2（米：ディズニー）　9500万ドル

2004年は例外的ではなく、2001年から2005年までの興行収入上位の映画を比較すると、同じ傾向が見て取れる[63]。

2001年

ハリー・ポッター　3億4950万ドル
ロード・オブ・ザ・リング／旅の仲間　3億4490万ドル
シュレック　2億9460万ドル
モンスター　2億8160万ドル
ラッシュアワー2　2億4890万ドル
ハムナプトラ2／黄金のピラミッド（原題：The Mummy Returns）　2億2220万ドル
パールハーバー　2億1840万ドル
オーシャンズ11　2億180万ドル

2002年

スパイダーマン　4億3850万ドル
ロード・オブ・ザ・リング／二つの塔　3億6800万ドル

63) 数値は〔視聴率調査会社〕ニールセン・エンターテインメント社によるもので、以下を引用。Lorne Manley, "Doing the Hollywood Math: What Slump?" *New York Times*, December 11, 2005.

スター・ウォーズ エピソード2／クローンの攻撃	3億2730万ドル
ハリー・ポッターと秘密の部屋	2億8380万ドル
マイ・ビッグ・ファット・ウェディング	2億6160万ドル
サイン	2億4700万ドル
オースティン・パワーズ ゴールドメンバー	2億3090万ドル
メン・イン・ブラックⅡ	2億740万ドル

2003年

ロード・オブ・ザ・リング／王の帰還	3億9940万ドル
ファインディング・ニモ	3億5990万ドル
パイレーツ・オブ・カリビアン／呪われた海賊たち	3億2350万ドル
マトリックス・リローデッド	2億9820万ドル
ブルース・オールマイティ	2億5700万ドル
X-メン2	2億2770万ドル

2004年

シュレック2	4億5040万ドル
スパイダーマン2	3億8530万ドル
パッション	3億8210万ドル
ミート・ザ・ペアレンツ2	2億8800万ドル
Mr.インクレディブル	2億6980万ドル
ハリー・ポッターとアズカバンの囚人	2億5730万ドル

2005年

スター・ウォーズ エピソード3／シスの復讐	3億8030万ドル

宇宙戦争	2億3430万ドル
ハリー・ポッターと炎のゴブレット	2億2930万ドル
ウェディング・クラッシャーズ	2億910万ドル
チャーリーとチョコレート工場	2億640万ドル
バットマン ビギンズ	2億530万ドル

世界中の映画配給会社がアメリカ映画を追随する。2003年にアルゼンチン、ドイツ、メキシコ、スイス、そしてイギリスでの興行成績トップの映画は、幼児向けアニメーションの『ファインディング・ニモ』だった。それに続くのは『マトリックス・リローデッド』、『パイレーツ・オブ・カリビアン』、『ブルース・オールマイティ』といったチビっ子向け超大作や、若年市場に属する映画であり、これらは世界中のあらゆるマーケットで勝利を収めた。

続編も増殖した。我らは子供のように、以前にもまして、「今一度私に同じ物語を話してくれないか。それもいますぐに」と、映画や劇場に頼み込んでいるのだ。このことは安定したマーケティングに貢献するものの、驚きも困惑も望まず、大胆さに欠ける幼児の嗜好を満たしている。2005年冬、ブロードウェーは巧みにハリウッドのマーケティング戦略を踏襲することを学び、『シカゴ』、『籠の中の道化たち《ラ・カージュ・オ・フォール》』、『スイート・チャリティ』、『屋根の上のバイオリン弾き』といった定番ミュージカルを再上演するだけでなく、かつての如く積極的にリスクを取りにいき、タブーにさえ挑戦する代わりに、親しみやすさと過去の成功例に胡座をかいた無難な演劇を公演しているのだ（新たにタブーを破るリスクを取りにいかないのならば、かつてはタブーを破っていたとのノスタルジアにせいぜい浸っているがよい！）。こうしたタブーを破ってきた作品には以下が含まれる。『欲望という名の電車』（1947）、『摩天楼を夢みて』（1984）、

『黄昏』(1979)、『マグノリアの花たち』(1987)、『ガラスの動物園』(1944)、『ヴァージニア・ウルフなんかこわくない』(1962)、『ハリーバリー』(1984)。これらはアメリカの古典的ドラマとして不朽的影響を残すことに資したのだろうが、このことがかえって高揚感を与えはするものの、実のところ、商業化された劇場部門における全体的な臆病さをもたらし、リスクに挑むのが常の劇場という領域でさえ安全の内にこもることを招くのである[64]。

映画は、まさに演劇にとってだけでなく、経済全体にとっても指標となる。ジャーナリストであり批評家でもあるリン・ヒルシュベルクによれば、「他国がグローバリズムを解釈するに、それを映画を通じて自らの国家精神と状況を明らかにする機会と捉える間にも、アメリカは考えられる限りの世界最大数の観衆を引きつけることに、より関心をもっている。2004年のカンヌ国際映画祭では、戦争で破壊されたクロアチアが、監督エミール・クストリッツァの目を通して明らかにされたし、フランスのエリートは『みんな誰かの愛しい人《ルック・アット・ミー》』で赤裸々な告白を行い、セネガルでの女性の割礼の恐怖が『母たちの村《モーラーデ》』で表現された」。その間、ハリウッドが世界に配給したのは、それはもう魅力的なシュレックという緑色の想像上の生きものであり、その後、『シュレック2』としてカムバックし観客動員記録を塗り替えた[65]。

---

64) ロバート・ウィルソン、ピーター・ブルック、サイモン・マクバーニー、ジョシュ・フォックスといった脚本家兼監督兼デザイナーの演劇にはまだ冒険の余地が残されているのであって、彼らの演劇も決まった手法ではないのである（以下を参照）。Benjamin R. Barber, "The Price of Irony," *Salmagundi*, Fall 2005.

65) Lynn Hirschberg, "Us & Them: What Is an American Movie Now?" *New York Times*, November 14, 2004. 匿名でハリウッドの幹部がヒルシュベルクに以下のように語った。「我らの映画は我らの文化をもはや反映していな

映画の退行、そして映画製作における超大作志向は、不合理性のあるハリウッドが辿る道筋の中途にある偶然の特徴でなく、金儲けのために、自社製品を世界中で売らなければならないと思うスタジオ経営陣と映画製作者による意図的な決定である。1946年に遡ると、（当時のアメリカの人口1億6000万人のうちの）1億人のアメリカ人が毎週映画館に通っていたのが、今日では映画館に出向くのは週に2500万人だけである。アメリカの映画館の数は、何十年にわたり縮減の一途を辿ってきた。映画の国内市場がテレビ、レンタル・ビデオとビデオ・オンデマンドに移ったので、専ら外国の映画館市場が重要になった。1993年ごろ、外国の興行収益はハリウッド映画のお陰で米国内での興行収益を追い越し、今日では60パーセント以上の興行収益が海外市場から挙がっている。

このように、ハリウッドは輸出し得る超大作を必要としており、その主要な標的は「満足を先送りされた未成熟な人びと、つまりは子供」[66]であった。ハリウッドが同じ映画を3ないし4回、いやそ

い。それは大雑把で、歪められており、誇張表現されている。そして私はアメリカがこの誇張されたイメージに向かって成育していると思っている」。マイケル・ムーア監督による映画『華氏911』がカンヌ国際映画祭で最優秀に輝いたことは興味深いことであり、同映画は主に政治的動因によって製作されているが、アメリカの独立系プロデューサーたちが真面目な映画を製作しようとする動機もまたあったのだろう。

66）Menand, "Gross Points," p.85. メナンドが映画『ターミネーター』の第一作で注記しているのは、アーノルド・シュワルツネッガーが17もの姿に変身（変形）したことである。これはあまり驚くべきことでないとメナンドは述べるが、この世界的なヒット作品では以下の姿が披瀝された。「魔法使い；無口で優美な女性；無口で何でもプロ並みに操縦し、難破船も巧みに、何処の頂上からでも難なく跳躍できる男性；漫画本のキャラクター；6年生の世界史の教科書；『ブルフィンチによる神話』；爆発物；科学では不可解な現象；姿勢の良いコンピューターの達人；ブランド名をもったソフトドリンク；ランニング・シューズ；棒キャンディー（その販売利益は劇場歳入の

れ以上見る顧客にさらに依存するため、上述した「繰り返して物語を話して聞かせて」という子供は、さらには再び幼児に戻った大人という新しき階層も加えると、理想の顧客である。ほぼ同じことがラテンアメリカ系の市場を標的とするメキシコ製の連続ホームドラマにも言える。インドの成功している映画市場「ボリウッド」はそのミュージカルの輸出先となる市場（インドの冒険活劇のタフ・ガイな俳優サルマン・カーンは共演した数人のボリウッド主演女優とともにアメリカに招待された）を探しているし、あるいは、マドリードにある新たなミュージカルへの欲求は、グローバルなそれを志向する。それらのすべてが示すのは、ハリウッドとニューヨークにおける流行《トレンド》がそのグローバルな意味での対応物であることだ。14～30歳までの市場が支配している。ヒットしているテレビ・ショー番組『アメリカン・アイドル』が今やヒット・ショーの『インディアン・アイドル』の対応物であるといっても誰も驚かない。

幼稚化はハリウッドによる適応化戦略である。それは万国共通の子供の特性を計算に入れて、新たな超大作映画を仕掛けることであり、たとえば、漫画雑誌活劇、ブランド化されたキャラクター、無数の続編、プロダクト・プレイスメント〔映画等の劇中で商品宣伝する手法〕、そしてファスト・フードなどのグローバル企業による商業的タイアップによるもので、それは最小限のアイデアで、さらに最小限の打ち合わせでできるものだ。一方で、おそらく驚くべきことは、とにもかくにも真面目な映画が製作されていることであり、2005年に上映された映画には、大人向けの内容の政治関連の『ブロークバック・マウンテン』、『カポーティ』、『ナイロビの蜂』、『シ

35パーセントにおよび、劇場はそれを維持した！）；純粋な悪の権化；さらなる爆発；ロビン・ウィリアムズの声」。

リアナ』、『グッドナイト＆グッドラック』の如き映画が、アカデミー賞を席捲していることだ（第8章参照）。

＊　　　　　　＊

このように、世界中でマーケターが為しているのは、明らさまに大人を幼稚化できない場合には、子供たちが自己の幼稚じみた趣向を手控えることのないよう気を配り、そのまま彼らに大人の消費者としての権限を付与するという、気を遣う作業に打ち込むことである。この要求に応えるには、単に新たな広告と商品企画《マーチャンダイジング》戦略を形づくることに留まらず、幼稚化に向かうために好ましいエートスを維持するのを手助けする文化的、教育的、そして市民的な機構の再構築を必要とするのであり、それは世界中に均一な必需品を売ることの条件でもある。保守家たちにとっては（たとえばチャールズ・マレーがその好例）、その顧客に内在する子供っぽい依存心をつくる福祉国家主義を笑いものにすることが、かつてはむしろ一般的だった。歴史的に見れば全体主義的国家は、被支配者たちをすべて同列に扱い、幼稚化する、自惚《うぬぼ》れた権威者として振る舞うものと考えられた。伝統的に批評家たちは以下の通り論じた。「慈善家とリベラルたちは、どうすることもできない子供の欲求を満たす親の役割を果たす役目を負う傾向がある。その際に、彼らはその享受者たちを幼稚化するよう育むのだ」[67)]。このことはダビット・ジョナスとド

67）Jonas and Klein, *Man-Child*, p.117. ジョナスとクラインが幼稚化について、知性と市民化に有益な退行的合理性をもつとした、ネオ・フロイト的分析を著作に追加した。私が本書で論じる幼稚化に向かう傾向の多くを、彼らは35年前に見ていて、「我らが近年（特に我らが過ごした時間）に幼稚化の過程での推進力の増強が見られるようだ」と述べているが、その多くは彼らが幼稚化を親和的に、あるいは肯定的にさえ見ているからであろう。おそらくこのことは、私が以後で主唱する幼児期における、弁証法的な受け取り方を部分的には物語るのである。

リス・クラインが『幼稚化した大人《マン・チャイルド》』で示したことで、「すべてのサービスが社会化する世界的傾向があり、それは人間が政府に母の役割を負わせせようとするさらなる徴候でもある」[68]と不満を表明したのである。

しかし、家族主義的な国家がトップダウン式の幼稚化を形成するものとすれば、今日のマーケットはボトムアップ式の幼稚化を形成しつつある。このボトム・アップはより見えにくくなっていて、なぜならばおそらく下方から立ち上がってもそれは多元的で競争的なマーケットの外側にあって、そのマーケットは厄介な方法で消費者に内在する子供っぽい依存性を刺激するよう強制するからである。いまや市民権に関するデモクラシー・モデルでさえも、親＝子のパラダイムの下位に置かれる。近時に、言語学者のジョージ・レイコフはアカデミックという保護区域から彷徨い出てしまって、共和党のリーダーの内に「厳格な父親」の、そして民主党のリーダーの内に「慈悲ある親」(「人の気持ちがわかる母」の政治的に適切なバージョン) のモデルを認めるとして、政治的パラダイムを矮小化し、かつ貶めさえして〔その捉え方に喜ぶ〕民主党を欺いたのだ[69]。このパラダイムは、市民を政府の施すサービスの消費者、つまり親による世話を追い求める子供として扱うのである。

子供をもつことや、子供と交流することを避ける大人でさえも、子供じみた欲求をもつと活き活きしているように思える。市場で活発な幼稚エートスの逆説的事例とは、大人が「自分のまま」でいら

68) Ibid., p.340.

69) George Lakoff, *Don't Think of an Elephant!: Know Your Values and Frame the Debate* (White River Junction, Vt.: Chelsea Green Publishing, 2004).

れるように、そして、そのために自由でいられるように大人の舞台から子供を閉め出して、「子供のいない」環境で活動することである。しかし、いったい何から自由になるというのだろうか？　「チビっ子からの解放」を熱心な擁護団体は言い立てる。チビっ子からの解放が実際には、子供たちに対して通常抱く関心や責任を奪い去り、自分が子供のように振る舞うよう仕向けているように思える。子供をもたないこと（あるいは、子供のようでいること？）は子供から脱却し、子供不在を熱狂的に言い立てる「幾分かは利口な段階」などではなく、むしろ「合理的な人生の選択」[70] なのだ。このような人たち、たとえば有権者の10パーセントは子供がいないが、明らかに、その一部のみが子供反対に熱狂する少数派に属し、彼らは「最小育児指数の近隣地区《ミニマム・ブリーダー・クオシエント・ネイバーフッド》」の聖域を探し、子供たちを「じゃりん子《アンクルバイター》」や「ベビーちゃん」として、また、カップルたちを忙しなく「産卵」する「ヤッピーを畜産するカスども」と見ているのだ。

これは愚劣なことだが、問題はほんの少しの「子供返り」する少数者から派生する。しかし、それはわかりやすい皮肉を明らかにし、より大きな社会的傾向に光を当てるのだ。なぜならこうした人びとが子供の世界から捜しだす自立とは、自己に取りついている貪欲さに応じて大人の責任から自身を解放するために、どこまでもナルシシスト的に自己を探索することがとりわけ強調されるからである[71]。

---

70) このことは以下の引用。Lisa Belkin, "Your Kids Are Their Problem," *New York Times Magazine*, June 23, 2000. また、以下を参照。Elinor Burkett, *The Baby Boon: How Family-Friendly America Cheats the Childless* (New York: Free Press, 2000).

71) たとえば、この「大人」の集団（校長を叱りつける中学内の派閥のようにも聞こえる）に分類する自己肖像化の極端な例については以下を参照。Lisa

「自分は孫への相続遺産をいま使っているのだ！」と誇示する流行のバンパーステッカーが剝がれかけていながら、赤道地帯《サンベルト》をうろついているガソリン食らいのレクリエーション車を見掛けることだろうが、その車を所有している人たちは都合よく自分のことを「スキーヤー（子供への相続遺産をいま費消する者）」と呼ぶ。また、アメリカで幅広い人気を誇る『デスパレート《お盛ん》な妻たち』のようなテレビ・ドラマではナルシシスト的な子供による痛烈なあてこすりを見出すのがそれほど困難でない。10代の映画でしばしば嘲笑されるのは、親や先生、そしてヤング・アダルト料金で入場し、子供を罵る他の「大人」の権威者たちなのであり、彼らは幼稚主義を規定するナルシシズム的階層区分においては、追い出された方が都合が良い存在なのだ[72)]。

この論理が、あらゆる意味で幼児にはもちろんのこと、胎児にさえももち込まれるのであり、その生存がいったん確認され、人間であると判断されたならば、潜在的な買い物客として同様に扱われ得るのだ。デル・ヴェッキオは4歳をその分岐点とするが、言語能力の習得前の子供が妥当な目安だとみている者もいる。今や、明確に生後6カ月から2歳までを狙う「ベビー・ファーストＴＶ」という“24／7”〔1日24時間・週7日の略で無休の意〕のケーブルテレビ・チャンネルがある。子供向けマーケットには、幼児向け番組の「バーニー・ベビーズ」と「テレタビーズ」があるように、幼児向けの十分な営業余地がある。ノーマ・ペコラ（他の多くの学者と異

Belkin, “Your Kids Are Their Problem.”

72) ダン・クックが観て取ったのは、「20世紀には難なく、“子供たち”の文化が“消費者”の文化から実質的に切り離されるようになった」ことである。Dan Cook, “Lunchbox Hegemony? Kids and the Marketplace, Then and Now,” August 20, 2001, www.lipmagazine.org.

なり、彼女は批評家である）の述べるところによると、「この21世紀に突入するに連れて、子供たちは言語を学ぶ以前に、よき品々に囲まれたロナルド・マクドナルドを連想し得る、よく躾けられた消費者になっている」[73]。実際に、ニュー・アメリカンドリーム・センターによれば、「生後6カ月ぐらいの赤ちゃんが会社のロゴとマスコットについて心象を形成することができるのであり」、それが意味するのは「ブランド志向は、2歳という早い時期に確立させることができる」ことだ。これに続けて「学校に行く頃になると、ほとんどの子供は何百ものブランド・ロゴを認識することができる」[74]と述べた。子供向けマーケターのジェームズ・マクニールはその中間をとって、理想的な「年端のいかない顧客」を「デパートから出て、かわいい小さな鼻と、買物袋で手がふさがった、自信に満ちた9歳として、また、市場で対処することができる、途方もない浪費家として確認できる」[75]と述べた。子供向けの広告支出が1990年の1億ドル未満から2000年には20億ドル以上に増えていても何ら不思議はない。結局、「子供は、全消費者のうちで最も単純なのであって彼らはほんの少ししかものをもたず、それでいて多くのものを望む。したがって、彼らは完全に摑まされる立場にいるのだ」[76]。

73）Pecora, *The Business of Children's Entertainment*, p.20.

74）以下を引用。Media Awareness Network, "How Marketers Target Kids," January 24, 2005, www.media-awareness.ca.

75）McNeal, *Kids as Consumers*, p.18.

76）Ibid., p.20. 2001年に子供たちを対象とした世界的市場調査（"Marketing to Children: A World Survey, 2001" by Euromonitor International）が実施されたが、その結果は驚くべきことでもなく「広告が日常生活に広がり、新たな領域へと伸張を続けている」ことだった。広告者たちは子供たちが消費性向を形成するようマーケティングを為し、人びとか子供に対して費消する金額を増大させることで利益を得た。それで2000年には世界中で4050億ド

ピーター・ゾロは子供向けマーケットの研究者の一人であり、その研究を飯の種にしているが、彼は今日の10代に対して「ブランドに取りつかれ、ラベルに突き動かされ、モールに集まり、浪費を為し、衝動買いをする客」とする嘲笑と軽侮のこもった固定概念を述べている。しかし、ウィンクと笑みを交え、「しばしばこの固定観念にはいくつかの真実が含まれている」とすぐに付け加えてもいる。結局、彼は真剣な顔に戻ってこう締めくくる。「10代の出費は上昇しているが、10代で大人の担うべき出費、たとえば家賃、光熱費、それに食費や雑費といった支払いに支障が生じるとして、支出を躊躇する者などまずいない。10代の収入のかなりの部分は、ほとんどが排他的で自由裁量的である。彼らは使命をもつ消費者であって、自分を喜ばせられる何物をも費消したいのだ。これは如何に確固たる目標であることだろうか」[77]。

しかしながら、その対象の子供たちから“大当たり《ヒット》”を勝ち取るには十分過ぎるほどのマーケティングが必要である。その標的が保護環境から切り離されることが求められるのであり、つまり、捕食性のあるマーケターと商業的利用から、一義的に保護する家庭と習慣を根こそぎ取り上げることが求められるのである。ピーター・パンによってそそのかされたウェンディと彼女の兄弟たちは、彼ら全員が育つのをずっと見届けようとする抑圧的な大人から逃れるために、（文字通り）家から飛び立った。広告宣伝者は彼らを家からおびき出し、その無邪気さが特に商業ブランドに対して無防備ならし

ルを計上した。Worldwatch Institute, *Vital Signs 2003* (New York: W. W. Norton, 2003).

77) Peter Zollo, *Wise Up to Teens: Insights into Marketing and Advertising to Teenagers* (Ithaca, N.Y.: New York 1999).

める大人の大量消費世界に連れ出すのだ。ここにいう解放が意味することは、大人が自由に出入りできる空間と同様に、子供向けブティックとディズニーとワーナー・ブラザーズといった店舗を確立することである。つまり、モールでの店舗配置だが、若者が彼らの両親とは別に買い物できるよう、10代や若者向けの店舗が異なる階（または別棟）にあるよう調整することである。

初期全体主義社会の子供たちは、「信頼に値せず」、かつ「愛国心なき」両親の下からの自由の名において、家庭的忠誠を取り除かれ、政党への奉仕を強いられて、「党への忠誠を尽くさぬならば両親の下に戻れ！」と怒鳴られたのだ。今日では、取るに足らない経済的理由のため、子供たちの「番人」が再び立ち塞がるが、その場所は子供たちを「自主的」な消費者にする必要があるという「権限付与」の大義名分を外す可能性がある。

繰り返しになるが、これらは市場に織り込まれるべき資本主義のもつ古き左派の文化的批評から得られた哲学的抽象概念ではない。それは、市場の売主が認め、誇示さえするものであって、彼らが実際に為すことなのだ。子供向けマーケターの口癖は「子供の権限拡大」[78)]である。若者向けマーケティング会議はこの術語を支持する[79)]。実際には無責任と衝動のみを可能にすることで、マーケターはチビっ子に偽物の「自律」の旗をもたせるのであり、若者が商業的な捕食者の誘惑に対してより脆弱になることを正当化するために

78) Dan S. Acuff, *What Kids Buy and Why: The Psychology of Marketing to Kids* (New York: Free Press, 1997), p.17.

79) あるマーケティング集団が、15～24歳の若者を市場対象とした会議「ユース・パワー 2005」と、2～12歳の子供を市場対象とした会議「キッズ・パワー 2006」を開催し、後者についてはフロリダ州ブエナ・ヴィスタ湖のディズニー・ヨット・アンド・ビーチ・クラブで開かれた。

解放と権限拡大という言辞を用いるのだ。類似した修辞的表現では、最近倒産した10代向けカタログ社（ブルー・スフィア社）が、服、電子機器、スポーツアイテム、そして雑誌様式のバイブルを含む10代による必需品購入を急き立てることに関連づけて、「地位向上《ベターメント》」というレトリックを編み出した。

この個人としての向上、私的自由、そして個々人の権限拡大に焦点を当てると、それらはとても成功したテレビ・ショー番組『アメリカン・アイドル』によって見事に利用され、10代のマーケティングと民営化との双方間の強力な提携を促進したが、同ショーは約3000万人の若い視聴者の支持をもって〔出場者の誰がアイドルに相応しいか〕競争し、優劣を投票させることで番組に引きつけるのだ。その視聴を促すが如きニュース報道では、『ニューヨーク・タイムズ』紙リポーターのアレッサンドラ・スタンリーが「親子が一緒に見る『アメリカン・アイドル』は、人びとを陶然とさせつつ、結果の見えない選択であるものの、その権限という安心感を与える」[80]と述べる。もちろん結果の見えない選択は、権限を与えないことの同義語であるが、新しいマーケティングにおいてはそれにもかかわらず、消費者のゲームとデモクラシーの権利拡大の統合が至る所で受け入れられている（第4章を参照）。

ビジネス専門用語では、この選択の個別化は、「家族のニーズや需要から、個人的消費へと一般的消費パターンの面で変換するのに一致するよう」[81]に描写される「市場分割」なのである。家族のコミュニティに埋め込められる子供は、貧しい買い物客、権限を与え

80）Alessandra Stanly, "American Idol' Dresses Up for Its Big Season Finale," *New York Times*, May 24, 2006.

81）Pecora, *The Business of Children's Entertainment*, p.20.

られない消費者にされてしまい、お母さん、お父さんという「番人」に平身低頭することが強要される。しかし、マーケティングを通して4歳の「個人」になるよう解放された子供は、その従属する両親から分配される収入に対しての「影響保持者」となって利発な消費者と化すのだ。ここにいう子供は技術的意味で自主的なのであり、それは子供の買い物をする領分に関しては、子供自身に任せられ、親から指導を受けることはないからだ。しかし、実は、その自立性は、外側からの操作には脆弱で、無防備で、そして影響されやすいままにされている。

ある種の想像だが、「ベビー・ファーストTV」の如きテレビ放送局や『ベビー・アインシュタイン』といったテレビ番組の製作者のように、まさしくその若者を捕食し、『子供が何を買い、なぜ買うのか《ホワット・キッズ・バイ・アンド・ホワイ》』のようなタイトルで本を書く人間は、アカデミックな専門家的立場を誇示するのではないか。その著者たるダン・エーカフのもつ博士号などは、アカデミックな使命以外のあらゆるものを正当化することを助け、その著作に覆いを被せているのだ。多くのマーケティング企業は、そのマーケティング調査が純粋科学の様相を帯びるよう、そのスタッフには社会学者、人類学者、そして心理学者を揃えていることを謳う。彼らがダン・エーカフのようにペチャクチャとしゃべる内容とは「肝心なのは（自分たちが如何に）何を売ることに関心があるかということのみならず、子供にとって良くない如何なる決定的なことが示されても動じないことである」[82]。子供たちに権

82）Acuff, *What Kids Buy and Why*. 資本主義の消費者調査にほとんど目新しいものはなく、若者に対するマーケティングには歴史がある（たとえば以下を参照）。E. E. Grumbine, *Reaching Juvenile Markets* (New York: McGraw-Hill, 1938). このことはペコラの以下の著作に巧く著述されている。Pecora, *The Business of Children's Entertainment*.

限を与え、解放することがどうして悪いこととなり得るのか？「ベビー・ファーストTV」は、その番組に対する免疫をもつように、批評家による「番組に賛意を示す小児科医、心理学者、そして教育者が満載の」ガイドブックを刊行したが、そのガイドブック自体に、テレビが「想像力やイメージの世界の扉を開けることで赤ちゃんの知見を教え導く」[83]ことができると述べているのだ。

子供の権限拡大は合理的目的であるとしたら、幼児の権限拡大はそうでないわけがあるだろうか？　それどころか、より幼い子供たちはより家族に埋め込まれ、その出費については年長の子供たちに比べより自主性を奪われており、その衝動性と子供としての資質によって、まだ成人してなくても反体制派や不平分子となる予備軍であり、すでに子供じみたことを取り除き始めていそうな10代よりも、消費主義からみれば格好の標的となっているのではないか。幼児たちの瑞々しい思考はまだできあがっておらず、その嗜好は操作されやすく、その欲することはより簡単にもて遊ばれる。それに「権限を与える」ことは（そして、それによって両親、先生、牧師の権限を弱めることは)、より簡便にコトを成し遂げることができる（正当化するのがより困難な場合)。近時のカイザー家族財団の調査によれば４～６歳の全児童の半数にテレビゲームの経験があることが明らかにされており、一方、『ニューヨーク・タイムズ』紙は３歳未満の幼児の14パーセントがテレビゲームをしていると報じた。他方で子供たちの旺盛な想像力を掻き立てる古き時代の玩具は、コンピューター、電子ゲーム、携帯電話、そしてアイポッドに取って代わられている[84]。

83）以下の著作のガイドブックにあるコメントを引用。Dave Itzkoff, "TV Moves a Step Closer to the Womb," *New York Times*, May 21, 2006.

84）"New Study Finds Children Age Zero to Six Spend as Much Time with

驚くことでもないが、この傾向は『ダメなものは、タメになる《エブリシング・バッド・イズ・グッド・フォー・ユー》』を提起したスティーブン・ジョンソンの如き自由市場やテレビゲームの狂信者によって理屈付けされているが、彼によって挙げられる経験的証明は僅かなものでしかない（そのほとんどがテレビゲームに限定されている）[85)]。

それどころか、ワールド・ワイド・ウェブ（W.W.W.）はまさしく世界中の若者を標的とし、4歳児でも未就学児童向けのゲームやチャットのサイトに簡単にアクセスできるように設計されている。子供向けの信頼できるサイトが幾つかはある。あるいは、親を安心させる兆候をもつ教育関連のサイトもある。ロードランナー社は、2000年初頭にホームページ「子供用品《キッズ・スタッフ》」に、「語彙《ボキャブラリー》の構築」といった連載記事、あるいは「〔学習サイト〕ブレイン・ポップ」といった実話的コラムを盛り込み、また、『シャーロットのおくりもの』や『グレート・テリブル・ビューティ』といった古典童話についてはビデオだけでなく著作や音声テープにもリンクを貼っていた。しかし、より年少の子供たちは広告を、読み聞かせ《ストリーテリング》と区別できないし、そして事実をファンタジーから見分けることができない。そして、連邦政府が幼児たちに対する世帯調査《ポーリング》等をした上で仮想環境《サンドボックス》（2000

TV, Computers and Video Games as Playing Outside," Kaizer Family Foundation, October 28, 2003. カイザー財団のレポートは以下にある。Michel Marriot, "Weaned on Video Games," *New York Times*, October 28, 2004. Benedict Carey, "Babes in a Grown-up Toyland," *New York Times*, November 28, 2004.

85) Steven Johnson, *Everything Bad is Good for You: How Today's Popular Culture is Actually Making Us Smarter* (New York: Riverhead Books, 2005).［スティーブン・ジョンソン／乙部一郎、山形浩生、守岡桜訳『ダメなものは、タメになる――テレビやゲームは頭を良くしている』翔泳社、2006年］。私がジョンソンを直接に扱うのは本書第7章。

年春実施）に最終的に規制線を引くまでは、ウェブサイトはしばしば、その幼児の家族の出費習慣、そして自分の買い物の好み（それこそ権限拡大である！）について、ログオン条件の選択肢として3歳児ないしは4歳児といった若きチビっ子に対し尋ねたのである。ウェブに関しての子供に対する政府による保護がなされるヨーロッパや、またそれが当たり前の他の地域と異なり、アメリカ市場のイデオロギーは自己検閲等の市場原理を好むのであり、わずか数人が初期に虐待と考えたものなどにはまるで対処しないのである。

自由や判断（実際上の選択もしくは自己決定力による二つの重要な要素）をもつにはあまりにも幼な過ぎる子供に売り付けることを合理化する「自律性」と「権限拡大」といった規範的語句を誤用することは、利己的で明らかに不道徳な目的を合理化するために、企業という捕食者に対して利他的倫理を提供し、消費市場のイデオロギーを補強するという幼稚エートスには特有の事項である。ダン・エーカフ（前述のマーケティング専門のお目出度い博士戦士）でさえも、権限拡大が問題として強制化されつつあると感じている。彼は、それが子供のためには「まさに権限を与えることと権限を与えないこと」を口にすることがそれほど簡単ではないと認めている。しかしながら、彼は重要な問題を提起しつつも、それが当たり前の問題だとして手早くそれを回避してしまうのである。すなわち、権限拡大は「積極的な発展」を成育させるものすべてであって、「権限を与えないこと」は「白黒つかない」[86]ことでも心に留めておく「消極的な発展」のすべてであるとするのだ。本来的意味での権限拡大とは常に人間をして、その人間本来の目的そのものとみなすものであって、そしてまたそれは教育の範疇で定められるのであって、広告

86）Acuff, *What Kids Buy and Why*, pp.18-19.

で定められるわけではない。それは操作に対しての抵抗力の増強度によって測定されるものであって、その抵抗力の脆弱度によって測定されるものではない。それゆえに、幼稚化とは権限拡大の反意語なのである。

＊　　　　＊

幼稚化について語る際、私が思うのは以下の二つの関係、すなわち一つは病理学上、感情の発達を捉える段階としての、古典的発達心理学上で理解される幼稚症と、いま一つは病理学上、消費市場の発展が退行する段階としての、文化的心理学上で理解される幼稚症の二つの幼稚症の関係であり、この両者はともに、フロイトがいつか世に出ることを期待した研究「文化的コミュニティの病理学」と述べていたことでもある[87]。

後期消費資本主義の文化的病理は、生産と消費、仕事と余暇、そして投資と出費の双方間で資本主義がとりもってきた伝統的均衡を破ったことの代償なのであり、これは消費主義を優先させることに貢献する。古典的フロイト派および新フロイト派の文献に記述される如く、幼児的振る舞いは退行的過程の帰結であって、その過程ではまだ問題の多い自我《エゴ》が戦うことのできない、脅威的な大人のジレンマから自己を防御するのである。ウェンディがまっとうに成長する健全な若者の一人であることを自覚し、「ほかの女の子よりも一日でも早く、自由意志を生育」していくならば、ピーター・パンのもつ魅力的なナルシシズムは退行を誘惑する側面をもつことが際立つのだ[88]。

87）Freud, *Civilization and its Discontents,* p.91. フロイトはその探求に乗り出すことは決してなかった。私は本書でそれをしてみよう。

88）J.M. Barrie, *Peter Pan* (New York: HarperCollins, 2000), pp.216-217.

不健康な精神的退行は、自身と世界とを識別できないことに特徴づけられるが、幼稚症はそこに向かうのだ。このことをフロイトは具象化し、「胸中に巣食う幼児は、自己に流入してくる感覚の根源たる外界と、自我《エゴ》とを見分けることがまだできない」[89]と述べた。この「自我《エゴ》と対象物」の混同は、その世界（勝利を収めた自我《エゴ》）をマスターするか、それとも、あちらの世界（勝利を収めた対象物）とに完全に結合するかという、どちらも最初は大胆さをもたらしても、最終的に無駄な挑戦に終わるものである。いずれにしても、自己は出来する自我と対象物の世界との間にある未知なる境界線を消そうとし、また、出生の直後からすぐに包括的な安心を提供する、予め個人化された集団的なアイデンティティの内に揺り籠から墓場まで留まろうとする。幼児の発育という一過性の段階というのは病理上、通例の子供たちが境界線を認識し、また自己がそれに順応し、大人になることに折り合おうとする心理的かつ行動的な努力を為そうとする時期を続ける時間なのである。それは、フロイトの言葉でいえば本能的な我欲《イド》が超自我《スーパーエゴ》に向かうこと、すなわち市民化することである[90]。

89） Freud, *Civilization and its Discontents*, pp.13-14.

90） 若者に責任感が乏しいのは、心理的のみならず法的にも自由が広く認められてこなかったからだ。マーケターたちが十分にわかっているのは、自分たちが若者に権限を与えるよりむしろ、若者を利用していることであり、それは若々しさを示し、あるいは大人に潜む退行を促したい場合に為されるのである。マーケターは、若者に理想的消費者像を見るのであり、なぜならば産業をマーチャンダイズすることは、若者に理解を示すことだからであり、よって米国最高裁判所は2005年に若者に対する死罪を不法と多数決で決定したのである。ローパー対シモンズ対決543 U.S. 551 (March 2005)では、5対4の多数で若者は死刑に服すべきでないとし、理由は「成熟の欠如および責任感の未達が、大人よりも若者により多く見出され、また、若者にはより未知数のことが多い」ことだとした。もしも、裁判所が「若者の資質とは衝動消費経済という病理的文化においては、市民化する傾向に対しての消費行動が著しく不適切であることは明らかである。それは極端な方法で、幼児の攻撃性を模倣する。消費者は、すぐさま印象を受けた製品、商品、それにモノの世界に同化すると同時に、それを征服して、その世界によってブランド、商標、そして消費者アイデンティティを通して自己を規定してしまう。まさに市場が消費者をその囚われ人にするように、消費者は市場を自己に同化させることを試みている。まさに消費者が個人的な欲求と抑制なき衝動《リビドー》の檻に監禁されるように、彼らは自己の自由を喧伝する。まさに消費者が本物の市民力を捨て去るように、彼らは虚偽の消費権力を表象する。消費者が具体的な対象物の世界に熟達していると想定するドルやユーロ、また円は、自らを物質と定義した市場へと向かわせるのであり、自らを規定した人物をマーケットで定義したブランドに変えていき、自主的な公的な市民から他律的な私的な買い物客に変えて

的かつ問題のある行動や決定にしばしば帰すものだ」といった判決になるならば、そして、もしもこれにより死罪で若者を咎める判例が減少するならば、確実に消費決定に関する若者の責任と自由も減少するだろう。判決はまたこうも述べている。「少年は仲間内の圧力を含め、悪影響や外部圧力に対して脆弱で、影響を受けやすく、また、少年の性質は大人のそれと同じように形成されるわけではない。少年の人格特性は移ろいやすく、まず固定されることなどない」。

裁判所は子供を見るときに子供のことを弁えている。市場資本主義はそれを弁えていないフリをする。幼稚エートスは、彼らが子供ではないと主張するのである。もしも、若者が死罪を命じられても、我らが死罪を免ずるとすると、我らは若者が自由になり権限を付与されると主張するのを控えるべきでない。その際、若者が必要としないものを買うという彼らの「成熟の欠如」、「責任感覚の未発達」を弄んでいるのであって、また、「熱情的」で、「思慮の欠いた行動と決定」に没頭するその性向を利用しているのであって、それは消費資本主義が生き永らえる必要のある義務的な買い物客の状態に彼らを据え置くためである。

いく（これは第６章の主題）。消費者が買うものと自己を切り分けている境界が消えていくのは、彼らが他者の目的たる道具として商品を買うことをやめ、その代わりに彼ら自身が購買した商品そのものになるからであって、それはカルヴァン・クラインを身にまとった熱き10代、またはアニータ・ロディック・ボディショップを使う都会人、またはベネトンを着た政治意識ある反乱者、または〔家具小売チェーン〕クレイト＆バレルの家具で揃えた都心の住宅所有者、またはプラズマテレビの前でナイキを身に着けて「競技者」に見入る観客、などに表れている[91]。

ブランド化のゲームは消費者を対象としているが、それはまた消費者と消費されるものとの境界を消去することに手を貸している。消費者がモノの世界を征服したと思っても、実際にはそのモノによって彼らは消費されているのだ。消費者が自らを大きくしようとすれば、自己が存在しなくなる。まさに名称を付けられたときに、そのいわゆる自由は消去する。よって、それは公的というより私的であり、私的選択による真の公的帰結を阻止するのだ。ハマー社の軍用車両を持って得意になっている人間は、男性的自信を誇示するものの彼が運転する車が次の事実をもたらすことについては無知で無頓着である。つまりその車は化石燃料資源を浪費し、環境を汚染し、アメリカを外国の石油資本に対しより一層依存させており、一方では彼自身が強硬に反対しているはずの中東軍事介入を正当化することに無意識の内に全面的に協力することとなる、生態的な巨獣であ

91）マーケター自身は、人びとを消費者向けカテゴリーに切り分け、それに従ったマーチャンダイジング戦略を開発している。よって、クラリタスというマーケティング社はアメリカを数ダースの近隣消費部門に分割しようとし、たとえば「プールと中庭」、「ショットガンと小型トラック」、「ボヘミア・ミックス」、「アーバン・ゴールド」といった消費部門を定めている。

るという事実である。人気オーディション番組『アメリカン・アイドル』の「有権者」たちは、人気コンテストを権限付与と取り違えている。私的選択による公的帰結は、ブランド・アイデンティティなる消費主義によって覆い隠されるのであり、そこでは私的選好とその主観的付属物のみが見えるのだ。

消費者の選好に隠された社会的費用こそは、消費者の意識でも米国財務省の統計インデックスの数値でも表せないし、ついでに申すなら世界貿易機関（WTO）または国際通貨基金（IMF）の統計でも表せないのだ。本書にいう消費者とは社会に埋め込まれるというよりもむしろ極端に個別化されるのであり、結果的には放置されるというよりもむしろ逆に構われる存在なのである。消費者は、世界から提供されるオプション・メニューからさまざまなものを選択することができるが、そのメニューやその世界を変えたり、改善したりすることは許されないのだ。これに関して消費の力学は、実際に個人をその支配からより脆弱にするのであり、それは多くの点で幼児が権力的意味において、自己を識別することができない世界では実際には無力であるからだ。要するに、ほぼあらゆる意味で、積極的マーケティング担当役員によって理想形をイメージされる専ら消費者でいる人びとは、いかなる時も大人よりも一時的感情に流れやすい子供の如く退行的に振る舞う人間なのである。

他方で市民は大人であり、そして公的な選択者であり、選択が決定されて、表現されることで、選択の余地や課題が生じるために、社会的自由によって権限を与えられるのである。幼稚化された消費者は私的な選択者であって、コミュニティに参加したり、変化を生んだりする権限が縮減され、そしてその公共的判断が弱められる者なのだ。そして、生産主義的資本主義が創造を授けるその文明には出費が嵩むことを除けば、幼稚エートスは消費資本主義にとって必要な仕事をしているのだ。

＊　＊

資本主義自体は一巡した。利己主義と利他主義、利益主義と生産主義の双方間における驚異的な相乗効果から始まって、かつての精力的で企業家的なリスク請負人がこの新興国の成長と福祉を支給することで繁栄が促されたのである。この繁栄はプロテスタント的エートスによる助力で為されたものであり、そのエートスは精勤、先見の明ある投資、そして禁欲的な自己犠牲、すなわちこれらのまさに生産的資本主義が成長する特質に道徳的比重を置くのである。今日、その生産能力はそれがかつて満たしていたはずのニーズを上回ってしまい、同時に、その流通能力は、それが触媒作用を及ぼした世界的不平等を拡大させることで、困った立場に追い込まれてきたのであった。その成功を生産性よりむしろ消費主義に依拠することで幼稚エートスが育まれたのであり、それはプロテスタント的エートスが非難したところの、まさしくその特質を重んじるものだ。これはまったく文字通り自己消費のようであり、デモクラシーを危険に晒し、市民の運命を不確実なままにしている。それは自由を重んじ、かつ強化するよう装うが、買い物が投票よりもより説得力のある自由の旗印になったような特異な場所では、そして我らがモールの中で独り為すことが、我らが公共空間で皆と為すことよりも、我らの運命を形づくることにおいてより重大なことに数えられる特異な場所では、自由の意味は曖昧なままなのだ。

第２章

プロテスタンティズムから幼児症へ

近代資本主義の拡大の原動力を問うことは、まずもって資本主義に有用な貨幣の発祥を問うことではなく、何よりも資本主義の精神の発展の契機をどこに求めるのかに帰すのだ。

（マックス・ヴェーバー[1]）

幼稚エートスなる概念は、以下の古き概念を改めて捻《ねじ》ったものである。その古き概念とは経済システムとしての資本主義がその各々の発達段階において、確実に増強していく文化的態度や社会的行動を求めたものであり、そして、そのような態度なり行動なりが社会全域に広がって道徳的もしくは宗教的なエートスの形式をとった価値体系を通じて、社会に織り込まれ得るものである。一世紀前、マックス・ヴェーバーはこの概念に実体を与えたのであり、それは初期資本主義と、彼の言う「プロテスタンティズムの倫理」との相関を踏まえた考察によるものだった。彼の述べた概念は、今日の幼稚エートスの働きに着目する上で押さえておく価値がある。すなわち、文化的エートスが決定力をもち得ないなかでは、それは文化的エートスが決定的に経済システムに影響を与え、それに条件づける上で

1） Max Weber, *The Protestant Ethic and the Spirit of Capitalism*, with an introduction by Anthony Giddens, translated by Talcott Parsons (London: Routledge, 1992; first published in German in 1904-1905), p.68. ［マックス・ヴェーバー／大塚久雄訳『プロテスタンティズムの倫理と資本主義の精神』岩波文庫、1989 年］

の独特の手法なのだ。

プロテスタンティズムの倫理と資本主義の精神

16世紀初頭、市民的個人主義、技術革新、あるいは移り気な大衆、といった後期ルネサンスの潮流が押し寄せ、二つの大きな変革の波がヨーロッパ中を席巻した。まずその一つは、プロテスタンティズムであり、それは聖書の名において進行したキリスト教復興運動であり、不正や世俗に塗《まみ》れたカトリック教会に対抗し、禁欲主義に基づく浄化精神によって推進された。いま一つは資本主義であり、それは新たな起業精神や経済的繁栄を新たな福音として進行した市場主義経済であり、柔軟性や自由市場をほとんど認めぬ疲弊した封建主義経済や厳正な商業イデオロギーに対抗するものであった。この二つは、根底で文化エートスを共有しており、そのエートスはプロテスタンティズムのもつ新たな禁欲的精神、そして献身的労働による投資を伴った起業家的資本主義のもつ新しき先占意識、さらには共同扶助、以上をもって瞬時に言い表せるものである。

17世紀初頭、清教徒たちはアメリカに渡り、この新たなエートスを明瞭に体現する強力な文化的イデオロギーの虜《とりこ》になったのであり、この斬新かつ活力溢るる倫理は、煩悩を和らげると同時に、肉体的鍛錬を奨励した。豊穣で未開の大陸に根を下ろし、勤労、投資、そして貯蓄という新たに芽生えた自由経済のもつ中心的価値を、公共善に資し、活力溢るる啓蒙された利己的行動に結びつけることで、禁欲的な自己犠牲、出世払い的報酬による満足、そして勤労と慈善に対する献身をもって、このエートスは強化されるのであり、これらすべては万人に取得可能な美徳たる勤労と信心とが、現世や来世に恩恵をもたらすという平等主義で飾り立てられた。プロテスタント神学によるこの新たな奇跡は、自己犠牲を払わせることはできなかったものの、限りある生に繁栄を与える永遠の魂の救済への道筋を見出した。世界的繁栄が各人の精神的救済の道しるべとなり、他方では禁欲の放棄が物質的恩恵をもたらしたのであり、弁証法的にそれが認識できるほどの完全なる共鳴が見られたのだ。

この驚異的かつ文化的な相乗効果については、偉大なるドイツの法律家にして学者のマックス・ヴェーバーが、一世紀前に著した『プロテスタンティズムの倫理と資本主義の精神』において300年を経過した宗教改革を取り上げ、かつそれを批判的に注釈し、そこで宗教と経済との間の相似性を完全に解き明かしたのだった。そして、「経済的精神の発達、あるいは経済システムのエートスについての特定宗教の影響、そして禁欲的プロテスタントのもつ合理的倫理に沿った現代の経済生活の精神との関連性」[2)]を辿ろうとした。この重大なパラドックスの内から、ヴェーバーはプロテスタンティズムの倫理と資本主義の精神の双方を捉える論理を摘出したのであり、その論理は「禁欲的生活にとって最も崇高な手段たる現世における神命として、また同時に、生まれ変わって、本物の信心を得るための最も確実かつ最も明白な証明として、間断なく続けるシステマティックな勤労による宗教的価値」を成すのだ。彼が述べるに、この論理とは、「我らが資本主義の精神と呼ぶ、こうした生活姿勢が広く行きわたるために、考え得るに最も強力な手段だったにちがいない」[3)]。

この新たな世界には、自然的豊穣さと、残りの世界から隔絶され

2) Ibid., p.27. ヴェーバーは後年、他の宗教における経済的エートスについても調査し、研究書を出版した。

3) Ibid., p.172.

た偏狭性があるが、資本主義の精神は典型的アメリカ人や独特的デモクラシー的人間と化すためのもので、これは無償のキリスト教的共同社会《コモンウェルス》のエートスであり、仕事が本当に神命であり、投資が単なる自己本位でなく、むしろ控え目な利他主義やデモクラシー国家形成を志向する証しであった。この神聖なる証しは、アメリカ資本主義のもつ醜悪さを最近に至るまでずっと際立たせてきたが、それは新しく特有のエートス、つまり私が幼稚エートスと名付けたものが、近時の消費局面におけるアメリカ資本主義にとってより相応しいものとして取って替わった最近になってからのことだ。

このことは「アカデミック上の百年戦争」[4]を引き起こし、激しい論争となったが、初期資本主義のエートスに対するヴェーバーの洞察は、起業家的資本主義にとって経済的動因となったプロテスタンティズムに着目していて、それは彼が世界的大宗教における社会心理を探求して認識していたより大きな研究課題の一部であった[5]。

---

4) エリザベス・コルバートはこのフレーズをマックス・ヴェーバーに関するエッセイにて引用しており、そこでの彼女の見立ては以下である。「『プロテスタンティズムの倫理』が出てから20世紀中は、同書で為された主張がまず存在せず、宗教史や経済史に関しても試みられるところはなかった」。Elizabeth Kolbert, "Why Work: A Hundred Years of 'The Protestant Ethic,' " *The New Yorker*, November 29, 2004.

5) 以下を参照。Max Weber, "The Social Psychology of the World Religions" in H. H. Gerth and C. Wright Mills, *From Max Weber: Essays in Sociology* (New York: A Galaxy Books, Oxford University Press, 1946), taken from Weber's "Die Wirtschaftsethik der Weltreligionen" of 1922-1923. ヴェーバーは「経済的倫理」について、それが「宗教のもつ心理学かつプラグマティックな内容に基づく活動の実践的衝撃たる点である」と述べている（Gerth and Mills, *From Max Weber*, p.267）。彼の見るところ、これはヒンズー教、仏教、キリスト教、イスラム教、ユダヤ教の倫理の混合である。この学術的諸点は少しく重要であり、なぜならヴェーバーがプロテスタント的エートスを特別な場合であるものの、一つの重要な事例として、あらゆる社会においそのより大きな研究課題が暗示したのは、多くのより普遍的な問題提起であるが、多種多様な資本主義や文化は、経済学と社会学や心理学とがそれぞれ暗示する学術上の明確な境界線をより近似、連関させているのである。この現代にある資本主義のジレンマとは、ダニエル・ベルが数年前に描写した如く、プロテスタンティズムの倫理が看過されたことで、資本主義が「非道で超越的倫理を伴う」[6]ものになったことではなく、それが非宗教的でありつつも宗教的な含みをもち、そして、消費資本主義が生き残るための今日に求められる傾向、つまり、トーマス・L・フリードマンが「勤労、投資、そして長期的思考を超越した消費の絶賛」[7]と解説した傾向を是認し、新規で異質な倫理が求められた帰結であることなのである。もしも、生産的資本主義の台頭がプロテスタンティズムの倫理により引き出され、強化されるのならば、今日は別の倫理的体系が顕在化するのであり、それはプロテスタント的手段に拠らないものであり、ハイパー消費主義に向かって資本主義のもっていた初期的要素の後退を伴い、かつそれを加速させるのである。貪欲さと幼年期が人間心理を考察する上での生来的特質であるけれども、それらは資本主義の生き残りを確実にしようとする幼稚エートスのもつ人工的野心を示す現代の唯物論的人間の内で目立ってきたのだ。

て見られ得る宗教と経済との相互交渉を、資本主義とみなすものでないことを示すのである。

6) Daniel Bell, *The Cultural Contradictions of Capitalism* (1976; 20th anniversary ed., New York: Basic Books, 1996), p.71.［ダニエル・ベル／林雄二郎訳『資本主義の文化的矛盾』講談社学術文庫、1976年］

7) Thomas L. Friedman, *The World Is Flat: A Brief History of the Twenty-first Century* (New York: Farrar, Straus and Giroux, 2005), p.252.［トーマス・フリードマン／伏見威蕃訳『フラット化する世界』日本経済新聞社、2008年］

ベルは「ピューリタニズムとプロテスタンティズムの倫理の放棄」[8]を大々的に宣言していたのかもしれないが、その擁護に固執する本物の信者がまだおり、いまだいる数人のロマン的資本主義者は、この倫理がアメリカによる壮大な経済的実験によって変質しているにもかかわらず、古典的キリスト教の美徳のモデルをサプライサイド経済学と市場に見出すことを止めないでいる。この持続するアメリカ神話は世界中で成功と富とを信心に結びつけ、そして、アンドリュー・カーネギーをして『富の福音』に「悪ではなく善が、能力とエネルギーをもつ者による富の蓄積からその生産へ向かう競争にさせてしまった」[9]と記述させたのだが、それはまた、アメリカの大衆宗教、大衆セラピー、大衆文化をして、テレビでの伝道、12ステップ・セラピー・プログラム、そしてより俗悪な（またそれがゆえに成功した）多くの一攫千金の仕組みとなって永らえているのだ。

大衆文化の文献上の初出の多くは、初期の清教徒主義《ピューリタニズム》の雰囲気を伴っていたものの、徐々にその質を低下させている。人びとの習性はまさに消費者としての型（市場資本主義に対する保守的支持）に嵌められ、同時に道楽に耽ることを励行され（広告とマーケティング）、その一方で生真面目さ（12ステップ・セラピー・プログラム）を説かれ、節制ある品格（保守的文化批評家）を要求される。生産に対する責務でなく、買い物をして消費する新たな義務の中に、禁欲的エートスが保たれ、レジャーを消費主義（買い物は町の中心部でなく

8) Bell, *The Cultural Contradictions of Capitalism*, p.71.

9) Andrew Carnegie, *The Gospel of Wealth* (Bedford, Mass.: Applewood Books, 1998), p.10.［アンドリュー・カーネギー／田中孝顕訳『富の福音』きこ書房、2011年］。初出は以下。*North American Review*, June 1889.

ショッピング・モールへ）に求め、レジャーをある種の仕事（買い物の命令）に転換させていく。貪欲は利他主義の形態となり、それは脱自己愛でなく、資本家的生産主義に対する執着から逃れることに向けられるのだ。ブッシュ大統領は、アメリカが9・11の悪夢から目覚める方法を見出すことを求め、ショッピングを日常生活が営まれている証しとして捉え、その愛国的バックボーンをアルカイダに示すためにもアメリカ人たちにショッピング・モールに向かい、そして消費という業務に精を出すことを要請したのだった。

新たな消費賛歌と幼稚エートス

伝統的な投資の福音書においては貯蓄が神聖視されたように、新たな消費主義の福音においては出費が神聖視される。勤労はいまだに大事にされており、世界で最も熱心な消費者たるアメリカ人は、同時に世界で最も精勤な労働者でもある。しかし、私が以下に述べるように、生産的仕事が消費的仕事となり、それは無邪気な遊興から、規律を守ったレジャーや目的をもった遊戯へと徐々に変換されたのである。このため、アメリカ人がいまだに他の西洋世界の誰よりもコツコツと（そして、より長い時間）働くことで、より激しく遊び、より熱心に買い物をし、より多く出費するのだろう。ショッピングは家庭という保守的文化の大義に対して、物質文化による価値的退廃をもたらしたけれども、その同じ保守主義がリベラルな世俗主義者と同等に消費主義に執心するため、その共有する風土の基盤に攻撃することはできないままでいる。このことはブッシュ大統領が2004年の選挙において勝利したこと、つまり、物質的消費主義は保守的価値を蝕むはずなのだが、そのことに収益を依存する市場企業の支持的政策（大企業優遇税制措置と規制緩和）を放棄せずとも、キリスト教右派の支持票を得られたことの理由の説明になるのかもしれない。こうした気運の中で、保守的大衆文化のコメンテーターたるデイビッド・ブルックスは、「神聖なる意図」を染み込ませた職業としてのショッピングの擁護者となることで、ショッピングを神聖化する方法を見出した。ブルックスは、現代市場での出費についての「飛び抜けた重要性」を認め、それに対する機知に富み、少なくとも半ばは真摯な賛辞として、精神的欲求が如何にして物理的欲求になるかを、それが文字通りの「商品の変質」[10]と名付けたものに由縁することを描写している。トマス・フランクは著作『カンザスに何が起こったのか？』で、このまったく同じ両面性を串刺しにし、「ほとんどが保守反動家による憎悪の対象たる大衆文化と、その彼らが無条件に崇拝する自由放任《レッセフェール》的資本主義との間の相関関係」を右派が認めることができないでいることを主張する。このことが理由で、カンザスの保守家たちは「有名人が馬鹿なことを言うとき」にはほくそ笑み、「映画スターが刑務所に行くことには拍手」を送るのであり、そして、普段は「リベラルのエリート層の頭脳」に対して金切り声を挙げるのに、選挙時には「税金全廃を訴えるロックスターたちへの票」[11]を投じに出掛けてしまうのだ。

そこに少なからずあるのは新清教徒《ネオ・ピューリタン》的ロマンであり、それはブルックスの上を行き、そして、プロテスタント的美徳と過ぎし日の

---

10) David Brooks, *On Paradise Drive: How We Live Now (And Always Have) in the Future Tense* (New York: Simon &Schuster, 2004), p.196. ブルックスは保守派言論誌『ウィークリー・スタンダード』の元記者で、『ニューヨーク・タイムズ』紙の論説委員のレギュラーとなった。

11) Thomas Frank, *What's the Matter with Kansas? How Conservatives Won the Heart of America* (New York: Henry Holt, 2005), pp.248-249. 私は、このテーマとトマス・フランクによる論点を第７章で再び取り上げたい。

資本主義との間に直接的相関関係を確実に息づかせようとする。そこにはおそらく人の心を衝き動かすようなところなどなく、先祖返り的に近時になって強制的形態となったわけでもなく、それはジョージ・ギルダーと同様である。つまり彼は1960年代にフェミニズムの批判者として、また、今日には未来を先取りしたデジタル技術の唱道者としての面を見せた一方で、1980年代初期にはデーヴィッド・ストックマンやジャック・ケンプのような新自由主義者《ネオリベラル》の急進的サプライサイドの熱烈な支持者を虜《とりこ》にし、ロマンを抱かせたのであった。まさにこうしたリバタリアン的教義がもしロナルド・レーガン大統領とマーガレット・サッチャー首相によって実際に実行されなかったならば、それは壮大なレトリックとして封じ込められてしまっていたのだろうが、ギルダーは「資本主義のもつ高度の冒険性と贖罪的な道徳性」とためらうことなく名付けたものを捉えることに狙いを置いた著作を書いたのだ[12]。

ギルダーの著作『富と貧困』は、ヴェーバーの命題を捨象するのではなく、創造性、リスク進取、起業家的直観という熱烈なレトリックを帯びた資本主義的合理性を有するヴェーバーの冷徹な言辞を称揚し、かつそれに金メッキを施している。ギルダーは禁欲性を伴った残滓たるプロテスタント的エートスをただ描写するのでなく、また、後にブルックスがとった経路を喜んで辿ったわけでもなく、そして喜んで消費主義を合理化したわけでもなかった。むしろ彼は宗教が源泉となる精神的な利他的態度という斬新な倫理に再び火をつけることを望んでいたのだ。彼が主張するのは「宗教を疑う経済

12) George Guilder, *Wealth and Poverty* (New York: Basic Books, 1981), p.x.［ジョージ・ギルダー／斎藤精一郎訳『富と貧困――供給重視の経済学』日本放送出版協会、1981年］

学者が常に、進歩が成し遂げられることによって崇拝の様式を理解することができなくなる」[13]ことだ。ギルダーは、「起業家の英雄的創造力」を祝福したいのだ。彼はヴェーバーのように、起業家たちの貪欲さよりも献身さを考慮したのであり、現代の消費者の「貪欲さ」が彼らのより高度な目的に資することにあるのをみたのである[14]。彼は不平等に向き合うことを躊躇わないだろうし、18 世紀のニュー・イングランドの清教伝道者に強力な影響を与えた英国の政治哲学者ジョン・ロックの如く、貧困は不幸や不正を要因とするのみならず、それと同等に怠惰や嫉妬、そして争い好きによって、あるいは機会の欠如というよりもむしろ熱心さの欠如によって動機付けられると考えるのだ[15]。彼が資本の蓄積に見るものは、搾取者としての仕事や他人の労働の収奪ではなく、創造的な危険負担者や利他主義者、あるいは殉教者による成果であり、「成功する経済とは金持ちが激増するか否かに掛かっており、それは新たな企業をつくり、莫大な利益を獲得し、それを再投資するために、快適な生活を送る簡単な選択肢を遠ざけて、大勢の人たちから成るリスク負担を厭わぬ階層を生み出すことである」。ギルダーは「最も成功した

13）Ibid., p. 266.

14）Ibid., p. 6.

15）ジョン・ロックが提起するのは、その原型にある階級分離であり、それが進展することで、神が豊穣な自然界を利用できるようにした「勤勉さと合理性」を備えた人と、厳格な業務よりも窃盗を好む「喧嘩好きで議論好き」の人とを、先天的に分離したことに基づいている。これについては以下の著作の第二部五章を参照。John Locke, *The Second Treatise of Civil Government* (Cambridge: Cambridge University Press, 1960).［ジョン・ロック／加藤節訳『完訳統治二論』岩波文庫、2010 年］。ニュー・イングランドの牧師たちに対するロックの影響については以下を参照。Steven Dworetz, *The Unvarnished Doctrine: Locke, Liberalism, and the American Revolution* (Durham, N.C.: Duke University Press, 1990).

企業家たちは、それまでに彼らがその損失を取り戻してきた分よりも、はるかに社会に貢献している」[16]と主張する。

ギルダーはサプライサイド経済学の説諭する精神を誤解してはいなかったし、ギルダーを好んだロナルド・レーガンの如き政治的推進者たちは、貧困というものを「精神状態よりも懐事情に一層難があること」とみなし、起業家的創造に付きものの有益なリスクに喜んで立ち向かおうとする自己を、利他主義者として褒め称えたのである。事実、ギルダーは飛び切りの先見性をもっており、それは私益や企業の自社利益獲得を道徳とするからであり、彼が完全に捉えていたのは、それが実利主義を伴ったテレビによる伝道という妥協だけでなく、ブッシュ大統領が信心と利益とを無理矢理に同類に扱い続けようとした2004年に勝利した選挙戦略の精神に見るように、それが最高レベルのグローバル資本主義と親和性があるように福音主義者に信じ込ませ、反物質主義的なキリスト教原理主義から脅かされることなどないと資本主義者を説き伏せたことだ。カナダでは、バンクーバーで最大、かつ最も大衆的な日刊紙たる『バンクーバー・サン』紙が「倒るるまで買い物せよ、それは道徳的な緊急行為なのだ」[17]の見出しでショッピング倫理を特集記事として掲載した。

それにもかかわらず、ギルダーは自らが天福を受けるものとした資本主義が変貌してしまったことを理解しなかった。彼が区別できていないのは、後期消費資本主義および、その利他的強欲（貪欲さ

---

16) Guilder, *Wealth and Poverty*, p.245.

17) *Vancouver Sun*, Monday, December 26, 2005. 本論で述べられるのは、我らが金を費消する人間性の興味の内部にあるものだ。以下のウェブ・サイトで参照可能。www.canada.com/vancouversun/news/editorial/story.html.

は善行だ！）への賞賛に彼が見たものと、初期起業家資本主義および、その利他的禁欲主義（勤労は神聖だ！）への賞賛との、それぞれの違いである。ギルダーは貯蓄し、投資することへの賛歌を歌い上げたが、一方でキリスト教徒たちは出費し、消費することに血道を上げたのだった。彼は創作力と資本創造を美徳として褒めそやしたが、一方でそれは非生産的な合併や買収、そして新たな消費主義の精神を規定づける需要創出、市場化、ブランド化による美徳でもあった。

1980年代、ギルダーが予言したレーガニズムを伴った資本主義は、ハード経済からソフト経済へ、商品製造から需要製造へ、起業性から管理的市場へ、資本創造を目的とする企業投資から収奪や清算を目的とする合併や買収へ、財政投資から貨幣投機へ、そして貯蓄から出費へ、と完全に移行した。ギルダーが焦点としたベンチャー・キャピタル的創造性と技術革新とが新たな富を生み出したことよりも、起業家的革新と生産に対する投資を破壊していく政府規制という公共分野での無為に対抗した、ネオリベラルによる上出来の選挙戦によってこうした流行が巻き起こったのだ。

ギルダーが把握できなかったのは、現代経済における関係、すなわち真のニーズに見合う製品の製造、それもそれが低下しつつあることと、生産過剰の商品とサービスの余剰に対処し緩和するためのニーズの製造それもそれが増殖しつつあることとの、双方の関係についてである。彼が認めることができなかったのは、資本主義の矛盾が如何にして大きな富を生む一方で、その同じ方法で大きな不平等を生むのかということであり、また、これは「すべての合理的禁欲主義のパラドクスでもあるが、巨富を生み出した合理的禁欲主義それ自体が、合理的禁欲主義を拒絶する」[18]とヴェーバーが述べたところでもあるが、禁欲的心性をもった勤労と投資のエートスにある伝統的な生産性が、如何に禁欲主義に有害な余剰の富を時間の経過とともに生み出したのかということであり、あるいは持てる者の世界での生産過剰が、持たざる者の世界での生産不足との対になっており、消費に対するニーズあるいは本来的欲求がほとんどない金持ちがいる一方で、その本当のニーズを持つ者が自暴自棄になるほどに財産をほとんど持っていないことである。これらは成長を加速させるよう図る社会環境であるが、社会内部でも社会間相互においても不平等に拍車を掛けたのである。

資本主義は南北問題のそれぞれの先端にある危機を残したままにさせている。北側世界では、ウィリアム・グレイダーにより精力的かつ大胆に描写されているが、利益を生まない多くの製品がほとんど消費者の元には届かずに追い除けられ、こうした消費者の多くは後方から突かれ、追い込まれ、甘言をもって消費に釣られており[19]、一方の南側世界では、あまりに多くの、切迫するものの利益の乏しいニーズが追い回すのは、可処分所得なき人びと（たとえばサハラ以南のアフリカの貧困と罹患に苛まれ、深刻なほどニーズのある住民たち）には関心を示さぬままでいるオーナーにより経営される資本であり、その住民たちはそのニーズを利用できる見込みがまずないのだ。

---

18) "Religions Rejections of the World and Their Directions," in H. H. Gerth and C. Wright Mills, *From Max Weber: Essays in Sociology* by Max Weber, p. 332.

19) William Greider, *One World Ready or Not: The Manic Logic of Global Capitalism* (New York: Simon & Schuster, 1997).

消費主義と鉄製の檻

現代資本主義の生き残り戦略となった新しき消費主義は、今日ではギルダーによる甘美な夢よりも、ヴェーバーによる暗い予感に近づいている。ヴェーバーは「アメリカ合衆国での最高度の成長分野において、富の追求は、その宗教的かつ倫理的意義を取り払い、ごく世俗的な情熱と相関していく傾向があり、そして、しばしば実際にスポーツ的要素を付与させる」[20)]と警鐘を鳴らした。ギルダーは精神的な神命として勤労の観念を回復することを志向したが、ヴェーバーは勤労を強迫観念的禁欲主義の態様とみなす（彼が20世紀初頭に述べた）現代的傾向を見てとり、それは「清教徒が自己の神命とした勤労を欲していたのに、我らはそう為すことを強制されている」という単純なる事実を認めたように、その禁欲主義は我らがそれを望むか否かにかかっているのだ。然るに資本主義がかつては実利主義や外部からの商品を求めるという外套をまとったのに対し、それが「いつの間にか捨て去られ、その外套が鉄製の檻と化すことが運命づけられた」[21)]のだ。

20）本引用はヴェーバーの以下の著作の最終章の結論による。Max Weber, *The Protestant Ethic and the Spirit of Capitalism*, pp.181-182. ヴェーバーがまるで見透かしていたかのようなのは、ギルダーが清教を背景にした資本主義のエートスに対して感傷的ノスタルジアを抱き、「神命による義務という考え」を「死せる宗教的信条の亡霊の如く我らの生活を徘徊する」ものとして語ったことである。ギルダーの衝動はヴェーバー信者であるが故のものだが、彼がおそらく弁えているのは、ヴェーバーが以下の著作やその索引で表明していないことであるために、そのヴェーバーという大家から如何に離れて彷徨っているかということである。Guilder, *Wealth and Poverty*.

21）Ibid., p.181. その冒頭節では、それを「いつ何時でも捨て去られるもの」とギルダーは、自ら提示する新たな企業家像をその檻から出すことを望むが、その彼を誰が責めることができようか？　しかし、ヴェーバーは「将来的に誰がこの檻の中に居るのか、この途方もなき発展段階の終了後、まったく新しい予言者が現れるのかどうか、あるいは、古き考えや理想を大々的に再構築するのかどうかは誰にもわからない」[22]と述べ、市場のポストモダン的ネオ・リベラルの狂騒者たちよりもその核心に近づいているようだ。古き理想の再来は、ギルダーの熱烈なる願望である。しかしながらヴェーバーは現代資本主義について、おそらく「一種の異常な自惚れで装飾された、機械化された石」[23]になりそうだという別の予言も為すが、その方がより正確なようである。ヴェーバーの欠点は、現代の資本主義が「異常な自惚れ」にあり、それ自体がまず最初に宗教的かつ倫理的重要性を取り除かれているけれども、間を置かずに新たなエートスを生み出すとの予見に陥ったことであり、あるいはそれが予見できたと思い込んだほどそれが目立つもので非科学的なものだと考えたことである。このエートスは、幼稚化された消費者による倫理的体系と、幼稚化された真の信者による神学的体系との共通項からつくられるのだろう。

我らがただ再検討すべきは、ここ10年もしくは20年ほどにわたり、テレビ起業家たち、そしてビジネス・スクール指導者たちが怒濤のように輩出されたことであり、それは倫理的言語を捨ててしまうどころか、ジョージ・ギルダーやデイビッド・ブルックスを模倣

結び、ヴェーバーはリチャード・バックスターを引用している。あとはヴェーバー自身の文章である。

22）Ibid., p.182.

23）Ibid., p.182.

し、それを焼き直す伝道者の手合いを見つけ出すためである。このことは自己合理的な唯我論を不合理主義的パロディとして描き出すのであり、それを新たな資本主義的倫理へと変換していくのだ。アイン・ランドが『水源』で描いた偉大なるリバタリアンかつエゴイストたる〔主人公〕ハワード・ロークの名句「我が人生のうちのただの1分たりといえども他の誰の権利とも認めないことを、私はここで宣するためにやってきたのであり、私は他人のために存在することなどない人間なのである」[24]は、新たな資本主義に付き従ってくる道徳的な自己中心主義との相対で見れば、むしろ穏健な唯我論者なのである。その顕著な例に、オリバー・ストーン監督による1987年の映画『ウォール街』でマイケル・ダグラスの演じた〔主人公〕ゴードン・ゲッコーがおり、彼は居並ぶ株主たちに向かって以下のように力強く演説する。「紳士淑女の皆様。要は他に言いようがないのだが、強欲は善行だ。強欲は正義だ。強欲は勤労だ。強欲は物事を明確にし、道を切り開き、進歩的精神の本質を捉えるのだ」。自己愛はそれ自体を宗教の内に包み隠すことをもはややめてしまい、やがて宗教となった。強欲は、「私」にとってのみの善行ではない。新たなエートスは、それ自体で善行「である」と信じることを我らに望んでいるのだ。

このポストモダン的消費資本主義による福音《ゴスペル》は、富者をありったけの出費によって定義し、今日的な消費的教典として増殖する「ハウツー」もののテキストにまず間違いなしに見出せるものの一つなのであり、目覚ましき消費はもはや悪徳でなく美徳なのである。ス

24) Ayn Rand, *The Fountainhead* (New York: New American Liberty, 1943).［アイン・ランド／藤森かよこ訳『水源――The Fountainhead』ビジネス社、2004年］

トーンの映画から借用したタイトルの、ジョナサン・ホーニグによる著作『強欲は善行』はその一例であって、同書は奇天烈だが訴求力のある「資本主義のブタどもの投資ガイド」との副題を付けている。ホーニグは「強欲は我らの文化において非常に迫害された。私生活と呼ぶゲームにおいて、物質は人びと自身を幸福にする」とする一方で、投資家にこの概念を受け入れるよう助言する。ヴェーバーのいう初期資本主義が、他人が欲し、必要とするものを与えたメカニズムであった点において、ホーニグはそれを「貪欲はあなたが望むものを得るためのメカニズムである」[25]と理解する。しかし、ホーニグは察せられるが如く、シニカルで自虐的な指導者として「資本主義のブタどもの信条」を提起し、その「資本主義のブタどもの哲学は、富者になることだけではない。何よりも、我らの将来を支配する生活を確立したいという願望なのである」と述べた。それは「慎重な選択」と「生活の目的」について「計画する」ことであり、「考える」ことである[26]。ホーニグの真の狙いは、強欲を道徳的に説明し、その新しきエートスの定義を取り入れることで不安を抱く人びとを励ますことである。

それから、非常に成功したテレビ・コメンテーターで投資アドバイザーたるスージー・オーマンは、彼女なりのお金と財政に関する助言を詰め込んだ著作『富裕の勧め――物質的および精神的な豊かさにあふれた生活の創造』を発表したが、これはニュー・イングランドの清教徒の日曜学校で巧緻に作られたものにさえ映る。オーマンは投資についてはまったく触れることもせずに、その主張は金持

25）Jonathan Hoenig, *Greed Is Good: The Capitalist Pig Guide to Investing* (New York: Harper Business, 1999), p.2.

26）Ibid., pp.xvii-xviii.

ちになることへとまさに飛躍している。彼女の著作の最初のページを開くと、読者に「あなた自身を正直に、賢明に、真摯に生きるよう勇気づけ、そしてあなたのお金に対する欲求を叶えるだろう」[27]と語り掛けるのである。オーマンの散文は、ベンジャミン・フランクリンの『貧しいリチャードのアルマナック』やバニヤンの『天路歴程《ピルグリムズ・プログレス》』の高尚なる道徳的なレトリックに満ち溢れ、「我らの道のりは、寛容の行為から始まる」と続く。そして、「思考や言語、あるいは行動を統一させる道の第一歩を踏みだし、寛容を通じて、勇気と希望をもって、私はあなたが前を向き、明るさと力強さを見出すことを望み、あなたの行動の積み重ねが人格を形成し、そして、そのあなたの人格が運命を決するのです」[28]と述べる。オーマンからすれば、利益をシステムから搾り取る人びとは、救済所に向かう道程にいる信心深い巡礼者ほどには貪欲なナルシシストではない。やはり、彼女が述べたことには、救われし者は善行によって思し召されるとのカルヴァン主義者の信念にある一種のシニカルな捻りを加えていて、それは「お金は、強靱で強力な人びとに引き寄せられる」[29]ということなのである。

それから、ピューリタニズムは資本主義に対しての、かつての強力な倫理的掌握を緩和したのかもしれないが、消費資本主義の成功を求める消費者と商品との新たな関係との唯我論的心理を合理化す

27) Suze Orman, *The Courage to be Rich: Creating a Life of Material and Spiritual Abundance* (New York: Riverhead Books, 1999), p.4.

28) Ibid., p.361.　さもなくば、おそらくはオーマンの如く聞こえるのはフランクリンである。彼の有名な論述にはこうある。「富貴はそれをもつ人のものではない」、「富貴により享楽にふけるならば、得るよりも費消することを必死に抑えようとする人の方が、“賢者の石”を得ることになるのだろう」。

29) Ibid., p.361.

るために、新しい信者はそれを偽の心霊主義と器械的倫理を裁断した表面的なものに置き換えてしまった。その昔、カール・マルクスは資本主義による新たな「現金結合関係」が「宗教的情熱を伴う至福のエクスタシーを利己的打算に満ちた冷たい水の中」に後退させた、として激しく攻撃した。マルクスおよびエンゲルスの述べるところに拠れば、それが最悪なのは「宗教的かつ政治的幻想に隠蔽された搾取を、露骨で、厚かましく、直接的で、野卑な搾取」[30]に取り替えたことだ。しかしながら、現代消費主義は現金結合関係を消費商品に代えてしまうことで、剝き出しの資本主義に再び覆いを被せてしまうこととなる。マルクス自身が提起したのは、現金結合関係の勝利によって、旧来の生来の「物的需要」に彼の言う「新たな需要」が取って替わることを意味することだった。

ショッピングという新たな宗教は、商業という大聖堂に子供たちを誘導し、それによる新たな需要を神聖化している。この千年紀の改訂期における個人消費支出は、アメリカ合衆国で年間６兆ドル、

30) Karl Marx and Friedrich Engels, *The Communist Manifesto* (originally published in 1848, translated in 1888 by Samuel Moore: New York: Penguin, 1967), p.222. エンゲルスは、ヴェーバー、マルクスが宗教上のつながりを重大事ととらえることが難しいと考えた、その宗教上のつながりをはっきりと認めている。本文中の引用箇所の全文では、エンゲルスおよびマルクスは以下のとおり述べている。「支配階層にいるブルジョワジーは、歴史的に、すべての封建的、族長的、牧歌的な関係を終わりにした。それは無残にも封建的紐帯、その『生来的地位』を引き裂き、そして、無感覚な『現金支払』よりも生身の個人的価値よりも人間間の他の結合を残すことをだれもしなくなったのだ。それは自己中心的勘定高さという氷水の中で、宗教熱、騎士道精神、俗物的感情にある最も激しいエクスタシーを引き抜いたのだ。それは個人的な価値を解決し、価値を転換し、破棄できない無数の契約された自由にしたが、それは、単独で意識されない自由であり、自由取引なのだ。一言でいうなら、宗教的かつ政治的幻想により隠蔽された搾取を、それは露骨で、厚かましく、直接的で、野卑な搾取に取り替えてしまうのである」。

一人あたり2万1000ドル超と見積もられ、ミネアポリス郊外の「ザ・モール・オブ・アメリカ」やヴァージニア州の「ポトマック・ミルズ」、あるいは、ニューヨーク州北部の「デスティニーUSA」といったショッピング・モールはまさにアメリカの運命を明示しているようだ[31]。ワシントン州にある別のスーパー・モールでは、年間数百万人以上にのぼる来場客に対し、衝動買い層をターゲットとした商品を揃えたショッピング空間として100万平方フィートを用意し（来場客のうち予め購う商品を特定している人はその4分の1だけである）、このようなモールを「運命」の女神とする行楽客を、あるいは「私は何も必要としない」という、つまり需要よりも別の何かによって突き動かされる典型的買い物客をあっさりと呑み込むのであり、彼らは「欲しいと思うものは何でも買いに行く」[32]のだ。2006年、ポルシェは「ケイマンS」の広告で「欲求と需要との間には、勃然と任意に境界線が引かれる」と率直に表現した。すなわち、これを分かつ障害は、売る側の製作者にとっては、消費者が欲しつつ買いそうな商品、つまり製作者が「需要」を説得できるかどうかに掛かっており、この障害について一つだけ例を挙げれば、男性用カミソリの「需要」はいまや1枚刃や2枚刃、あるいは3枚刃になく、ジレット社の5枚刃の「フュージョン」にある

31）ニューヨーク州のショッピング・モール「デスティニーUSA」は、「ウォーターフロントのリゾート地に800エーカーという世界最大規模による、囲繞され、かつ複合した施設」であり、年間2000万人の来場者、10万ドルの売上を議会から期待されている（以下を参照）。*Ithaca Journal*, October 12, 2004. さらに以下のウェブ・サイトを参照。www.destinyusa.com/main-site.html. しかしながら当プロジェクトについては法規上の論争がある。

32）John de Graaf, David Wann, Thomas H. Naylor, *Affluenza: The All-Consuming Epidemic* (San Francisco: Berrett-Koehler Publishers, 2001). ある人気著作は同名のテレビ・ドキュメンタリーを題材にしていた。

のだ[33]。

ヴェーバーが想像したのは、現金結合関係が投資に打ち勝った資本主義世界であり、さらに予期していたのは、後期資本主義の経営監督者が、資本を生み出し、投資する場合よりもそれを清算する場合により興味を抱いていき、また、購入する意志をもたない人に対して必需品を製造するよりも、購入する余裕のある人に対して非必需品を売ることの方により関心を示していくことであった。それゆえに、彼が思い描いた世界では資本主義者たちが「精神のない専門家、魂を欠いた好事家」と化すのであり、これを人びとは「これまで到達し得なかった文明のレベルに達したとの幻想」に浸るが、現実には「空虚な人間」に果てたことに酔い痴れているのだ[34]。

資本主義を賞賛する誰もが、その無効性へと向かう強制的消費主義の低下を歓迎するわけではないし、あるいはその強制的幼児性文化を精神化しようというわけではない。また、その富を創造する能力を認める誰もが、それが同等に幸福を増進し、単独で正義をもたらす能力もあるものと考えるわけでもない。1990年代という、資本主義が新たなデジタル技術によって加速し、再びブームになると投資家に確信させた時代におけるやや過剰な自己宣伝《セルフ・プロモーション》は、やがて更新されて悲観主義に向かうとする一部の人びとに道を譲った。米国では消費資本主義が重要な選挙戦上での勝利を収め、このことは従来の先進国たるG8（ヨーロッパと日本を含む）、あるいはG20（新興経済国、たとえばインド、ブラジル、アルゼンチン、インドネシア、

33）以下を参照。Nick Burns, "Shaving with Five Blades When Maybe Two Will Do," *New York Times*, January 19, 2006. 30年前、テレビ・コメディショー『サタデー・ナイト・ライブ』は、スローガン「理由があれば何でも信じることだろう」をもって3段3枚刃カミソリを嘲っていた。

34）Weber, *The Protestant Ethic and the Spirit of Capitalism*, p.182.

韓国、南アフリカを含む）でも祝賀されたが、そのムードは今日ではしばしば哀調を帯びている。すでに1950年代に、戦後の経済成長の間、商業主義に対して消費主義が引き起こしたはずの精神の質的低下に対して、多くの非難の声が上がった。エーリッヒ・フロム、セオドア・アドルノ、アーネスト・ヴァン・デン・ハーグ、ジョン・K・ガルブレイス、それにウイルヘルム・レプケたちは、その賞賛される富貴による犠牲を後悔する（保守もリベラルも含めた）大勢の人間の内の一人であった。レプケは典型的批評家であるが、「お金とそれで買えるものについて絶えず考える習慣ほど、人の魂を乾燥させてしまう方法が他にあるのだろうか。我らの経済システムによる全面かつ完全な商業主義ほど、強力な害毒が他にあるのだろうか」[35]と、その是非を問い掛けたのだ。

新たな千年紀にはギルダーの如き熱烈な信者はまずいないが、楽観主義者は消費主義を賛美する方法を見出すに違いない。しばしば彼らは、そこに保守的文化や精神的自立との関連を見ようとするが、レプケやヴァン・デン・ハーグといった批評家たちは、まさにその文化や自立を商業主義が破壊したものと考えたのである。こうした半ば肯定的見方に警戒感を喚起しようとする者はまず居ないなかで、アーヴィング・クリストルは約40年前に著作『資本主義の二つの活路』でそれを疎明し、その地味な大著において「親和性を纏《まと》った俗物性が、ブルジョア社会で固形化しつつあり、私は他人が何と言おうがそれを頽廃と呼ぶ」としてすでに懸念を表したのであり、それはクリストルが軽蔑した若い反抗者たちが反応したことに対して

35）Wilhelm Röpke, *A Humane Economy: The Social Framework of the Free Market* (Indianapolis, Ind.: Liberty Fund, 1971), p.113.

のものだった[36)]。

その論調は今日、まだ一種陰湿な響きを帯びるが、それをよりよく伝えるものにロバート・E・レーンの研究書があり、それは学究的だが不屈であり『市場制デモクラシーにおける幸福の喪失』という非常に巧緻な題名を冠している。資本主義に対しての熱意を気振りも見せず、また、一片たりとも賛美を示さぬ様子は、レーンの落胆ぶりと後悔とを表現したものであり、おそらくそれはクリストルの時代と異なり、今日の文化が罠を施した鋼鉄製の消費者の檻に反抗する意欲を示さないからだ。レーンの悲観論は調査データによって裏付けられており、ワールドウォッチ研究所『地球白書 2004 年』によれば、調査した 65 カ国で人びとが年間 1 万 3000 ドル以上（世界平均で達成した当初は幸福をもたらした数値）を稼ぎ、消費したことで、かえって幸福を買うための可処分所得と消費とが落ち込んだのだ[37)]。

レーンの発表した分析は、予想通り、経済界からはほとんど注目されることがなかったのであり、それは彼がある種の「戦慄の帝国《シャドウ・オン・ザ・ランド》」の内に、つまり「人びとが物質的進歩に覚える満足感の内」に見出したものである。新たな千年紀の初頭に勃発したテロリストによる大災厄（9・11）と不景気とが到来するよりかな

36）Irving Kristol, *Two Cheers for Capitalism* (New York: Basic Books, 1978), pp.259 and 254.［アーヴィング・クリストル／朱良甲一訳『活路』叢文社、1980 年］。クリストルの左派から右派への旅の完成を告げる奇妙だが成功した著作で、反抗的文化について深き両義性を主張しており、それは彼の嫌う若き因習打破的な要素をもちつつも、彼が部分的に共有し、おそらくは予期さえした資本主義の罪に不平を抱くものをもっていた。

37）Worldwatch Institute, *State of the World 2004: The Consumer Society* (New York: W. W. Norton, 2004). あるいは以下を参照。Alex Kirby, "Richer, Stouter, and No Happier," *BBC News,* January 9, 2004.

り以前に、レーンは「世界中の先進市場的デモクラシー制国家に、また市場が幸福を最大にするという思想を嘲る精神と、幸福を追求する権利に対する18世紀の約束に取りついている不幸と大不況の精神」[38]を隈なく探求した。本書で彼は資本主義社会における疎外について述べられた人びとの言葉をただ反芻するのみであり、たとえばニーチェに回帰して、小さな「羽虫」よりも「最後の人間《ラスト・マン》」によいところはないとしてしかブルジョア社会の住人たちを描かなかったように、あるいは、ルソーに回帰して、現代人が大きな権力を獲得すればするほど、彼らの欲求が単に増殖していくよう権力を減じさせるから、より不幸になるだけであることに気づくのであった。

そこにあるのは、カール・マルクスが先見の明をもって解説したように「如何にして生産と需要との拡大が巧妙に、そしてまた非人間的、堕落的、非自然的、想像的な欲望に対して常に打算的な追随となったかについてである」[39]。そして、ごく最近では、クリストファー・ラッシュが1979年の著作『ナルシシズムの時代』のタイトルで示した、憂鬱な予見について考えてみよう。ラッシュが現代社会に観るのは、如何にして「エゴイスティックで、業突く張っていて、強権的な自己を、自己肥大的で、ナルシシスト的で、幼児的で、空虚な自己へと退行させているか」[40]についてである。ナルシシズムについてのラッシュの報告は、私が描写し、新たな資本主義

---

38) Robert E. Lane, *The Loss of Happiness in Market Democracies* (New Haven, Conn.: Yale University Press. 2001), p.3.

39) Karl Marx, *The Economic and Philosophic Manuscripts of 1844*, Erich Fromm *Marx's Concept of Man* (New York: Frederick Unger, 1961), p.53.

40) Christopher Lasch, *The Culture of Narcissism: American Life in an Age of Diminishing Expectations* (New York: Warner Books, 1979), p.12. ［クリストファー・ラッシュ／石川弘義訳『ナルシシズムの時代』ナツメ社、1981年］

的エートスと位置づける幼稚症状の多くに満ちている。ポストモダン的消費資本主義を活気づけるエートスは、愉悦を欠いた一つの強制である。現代の消費者は自由意志をもつ愉楽の徒ではなく、資本主義の将来が消費に依存しているが故に、消費に追い立てられた衝動的な買い物客なのだ。こうした消費者はより幸福や官能から縁遠いのであって、衝動的に自慰行為に浸る者、少しの喜びも見出せぬまま嫌々仕事中毒と化す者よりも劣るのであり、彼らは、ちっとも望んでない放埒に身を委ねる幼稚化倫理によって消費という労働に身をやつすのである。

それどころか、かつてはヴェーバーの禁欲的エートスが生産活動に寄与したのが、今度は消費に資するエートスの開発に相応の歳月が費やされることとなった。このことは、沈着なるキリスト教右派と軽薄なる消費道具主義との間に横たわる、困難かつ不安定な政治的妥協として我らがとうに認識していたものを造成することを伴ったのであり、このプロジェクトは資本主義がいまだ人間の真の需要に訴え掛けるだけだった頃（たとえばアダム・スミスの1759年『道徳感情論』を参照）に、18世紀の啓蒙運動におけるスコットランドのモラリストに引き継がれたものである。この作業は、今日では遥かに困難になっている。家族的紐帯、精神的成長、そして市民的責任という諸価値を支える文化的保守主義と、そしてこのような諸価値を必然的に徐々に蝕み、破壊する消費資本主義とが生来的に矛盾することに、消費社会が耐え得るか否かは不透明なままであるのだ。

今日、買い物は単なる作業ではなく、富裕な職業人が買い手を務める仕事となったのであり、その際に、製品に対する「クチコミ」や、ブランドに対する「影響力」のある先導者をつくる企業群に雇われた何千人もの10代の人びとにとって、マーケティングは才能になったのだ[41]。それは私が示すように、選択の余地は維持されるものの、個人的な選択のみであり、大量消費の鋼鉄製檻のどこに立ち、あるいは座るのかという囚人としての選択、つまり、モールにいるのか？　シネマコンプレックスにいるのか？　インターネット上にいるのか？　テレビの前にいるのか？　ウォルマートにいるのか？　ディズニーランドにいるのか？　あるいはフェデックスフィールド（スタジアム）にいるのか？　といった選択に過ぎないのである。

アフリカでは猿を罠で捕まえるとても単純な方法があり、これは世界的な消費主義の時代にあって、「選択」が直面するパラドクスを暗示するものだ。大きなナッツを詰めた小さな箱を、しっかり固定した柱に括り付ける。ナッツは小さな穴から猿が欲張って手をいっぱいに伸ばさないと届かず、その届いた瞬間に手を捕える仕掛けになっている。猿にとっては十分に手の届く範囲だが、猿がナッツを掴むために拳を握ったときには、それを引っ込めることができなくなる。もちろん、生き物にとってこの罠から逃れるためには分捕り品を捨てることにあることは、猿以外の誰にとってもすぐにわかるはずのことだ。しかし、賢いハンターは欲望に支配された猿がナッツを手放そうとしない習性を見抜き、餌を置いた直後、あるいは

41）以下参照。Rob Walker, “The Hidden (in Plain Sight) Persuaders,” *New York Times Magazine,* December 5, 2004.「ソニー・エリクソンが10都市で60人の俳優を雇い、見知らぬ人に声を掛ける」ソニー・エリクソンのカメラは携帯電話で自分の写真を撮るよう依頼した。「口伝えの世界」の市場に関する会議はますます普遍化していて、その一例には「第一回定例（クチコミ、ウィルス、ブログ、口伝えの世界に関する）バズ会議」として喧伝された2005年のシカゴ会議があり、これは米国（クチコミ）マーケティング協会（WOMM）で組織された。私は第5章でクチコミ・マーケティングを幅広く扱っている。

数日置いても捕獲できることに気づいたのだ。最初に型をつくるのが肝心なのであって、その後はただそれを踏襲すればよいのだ。

消費者たちは資本主義のもつ単一の罠に嵌った猿なのであり、理論上は買い物をするか否か自由なはずが、彼らの欲望に火を点ける幼稚エートスによって、一度でも幼稚化の猿罠に掛かると二度と逃れられなくなることに気づくのだ。モールや仮想市場は監獄ではないが、それが人類に公的だろうと市民的だろうと道徳的だろうと自由に似た何かをもたらすとは決して言えないのだ。これは「間違った意識」についてでなく、「限定された意識」についての問題であり、消費者たちが如何にして、真の個人的選択を与える自由概念を受け入れるよう強制され、その市民的自由（第4章参照）を破壊する犠牲を払う以外にないのかを物語るのだ。

もちろん資本主義は、高貴な清教徒たちによる連邦国家から、愉悦なき大量消費主義の檻の中に至る過程において、落胆続きだったわけではない。しかし、そのエートスは激務、他人の商品に資する生産、将来的投資、日常生活の禁欲を命ずるものから、買い物客の目が瞬く間にも無駄な支出と骨の折れる余暇を命ずるものに至るまで、進化せぬままだった。経済的システムは緩慢に変転していき、それに具備される倫理的観念は、資本主義そのものが変わるのと同等の慎重さをもって進化していった。プロテスタンティズム的生産主義の勝者たちによって失われた世界と、真の経済的ニーズによってと同等に、幼稚化のエートスによって駆動される、消費主義の敗者たちによって新たに発見された大陸との間には、経済発展に至るいくつかの複雑な段階が横たわっており、それ自体が各々でエートスを発展させていき、それ以前のものとそれに成り代わったものへとつながった。かつての市場の自発的製作者であり、そして同時にその反面的な意味での消費者、あるいは、貧者、権利および権力の被剥奪者、もしくは永久の部外者になった人びとのまさしくそのアイデンティティについてはゆっくりとした変化がある。

＊　＊

資本主義の多くの発展段階においては、ヴェーバーのいう資本主義の時機が抑え込む権力に根ざす成功する状況をヴェーバーか確認し、確立する時機に先行する段階がある。この資本主義の萌芽段階は、創造的かつアナーキー的な倫理に付随し、あるいは付随された「創造的資本主義」として理解されるところもあるが、それは理想的な資本主義の主体を向こう見ずな冒険家と定義する。ヴェーバーによるブルジョワ資本主義の重要な段階は、禁欲的倫理（ヴェーバーのいう「プロテスタンティズムの倫理」）に付随し、あるいは付随された「投資資本主義」によって定義される。それによれば理想的な資本主義的主体は手堅い会計家と定義されるのであり、彼らは激務と合理的な長期計画ならびに継続的節減ができる打算的な投資家である。それから「リベラル資本主義」と読み替えることも可能なヴェーバーのいう資本主義の飛躍する理想的機会は、急進的個人主義の倫理によって付随し、その主体によって自由な選択者（自治と権利によって規定された個人）として定義されたもので、その機会に差しはさまれるいくつかの段階があり、それは「経営的資本主義」であって、マネージャーとして理想的主体によって定義される組織と保護の倫理によって付随し、付随されるのである。私はプロテスタントから幼稚エートスに至る道程が単純だったり、不連続だったりしたわけでないことを明らかにする以外に、特にこの重要な中間段階を強調しようとは考えていない。その最終段階は私の注意を引くものであり、それは「消費資本主義」として、幼稚化の倫理に付随し、あるいは付随され、そしてその理想的な主役たる強迫観念に囚われた消費者を支えるのだ。そのようなすべての弁証的段階と同様に、これらの類型が互いに継承されていく一方で、各々の痕跡は他の各々に存在するのであり、そして、まさに彼らが互いに継承するとき、跡形もなくなるわけではない。冒険好きな企業家、手堅い会計家、自由選択する個人、そして、経営的資本家といった初期の原型は後期消費資本主義の世界にいる人びとに継承されているものの、その類型は、現在の幼稚症の倫理によって支配され、重要主人公としての若き消費者市民の自由を達成させはしないのである。

これまでの資本主義の概略的な物語は収斂に向かうのであるが、この進行にとって不可欠なものは何もなく、かつ、その議論には歴史的必然などという解釈もないものの[42]、それは消費資本主義への反対が新たに芽生える段階（“抵抗”によって定義される段階）を伴うのである。しかしながら、それが扱いにくい幼稚化のエートスという相当に荷厄介な特徴の一つなのである。後期消費資本主義は、その非公式の強制性を見えなくし、公的な自由の行使をより難しくする個人的な自由の幻想を引き起こすので、抵抗や変革を意図する意味合いではより扱い難いものである。さらに、特に子供たちに狙いを定めた新たなマーケティング戦略は、本当の自己抑制や意図的な抵抗を最小限に抑えるから子供たちを選別するのだ。それでも抵抗は可能であり（第7章および第8章を参照）、それはデモクラシー化の戦略に依拠しており、その主人公は再び活力を与えられる市民

42）歴史的決定論は、歴史が人間意志だけを単独で展開させ、創造的相互干渉からまったく逃れさせる構想を伴っている。本書で私の議論が仮定するのは、社会システムが社会的哲学と個人的活動の結論たることを描き出す、消費の進展の論理にとって、“そして”、人間意志の機能にとって、十分な余地を残していることだ。如何にして社会システムが集合的自由に順応するのか、時間を超えて幾種類になるのか、それは抵抗や変化に幾分でも攻撃されやすいのか。

であり、かつ、その目的は唯物論的消費主義へと資本主義が減退することに対して挑戦を試みることなのだ。

資本主義の段階とエートスを革新していく力

ヴェーバーは当初から資本主義とプロテスタンティズムとの関連について探求していたわけではなく、すでに資本主義が社会的に形成され、かつ政治的に関わってきた経緯を調べる、その道程で核心に踏み込んでいったのだ。ヴェーバーが実際に初期資本主義から連想したプロテスタンティズムの倫理は、資本主義的価値を以下のように定義する。すなわち、まだ完全に実現されていなくとも、自然発生的な起業家的創造性を源泉としたブルジョワ文化がすでに確立されていれば、上手に社会に馴染んでいくものとしたのである。ヴェーバーは頑固にも、すべての社会に存在が認められ、かつ、誰の経済モデルにも帰属していない特徴を貪欲に得ようとすることに主眼を置かなかった。彼の考えはむしろ資本形成途上に基礎を置くのだ。彼の探究する倫理をもった資本主義がすでに「命知らずで、悪辣《らつ》」である段階を超えてしまい、そして「我らが経済的全史において見たのと同等の経済的冒険家たち」を注視しようと彼は躍起になっている。しかしながら、彼のいう企業家たちは「人生という厳しい学校で成長してきた」のであり、「抜け目ないのと同時に大胆」なのかもしれず、彼らは「温和で信頼できる以上に、鋭敏で、厳格でブルジョワ的な意見と主義をもち合わせ、自分たちの仕事に完全に没頭している」[43] 人びとなのだ。総じて批判的にみれば、ヴェーバーはこれらの資本主義者たちが形成した人間としての資質が、そ

43) Weber, *The Protestant Ethic and the Spirit of Capitalism*, p.69.

の多くの点で資本主義そのものが合理化や合併化を成し遂げたことによって生み出されたと信じているのだ。

これは重要な点で、なぜならヴェーバーのいうブルジョワ的資本主義が、最初に資本的蓄積を始めた黎明期の資本主義をとうに越えてしまったからであり、この段階では、ピューリタンの禁欲的倫理による無政府主義的かつ野生的な傾向があるものの、資本主義の最終的出現にとって必要な局面だったのである。この序幕の間、ヴェーバーが向こうみずで、投機家や冒険家として軽蔑した人びとは、必然的に優位な立場を占めた。ヴェーバーが信じていたのは、そのような資質がすべての時期にわたり存在することであって、加えうるに、推測すればそれらは我ら自身の内にも存在するのであるが、どうしてもピューリタンの類型にこだわるのであれば、それ以外の破滅的資質がすっかり高潔なものとしてほんの少しの間だけしか現れなかった資本主義的序曲においては重用されるのである。

資本主義的序曲：猛者と山師

黎明期の資本家たちには、まず女性的なところがなく、無謀な男性らしさを曝け出して[44)]、資本主義という未熟な合理化形態をつくりあげたのであり、したがってその内に含まれる発明や発見は、斬新でありながらもしばしば愚劣な考案と不規律な原動力をもったものとして発動された。向こう見ずな勝負師たち、自惚れたギャンブラーたち、そして財産強奪を目論む盗賊たちといった、資本家予備

---

44)〔タイタニック号で著名な〕モーリー・ブラウンの如き米国の新進起業家像には、いくつかの注目すべき、かつエキゾチックな例外があり、彼女はメレディス・ウィルソン作曲のブロードウェー・ミュージカル『不沈のモリー・ブラウン』で大衆的日常語をもって演じられ、不朽の名作となった。

軍は変節して無責任性を合理化し、他を信用しない直情性に賭けて、それを合法化していく倫理を生みだしていった。「罪深きことは聖者を装って」（シェークスピア『間違いの喜劇』）登場する人びとは、後世の人びとから偽善者と呼ばれるのかもしれないが、彼らはそうでない人間のフリはしなかった。そして、彼らは自らが認めるような泥棒や詐欺師と見紛うインチキ商売人ではあるけれども、その創造的な活力と急進的な偶像破壊主義を美徳の後背にしたのだが、それはプロテスタンティズムの慎み深い倫理から見れば後代から非難されて然るべきものであった。

彼らの目標はまだ資本を蓄積することではなかった。ただ早く金持ちになること（あるいは金持ちになるのに失敗して悲惨さを味わうこと）は、過去との関係を断ち、封建的な保守主義をブチ壊し、想像力をフル回転し、創作力を引き起こすことによるのである。また、ただ夢を見て、景気よく旅路に出ることはその作業がたとえ発見のみならず、しばしば災難につながる場合であっても、なされるのである。ただ機器を形づくり、そして資源を発見することは、彼らがあまりに無為に過ごしていても、やがて将来の資本蓄積の素地と、繁栄のための合理的体制の基礎を成すことなのだ。リスクを常に計算づくの上で賭けていくヴェーバー流の慎重な読みよりも、リスクを厭わぬ現代的企業家を選ぶとすれば、それはジョージ・ギルダーが尊ぶような原始的資本家タイプの人間なのである。

英国の保守派の哲学者、マイケル・オークショットはかつて、この封建主義から商業社会への移行を架橋した、魅力的で信用ならない種族を解説し、「若き子弟たちは自己の居場所がほぼないところで自ら歩んでいく世界をつくる。気儘な冒険家たちは自らの土地を売り捨てていく。町の住人たちは田舎のムラ的紐帯から自らを解き放つ。流浪する学者もいる」[45]と述べた。家庭や団らん、そして田舎風邸宅から追われた、こうしたみすぼらしき探検家たちは、伝統的に定着した社会的慣習を破った、資本家ではなく取引業者でさえもないが、彼らが居なければ、慎重な投資と合理的な管理、資本の蓄積、そして市場的交換は可能となり得なかっただろう。そこには管理する原資も蓄える富もなかったのであり、取引を円滑にする金や銀がなく、探索を可能にする道具もなく、経済の動燃となり、巨大独占を図るための石炭や石油もなく、綿を綿繰りする機械もなく、織物を織る織機もなく、忙しなき都会のプロレタリアートを形成する前提となる農業労働者もない。

こうした探検家や冒険家の信条は身軽さだった。彼らは計算を拒み、金銭やその管理に対しては、愚劣で破壊的な無関心さを表したのだった。果たして誰が、慎重なリスク査定を基に、遠い国へ行こうと家を出ていく決心をするだろうか？　保守的気質は、リスクとは真逆である。愚劣な者のみが、その存在さえ疑わしい幸運を求めることに身を委ねるのだ。これらの冒険家たちは、賢明である以前に間違いなく愚劣で大胆だった。彼らにある、そのしばしば破壊的となる行為を説明し、合理化するエートスは、心底からのアメリカ人的、いうなれば官能的詩人たるウォルト・ホイットマンの要素をもっていて、オープンな道路で唄い、体を電流が迸《ほとばし》るように歌い、自由な身の上を詠うのだ。たった独りの自己による自発的なエネルギーに対しホイットマン流に身を委ねれば、利益に対するコストを図表化する類の計算を理解することは能わないだろう。彼は以下の

45) Michael Oakeshott, *On Human Conduct* (Oxford: Clarendon Press, 1975),p.239.［マイケル・オークショット／野田裕久訳『市民状態とは何か』木鐸社、1993年］

「俺自身の歌」によって、南北戦争の頃から出現した創始的な資本家生誕期に、アメリカを魅了したのだった。

> ウォルト・ホイットマン。人騒がせな一人のアメリカ人。またの名は宇宙。
> 暴れん坊、デブ、スケベ、大食い、大酒呑み、種馬。
> おセンチなんて柄じゃない。
>
> ドアから錠を取り払え！
> ドア枠からドアごと取り払え！[46)]

それぞれの社会における初期資本的歴史においては、ゴロツキの悪党たちが再三にわたり出来するし、彼らは自らの欲望の大きさを誇示さえする。「私はこの広大な空間の空気を胸一杯に吸い込んでいる。東も西も私のもの、そして北も南も私のものだ」と、ホイットマンは「オープン通りの歌」で絶叫している。再三にわたり、アメリカ特有の例外主義の扱いに則り、自らの使命を神聖だと自任し、「私は自分が思っていたよりも大きく、素晴らしい。私は自分がこれほど優れているとは知らなかった」とし、そして「私を受け入れる誰もが、男も女も祝福され、私を祝福する」[47)]という自信を加味して、ホイットマンは高揚するのだ。通商路の開拓に尽力したホイットマン流の冒険家たちは、商取引を誘導するよう回路をつなぎ、

46) Walt Whitman, "Song of Myself," stanza 24, in *The Portable Walt Whitman*, edited by Mark Van Doren (New York: Penguin Books, 1977), p.56.［ホイットマン／酒本雅之訳『草の葉（上）』岩波文庫］
47) Walt Whitman, "Song of the Open Road," stanza 5, in *The Portable Walt Whitman*, p.159.

鉄道路を準備して、路線を敷き、ほかの人びとが手堅く財産を築き上げられるよう金銀を採掘し、石油を掘削した。彼らに先行する荒っぽい悪党たちが居なければ、ヴェーバーの計算していたようなアクチュアリー（リスク査定士）、つまり貿易会社と投資銀行を設立し、その後にイングランド、ドイツ、そしてアメリカ合衆国の国家間にまたがるカルテルや独占を繁栄させ、大きくしたような者たちは存在し得なかっただろう。最初の世代は第一段階の富、あるいは少なくとも第一段階の富を築く状況をつくり出したのだが、彼らはそれを蓄え、それを数え上げ、そして、それに価値を与えた会計家ではなかったのであり、さらにはそれを総体的繁栄として位置づけ、変換させていくことはなかったのだ。

これらの前史的資本家たちは、（初めて太平洋まで陸路で踏破した）ルイス・クラーク探検隊同様にアメリカ大陸の探検家であり、むしろ彼らの探検の先駆者であったが、彼らは安全な家庭を飛び越えたところに広大な世界があることを示したわけでなく、知識、コミュニケーション、そして商取引を通じて世界を結びつける方法を示したのであった。彼らは山師や鉱夫で、コロラド州の銀山の周りに新規に酒場や雑貨店を設け、ペンシルバニア州の石油採掘地を取り囲むようにオペラハウスと売春宿を設けて、その田舎町の創設者となったのだった。町は探鉱者の採取用皿の中で黄鉄鉱の塊が時折きらめいていることによって繁栄と衰退を繰り返し、1カ年や1カ月で掘り尽くされるかもしれないような痩せた土地でもそこから石油を汲み上げる期間だけは生き永らえた。小さな新興の町は、その町を興した人びとを映し出す鏡である。その人びとが町にやって来て、成功し、実態を超えるほどの成果を得て、やがてそれが20年も経たないうちに衰微し、消滅すると、それは経営者と会計家たちが新たな富を支配下に治め、来る世紀に社会全体が成功することに貢献した、蓄積、分配、そして消費のシステムへと合理化していくことをもたらしたのであり、これらによってアナーキーな新たな町や、それを創った非合法な冒険家たちをもはや必要としなくなったのである。

現代アメリカでは、それはハワード・ヒューズのような人物であり、彼は手堅い父の所有していたヒューズ・ツール社を受け継いで得た資産を元手に、航空機、映画、女優、不動産、ラスベガスのホテルとカジノ、そして民間航空巨大企業のTWA（トランス・ワールド航空）といった起業家的事業にロマンある突飛な行動をもって次々に手を出し、財産を倍増させ、費消し、失い、そして取り戻した。あらゆる分野において、彼はパン・アメリカン航空や巨大なハリウッド・スタジオに見るように、そのより多くの手堅い追随者にとっては、新たな道を切り拓き先導した先駆者であり投機家であった。彼はハリウッド全盛期の名高き女優の多くと浮名を流した。ジンジャー・ロジャース、キャサリン・ヘプバーン、バーバラ・ハットン、スーザン・ヘイワード、ジェーン・ラッセル、リンダ・ダーネル、ジジ・ジャンメール、ジーン・シモンズ、エリザベス・テイラー、リタ・ヘイワース、エバ・ガードナー、ジョーン・フォンテイン、ジーン・ティアニー、そして彼の妻だったジーン・ピーターズとテリー・ムーアであり、この彼の恋多き人生のようにその事業歴は、大胆さと向こう見ずさ、創造と退廃、明察と狂気という奇怪さの混在したものであり、それが彼自身や彼が苦しみながら設立した企業を葬った[48)]。彼が1930年に400万ドルを投じた超大作映画

48) Charles Higham, *Howard Hughes: The Secret Life* (New York: G. P. Putnam's, 1993). 本書は明快であり、メロドラマ的肖像も交えたことで、マーティン・スコセッシ監督がアカデミー受賞（ノミネート）の2004年公開の映

『地獄の天使』は、ハリウッドの超ヒット大作のすべてが踏襲する手法となったことは、まるで彼がつくったものの一度しか飛ばなかった飛行艇スプルース・グースが航空機を空想する際の象徴となったこととも重なるのであり、それは全世界の軍用および商業用の航空分野での指導者に向けてアメリカから発信されたのである。

なおさらに最近では、電子およびデジタル革命のパイオニアたちがおり、彼らは1960～1970年代に想像的飛躍を為して、危険を冒したシリコン・ヴァレーの暴れん坊であり、1980～1990年代の繁栄に向けて事業乗っ取り屋や事業家が独占体制を築き、財産を成すことの足掛かりとなったのだ。こうした人びとはサイバー界のビル・ゲイツでなく、小説家のウィリアム・ギブソン、ジョン・ペリー・バーロウ（ロック・バンド「グレートフル・デッド」の歌詞を書いた)、そして偉大なサイバー先駆者ノーバート・ウィーナーのような人物だった。

おそらくジョン・D・ロックフェラーの父をおいて、前史的資本家で、強者の原型でもあるアメリカ人のモデルはほかに居ないだろう。伝記作者のロン・チャーナウは、ジョン・D・ロックフェラーの人生を描く過程において、南北戦争直後で、かつ“金ピカ時代”と呼ばれた有数の資本家の勃興期直前に、アメリカの先駆的資本主義の時機を確実に捕えた、そのウィリアム・ロックフェラーの横顔を紹介している。チャーナウは、この時期を描写し、「アメリカ史で最も陰謀家や夢想家、がめつい人間や口達者な詐欺師が跳梁した。誰もが何か新たな仕組みを考え、そのための特許と発明に向けての申し分ない情熱がアメリカに広まっていた。大仕掛けなレトリック

画で主演のレオナルド・ディカプリオがヒューズを演じた『アビエイター』をつくる契機となった。

と馬鹿でかい夢に溢れた一時だった」[49]と言及する。しかし、陰謀家や夢想家たちの業績は、ヴェーバーや彼の褒め称えた慎重な資本家たちは決して認めなかったが、価値あるものだった。我らが見て取るのにただ必要なことは、ジョン・D・ロックフェラーが、その父の無責任なやり方に軽蔑の念を抱いていたことであり、それは彼が出会い、使役し、そして打ち勝って来た、夢想に取り憑かれた冒険家たちや自滅したリスク請負者たちと彼の父を同等とみなしたことであり、それは前史的資本家という悪党どもがどれほど貴重であるか、つまりブルジョア資本主義が自らを支えるために成熟し、道徳を身にまとった意味でのその先駆者であるとともに反面教師だったかを悟った時、すなわち彼が成功の足掛かりを掴むまでそうだったのである。

ジョン・D・ロックフェラーの父は、こうした猛烈な一匹狼の1人だった。チャーナウは彼を「でたらめな人間」とし、二つの家族を養う魅惑的な重婚者で、故郷を離れ、「ギャンブラー、馬泥棒、無法者」として噂された、通称「悪魔のビル」とされる彼の資質について著作の中に詰め込んだ[50]。ウィリアム・ロックフェラーはまったく文字通りの詐欺師で、いくばくかの小金を儲けたり失ったりする過程で、明らかな失敗に終わったのと同じくらい多くの計画を自ら立ち上げていった。彼は早くから負債を組んでいたが、それは成熟期の資本主義にとっては当たり前のことであっても、当時では先駆的行為であり、如何に未来を先取りしていたかという意味で、

---

49) Ron Chernow, *Titan: The Life of John D. Rockefeller, Sr.* (New York: Random House, 1998), p.97. 〔ロン・チャーナウ／井上広美訳『タイタン』日経 BP 社、2000 年〕

50) Ibid., p.11.

その息子の及ばぬ巨人であり父であったのだ。

ウォルト・ホイットマンは文学のみならず、ウィリアム・ロックフェラーをはじめ彼の同時代の人びとの自我を変えたのだ。ホイットマンによる「暴れん坊、デブ、スケベ、大食い、大酒呑み、種馬。おセンチなんて柄じゃない」との表現を、チャーナウがウィリアム・ロックフェラーを描くときに引用したが、これはロックフェラーが無意識のうちにホイットマンを体現し、その性質をそのまま自らに重ね合わせて生き抜いてきたということなのだ。しかし、このウィリアムの慎重なる息子は「優柔で不道徳な人間は、貧困な事業家となる運命にある」ことを十分に弁えていた。開拓者の資質は、アメリカが成熟へと移行する道程の一瞬でしかないし、でたらめな人間は資本主義の揺藍期という一過性の段階にしかいないし、多くの資本的蓄積の条件をつくった人間は早くから資本主義とその運命との狭間で耐えてきたのだ。

ジョン・D・ロックフェラーは、その半生を通じて自分の父のようなタイプの人間に遭遇しては、彼らを屈服させた。彼は世に出始めた頃に石油採掘の共同者だったジム・クラークを「石油をギャンブルにした不道徳な人間」と蔑みながらも、それはロックフェラー自身が打算的にリスクを引き受ける場合の初期の例でもあったのだが、ジムのことを慎重に管理しつつ表面上は彼を買っていたのだ[51)]。またロックフェラーは、最初の共同者でもあったジョージ・W・ガードナーを軽侮しており、それは彼が威張っていて目立ちたがり屋だったからであり、繊細かつひっそりと奉仕すべき憧れの世界において自らの富を誇示せんがために、華美な服装と大振りの腕時計にその稼ぎのすべてを費やしたからだった。ジョン・D・ロックフ

51）Ibid., p.86. 歴史家アラン・ネビンスからの引用。

ェラーは、父の想像力に火を点けたに違いない種々の新興都市の類に対し、蔑みを増幅させた。ペンシルバニアに現れた初の商業油田たるピットホール・クリークなどの町は、ジョン・D・ロックフェラーにとって見れば、父のような有害な精神が大々的に発揮されたところだった。こうしたゴーストタウンは、「砕け散った欲望と偽りの夢に塗《まみ》れた教訓的寓話」であり、「石油産業は短命という懸念」を再認識させた寓話だった。

それでも、ウィリアムがいなければ、ジョン・D・ロックフェラーは存在できなかったわけであり、それは財産を相続した子供という意味でのみならず、財産を創造した資本主義者の子供という意味においてもだ。ジョン・D・ロックフェラー自身の成功も、彼の父のように既存の境界をぶち壊す創造性をもち、ナルシシスト的でもある一方で夜郎自大的にワンマン振りを発揮したことに拠っており、彼らは、これまで獲得され、抱え込まれたエネルギーをさらに推し進めるために自身の生活や運命を失うことを厭わなかったのであり、それが資本主義を躍進させ、生産力向上の原動力となったのだろう。先行していた彼らが根絶やしとなって、その御蔭で安定した土壌の中で、ブルジョワ資本主義は根づくことができたのだ。南北戦争後のアメリカにとっての真実は、それより前のヴェーバーのヨーロッパにとっての真実でもあった。ルネサンス期ヨーロッパの初期資本主義に触媒作用を及ぼしたヨーロッパの河川沿いにできた新興の商業町は、中世後期に富を探して彷徨い歩いて中世風牧師館に入る、安全性を敢えて避ける向こう見ずな青年たちのためにだけ有効だった。アメリカのブルジョワの新教会（たとえばメソジスト派）は家庭的な家族主義的価値観をもち、成熟した資本主義を保護し、引き受けたものの、その自らの出自には敢えて背を向け、前世代の人びとと同様にその家庭をもたぬ機動性に依拠したのである。

創造性ある前史的資本家は、長期的ニーズに取り組んで富を生み出すことに関心はもたず、何と言っても冒険家として短期的意味でのナルシシストだった。しかし、彼らはニーズに時期を失せずに対処し、それに見合うよう機械や機構《メカニズム》が稼働する地ならしをしたのだった。掘削者たちは石油を鯨油供給を補うための必需品である以外に当初は明確な当てもなく、大して考えもなきまま、ただ興奮に駆られて掘削していたのであり、石油が工業化された自動車社会の莫大な需要を満たすようになるのは内燃機関エンジンが出来てからのことだった。金銀の取引は、資本生産や交換の複雑かつ成熟したシステムなくして、人間のニーズに対処できなかったものの、それらを採鉱し、あるいはそれらで取引する人びとは、如何にそれらを持続可能な経済的かつ政治的な推進力に変えていくかについて、後発のフッガー、ロスチャイルド、そしてロックフェラーの一族のお膳立てをしたのである。多くの初期の発明は好奇心と純粋科学から叩き上げて作られたものだが、これらは慎重な資本家的仲介者に手段として利用されて初めて資本としての価値を得たのである。コペルニクスやガリレオが科学的好奇心に駆り立てられ、果ては星空にまで引き込まれていったが、彼らが航海術を容易にし、時機よく世界的探検につながる発見をしたのであり、そして、それが商品と労働を取引し交換する窓を世界に向けて順々に開けていったのだ。それでも、この天文学者たちは自分たちの科学が引き起こすであろう世界を変革する妥当性に、ありきたりの興味を示さなかったのであり、それは探検家たちが魅惑的な旅行で気前よく金銭を散在することと同様であった。マルコ・ポーロは、ピューリタン的禁欲生活を最後まで続ける慎重な資本家などではなく、クリストファー・コロンブスは彼のスポンサーとは違い、富を蓄積することに関心をもつ手堅き保険屋的算術家ではなかった。しかし、彼らがいなければ、自由貿易や資本主義、つまり現代世界を誰も想像することなど容易にできやしないだろう。

それを現代風に表現すると、初期資本主義はまだニーズに基づく要求型の「牽引《プル》」型の経済ではなかったのであり、つまり、ものを見つけ、さらにその用途とその市場を捜していくことに基づいた「押し付け《プッシュ》」型の経済だった。この意味で、初期資本主義的経済は1990年代のデジタル型経済に似ており、そこには景気、不景気のサイクルをずっと続けていくよう設計、主導していくのに見合う潜在的需要を遥かに超えた技術的独創性と創造性とがあった。ビル・ゲイツが情報資本主義の金ピカ時代をロックフェラーとして演ずるならば（後段参照）、ウイリアム・ギブソンやジョン・ペリー・バーロウといった狂人、予知者、それに冒険家たちは、私がすでに提起したことだが、いずれもデジタル界の山師や電子界の暴れん坊になっているだろう。

資本主義が進展していく流れの中で、それぞれの時期が市民のプロトタイプによって規定されるとするならば、その序章は邪気のない無法者や情熱的な無政府主義者といった反市民のプロトタイプを特徴とすると言える。こうした人物の値打ちは、急進的個人主義的で、しばしば無政府主義的であって、さらには慣例や習慣に対しての軽蔑とまでは言わないがそれを忘却したように装うことにある。その頑固な振る舞いは反社会的で、因習打破的であるが、その動機は邪気や害悪のないものだ。まったくいかがわしい場合もあるものの、愛らしいようでもある。彼の属する魅力に富む不良少年たちのグループが、批判を浴びているときでさえも、彼だけはウインクされ、あるいはこのグループが規律を破壊し暴れ回ったことで責め立てられているときでさえも、彼らのなかでも草分け的な精神をもっているとして彼だけは称賛される。こうした最初の段階での資本主義を自重する人が、最後の段階での強迫観念的消費者と共有するのは、衝動的な、子供っぽい振る舞いに対する好意を示すことである。彼らを幼稚であると言うことは、彼らの性質を曲解することになるものの、皮肉なことにその子供じみた性向が、その後世のグローバル化した消費の局面において資本主義を全面に行き渡らせるのであり、そしてかえって顕在するのである。

ヴェーバーの合理的資本主義：打算的投資家たちと手堅い会計家たち

マックス・ヴェーバーは興隆する資本主義の精神を著述するにあたり、その倫理と時期とを明らかにした。語り手である以前に社会学者たる彼は、社会学的説明を実証し、劇画化していたのかもしれぬ現実の資本家たちを、宗教改革時代（とそれ以後）と切り離して考えようとはしなかった。しかし、彼はひょっとすると強大なフッガー一族についても実際には言及していたのかもしれないが、彼らは皇帝や法王をも牽制する鉱業、商取引業、それに銀行業での権益を伴ったネットワークを駆使することにより、ルネサンス・ヨーロッパのほとんどを席巻し、ルターやカルヴァンの時代にアウグスブルクというドイツのルネサンス都市で勢力を拡大したカトリック派の貿易一家だった。あるいは北部バプティスト派のアメリカ人たるロックフェラー家について言えば、彼らは南北戦争後に資本主義国家アメリカを形成する原動となった国家資産について、揺籃期で未整備の石油産業と新興の輸送システムを振り替えた。さらには非宗教的なゲイツ一族について言えば、彼らは当代の新規テクノロジーを扱い、それも産業化時代を通り越して情報化時代の到来を告げるソフトウェア・プラットホームとデジタル・パラダイムによる巨大な独占市場を再構築している。こうした資本家たちはプロテスタンティズムの抽象的倫理を体現しており、それはある文化的倫理が経済的かつ政治的な行為において君臨する強力な影響を示すことによってである。他の宗教的文化が商取引業と銀行業（特にユダヤ人）と並立していると言い得る一方で、プロテスタンティズムの場合だけは、その強力で合理化された最新型の産業的資本主義の成長に劇的で文化的な基盤を提供したのである。

ロン・チャーナウが説得力に富む言い回しをしているが、資本家たちがより合理的に発展していく第二段階は、向こうみずで開拓者精神に富んだありとあらゆる投機家たちが、マックス・ヴェーバーの述べるような「損得勘定や大胆さを同時に学ぶ人生という荒修業に揉まれた人間」に負けてしまう時に生じる[52)]。チャーナウはいまこれから我らが注意を向けようとしているジョン・D・ロックフェラーについて触れているが、フッガー一族についても解説していたかもしれないのだ。

*　　　　　*

ヤコブ=「大富豪」=フッガー　マルティン・ルターが95箇条の論題をウィッテンベルク大学聖堂の扉に貼り出したまさにその1517年、「皇帝ヤコブ」あるいは「大富豪ヤコブ」と称されたヤコブ・フッガーは一族の繁栄を伸張しつつあり、やがてはローマ、マドリードからロンドン、ウィーンにまでに及ぶヨーロッパを支配し、チリ、ペルーから東洋に至る世界中にその影響力を誇示し、その過程において、ルネサンス期の巨大都市フィレンツェを支配したライバルのメディチ家を凌いでいった。ルターは第43条の命題として「キリスト教徒は貧しい者にものを与え、その望みに手を貸すことの教えを受けているのだから、その信者ならば免罪符を買うよりも仕事に精を出すべきだ」と説諭したが、ヤコブ・フッガーは教皇が

52）Ibid., p.81. Weber, *The Protestant Ethic and the Spirit of Capitalism*, p.69.

免罪符を売るのを援助し、そのために資産を当てていた。それでも、彼はヨーロッパの貧民のためにアウグスブルクで最初の隣保館を設立しており、特に1505年に設立した施設、“フッガーライ”は世界最古の隣保館であるとともに、巨富を築いた見返りの慈善行為から着想された記念碑的事業として今日まで残っている。それはジョン・ウェスリーにより創始されたメソジスト派の福音にある「利益を得て、蓄え、そして人に与えよ」が、カトリック派のヤコブ・フッガーの魂にも浸透しているかのようでもあった。

フッガーライの入口に現在も立つラテン語の記念碑は、ヤコブと彼の二人の兄弟を称えている。それによれば、彼らは自分たちが「信心」や「この都市のために生まれてきた」との啓示を受け、また、「自分たちの莫大な資産が、全能かつ慈悲心に富む神への感謝の賜物である」[53)]と思っていた。ヤコブは、野心に富む悪辣なカルテル結成者たる多くの敵に襲われた際、後世の信心を捨てたアメリカの大富豪たちが模倣することになる字句をもって彼らを非難した。フッガーはザクセン公ゲオルクに宛てて、「彼らは私が裕福であると言う。私はいかなる人間にも不正など働いていないし、ただ神のお思し召しによって裕福なのだ」[54)]と書き送ったのである。後世のロックフェラーのように、フッガーは信心をもってリスクを敢えて請け負い、また奉仕を介して蓄財を正当化した。彼のもつ革新性は、完全にヴェーバー流に則っていて、リスクを冒すことよりも勘定高

53）以下を引用。Jacob Streider, *Jacob Fugger the Rich, Merchant and Banker of Augsburg, 1459-1525* (original German edition, Adelphia, 1931; translated by M. L. Hartsough, edited by N. S. B. Gras, Hamden, Conn.: Archon Books, 1966). Mark Haberlein, *“Die Fugger” Geschichte Einer Augsburger Familie (1367-1650)* (Kohlhammer, 2006).

54）Streider, *Jacob Fugger the Rich*, p.171.

いことにあった。彼の特質はその手堅さにあり、その「組織化の才能をもって事業取引の新たな進路を切り拓いたのみならず、自分の企業利益のために、新規情報伝達のための完全に新規の機構を利用した」[55]のである。

実際のところ彼は独占状態における堅実な商習慣に接してカルテル心酔者だったためか、ユニークさのある原近代《プロトモダン》の資本主義者だった。しかし、よくある伝記の記すところに拠れば「ヤコブ・フッガーはまだまだ中世の人間であったが、ただ最新のスタイルをもった経営者で、感傷とは無縁だった。企業と切り離せない資産を維持するために、役に立たない、もしくは女性の家人たちには仕事のことに一切手を触れさせなかったのだ」。彼は独占的商取引に転換していき、後にロックフェラーはそれと同様の手法をとったが、「それが高額の見返り《リターン》を受け取り、負うべきリスクを保証するには、できるだけ決まった人間がコトにあたることで資産を確保し、さらには、独占だけがそうした見返りを受ける」[56]からだった。これは、規則と秩序を競争の厳しい市場という混沌に強いる感情抜きの道具立てとして、独占が正当化された最後の時代のことではない。フッ

55) Ibid., p.181.

56) Martin Kluger, *The Wealthy Fuggers* (Reigo Augusburg Tourismus GmbH, n.d.), p.26. 歴史家フランツ・ヘアレによれば、世界中の財政上かつ貿易上の帝国からもたらされた権力は別として、この一族は絶頂時には「ドイツの半分、バイエルンの大部分、スイスの大部分、アルザスの大部分、チロル、ハンガリー、ポーランド、ボヘミア、ザクソン」を所有した（Franz Herre, *Die Fugger in Ihrer Zeit* [1985], cited in Kluger, p.29）。土地の所有者はもちろん封建領主で、資本家たるフッガー一族のものではないが、その実質的権力は彼らの金融資本および貿易支配にあり、土地所有権はその世界支配による原因というよりもむしろ果実であった。フッガーによる民間金融機関は今日に至っても機能し続けている。

ガーが自らに降りかかるリスク以上に強く訴え掛けたのは、確かに独占は自分に利益を約束するのかもしれないが、「ドイツ全体の経済システムの利益にも」[57]寄与するだろうということだった。

ヤコブ・フッガーはカトリック教徒だったが、ルターもまた叛乱を起こすまではそうだった。ただ、ルターはカトリック教会の親睦やドイツの農民たちの徒党の内に、後にプロテスタンティズムとなる新教のエートスを見出していったのであり、また同様にフッガーたちは自分たちの事業や知的行動の内に、プロテスタンティズムへとつながっていく構図を見たのだった。彼の企業方針、あるいは彼の経営姿勢や独占志向から考えると、彼は現代的にも、はたまたプロテスタントらしくも見え、双方の精神をもつカトリック教徒だった。彼は当時のプロテスタントの精神の空気を吸い込んだだけでなく、その精神の伸張を支援したのだった。彼の金融帝国は、ハプスブルグ家出身の神聖ローマ帝国皇帝マキシミリアン1世並びにカール5世を援助したほか、1505年のスイス衛兵隊の創設に資金を拠出し、教皇ユリウス2世並びにレオ10世のために彼の所有するオーストリアのチロル州やハンガリーの鉱山で産出した金貨でもって気前よく振る舞うことでローマ教皇をも支援し、双方を一定に支配した。一方でフッガー家は、教皇の免罪符販売について、それがピューリタンにまったく馴染まない風習であっても、これを投資と呼び、その役割の一端を担ったのであり、また、ヨーロッパ最初の慈善事業（前述のフッガーライを含む）の多くを立ち上げることによって、それを後のプロテスタント的資本主義の一つの型にした。

57) Streider, *Jacob Fugger the Rich*, p.172. ストレイダーが注目するのは、その主導権が、ドイツ経済の独占という重要事に征服されたのみならず、その地位と政策を介して、その独占が保証するよう主導されたことである。

上記をすべて引っ括めて、フッガーはただ誠実なカトリック教徒だったのであり、だからマルティン・ルターからは、おざなりの称賛だけ受けて、実際にはその怒りを買っていたのだ[58)]。「現代人的性質をもった経営者」であり、また「新進の知識と革新性をもち、また、利益や独占を含むタブー的業務、そして自己と当時の強大な権力との間での取引」を扱うフッガーの商習慣や経験は、ヴェーバーがプロテスタント的心理として扱ったものを体現しており、それはフッガーたちが独占資本という素晴らしき新しいエネルギーを摑み、支配し、展開することを可能にしたエートスでもあったが、彼はヴェーバーが後に新たな精神として称賛したそのエートスを養い、育んでもいったのだ[59)]。

カルテルを重視したほかにもフッガーたちが秘密の武器としたのは、商品を現金化し、かつ現金がなくても資金移動や蓄財ができる方式、すなわち複式簿記とジャイロ・クレジットによる銀行口座振替だった。フッガー家はルネサンス期の大商業港ベニスにて秘伝の簿記を習得し、それをドイツや他のヨーロッパ諸国でも取り入れたが、その鉱山業と商取引業により得た利益で活発化した当手法は、ヨーロッパの資本主義に多大な影響を与えることになった。ヴェーバーの認識するところでは、それは冒険家の夢だった資本主義を手堅い支配権能へと変貌させた会計手法だったのだ。

しかし、フッガー家の財力は単にキャッシュフローの管理によってもたらされたのではないことに気づくことが重要だ。その本拠を

---

58) ルターおよびドイツ国家主義者は、時代を画する偉大なる商人がアウグスブルグ出身だった事実に幾分かの誇りを感ずると語った。Streider, *Jacob Fugger the Rich*, p.157.

59) Kluger, *The Wealthy Fuggers*, p.8.

フランスに置きながら設立されたロスチャイルド同様に、この金融帝国はその後、ある種の経済的覇権をもって世界中にその活動領域を広げたのであり、破産に瀕したデンマークを救い、ナポレオンに資金を拠出したのだった。しかし、この一家についての伝記をフレデリック・モートンが簡潔にまとめているが、「1810年からずっと、そしてまさにいまこの瞬間でも、ロスチャイルド家はマネーをただ売り買いしているのだ」[60)]。フッガー家はそうではない。この才能溢るる一族は、多種多様な商品で往来を埋め尽くし、自分たちの財産を、独占構築や政治的権勢につながるように銀行業に携わり、取引し、そして利用したのであり、それは世俗的および聖的な両面を目的とするもので、富を創造するのと同等に富を投資し、また、その富を貯めるのと同等に富を分散するヴェーバー流の資本家の姿であった。

彼らは商人から出発して、最初は香辛料や既成商品を取引していたが、その商品の生産過程には自分たちが直接に関わってもいた。やがて、商売は鉱業、それも金、銀、亜鉛でなく、とにかく銅を手掛けて成長し、そうしてヤコブ・リッチは16世紀にはまだ珍しかった後世のカルテル主義のモデルとなる、ある種の独占に近い形態を確立した。これは、おそらくヤコブの最大の業績だった。それはヴェーバー流の生産主義的段階で投資資本主義を規定し、さらに最

60) Frederic Morton, *The Rothschilds: A Family Portrait* (London: Secker & Warburg, 1963), p.48.「単なる」金融的かつ銀行的な覇権と、投資資本主義との双方の間に境界線を引くことはもちろん容易ではない。フッガー家は財政家として金融家だっただけであると主張する者もいるが（ロックフェラーについても、特に後世代には同様に言う者もいるが）、他の多くの識者が論じるように、ロスチャイルドは19世紀のヨーロッパの成熟した産業資本の勃興に決定的役割を果たし、フッガー家はイタリアおよびオーストリアその他における17～18世紀の資本主義の創世を担ったのである。

終的にはジョン・D・ロックフェラーの業績を規定したモデルでもあり、アメリカの南北戦争後に手堅い会計家の関与を促し、それによって巨大資本主義が「発進」することに手を貸したのだ。

＊　　＊

ジョン・D・ロックフェラー　アメリカが自国史に刻むほどの資本家全盛期に乗り出していったその終盤、ジョン・D・ロックフェラーが起業や簿記の技術の多くを先導したが、それはすでにヤコブ・フッガーが数世紀早く用いたものであり、また、ヴェーバーが実際に初期アメリカで構築中の巨大企業像として大雑把に描いていた姿であった。ロックフェラーの台頭が顕著となり、それを確かなものとしたのは石油の産出、精製、販売について、それに必要な全国的輸送システム（鉄道と水路）と同様に、かつて類を見ないほどの独占権を確立したことだった（スタンダード・オイル）。ロン・チャーナウが認めたように、ロックフェラーの事業経歴はその宗教上の信念に深く根差していた。彼が仕事や、合理性、節制、そして蓄財に傾倒していたことは、福音派北部バプティストの母親の影響で染み込んでいる彼の信心深さを、雄弁に物語った。たとえば、合理的な簿記を大規模な企業に導入した際、彼はペンシルバニアの石油ブームの只中にあった荒々しい資本家としての冒険心を抑制しただけでなく、なんとか会計事業を神聖化し、その世俗に塗《まみ》れた商業的生活の内では平凡きわまりない瞬間を高尚なものとするよう努めたのだ。ヒューイット＆タトルという会社の副帳簿係として初めての指名を受けた日を彼は「仕事日」として祝った（1855年9月26日）。初期資本家による石油と生活必需品のマーケットの混沌に対して彼に合理的支配をもたらした複式記入簿記元帳は、「決定を導き、誤りを犯しがちな感情から人びとを救う神聖な会計帳簿」となったのだ。やがて彼の最初につくった元帳は「神聖なる遺品」という相貌を帯びていった[61]。

こうしたロックフェラーの人生にプロテスタンティズムを読み取る必要はない。チャーナウの言う「彼の前半生においてキリスト教と資本主義が網の目のようにつながっている部分」とは、彼がオハイオ州クリーブランドのエリー通りのバプティスト派ミッション教会でリーダーシップを発揮したことにすでに明瞭に表れているが、その資本家としての成功の一部を、上手く時機を摑んでいったことに求める場合と同様に、彼が途方もなく裕福になる前に慈善事業を約束していたことにも表れている。彼が確信したのは「この莫大な富が偉大なる創造神からの壮大な贈物」[62]であることで、彼の信条は以下の通り単純である。「私は金を儲ける力が神からの贈り物であることを信じるのであり、それは人類のために我らが全力を用い発展させるべきものだ。その贈り物を私がもつよう与えられたことで、私は良心の命ずるままに同胞のために儲けた金を使い、その金が増えることでさらに金を儲けることが義務であると私は信じている」[63]。

ヴェーバーはプロテスタントとして資本主義の倫理を考えた。偉大な清教徒の伝道者ジョン・ウェスレーは、キリスト教そのものを「本来的な社会的宗教」と考えた。ウェスレーが認識していた義務とは、人びとが獲得し得るすべての富、蓄え得る富、あるいは授与し得るすべての富に付随するのであり、また、その義務はアメリカの金ピカ時代の資本家たちが[64]、歴史家ガートルード・ヒンメルフ

61) Chernow, *Titan*, p.49.
62) Ibid., p.76.
63) Ibid., p.153.
64) Clarice Stasz, *The Rockefeller Women: Dynasty of Piety, Privacy, and Service* (New York: St. Martin's Press, 1995), pp.14-15.

ァーブの言うように節制と産業を結びつけた福音であった義務と同様に、メソジスト派および北部バプティスト派の伝統として共有されるようになったのだ[65]。それゆえに、ロックフェラーが少々荒っぽい方法を用いつつも、「世界中の欲求を供給するために、この価値ある“石油”という製品を準備し、配給する」[66]事業に自身をまさに捧げたのは、ウェスレーの説く富を稼ぎ、蓄え、与えるという「新しき三位一体」を受け入れたからであり、それを自己に当てはめることができたのだ。その期間、この社会的福音は、メソジスト派と北部バプティスト派の共有の伝統となった。悪徳資本家（“泥棒男爵”）たちは、自らに成功をもたらした資本主義的競争を妨害しようと企む陰険な独占者であるのかもしれないが、新約聖書にあるテモテへの第一書簡、第6章第17および18節の「この世で富める人びとに負担させせよ。善行を為し、良い仕事に励み、物惜しみをせず、喜んで分け与えよ」の教えに忠実な高潔たる慈善家とも自らを任じていた。

それどころか、長い目で見れば産業と節制とは両立しないというヴェーバーの見方には誤りがあることを、ロックフェラーは身をもって証明した。ウェスレーと同様にヴェーバーが憂いていたのはプロテスタンティズムの倫理、すなわち産業と節制の双方にとっての立派な人間に共通の信仰心がほぼ達成されても、それが長続きし得ないことであり、ウェスレーの言葉に拠れば「富者が増えれば増えるほど、宗教の核心は減退していくだろう」ということだった。それは何故かと問えば「富が増えれば、それに応じて自惚れ、怨み、

65）Gertrude Himmelfarb, *The Roads to Modernity: The British, French, and American Enlightenments* (New York: Alfred A. Knopf, 2004), p.121.
66）Chernow, *Titan*, p.76.

愛玩が世界の隅々にまで広がるだろう」[67]からである。しかしロックフェラーは、事業と節制、獲得と喜捨、資本主義と信仰、いずれもの双方に身を投じたのであり、これらはいずれも人生における対の柱であり、それは人生の過程で富を創造することが、その手堅き執事となる責任を人生にもたらすことを意味するからである。完全に資本主義以前の時代ならば、仕事に精を出す人間が王に謁見するほどの成功を収め得るのだというベンジャミン・フランクリンの宣言が世に支持されたように、アメリカはそうした高潔主義を基礎としていた。ロックフェラーはそのフランクリンを念頭に置き、道徳的潔癖さと慈善活動とを生活に伴えば仕事で成功するであろうということだけでなく、真面目に働かず不道徳な人間ならば「貧しき商売人」[68]に成り下がると信じていたのだ。

本章では、ロックフェラーの敬虔な良心を、その資本家然とした振る舞いに比定したいわけではない。ロックフェラーのもつ合理性に共感を示した人は僅かしかいないと考えられる中で、その一人と目されたチャーナウでさえ明瞭に認めたのは、ロックフェラーが石油という「無法かつ不道徳な事業」に対しては「秩序が際限なく求められる」との大義を掲げて、「支配に対する渇望、救世主的な独善性、そして自分を邪魔する過ちを犯した近視眼的人間に対する軽蔑」[69]、また「業界で敵なし」[70]だったことによる「競争的虐待」、

67) ウェスレーは以下から引用。Himmelfarb, *The Roads to Modernity*, p.122. 牧師コットン・マザーは「宗教が繁栄を生み、娘が母に捧げた」と述べる。Cotton Mather, *Magnalia Christi Americana.*

68) Chernow, *Titan*, P.84.

69) Ibid., p.133.

70) Ibid., p.136.

「悪事」そして「大掛りな共謀」[71]を表に出したことだった。しかし、これはまさしくプロテスタンティズムの倫理の力であり、それはルソーの言葉にある「(我らの) 鉄鎖の上にある花飾りを広げ」ていく神学というだけではなく、自己本位をして利他主義に貢献し、そして貪欲をして慈善に向かわせる生きた哲学であった。ロックフェラーが競争相手を簡単に屈服させるよう買収を試みる際、「スタンダード・オイルを努めて慈善事業実施機関や慈悲深き天使のように思わせ、虐げられた製油事業者たちを救うよう」、つまり管財人でなく救世主を買って出て、やってくる。そして、「我らは、あなた方の重荷を取り除いてあげよう」[72]と口にするのだ。

ロックフェラーにとって、その経済的活動を説明し活発にするものとしての宗教的エートスを配備することでのおそらく最も革新的なことは、ヴェーバーによる現代性と合理性との均衡の反芻になるが、カルテルや独占を組成することが実際に合理性を具現化することだと主張したのであり、それは独占が障害を抑えて社会全体の利益に資するのを可能にする方法なのである。個人を自由にし、仕事と投資の双方に道徳的付加価値を与えることで、ヴェーバーのいうプロテスタンティズムは資本主義に寄与した。ロックフェラーの帰依する北部バプティスト派の合理主義が彼に認めたのは独占の正当化であり、それがかつて資本主義の本質を決定づけた競争を取り除き、社会に秩序と慈悲に富む利得をもたらす方法だからだった。かつてヴェーバーが論じたように、中世のギルドは、結託してその上

---

71) Jean-Jacques Rousseau, "A Discourse on the Arts and Science," in *The Social Contract* (New York: Random House, 1993).〔J・J・ルソー／桑原武夫、前川貞次郎訳『社会契約論』岩波文庫、1954年〕
72) Chernow, *Titan*, p.145.

で競争者たちを「制限する」のに役立ったのであり、競争が繁栄し、発展する産業的経済の合理性と秩序とを社会（およびカルテルの当事者たち）で最大化することを可能にしたという理由だったからだ[73)]。これをもって、ロックフェラーは最新のカルテル主義が、富を生むアナーキーな権力間での競争を制限すると主張することができたのだ。

*　　　　　　　*

ビル・ゲイツ・ジュニア[74)]　資本家の発展の原型が、初期、中期、後期に、あるいは資本主義の全期間に共存する範囲で、ヴェーバーのいうところの資本主義的会計家、つまり資本主義の「合理的成長」に対する支配を確保するために、ジョン・D・ロックフェラーのような人びとは独占を打ち立てたが、そのより現代的モデルを確認することができるはずだろう。ビル・ゲイツ・ジュニアは、ヴェーバーが賛美した精神を完全に具現化するには、明らかに現代的でポスト工業主義的であり過ぎるのかもしれないが、それにピッタリ当てはまる候補である。ゲイツは、先行する発明者と技術者による業績を利用し、従前と異なるハードウェアのプラットフォーム、特にBASICを構築したが、このソフトウェアは彼のマイクロソフト社の仕事の基盤となった。しかし、それよりももっと重要なことは、ゲイツが新しいビジネス・モデルを作ったことだ[75)]。マイクロ

---

73)「ギルドは同一職業の社員を統一したもので、ゆえに競争者たちも統合される。それは競争を制限するのと同等に、競争を介した利潤を求める合理的闘争を促すのである」。Gerth and Mills, *From Max Weber*, p.321.

74) 私の研究補助者たるレネ・パダッグスは、本節の議論のために幅広く文献を渉猟し、整理することに力を貸してくれた。

75) David Bank, *Breaking Windows: How Bill Gates Fumbled the Future of Microsoft* (NewYork: Free Press, 2001),p.17; Stephen Manes and Paul Andrews, *Gates: How Microsoft's Mogul Reinvented an Industry and Made*

ソフトMS-DOSとマイクロソフトBASICにとって、プラットフォームは競争よりもむしろ支配を生み出し、それを目的とする手段となって業界標準となったものだ。ソフトウェアが動作する基盤となるこのオペレーティングシステム・プラットホームはIBMのパソコンに基盤として取り付けられたが、その際に導入された「セット販売《バンドリング》」の手法は疑惑の残る取り決めとなった。それによって、マイクロソフトは他のハードウェア・メーカーにソフトウェアとオペレーティングシステムを許可する権利を保持するだろうからだ[76]。こうして、マイクロソフトはまさに別のハードウェア・メーカーというよりは、むしろ供給者として引っ張りだことなることを招いた。それがもとで最終的に連邦政府がマイクロソフトを違法な独占的営業だとして告発することとなったが、それは「マイクロソフトが競争抑止的な手段で独占力を維持して、そのウェブ・ブラウザをそのオペレーティングシステムに不当に連結することによって、ウェブ・ブラウザ市場を独占しようとした」[77]ことを主旨としていた。

このように、ゲイツの成功は、競争する製品に勝る固有的長所をもつ良き製品を生み出したことのみによってもたらされたのではない。もともとアップル、ネットスケープ、あるいはノベルなど（より優れたモノを要求する人びとに対して）魅力的な、別のプラットフ

Himself the Richest Man in America (NewYork: Doubleday, 1993), p.167; Michael A. Cusumano, *MICROSOFT SECRETS: How the World's Most Powerful Software Company Creates Technology, Shapes Markets, and Manages People* (NewYork: Simon & Schuster, 1998), chapter 3.

76) Manes and Andrews, *Gates*, p.162.

77) *U.S.A. v. Microsoft* (2001). 全判決は以下で閲覧可能。http://www.dcd.uscourts.gov/ms-conclusions.html.

ォームを提供する多くの企業があり、一方でオープンソース・ソフトウェア（たとえばリナックス）は「無料」同然の別のオプションを見込んでいた。むしろ、ゲイツに対する連邦政府の訴訟事件で明白にされたのは、「同社が、反競争的に振る舞ったことと、その行動は、その独占力の維持に寄与したことであり、独占に対する責任に法廷が関心をもつこと」[78]に政府が支持するよう誘導した。ゲイツはハードウェアに信頼性付与を組み込み、それと同様に他の技術を組み入れて製品価値を向上させるだけでなく、競合するソフトウェアが実際の長所をぶつけて来られないようにして、こうした一括販売方式を通じてその機能的独占体制をつくり上げた。

ゲイツのマイクロソフトは、ロックフェラーが石油に対して為したことを、ソフトウェアに対して為したのである。それは市場需要において初期的価値がハッキリと見えなかった商品を受け入れることであり、こうしたリスクを冒す冒険家たちによってフロンティア精神が生まれたのである。流通システムを合理化し、製品を支配する独占を築くことで、資本主義の大きな美徳であった競争の多くを取り除き、それによってこのフロンティア精神を成育していったのだ。ゲイツは、すべての産業の偉大な創業者たちがそうだったように、才能溢るる楽観主義者だった。そして、実際上の高次の規範をより好んだのであり、彼の見るところによれば、「多くの、最も成功した規範例があるが、それらは『実際上の』もので、市場が発見するものである。実際上の規範例が法律によってよりもむしろ市場によって支えられるので、これらは正当な理由により、また本当により良い何物かが現れてもそれに代わって選択されるのである」[79]。

---

78) Ibid.

79) Bill Gates, with Nathan Myhrvold and Peter Rinearson, *The Road Ahead*

トーマス・L・フリードマンは新技術に対する熱狂的賛歌に溢れる著書『フラット化する世界』の中で、マーク・アンドリーセンがモザイクというウェブ・ブラウザを開発した際の開拓的業績について、それがまさに業界標準となって、インターネットを有用なテクノロジーに変換したことをもって絶賛した[80)]。しかし、彼が見落としているのは、開拓者はアンドリーセンなのではなく、ゲイツであることだ。ゲイツが消費独占形式をつくり、財産を最初の先駆者の手の届かぬところに置き、合理性を強化した最終調整者だったのである。他者に市場でテストさせよ、その結果が出れば出し抜くのだ。誰か他に発明させよ、そしてその発明の成果を買うのだ。

それは、幾多の先駆者たちがいた分野なのであって、ずっと遡っていけば独創的アイデアをふんだんにもつ輝かしき人びと、たとえば現代のサイバネティックスの父たるマサチューセッツ工科大学（MIT）のノーバート・ウィーナーもいた。そこにいたのはBASICを発明したものの、その業績を商業化しようとは決してしなかったジョン・ケメニーやトーマス・カーツのような数学者たち、ならびに、たとえばどちらもそうだがウイリアム・ギブソンやジョン・ペリー・バーロウのように技術的な専門知識を欠いた空想者たち、あるいは「（世界初のパソコン）アルテア8800」の発明者たるエド・ロバーツのように、大金が懐に入る前にヨチヨチ歩きの会社を他に買収されてしまい日の目を見ないままでいた創造者《クリエーター》たちがいた。クレイ社のスーパーコンピューターの創造者シーモア・クレイは、多く

(NewYork: Penguin Books, 1996), p.50.

80) Friedman, *The World Is Flat*, chapter 2. ネットスケープは、フリードマンのいう世界を「フラット化する」、新規かつ平衡化された世界的領域を描く10の「より平均化する」批判のうちの一つである。

の人びとが世界最高のコンピューターと認めたものを作り上げたが、一方で自社の倒産や、彼自身の個人資産が消え失せていく事態をただ眺めているしかなかった。石油製品市場のようなエレクトロニクス分野の大衆消費者市場は、その市場によって約束される莫大な利益を得る前につくらなければならなかったのだ。ビル・ゲイツ以外の人びとがその神経を製品に集中していったのと違い、彼は市場をつくり、それも彼の会社のための独占市場を最終的につくり上げていったのだ。

コンピューター業界の誰もが克服しなければならなかった困難は、プラットフォームの互換性に挑むことだった。最初は、プログラマーが消費者増を期待して用いた、見どころある多くのプラットフォームとプログラミング言語が存在した。しかし、消費者はどのプラットフォームを選択するように誘導されるのだろうか？　そこにはどれほど真の選択があるのだろうか？　それは、消費者を吸引するのにどういったものが企業の勝者を決定付けるほどの真の需要市場を体現しているのだろうか？　それとも、独占者がその製品を真の競争を奪われた社会に押しつけることに供給重視の市場は体現しているのだろうか（我らが帳簿上の収支を調査するであろうモデル）？選択されたプラットフォームを支配する会社は、実際に市場を支配する。ビル・ゲイツは、早くからこの新たなデジタル経済の特質を認めていた。1981年のローゼン・フォーラムにおけるスピーチで、彼はその特徴として控え目な様子（これもまたジョン・D・ロックフェラーに似ていなくもない）で以下のように述べた。「このことは、本当は言ってはならないのかもしれないが、個々の製品カテゴリーにおいてはある意味で自然に独占状態になっています。それは、どなたかがきちんと記録化し、きちんと訓練し、きちんと特別なパッケージ化を促し、そして時の勢い、ユーザーからの支持、評判、営業力、そして、その製品にある強味を引き立てる価格設定、これらを介して得られるのです」[81]。

もちろん、コンピューター市場はとても変転しやすかったし、プラットフォームは変化ありきで、ソフトウェアは進化していくものだった。ちょうどゲイツがパソコン市場に強力かつ独占に近い地位を確立したとき、その達成したことの影響を受けて新たな競争に直面することを悟ったのであり、それはデビッド・バンクが「独占者のジレンマ」[82]と呼んだものだった。予想されたように、コンピューター画面上のデスクトップのアイコン表記を許したアップルによって新しいグラフィック・ユーザー・インターフェースが開発されたとき、マイクロソフトはその挑戦を集中的に受けた。しかし、アップル社のスティーブ・ジョブズ、ボーランド社のフィリップ・カーン、それにワードパーフェクト社のブルース・バスチャンとアラン・アシェトンを加えた競争者たちをビル・ゲイツはいち早く出し抜いた。これらの企業は多くのユーザーが優れた製品と見なしたものを供給し、時折は支配的と映る市場での最初の地位を得た。しかし、マイクロソフトが他の競争者を買収し、あるいはその模倣製品を開発し、あるいはこれが最も成功した例かもしれないが、別々に扱われていた製品を結びつけて「セット販売《バンドリング》」し（たとえば、アプリケーションを「ひと揃い《スイート》」としてオフィスに組み入れてしまう動き）、効果的市場独占をでっち上げて、優位にいた競争者が対抗製品を販売するのを阻止することによって、彼らはただこれらを傍観するだけだった。このことが特に重要なのは、ビル・ゲイツがオペレーティングシステムからアプリケーションシステムへとマイクロソフト

81）Manes and Andrews, *Gates*, p.202.
82）Bank, *Breaking Windows*, p.38.

社の事業を拡大していったのが1990年代初頭だということだ。他社が音頭をとった技術の進歩は目覚ましかったが、この数十年間、マイクロソフトはセット販売《バンドリング》、大量仕入れ、買収あるいは自社での新製品という手法で他社に追いつくか、少なくともその間近に迫るまでの能力を如実に発揮してきた。コンピューター・ネットワークが最初に世に出てきた際、ノベル社のレイモンド・ノーダやスリーコム社といった強力な競争者たちは業界先導者としての地位を保っているように見えたが、ビル・ゲイツはオペレーティングシステムの最初のプラットフォームに再び頼ることで、それを利用せずにいようとする競争者たちに先回りした。マイクロソフトがオペレーティングシステムからの根本的転換を為し、MS-DOSからWindows NTへ、あるいは16ビットから32ビットへと技術を切り替えていった各時期に、競争者たちはそれを追い越す機会があると思っていた[83)]。しかし、マイクロソフト社は常に自社製品に下位互換性を備えたために、その機会の芽は摘まれていたのだった。マイクロソフトは市場に出ているほとんどのハードウェアに付随し、まず選択の余地はないという非常にわかりやすい存在だった。マイクロソフト社のシステムが他社のプラットフォームと互換性がないように構築されていることに不平を鳴らす声もあり、変更を選択する潜在需要があったにもかかわらず、そのような変化が現実に起こる兆しはなかった。以上のことすべてが暗示するのは、真の消費者の選択がもはや企業利益を為す大きな力にはならないという一つのビジネス・モデルであり、それは我らの主題に通じている。

マイクロソフトが草創期にインターネット関連新規事業に軽率に手を出して大きく躓きそうに見えた場面でも、ビル・ゲイツはうま

83）Ibid.,p.45.

く立ち直った。ネットスケープ社の共同創設者アンドリーセンとジム・クラークが、他のインターネット・サービス・プロバイダー（ISPs）とともに、デジタル市場の形態を根底から覆したときも、マイクロソフトは窮地に追い込まれたように見えた。起こりつつあった事態に乗り損ね、ほとんど市場に参入できなかったのだ。それでも、やがてゲイツは自社でMSNサービスプロバイダーと、電子メールおよびインスタント・メッセージを含む無数の関連事業を展開した。彼は最近でもなお、過熱する検索エンジン市場に参入し、グーグルの牙城たる分野で対決する姿勢を示した。グーグルが「新マイクロソフト」として成功しても、過去に他社によって開拓された市場に果敢に乗り込んだその姿勢をもって、ロマンチストだけは逆にマイクロソフト社に賭けたのだろう。

チャーナウは以下のように述べる。ロックフェラーが「不安定な経済によって苦しんでいたことはほぼ確実であり、それは絶え間なき変化による混乱が、規則正しい彼の事業を振り回し、彼自身を牽制する」[84]からであった。ゲイツも同様に感じていたに違いないことは、彼自身の成功が腹立たしいほど変動する市場をコントロールすることに掛かっていたことであり、市場は人には自由に見えるのかもしれないが、彼に映ったそれは混沌であった。「絶え間なき変化による混乱」と戦うことによって、ロックフェラーとゲイツのような資本家たちは市場の独占的制御を求めていった。かつてロックフェラーはカルテルをつくり上げ、石油精製所自体に加え、アメリカで扱われる石油の90パーセントを支配するのみならず、樽製造業やそれを製造する工場、倉庫、輸送施設、タンクローリーの車両群、それにエネルギー部門同様に、鉄道、水路そしてパイプライン

84）Chernow, *Titan*, p.149.

といった、石油を地面から掘り出し、世界中に販売し、売れ筋となる消費者製品に変換していくために必要な広範囲の事業に関連する全産業より利潤を得て、それらを支配する体制を確立していったのだった。ビル・ゲイツ・ジュニアは新たなアナーキー的な情報化社会経済の中で、まったく同じことをせざるを得なかったのだろう。彼が支配する必要があったのは一つのプログラミング言語だけでなく、オペレーティングシステム、ネットワーク、ハードウェア開発、消費者向けアプリケーション、ビジネス・アプリケーション、インターネット・ブラウザ、コミュニケーションおよび検索アプリケーション、そのほか情報経済上に利益が生じるものすべてに及んだ。

ゲイツはデジタル・ソフトウェア産業の関連市場の混沌について早くからシステム的解決を求めていた。チャーナウが述べるようにロックフェラーはすでに「結果を深く遠くまで見通した重大な洞察」を会得しており、「自身の事業に注意を払うよりも、産業を巨大で、相互関係のあるメカニズムと考え始めたのであり、このために戦略的提携と長期の計画が産業に含まれる、協力を伴った競争へと取り替えていく」[85] ことを為そうとしていた。1990年代の新たな通信産業は、同等の矯正措置を必要としていたが、「協力」は競争を抑制し、選択の余地を取り除き、そして一口にいえば完全なる支配を意味する婉曲表現として機能したのである[86]。

---

85) Ibid.,p.130.

86) チャーナウの素描は、ロックフェラーの競争的、熱情的、公正的な肖像を示すが、私はこれに大いに助けられた。しかし、魅力ある素描の不均衡を矯正する途上で、チャーナウはおそらく公正さにはやや欠けている。独占に関するロックフェラーの実対象が「協力を伴った競争の代替」であると述べた際、彼は偽善に信用を与えているのだ。そして、彼は調子に乗って以下を論じている。「同時に、殺人的競争ビジネス・サイクルの酔狂に対して一線を画し、ロックフェラーは、我らの古めかしい資本家に対する印象よりもカーロックフェラーが現役中に成し遂げたのは、世界的進歩と精神的救済の双方を特徴とした勤労、節制、投資そして喜捨にとっての必要性を合理化し、説明するためにプロテスタントのエートスを展開しただけではない。さらに一層注目に値することを成し遂げたのであり、それは独占の必要性を合理化し説明するためにプロテスタントのエートスを展開したことだった。取り潰した精製業の競争者たちから違法行為の嫌疑を掛けられた際、ロックフェラーが主張したのは、スタンダード・オイルが「精製者たちが自らの資産を食い潰すしかできなかった愚行から、いわばモーゼとして、彼らを救い出した」ことだった。彼は自らの努力について「それが英雄的行為であって、神の如く恭しく申せば、この崩壊した業界を落胆の沼から引き抜くことであったのだ」[87]と吹聴した。競争的資本主義にまかり通るのは、実際に「人間の義兄弟的絆を解消した貪欲な商習慣」で充満した「低俗な実利主義」だったが、カルテルを結ぶロックフェラーの戦略は、この「キリスト教的価値にとって忌まわしい利己主義と実利主義」を目的とすることを可能にした。ライバルたちは「ゆすり屋、ペテン師そして詐欺師」であって、その多くは「常に

ル・マルクスのように思われる。マルキストのように完全な自由競争が独占に至る大規模な産業計画、経済を管理する手法だと信じた」。ロックフェラーは自身を混沌から精製者を「配するモーゼ」の如くみることに疑いをもっていない。しかし、共謀は協力以上のものであり、独占は共謀以上のものである。資本家の偉大なる肖像は、フッガーからロックフェラーやゲイツに至るまで進展し、マルクスは人殺し競争を非難し、モーゼのようにカオスからもち込まれる。しかし、チャーナウもはっきりと認めるように、それは正義を探されるからでなく、完全支配が探され、探すのである。それは、正義と自由を危うくするのみならず、資本主義体制自体を危地に晒すのが目的なのだ。

87) Chernow, *Titan*, p.153.

トラブルを巻き起こしているか、不快感を生みだす利己的な者たちで、父から生真面目さや活発さを手本にしなければならないほど悪ふざけの好きな子供のようだった」[88]。

このように、ロックフェラーが試みようとしたのは資本主義の基本的矛盾を克服するためにプロテスタンティズムの倫理を用いようとしたことだが、市場経済の最も大きな美徳たる初期資本主義の競争から発明品、製品、そして商品が生まれたが、独占はこれらを強化していく過程において、不平等、不公正な競争を繰り返して積み重ねるばかりでなく、資本主義が成功を収める元となった自由までをも破却した上に成り立つのだ。

ゲイツは独占の合理化にほとんど直接に手を下していないのかもしれないが、一度は自身に浴びせられた自分本位、あるいは悪辣との非難に対しては、彼の事業歴のスケールに劣らぬ規模での慈善家になろうとすることにより、金ピカ時代の偉大な独占者と同等たることをもって応えていった。フッガーがアウグスブルクに社会福祉施設を、そしてロックフェラーがクリーブランドとニューヨークに財団と宗教的慈善団体を設立したのと同様に、ゲイツもそれらをレドモンドとワシントンに設立したが、彼は企業的野心のためのみならずそれと同等規模の野心をもって慈善的努力を傾けたのであり、この二つはマイクロソフトにとって天使的双子というべき慈善事業となった。ビル＆メリンダのゲイツ財団はビルの父により運営されており、間もなく世界最大かつ最も補助金交付額の多い財団のひとつとなり、慈善的努力がマイクロソフトの事業の手助けになるとして情報格差《デジタル・ディバイド》の是正に立ち向かうだけでなく、エイズ教育が必要な地域で働き、発展途上国で予防接種や治療薬の供与、そして中等

88) Ibid., pp.154-155.

教育の育成に取り組んだのである。ゲイツはおよそ460億ドルの個人資産について、その最高95パーセントを彼の財団に引き渡すと誓約した。2006年、地球上でゲイツに次ぎ2番目の富豪たるウォーレン・バフェットは、その300億ドルの資産の大部分をゲイツ財団に寄付することを約束し、それにより同財団は同財団に次ぐ世界の7大財団が合わさったよりも大きい規模となった。

資本主義の初期の巨人たちのように、ゲイツは慈善行為に対し、自分の事業歴を特徴づけているのと同じくその心底にある楽観主義をもち込んでいる。彼の基金のウェブサイトにある陽気な散文は、マイクロソフトの陽気なマーケティング言語を反映している。「我らの周りの世界が我らの切迫感を煽っているが、それは我らの楽観主義を活気づけることにもなる。資産と時機を増やすことによって、この世界が数代にわたって到来したよりも良い住処になると我らは思っている。数百万の人びとが自らの生活とコミュニティを転換していくことを手伝う熱心なパートナーとなるのが我らの仕事で、我らは毎日積極的な変化を見るのだ。健康と学習における一層の進歩を促すのは歳月だが、我らはその進歩を最も必要とする人びとに届くよう保証するグローバルな義務を共有するのだ」[89]。

ゲイツ自身は、アンドリュー・カーネギーやジョン・D・ロックフェラーのような先駆者のモデルに則った自己合理化と自己装飾的モラリストを正確に体現するのではなく、「善」や「正義」たることを言語として用い、彼は次のように述べた。「アメリカでは、常に平等、つまり人種的差別や性的差別についてが議論となる。そして、もし世界がより富裕になることが不平等につながると考える向きがあるのならば、これらの不平等を是正しようとすることは我ら

89）以下から引用。www.gatesfoundation.org.

の行う正義のうち何かに相当するのだ」[90)]。2005 年 12 月 26 日に「慈善活動家」の見出しでビルと、その妻メリンダのゲイツ夫妻が、ロックスター・バンド U2 の音楽活動家ボノとともに『タイム』誌の「今年の人」に選出され、その表紙に登場した。アンドリュー・カーネギーに対して用いられたレトリックによれば、『タイム』誌はゲイツを準備していたのであり、「億万長者は（現実世界から）取り除かれた」とし、「彼らは自分が呼びたてられたり、夕食を解凍したり、商売であちこち飛び回ったりといった必要の決してない素晴らしい財産の上に胡座を掻いている」と権高に述べ立てた。しかしゲイツは違う。「善行を瞬時に為すために、政治を変換し、正義を再構成するために、慈悲をよりスマートにし、かつ欲望を戦略的にし、それで残りの人びとが我らのあとに続くことを挑発するために」、ビル・ゲイツおよびメリンダ夫妻とボノは、その年の人として『タイム』誌に選ばれたのだ[91)]。

プロテスタントの道は、善を為すことで物事をうまく運ぶことである。そして、それをしっかりと理解するまでは、ともかくキリスト教徒であることはないはずだ。それは、消えゆくシステムの残滓であり、一流の慈善には相変わらず明らかにあるのであるが、同時に、我らは幼稚化や、拝金的消費資本主義を至高とする時代へと突入しているのである。我らはカーネギーが図書館を建設したり、ゲイツ家がエイズと戦ったりすることに喜ぶが、不平等に終わりはなく、億万長者がただその独占的利得の幾分かを返上するだけのこと

90）以下を引用。Sarah Bosely, "Dream of eradicating disease that drives the world's richest man," *Gurdian*, January 25, 2005. ゲイツは 7 億 5000 万ドルを小児病患者に、5100 万ドルをニューヨーク等の高校に寄付した。

91）*Time*, December 26, 2005, pp.44-45.

なのだ。

幼稚化への移行

プロテスタント的エートスにより補強された資本主義が強化された偉大な時代から、幼稚エートスによって支えられる消費資本主義という新たな時代へと即座に移行が為されたわけではない。資本主義が社会に貢献する企業的利他主義から、我らが時代、つまり真の人間のニーズを無視する一方で、偽りの欲求に事業が浪費的出費を命ずる資本主義的ナルシシズムの時代に至る早道などはない。イデオロギー的合理性が進化していく完全な歴史は、急進的個人主義の局面と経営的資本主義の局面の双方を含む移行的段階を考慮に入れれば、禁欲的エートスと幼稚エートスとの間に休止期間があるはずだが、こうした局面は歴史的に見て明らかなばかりでなく、我らが今日見ている支配的な大量消費時代にも明確に存在する。

資本主義の定義を構成するのは企業家精神と競争だが、フッガー家、ロックフェラー家、そしてゲイツ家といったカルテル強化主義者たちの時代にあってさえ、自由は最も流布された一般的美徳であった。それゆえに、生産的資本主義が進化しても、独占と競争の間の緊張は激しいままだった。この双方が一時的に均衡を取り戻すのは、たとえばセオドア・ルーズベルトやビスマルクのように競争を目的とした自由市場イデオロギーに政府介入を同時に介在させたときだった。資本主義というリベラルかつ個人主義的な様相と密接に関連するのは、資本主義とリベラル・デモクラシーの結合であり、それは参加や平等よりも、自由や個人的選択によって定義される。それにもかかわらず、市場のもつ生来的矛盾に応じ、資本主義のもつリベラルな様相が固まりつつあった間、新興デモクラシー制国家は市場を抑制する均衡的役割を演じた。資本主義の急速な成長が、仕事より速く富を生み出し、さらにその富を正当に再配分することなく繁栄を促すために、デモクラシー制国家は組合を合法化し、そのセーフティネット装置として是認されていったのであり、また、進歩的所得税制は市場の均衡装置として説明されたのだ。起業家的競争はカルテルと独占に追い越されてしまったため、デモクラシー制における独占禁止法は資本主義自体を救い出したのだ。公的権利を行使しようと試みる市民コミュニティに対し、利己主義はその対決の内に自らを見出そうとした。ジョン・デューイに対峙したアイン・ランド、フランクリン・ルーズベルト（FDR）に対峙したフーバー、彼らはジョン・D・ロックフェラーの資本主義を抑制したのだ。

資本の管理がその所有より重要となり、資源の配備がその産出よりも価値あることになったとき、リベラル資本主義は経営的資本主義の様相とともに現れ、また程々に長続きすることになったのであり、それはアメリカの1950年代から1960年代にかけて最高潮に達した。企業経営者たちは保守的となり、福祉を維持し、また、おそらくは現実的にというより机上ベースでそれを拡大することに邁進していった。企業の合併と買収は、これまでの新たな富の創造以上に優先順位に置かれた。ジェームス・バーナムとジョン・ケニス・ガルブレイスたち経営資本主義の理論家たちは、その新たな主人公を劇的に描写したのだった。

アメリカが金ピカ時代から消費革命に様変わりしたこの百年の間に、生産主義が消費主義に道を譲り、そしてリベラル・デモクラシーの下で非常に有望なはずの市民の運命には、暗雲が垂れこめてきた。しかし、消費主義が生産過剰の負荷の下でよろめいていることを自覚せずに、その勝利を可能にした無数の製品に十分な顧客がつかなかったならば、その本当に特徴的な新しきエートスは出現しなかっただろう。古き資本主義の長所は硬化し始めた。このことは我らの時代を招来するとともに、資本主義に危険をもたらし、市民権を危機に晒す幼稚エートスをも招き寄せているのだ。

第Ⅱ部

市民の消滅

第3章

幼稚化する消費者たち

キッザルト（子供っぽい大人）の登場

幼児期の御蔭をもって資本主義は長きにわたり世を謳歌している。

（ダン・クック[1]）

幼稚エートス（生活態度）は、子供っぽさを促し、かつ、それを合法化する一連の習慣、選好、態度を引き起こすのである。プロテスタント的節制が当時の一般的風潮であったのと同様に、幼稚症は資本主義に特有であるのみならず、現世を反映する一般的な態度や行動となって表れている。しかし、このエートスは資本主義的消費主義を引き起こすのであり、それは幼稚な商品に対する真のニーズなどほとんどない先進国において、それを売り捌く必要性から過激な消費文化を育てることによってである。資本主義の初期のエートスは、ヤコブ・フッガーやジョン・D・ロックフェラー、そして我らが時代のビル・ゲイツもだが、そういった資本主義の創始者たちのリーダーシップについて解明し、また、それを形づくることに手を貸したが、今日における幼稚エートスもまた、資本主義に染まるマーケティング専門家たちや熱心な消費者たちの行動について解明し、また、それを形づくることに手を貸しているのだ。

プロテスタントのにせよ、あるいは幼稚性のにせよ、その文化的

1） Dan Cook, “Lunchbox Hegemony? Kids and the Marketplace, Then and Now,” August 20, 2001, http://www.lipmagazine.org.

エートスには特定の「創始者」がいるとされることはないが、それは文化的エートスが資本主義の必要条件と結びつくことがあり得ても、その関連性が常に間接的で非公式なものに留まっているからである。以上から言えることは、これらが企業の渉外担当とマーケティング宣伝活動担当とが暗黙に共謀した結果ではないということである。しかし、その文化的エートスは確実に解明できる手法で、資本主義に資したのであり、とりわけ幼稚エートスの場合にはそれが消費主義に資したのである。このエートスにとっては、裕福な環境にあってありもしないニーズの生成を促し、資本主義が夢中で過剰生産したすべての商品とサービスの販売を保証することで、市場需要を引き起こすことは、見事なまでに効率的である。私は、我らの社会に、そして一般的な消費資本主義の特徴にある、幼稚化による衝撃について著した。しかし、それは正確には何であるのか？　その威力は急進的消費主義を支持してどのように機能するのだろうか？

幼稚化が目標とするのは、幼年期を大人にも再度生じさせることと、成長しようとしている子供たちが、消費する「権限の付与」が為されても、子供っぽさを維持することである。子供っぽさに数え上げられるものは、もちろん幼少期そのものを構成する諸概念をまとめた基準で測られるのであるが、それは人間の想像による考案、つまり社会、経済、そして政治を目的とした「発明」に対してよりも、生物的事実を欠いている。幼少期についての現代的な概念は、プロテスタンティズムやその類似品が興隆してきたのとほぼ同時期に当たるルネサンス期に登場したものであり、それはプロテスタンティズムと同じように出版物が出回り、識字能力が向上するといった一定の条件が整うのが前提だった[2)]。それが普及したのは啓蒙運動においてであり、ジョン・ロックやジャン・ジャック・ルソーのような著述家たちが人間の発展（かつ、その定義の合理性）についての考えを主張し、幼少期とは若年層とそのさらに若い層とがただ成人を待つ存在であるのみならず、特色ある発展と教育的ニーズをもった特色ある種族と理解される一連の過程としたのである。研究上、幼児期の消滅を公言した社会批評家のニール・ポストマンが述べたのは、現代の大人に相応しい考えを思い描くようになるのは幼児として考えを抱くことだということであり、「その特徴は完全に読み書きができる文化にあり、それは克己のための能力であって、将来得られる満足に対する耐性、概念的にかつ秩序立てて考える高度な能力、歴史的連続性と将来的見通しの双方に対する深い造詣、理知と階層的秩序に対する高評価」によって特徴づけられることだった[3)]。

　ポストマンは子供の発展に対する現代の心理学的かつ社会学的見方について特有の見解をもち、それはプロテスタント的エートス（克己、将来得られる満足、合理性、そして秩序）を一定に踏襲する。幼児と大人という二元的見方を弄びつつも、この展望は大人期と対称を成す子供期に特権を与えるのであり、それを以下の通り示唆す

2) フィリップ・アリエスの以下の著作は、おそらく初めての現代的研究であり、幼少期に歴史のみならず、出発点をも与えた。Philippe Aries, *Centuries of Childhood: A Social History of Family Life* (first published in 1982; New York: Vintage Books, 1994), p.99. また、ニール・ポストマンは以下の著作でその考えを、「現代の大人のもつ考えは、大部分は印刷機から産み出されたものである」とさらに進展させた。Neil Postman, *The Disappearance of Childhood: Social History of Family Life* (New York: Vintage Books, 1962). ［ニール・ポストマン／小柴一訳『子どもはもういない』新樹社、2001年］

3) Postman, *The Disappearance of Childhood*, pp.98-99.

る。

熟考に優越する衝動
理知に優越する感覚
不確実性に優越する確実性
懐疑に優越する独断
仕事に優越する遊興
言語に優越する描画
考慮に優越する想像
幸福に優越する愉楽
長期的満足に優越する即興的満足
利他主義に優越する利己主義
市民に優越する個人
社交性に優越するナルシシズム
義務（責任）に優越する資格（権利）
一時性に優越する即時性（過去や未来に優越する現在）
遠隔に優越する近隣（永続性に優越する瞬間性）
性愛に優越する身体的性
コミュニティに優越する個人主義
知識に優越する無関心

以上のような不格好な一連の対語は有意な心象風景を与えてくれるが、幼稚エートスについては、この余計な描写から考察するよりももっと説明しやすい例がある。その風景の輪郭は、幼稚化を捉える元祖的な対称語たる、“困難《ハード》”に優越する“安易《イージー》”、“複雑《コンプレックス》”に優越する“単純《シンプル》”、“スロー”に優越する“ファスト”、の3つに集約される[4]。初期に企図された資本主義的発展の段階に応じて、しばしばこれらの二元性によって明らかにされる心理的発展の段階は、互いに交差し、重なり合う傾向がある。その方向性は、二項対立的であるより弁証法的であり、また、単に幼稚なだけで発達が（大人として）遅れていることに取って代わる一方で、子供たちには高潔ぶって魅力的であることを保持し得るものである。子供と成人の二元性を念入りにつくりあげていく際、あるプロセス、それも二つ一組よりもむしろ三つ一組について考えることは実際に有意である。そうすることは成熟した多元的段階を想像することにつながるのであり、安易から困難へ、または単純から複雑へ、あるいはファストからスローへという動きは、子供（安易、単純、ファスト）のもつ何かが完全に大人のものとして保持され、かつ念入りに作りあげられる進化の形態をとるのだ。よって、エリク・エリクソンは鋭敏にも「あらゆる大人がかつては子供だった」のだから、社会は「その大人にとって避けようがない幼稚化の残滓について面倒を見る」[5]方法を学ばねばならないと述べたのだ。

それゆえに、たとえば大人が困難で規律的なやり方を受け入れ、それを育むことさえする一方で、子供たちが物事を為す際に安易な

4）注意すべきは、大人からみて子供の大人との言葉遊びとなることを避けることである。我らが常識と体験の双方から教えられたことは、その両者よりも実生活に基づく発展心理が、還元性や二元性で劣ることなどないことである。このような反対意見は、道徳、心理、そして暗喩からなる複雑系世界を覆い隠している。

5）Erik H. Erikson, *Childhood and Society* (New York: W. W. Norton, 1963)［エリク・H・エリクソン／仁科弥生訳『幼児期と社会』みすず書房、1977年］。エリクソンが憂慮し述べるのは、「隠れて見えない幼稚な願望に対する大人のもつ防御」を強固にし、かつ、子供の遊興を大人が利用できないよう主張することだ。

やり方を好むという一般論が語られるが、より賢明なことは成熟した大人が“安易”／“困難”についてともに取り込んでしまい、何かが“流れる”が如く成し遂げること、すなわち広範囲な学習、努力、訓練によってもたらされる見掛け上の安易をもって、芸術や偉業を苦労などないものと思わせる技術を完成させることである。この流暢さが部分的に明らかにしているのは、我らが子供たちに重きを置くものの、その未完成なところにダラシなさと怠惰、そして愛想良さを注入してかたちづくる幼きゆえの無自覚な安易さであって、それは激務と意図的規律によって再生産されるや、成長していくことと関連した強迫観念的な権威主義をしばしば超越していくことは、円熟した生産的形態で再現されるのかもしれない。エリク・エリクソンは、ウイリアム・ブレイクの詩句を引用発展させ、「子供の玩具と老人の理知とは、二つの季節に実る果物である」と暗示した。彼が言いたかったのは「子供の遊戯とは、人間能力のうちの乳児的形式なのであり、それは、典型的な状況をつくることによって経験を積むのであり、実験と計画によって現実を支配するのである」[6)]ということである。大人は子供の遊戯をより大人びたツール、たとえば芸術家たちが為す一面に変換していき、そしてそれに投資し、創造するのだ。

同じような調子で、子供たちがファストをよく好み、一方で大人がスローの長所を評価すると仮定しやすいが、成熟さを考える際にはウサギか野ウサギかということではなく、慎重であるものの必要なときはタカのように飛びかかることもできるフクロウを思い浮かべることが、おそらくはより正確だろう。慎重さとは鈍重さでなく、「ずっと慎重な速度で行う」のフレーズをもって捉えられる類の用

6）Ibid., p.222.

心深いペースを保つことである。ここで引用された他のほとんどの対立的二項について同じことが言える。子供たちが特徴づけられるのは一種のアナーキーな自由精神によってであり、それは大人の自律とはまったく同一とはいえないが（ピーター・パンを思えばよい）、そのようなアナーキーな自由が欠如すると必要がなくなるのは、ピーター・パンの恐れた大人による奴隷状態、もしくは哲学者たちが他律（他人によって道徳的に支配される）と呼ぶ状態になることであり、必要となるのは、目的や善行を選択する自由の使用という道徳的自律の状態になることである。これは、カントとルソーが自発的モラルの風化から連想した一種の規律を守る自由である。子供じみた許可と異なり、成人道徳的な自律はアナーキー的でも権威主義的でもなく、目的をもち、共通性をもつものだ。J・M・バリーが創作したピーター・パンに出てくるウェンディが評価されているのは、彼女が成長し、自分に家族があることを連想していくからだ。それは、ルソーがデモクラシー的な自立の条件を創造することを提起したことの基礎にあたるのだ。

この、より弁証法的精神においては、子供たちはふざけていて（目的のない遊びが充満）、若い大人たちは真面目でいる（遊び心のない目的性）と言われるのかもしれないが、一方で完全に成熟した大人たちは、我らが芸術性を連想する目的によって余裕をもって自制を全うできるのであり、それはエリクソンが論じたように大人は「現実生活の達人」たり得る遊び心をもつのだ。子供たちは無知をもって潔癖なのであり、若い成人は必ずしも賢明さをもち得ないが知識や情報に富む（かつ、これまでに善人にならずとも潔癖さは卒業した）。一方で、成熟した大人たちは、情報に基づいた倫理的判断ができるように知識と経験を用い得る点において賢明なのだ。幼児期は独善的でさえあるが、絶対的に「真実」を扱う傾向にあり、一方で、懐疑と不確実性によって、若き大人たちは世界に対して懐疑的な見方をしている。それでも、成熟した知性に宿る独断に続く懐疑は、再生された寛容な信条の中に同時に生じ得るのだが、より一般的で、他の信条のシステムを認める（時々は取り込むことさえする）ことで、独断を再び受け入れることなく新たに信頼を支持することもある。これはおそらく、幼稚化として描写されることのできる、そういう独断的かつ原理主義的な信頼と、内省や批評的懐疑を風化させる成熟した信頼との違いの一つである。

このより弁証法的なアプローチによって説明可能となるのは、幼児期のある特徴がどのように大人の文化に衝撃を与えるのかということであり、つまり、それが原形のまま保存されることによってではなく、成熟した大人の環境においても子供っぽさが利点のまま維持される風潮の中で、それが成熟した振る舞いへと変容し、再統合されることによって為されることである。このような弁証法的な“複雑”は、本書で我らが分析を為すための支柱として屹立させておく必要があるのだ。

それにもかかわらず、本書での私の狙いが発達心理学の本格的かつ弁証法的な論述を供することよりはむしろ、消費主義的な行動に触媒作用を及ぼし、補強していくことの内に性質、原因、そして幼稚化の帰結、すなわち幼稚さや子供っぽさを理解することにある。私は上述に当てはめられる密接に関連する3つの対語に着目する。それは“困難《ハード》”に優越する“安易《イージー》”、“複雑《コンプレックス》”に優越する“単純《シンプル》”、“スロー”に優越する“ファスト”である。その際、私は少し単純に、また還元的でさえあるが、一般的な大人の文化として文明を扱うのであり、そして、私は最大限に視野を広げて子供っぽさを掘り下げていくことで、低下傾向にある消費資本主義のエートスを確認しようと思う。

“困難《ハード》”に優越する“安易《イージー》”

“困難”よりも“安易”を好む幼稚エートスを語ることは、“スロー”よりも“ファスト”、“複雑”よりも“単純”、に自然と若者が引きつけられるということと見違うことなく、同じでもある。“困難”対“安易”とは、大人から子供じみたものを識別するための型板《テンプレート》としての役割を担う。「気楽《イージー》な聞き取り」、「手短《イージー》に買い物を済ますこと」、「簡単《イージー》な（2～8歳に相応しい）ゲーム」、「モラルに劣る《イージーな》人物」、といった言い回しは、若者の注意の持続時間と嗜好に合致し得る商品を後押しし、その販売を促進する。幸福の領域内にある“安易”は、複雑なる快楽を打ち負かす単純なる快楽を仮定するが、この場合は通例、精神的かつ道徳的なリーダーがそれと反対の論理を述べるものだ。

“安易”を選好することは、現代の功利主義的思想とは別のところにある。たとえば、アリストテレス、アウグスティヌス、あるいはカントといった伝統的倫理家は、快楽のより高い次元とより低い次元とを区別し、また、快楽を与えることが善いことと必ずしも合致しないことを想定した。しかし、ディヴィッド・ヒュームやジェレミー・ベンサムのような哲学者に見出せる種類の現代の倫理的功利主義者たちは、単なる快楽や、基本的な身体的刺激による快楽を単純化し、減退させて、それらの下位に「善きこと」を置こうとした。それは快楽（または苦痛）の種類の区別をしなかったということであり、幸福というものがただ、最大多数の人びとにとって、基本的な快楽を最大化し、基本的な苦痛を最小化することだけに依拠すると想定したのである。この理論により19世紀初頭にベンサムが示したことは、すべての人間行動とすべての人間倫理とが、基本的な快楽と苦痛を測る、単純かつ測定容易な指標に関連づけられ、その簡単な「快楽計算」が役立つかどうかということだった。善きこととは、善く感じることだ。善いとされることは快楽の存在と苦痛の欠如であり、それは一般大衆の感覚的経験で測定されるのだった。幸福は計量可能なのだ。その程度は如何ほどだったのか？　それはどれくらい続いたのか？　それはどれくらいでやって来るのか？　その実現はどれくらい確実なのか？　しかし、このことが意味するのは子供の“安易《イージー》”な快楽とは、フロイト流に言えば自分の排泄物で遊ぶことに見出せるものであって、それは別物の、つまり矮小化された単純な快楽の例であり、あまり大差はないが、それはアフリカ系カリブ人のロック・バンドでフルートを演奏することに大人が見出すかもしれないものである。

ジェレミー・ベンサムの門弟たるジョン・スチュアート・ミルは、このような単純化に異議を唱え、快楽が制限されないと主張したが、それは快楽には「種類」があり、あるものが他よりも価値がある場合、簡単なものがあれば他により困難なものがあり、単純なものがあれば他により複雑なものがあり、子供じみたと言うならばより成長しているものもあるということだ。すべての快楽が、互いに直接に相関しているというわけではなく、リンゴとオレンジまたは排泄物とフルートのように、それらが質ならびに量によってはっきり区別されるのである。いくつかの快楽は他の点でより好まれるのであり、それはより厳しい仕事と、より規律を守る努力、より複雑で満足のいく種類の幸福を与えることを犠牲にして「より高次の」快楽を提供するからだ。ミルの基準では、アリストテレスのそれと同じく、困難と複雑から成る快楽は、安易と単純から成る快楽に勝る。彼の有名な警句によれば、詩作は“ピン弾き遊び《プッシュ・ピン》”よりも好ましいものであり、それは快楽主義の使命が「困難な快楽はより価値がある」ので、「より困難な快楽は、より容易な快楽に代替する」[7] よう取り組むことを必要とするからである。

心理的な「快楽／苦痛」との快楽主義を根源とする現代功利主義の特徴にはほとんど価値などない。なぜならば、その特徴によって幼稚症が当世の功利主義的かつ道具主義的傾向を同化し、幼年期に想定される「長所」を合理化するよう利用することが暗示されるからである。“安易”と“困難”との緊張関係はあらゆる社会に疑問を投げかけているが、我らの社会におけるそれは、文明に属する大人の制度が“安易”の側にあるように見えるおそらく最初の例である。我らの社会におけるその緊張関係は、“安易”に報い、“困難”に厳しくあたる。それは、至る所で手を抜き，複雑を単純にする人びとに対し、終生にわたる利益を約束する。運動を伴わない減量、誓約なき結婚、技量や訓練の伴わない多くの人びとによる絵画やピアノ、演習や学習の伴わないインターネットで取得できる「学位」、ステロイドや画面写りによる競技上での成功。外交政策の分野では、ブッシュ大統領による自由に対する高次なグローバル戦略が、“安易”のエートスを共有することであり、それには結果の伴わない言

7) より最近のエピクロス学派の見方は、（ヴィクトリア時代の文人）ウォルター・ペイターによる以下の告白に表されている。「人間精神に向けた、哲学の、そして投機好みの文化のもつサービスとは、鋭く熱心な観察のある生活を鼓舞し、それを驚かせるのである。自分のための詩的情熱、美の希求、芸術志向がふんだんにあることで、それらが通用することで、その時々の瞬間に芸術として最高品質のものしかあなたにもたらさないことが自由に表明されるのだ」。Andrew Salomon, “The Closing of the American Book,” *New York Times*, July 10, 2004. ミルの以下の古典的エッセイは、ベンサムの還元主義的見方に対する批判でもある。John Stuart Mill, *On Utilitarianism* (1861). 彼のかつての指導者に対する攻撃は、ベンサムに関する彼のエッセイにより明らかである。

語により構成され、徴兵なき戦争、課税なき理想主義、犠牲なき道徳、そして努力なき美徳がある。以上が真っ向から対立するのは、「苦痛もなく、会得もない」ことではなく、「すべてを会得し、苦痛はない」ことをモットーとするプロテスタントの精神である。「そうなりたいためにそれが欲しい」と口にすることが、十分それを為すことになるという幼児の夢見る世界なのであり、これについて批評家スラヴォイ・ジジェクが当てつけるように述べたのは、消費市場が選好を“安易”にする以下のような製品を提供していることだ。「製品はその有害な特性を奪われている。カフェイン抜きのコーヒー、脂肪分ゼロのアイスクリーム、ノンアルコールのビール。あるいは性交渉でないと言いつつ性交渉たる視覚的性交渉、戦争でないと言いつつ（もちろん、我らの陣営での）戦争犠牲者なき戦争というコリン・パウエル宣言、政治でないと言いつつ専門家による管理としての政治という政治の再検討」[8]。

虚偽、不正、それに偽装（特に自己欺瞞）は人間性の特徴であるが、“安易”な道を選択することで、これらを正当と認められる力が働くこともあって今日では受け入れられる余地が生じている。スポーツにおいては、ステロイドによって記録を叩き出し、選手《アスリート》としての栄光を摑むことは、それを使用しないことよりも如何に“安易”であることか。運動能力向上薬の広範囲にわたる使用はメディアにより、そして議会での証言によって明らかにされたが、その使用が証明されると50試合の出場停止が下るという野球の新規則は旧規則（初回の違反の場合は10日間の出場停止までなのが、その違反が3回以上に及ぶと60日間の出場停止にまで厳しくなる）よりも厳し

8) Slavoj Žižek, “Passion: Regular or Decaf?” *In These Times*, February 27, 2004, http://www.inthesetimes.com/

さを増したものの、記録簿の方は薬物使用がより早く選手に悪影響を及ぼすように修正は為されなかった。薬物使用の真実を認めるよりもそれを尋問されても嘘をつく方が如何に“安易”であることか。現行犯で捕まる選手《アスリート》でさえも、とことん嘘をつくのだ。野球選手ラファエル・パルメイロはステロイド使用に関し、「私は、ステロイドをこれまで用いたことなどなかった。以上」[9] という断固たる否定（彼のステロイド使用に陽性反応が示されたちょうど1カ月前）を議会公聴会で証言した。

学生たちもまた、テストでカンニングし、期末レポートを剽窃しても、“簡単”にあくまで白《しら》を切れることに気づいている。「多くの大学で、学生のうち70％が幾分かの不正行為を働いたことを認めている」[10]。プラグマティズムからすれば、剽窃で問題なのは、それが一般的であったり、あるいは多数のウェブサイトが売物として期末レポートを提供したりということではもはやなく、むしろ多くの学生がその行為の何が悪いのか認識できないでいることにある。数多あるウェブサイトの提供品の中でもベスト・カスタム・ターム・ペーパーズ社は、完璧な仕上がりによる、即時提出が可能なエッセイ、期末レポート、論文、そして何と「博士論文」までもを用意する。同社のウェブ広告で目を引くのはその冒頭部であり、そこには「100％剽窃されていないカスタム文書」とある。おそらく同社が意図するのは提供品が剽窃されたものではないということだろうが、それを購入する学生はこれに関与する剽窃者は自分ただ1人

9）以下を引用。David Sheinin, “Baseball Has a Day of Reckoning in Congress,” *Washington Post,* March 18, 2005, p.A01. パルメイロは、初回は出場停止となり、次回にはバルティモア・オリオールズを解雇された。

10）学術振興会（CAI）のHPを参照。www.academicintegrity.org/cai.

だけだと信じてしまうのだ！[11)]

生産者がその消費者に代わり知的窃盗を合理化することに夢中になり、そして、熟練の作家や学者が知的所有権の解釈に曖昧な態度をとるならば（特にポストモダンの文芸批評では、おそらくテキストが、それを生産する者と同等にそれを消費する者にとって持つべき必需品である）、学生が安易に剽窃に走るのは少しも不思議ではなく、仮に窃盗罪の令状が出てもそれが緩い基準によるならばあまり重要性をもたないからだ。結局のところ、言語を借用するのでも、他の学者の業績を引用するのを忘れるのでも、それは、有名な幾人もの歴史家たちの評判を相当に傷つけたわけではなく、それはドラッグ中毒や服役中のことを事実や経験と偽って綴ったことで、ジェームズ・フレイの伝記『こなごなに壊れて《ア・ミリオン・リトル・ピーシーズ》』の売上高に多大な毀損を与えたわけでないのも同様だが、そのフレイにしても少なくとも彼がテレビ放映中に有名な「批評家」オプラから痛烈な非難を浴びるまではそうではなかった（オプラはフレイの悪事が初めて暴露されたとき、彼を最初は支持していた）。『ニュー・リパブリック』誌や『ニューヨーク・タイムズ』紙のジャーナリストたちはまったくでっち上げられた「ニュース」報道に基づいて多大な評判を博すが、それは面白いフィクションを組み立てることよりも、そのフィクションを補強することに（たとえ成功が約束されていなくても）躍起になっているように映る。

より伝統的な社会とは異なり、我らの社会では多くの事柄を“困

11）これらの会社の多くは「剽窃撲滅」の公約を、マスター・ペーパー、ペーパー・マスター、ペーパー・ストアー、エッセイ・タウンにて掲げている（「如何なるトピックス、如何なる提出期限」の書面にも「剽窃撲滅を詳述した保証」が謳われている）。それはまた「カスタムな学術論文」を約束するのだ。

難”、“安易”に振り分けるのが当たり前であって、たとえば銃または配偶者を得ることについてもである。結婚許可を得ることは、運転免許を得ることよりも“安易”であって、また、離婚することは、結婚するのとだいたい同じくらい“安易”なことだ。すべての結婚のうち、その半分は離婚で結末を迎えるわけだが、それは少なくとも、人びとが結婚や離婚、そしてもちろん結婚によってできた子供に対して、ナルシシスティックで幼稚な無責任な態度をもち込むことによるのだ。誓約的結婚《カベナント・マリッジ》のような良識ある考え方は、離婚が“安易”との認識を後退させることでかえって結婚をより“困難”にしてしまうが、この考えに対してはそれを是認するキリスト教団体以外にも一人や二人などでなく強力な支持層が控えているのだ[12)]。

通有的な感覚では、何か行動するよりも見ている方が“安易”であり、想像力を起動しなければならない読書よりも、相対的に想像力が受動できるテレビ視聴の方が“安易”である。互恵的な性的関心と人間同士の性欲とを健全な要素とする人間関係の樹立よりもマ

---

12) ウィリアム・ガルストンやアミタイ・エツィオーニといった哲学者やコミュニタリアンは、婚姻の誓約に関心を示し、知的かつ好意的に述べるが、その多くの熱心な信者たちは、信心深きキリスト教派コミュニタリアンたるようになりがちである。Gary D. Chapman, *Covenant Marriage: Building Communication & Intimacy* (Nashville, Tenn.: Broadman & Holman, 2003); Dave Brown & Phil Waugh, *Covenant vs. Contract: Experiencing God's Blessing In & Through Your Marriage* (Forest, Va.: Franklin, Son Publishing, 2004); and sermons available on-line by Bishop Wellington Boone, Dr. Gray Chapman, Dr. Tim Clinton, Rev. H. B. London, Dr. Fred Lowery, Dr. Greg Smalley, and Rev.Phil Waugh. 結婚証明書と婚姻宣誓の儀礼はオンラインでも利用可能である。吐露すると、私は過去に離婚した経験があり、されどもそれまでは幸福な結婚生活を送り、結婚するのも離婚するのも初回は非常に安易、非常にファスト、非常に単純であった。私自身の物語は本書で為された議論と関連がある。

スターベーションの方が“安易”であり、誓約に縛られるよりも自由気ままで偶発的な性的関係を維持する方が“安易”である。要するに、それは大人よりも子供にとってより“安易”であり、働くより遊ぶ方がより“安易”で、責任を負うよりそれを脇に押しのける方がより“安易”なのだ。これは大袈裟な保守的指摘（おそらく保守家が誰よりもそれをよく理解しているはずだが）などではない。それはアリストテレス流、もしくはジョン・スチュアート・ミル流の功利主義的とさえ呼べるはずだ。議論されていることについて言えば、あらゆる点において“安易”であることはより満足に欠けるものに転化し、そして、人間の幸福を増進するよりむしろそれを妨げる。しかし、これは大人だけが学ぶ課業であり、人は両親、学校、教会、そして社会に助けられて成長し、それを学ぶのだ。幼稚化が文化的に動揺していけば、この課業は堅実で清教徒的となり、それは幸福に対峙する人びとの保護領域であるのだ。

“複雑《コンプレックス》”に優越する“単純《シンプル》”

幼稚エートスでは、“困難”よりも“安易”が選好されることを引き継ぐが如く、“複雑”よりも“単純”が優越する。“単純”はそれ自体に甘さを含んでいて、大人の文明というものが、一般的にはその思考や振る舞いに微妙なニュアンスや複雑性を受け入れる度量があって定まるものなのに、意思決定において微妙なニュアンスを読み取らずに究極結論に達することさえ必要としてしまうところがある[13)]。複雑性とは、二項対立的に白か黒に割り切った見方をとる

13）黒白の二分法を避ける知性豊かな人びと（〔外交家〕アドレー・スティーブンソン？〔政治家〕ジョン・ケリー？）は、煮え切らないことを時折、批

単純性を回避し、グレーな陰翳を探し求めることである。近時にハーヴァード大学の実験心理学者ローレンス・コールバーグが唱えた仮説の如く、道徳的な複雑性の尺度は、思考の複雑性の度合いや、より発達した道徳的感覚の特徴に濃淡を加える能力によって序列化されるのだ。キャロル・ギリガンが示したのは、女性の道徳的意見はより幅広な複雑性と感度によって前後の文脈から紡ぎ出されている可能性があることであり、それは多分に性差別的で二項対立的なコールバーグの論を乗り越えようとしている[14]。

しばしば哲学者と科学者は、複雑性が広域化かつ深化して螺旋状になる様について、それが生命を形づくるという意識をもって、生命自体の意味を解明し、それを丹念に構築しようとする。亜原子粒子と力場《フォース・フィールド》とは、電子と陽子のような素粒子を構成し、次にそれらは原子と分子を構成し、これらは複雑な原子元素を構成し、それは分子体を構成するのである。それが有機体になって、物質はさらにより複雑になる。有機体は、生命体に至る過程で、さらにより大きな複雑性を引き受ける。そして、その最も多くの総合的築造物たる生命は、意識、反射、そして、自意識と内省を与える。我らは、

判し、一方でニュアンスを解さない大胆な政策決定者たち（ジョージ・W・ブッシュ？）の判断における単純さをしばしば批判の対象とする。

14）飢餓に喘ぐ子供たちのために盗みを働き救え、さもなくば誠実でいよ、その代わり座してその死を見ることとなろう、とコールバーグは典型的二元主義をもって語る。食料雑貨商に問題の所在（私の子供が飢餓状態にあっても、私にすぐに食料を供する蓄えがない）を説明し、双方にとってよい解決（私に食料を貸し、私は蓄えが出来てから支払いする）を見出すことを、ギリガンは述べる。以下を参照。William C. Crane, *Theories of Development* (New Jersey: Prentice Hall), pp. 118-36. Carol Gilligan, *In a Different Voice: Psychological Theory and Women's Development* (Cambridge, Mass.: Harvard University Press, 1993). Benjamin R. Barber, "Gilligan's Island" in *The New Republic*, December 7, 1982.

複雑でありながら自身を理解する、まさしくその複雑さによって定義される存在なのだ。それでも、このまさに複雑性は、これらの二項対立的見方の弁証法的話法に定める単純性を含んでいる。複雑性は「自生的な自己組織化ダイナミクスの世界」を伴う、とは科学解説者のM・ミッチェル・ワールドロップの言であるが、彼は科学文献から以下にまとめている。「〈カオスの縁《ふち》〉にある複雑、適合、大変動がテーマだが、これらはますます多くの科学者が確信しているように非常に目立つものの、それらが指し示すのは根底にある統一性であり、それも自然と人類を照らす複雑性のための一般の理論構成にある」[15]。

“複雑”は還元原理、すなわち我らの体の98パーセントが水分、あるいは、その100パーセントが分子で占められるので、我らの本質も水分もしくは単なる原子でしかないとの定理を強調する原理を無視する。それによって適確に言えることは“如何に”その諸原理が辻褄を合わせているかということであり、最終的にはいくつかの分子が生命の意識その他を構成し、それは化石や渦状プラズマ、あるいは水素、酸素、そして二酸化炭素といった、すべての意識のある生命体に由来し、その生命体の意義を矮小化する分子を構成するのかというのである。“複雑”が成熟した大人期や文明と、また、“単純”が幼児期とにそれぞれ結合することは、今日の商業マーケ

15）M. Mitchell Waldrop, *Complexity: The Emerging Science at the Edge of Order and Chaos* (New York: Simon & Schuster, 1992), p.12.［M・ミッチェル・ワールドロップ／田中三彦、遠山峻征訳『複雑系――科学革命の震源地・サンタフェ研究所の天才たち』新潮文庫、2000年］。複雑性に関する弁証法は、サンタフェ研究所のジョージ・コーウェン他の業績にあるのと同じく、以上のワールドロップの業績に明らかで、これらは「我らの複雑系世界にある深遠な単純な存在の下にあるメカニズムに覆いを掛ける」努力に焦点を当てている。

ットの至る所で明らかとなっている。消費主義は、それ自身がもつ商業的性質にアイデンティティを後退させ、まったく文字通りの意味で我ら自身が「自分たちが買うもの」であることに、アイデンティティ主義の心理を導くのであるが、それは我らが消費するブランドそのものだ（第5章）、ということである。買い物や消費をすることは、その行為という外面でなく、その生命の意味を定めているのだ。

“複雑”に“単純”が優越する性向は、“単純”の風潮に支配される領域においては明らかであり、ファストフードや愚劣な映画、駆けずり回るスポーツの観戦、そしてただ無言で操られるビデオゲームがその例であり、これらすべては幼稚エートスが養育し、促進する消費用広告宣伝企画《マーチャンダイジング》との関係で結び付いているのだ。今日の商業文化により持て囃され、報いられる人びとの多く、すなわちマーケティングの主要な標的たる幼児消費者にとっての英雄たちは、その子供たちのモデルを務める一方で、その子供のように実際に行動するのだ。有名なバスケットボール選手シャキール・オニール（その当時、負け知らずのロサンゼルス・レイカーズの有力選手）のプロフィールを取り上げた『ニューヨーカー』誌で、刺激に満ち、また、まさに驚くべき内容でレベッカ・ミードが述べているのは「アメリカの文化が、如何にして10代の少年たち好みに徐々に染まっていったのか」についてであり、それはシャック〔オニールの愛称〕がまだ大人として完成に至らぬ10代の人生を如何に送っていたのか辿ることで、その人生がどれほど完全に「彼好みの単純性」に守られていたかを示したのである。彼女は「多くの点で彼のライフスタイルが13歳にとっての憧憬的存在である」ことを指摘し、どれほど彼が「ニューアークから来た従兄弟たちやハイスクール時代の旧友たちに取り囲まれていたかとか、彼自身がふざけて、モノを壊し、雑音を撒き散らし、銃を撃ち、そしてさまざまな動力付車両を運転するという関心を共有しあったか」などを述べている。また、彼女は幼い頃から彼にくっついて親衛隊だった仲間のことも紹介しており、その仲間の一人が少年のような歓喜を浮かべて以下のように回想したことを紹介している。「食物争奪戦ではシェフ役のトーマスがすべての商品を食品雑貨店から持ち逃げし、そしてシャックは俺の頭にすべてのスイカを叩きつけて潰したので、俺はプリン・ケーキで彼のことを殴ったんだ」。シャックは、テレビ視聴趣味が高じて、ドラマ『リトル・ラスカル』シリーズ全巻と無数のカンフー映画を含む広い分野にわたる膨大なビデオ・コレクションを有している。友人は「シャックは枕を俺の顔に投げつけて起こすのが大好きなんだ。あんたが熟睡しているとするだろ。枕を顔に目がけて叩きつけて潰すんだよ。それは、もう可笑しいの何の」と語っている[16)]。

よろしいだろうか。これは13歳程度の子供の会話ではない。シャックは当時30歳を超えていた。しかし、彼が活躍しているのは、アスリートが痴愚なオフザケ少年でいるのを良しとするスポーツ文化の只中においてのことだ。シャックが自らの30回目の誕生パーティを祝って自宅の車道には足下に赤い風船を並べ、リビングルームには回転する光の下でスーパーマンのロゴを投影した赤絨毯を敷きつめ、赤、黄、青の長い管状風船で装飾し、パーティのクライマックスとしてスーパーマンに扮したオニールが描画されたケーキを配膳した際、彼の所属チームがそれを企画し、仕上げるのを助けたのだが、彼はその実行に余念がなかった[17)]。

---

16) Rebecca Mead, "A Man-child in Lotusland," *The New Yorker*, May 20, 2002.

17) 彼がチームでプレーした際、レイカーズはシャックの変身したスーパーマ

ミードは、オニールに対する観察を通して、以下の結論に正確に達した。「バスケットボールそのものは、10代の嗜好を念頭に置いてマーケットに供される。レイカーズの試合場は、青春期の少年たちを恍惚とさせ、放心させ、熱狂させる劇場であって、そこではスポットライトが回転し、選手がハイタッチし、騒々しいラップ・ミュージックで、10代の少年たちの賛歌たる〔ロック・バンド〕クイーンによる曲『ウイ・ウィル・ロック・ユー』が流れる」[18]。ジョン・スチュアート・ミルならば、複雑性を備えたアリストテレス的感覚をもって「ピン弾き遊び《プッシュ・ピン》よりも詩作」を好んだろうが、今日のアメリカが誘導されているのはその逆である。バスケットボールでは複雑なトリックプレーよりも、経験を積み、技術を備えることに価値を置く防御志向のコーチが率いる古めかしいチーム重視のバスケットボールよりも、早熟な高校選手による斬新かつ曲芸的で、スター中心のバスケットボールが好まれる。ゲームでは複雑性よりむしろ単純性が好まれるのだ。青春期に取りつかれた映画界の有名人たちがニューヨークとロサンゼルスにあるそのコートサイドを占めるのも不思議ではないし、たとえばスパイク・リーやジャック・ニコルソンのような一見大人びたスターでさえ両海岸の「セレブ席」を彩るのであって、競技者たちを若者向け映画や、ロック・アルバムの中で登場するのと同じ規則性をもってNBAの試合でも見ることができるのだ。

現代企業のエートスが幼稚化に傾斜することで利益を得て、また、

ンを起用し、彼の登場時にはスーパーマンのテーマ曲を演奏した。シャック自身は漫画とピンボール機械を創ったり、また、自家用車のヘッドライトにスーパーマンを付けることに夢中だった。

18) Mead, “A Man-child in Lotusland.”

それを増強していくことで、商業に具現化されているのが今の多くのスポーツだが、その中でもバスケットボールは斬新に単純化され、早いスピードによる攻撃重視型であるために、最も人気があり、おそらく最も世界に広まっているスポーツである。商業的な準備段階にあるスポーツがもたらすのは、幼稚化を求め、かつ、それによって増強されるアクの強い消耗品なのである。例を挙げれば、イングランドの悪辣なサッカー・ファンの振る舞いについて、実際に煽り立てることはないにせよ、歓迎しているようにも思えるオーナーたちが偽善的にその非難する側に回ることや、下らないビール広告が、20代もしくは30代のアメリカのテレビ視聴者たちの幼稚なファンタジーや、そのチームを応援する向きを促すことに目標を置き、彼らがむしろそれを望んでいることなどである。NBAの選手には初期からいるビル・ラッセルやマイケル・ジョーダン、それに今日のチャニング・フライやスティーブ・ナッシュ[19)]のように、その年齢にかかわらず思慮深く、大人らしく、自分のスポーツを大人としての職業とみなすことのできるアスリートたちが確実に存在するが、このことは競技を純粋なサーカス・エンターテイメントに変換した企業がその内心で考えていることとは明らかに異なるのであり、その企業の大人のオーナーたちはアスリートたちをますます幼稚化することを基準に置き、おそらくは肝心な場面での戦術の幼稚化も厭

---

19) ナッシュは2005年、2006年連続でNBAの最優秀選手となり、その控え目な態度と高い得点能力で結果を出し、NBAのチーム、フェニックス・サンズで信用を得た。彼は大会決勝、サンアントニオ・スパーズとのプレイオフの試合でメンバーから外れる前までは2004～2005年シーズンで最高得点を記録した。ナッシュはマルクス、ディケンズ、カントを読破した大人の見本であり、幼稚化されたNBAでは、秩序を守る例外として普段から別格に扱われている。Liz Robbins, "Nash Displays Polished Look: On the Court, of Course," *The New Yorker*, January 19, 2005.

わずに、このアスリートたちをコントロールしようとするのだ。その言い訳の弁は従来と相も変わらず「我らは、人に望むものを与える」ということである。

フィラデルフィア・イーグルスの元ランニングバックだったテレル・オーウェンズは、結局、チームのクォーターバックだったドノバン・マクナブに対する侮辱を含むプロ選手らしからぬ振る舞いのため、チームから放出された。それでも、彼の少年っぽい気紛れな行動はチームの躍進に免じて長い間大目に見られてきたのであり、その間も頻繁にプロらしくない彼のメディア迎合振りが白目で見られていたが、その彼がテレビ・ドラマ『デスパレート《お盛ん》な妻たち』の女優ニコレット・シェリダン（タオルだけを纏っている選手たちのいるイーグルスのロッカールームに現れた）と、試合前の寸劇《スキット》をするよう手配したのは〔NFL 中継番組〕『マンデーナイト・フットボール』だった[20)]。各種のプロ協会は反抗的なプレーヤーに対して異常なほど厳しい規則を適用するが、メディア受けするプレーヤーの振る舞いに対しては、観衆を増やし、加盟チームの収益増加に貢献することから大目に見ることで、利益を得ているのだ[21)]。

20）人気ある低俗なテレビドラマ・シリーズ『デスパレートな妻たち』は、社会に波紋を投げ掛けている。2005年のホワイトハウスの記者たちの夕食は、〔元ファースト・レディ〕ローラ・ブッシュによるペテン（同ドラマを引き合いにして、収容所事件を誤魔化した）を特集したが、それは彼女が厳格な道徳の旗手であるとの噂がありつつも、普段は夫が馬にミルクをやろうとする稚拙な冗談を口にするなど、普段の悪戯っぽい振る舞いをしてジャーナリストたちに幅広く賞賛されるからである。

21）全米バスケット・ボール選手協会（NBPA）の代表選手で、ニューヨーク・ニックスの最優秀選手たるアントニオ・デイビスは規則を破ったものの、それは2006年1月に妻が近くの席の観客から暴行を受けそうになったことが原因だったが、大騒ぎの末に罰金を課され、5ゲームの出場停止となった。

しかも、観客を集めるスポーツをコントロールする企業が消費売上高の最大化を図るため、人びとが望むことでなく、人びとに望むことを与えるよう、ゲームとその環境を操作していることは明らかである。バスケットボールの試合は長さ48分であり、それは提携する商行為（ビール、チーム旗、ピーナッツ、そしてポップコーンの販売をはじめ、がなり立てる広告やMTV音楽）に多くの時間を見込めないので、「公式」には60秒間のタイムアウトは一回につき数分間続くことも認め、同様にテレビ広告主には多くの時間を割いている。1時間の4分の3に相当するはずのゲームが、この頃は数時間続くことも可能になっている。大学バスケットボールのNCAAトーナメントでさえ準決勝戦以上《ファイナルフォー》の試合時間は、テレビ放送される時だけはタイムアウトが実際に60秒後に終わっても、果てなく延長される。

それは、正真正銘のバスケットボールではない。『ニューヨーク・タイムズ』紙のスポーツ記者ウイリアム・バーリンドは、「夏の少年たち《ボーイズ・オブ・サマー》」を字義通りに研究し、レベッカ・ミードによるシャックの記述に示唆を与えたのであり、それは典型的なベースボール・クラブのロッカールームの驚くべき生態を明らかにしたが、それがバスケットボールやシャックに特有であるというよりはむしろ大方のスポーツに特有であることだ。ニューヨーク・メッツは「プレーヤーが寛ぎ、結束するのを援助する」ため、ベースボール・チーム・クラブハウスを設計したが、バーリンドの報告によれば、それは「男子社交クラブ《フラタニティ》の娯楽室とチャッキーチーズ〔ファミリーレストラン〕の中間」である。そこはプレーヤーたちの溜まり場で、「部屋に窓はなく、エアコンは常にフル回転し、青色蛍光灯が明滅してプレーヤーたちを青白く照らし、やや病的な側面を与えるのは、彼らがテレビを見て、ジョン・マッデン作の『ニンテンドー64』

〔ゲーム〕の『アメリカン・フットボール』で遊び、タブロイド紙を読み、マッサージを受け、そして食事をしている」[22]からだ。

いまやスポーツは、“ファスト”と単純性が“スロー”や複雑性よりも上位にあることが好まれることをもって、まさに子供の成熟を早めて「権限の付与」された消費者にするのと同時に、大人を退行させていく幼稚エートスのもつ両義性を明らかにしている。成人のアスリートたちは子供のように扱われつつ、それに適応して振る舞うのであり、子供たちは自分の身体や気質の次第に関係なく、できるだけ早く利益を生み出す「大人」のアスリートになるよう後押しされるのだ。いよいよ多くのスター・アスリートたちは、高校から望んでいたプロ・チームを選んで入団するために大学を素通りする。子供の遊びというものが木登りや石蹴り遊びから草野球や落書きに至るまで、さまざまな身体的鍛錬を通して肉体を発達させ、若者が楽しさを見出す自然発生的活動にとっての不可欠な領域である場合、その領域をプロ・スポーツの商業化のためのプロ入り前のトレーニング場にするのは拙速である。マイケル・ソコロフが述べているが、「独りぼっちになったとしても、子供たちは天性の複数種目競技者《クロス・トレーナー》であって、木によじ登り、川を歩いて渡り、季節に応じたどんなスポーツもこなし、自分で遊びを創造する」[23]。しか

22) Willaim Berlind, “The Season That Wasn't,” *New York Times Magazine*, August 11, 2002, p.45.

23) Michael Sokolove, “The Thoroughly Desined American Childhood: Constructing a Teen Phenom,” *New York Times Magazine*, November 28, 2004. ソコロフのレポートによると、フロリダ州ブラデントンにあるIMGアカデミーでは、一つの競技につき学生の技術強化のため、4万ドルの授業料を家族が納めることになっている。別のヴェロシティ・スポーツ・パフォーマンス社は、22州にわたる40のフランチャイズで、子供をより速く走る走者に仕立てるために年間2500ドルを授業料としている。この業界は『ボスト

し、商業上の理由から早くから子供たちを専門化していくことは、あまり適性でないスポーツを強いることになり、それは相対的に怪我のリスクを大きくし、目的性の無さから、喜びをもたらし得るスポーツの伝統的な遊び心を喪失させてしまうのであり、よってそれは『ヘッドファースト・ベースボール』誌の責任者たるブレンダン・サリヴァンが彼らを「一発屋《ワン・トリック・ポニー》」と呼ぶ所以でもある[24)]。

幼稚エートスは目的をもった矛盾する手法で機能するのであり、利益を生むようになるアスリートに早く成長するよう子供を後押しするのであり、彼らはアスリートになってからプロ化が捨てることを強要した子供っぽさを再び受け入れるのだ。練習する10代は完全にマーケットが取り込むターゲットであり、そのだいぶ前から消費するよう十分に躾けられ、そして、音楽を聞き、映画を見て、あるいは競技場を走り回るようふんだんに条件付けられ、さらには世界的な消費ニーズを生むための子供っぽい嗜好を取り込む十分な若さを要求されるのだ。皮肉なことに、かつてはトップダウン式の権威主義的な社会が専門的なスポーツ訓練を東ドイツやソビエト連邦などの青少年に押しつけていた場所では、今日、経済成長よりも国家的あるいはイデオロギー的な信条に動員されることはなく、同じことがボトムアップ式により穏便に為される自由市場社会になっている。

概してエンターテイメントのようなスポーツは、まず明らかに、単純性が複雑性に打ち克つような唯一の領域ではない。小難しいニ

ン・グローブ』紙によると、年間40億ドル以上の売上を生むと見積もられている。

24) 以下を引用。Sokolove, "The Thoroughly Desined American Childhood: Constructing a Teen Phenom,"

ュースから軟らかいニュースへ、あるいは堅苦しくないニュースから情報エンターテイメントへの変化は、トーク・ラジオとケーブル・テレビによりさらに悪化するという言い古された説もあり、それはその双方ともがかつては番組放送で重点を置いていた市民的規範に今や何ら期待していないからだ。ジャーナリストのマイケル・マッシングは、雑誌『ニューヨーク・レビュー・オブ・ブックス』に二つの記事を寄稿したが、その最初の記事で近時には「ニュースの終わり」が迫っているかどうかを問うた。いまや偶像化された同時放送《ブロードキャスト》ジャーナリストたるエドワード・R・マローによる、放送されるニュースに関する自律性や完全性が失われているという批判に対する反論（最近の映画『グッドナイト&グッドラック』に記憶される）は、60年も昔のことになり、それが示唆するのは、放送を幼稚化することが必ずしも新しい発展でないことである。しかし、ケーブル・ニュースは平易に堕落することを加速度的に速め、マッシングの名付けた「フォックス効果」（ルパート・マードックのフォックス・ニュースの研究）があらゆる産業に見てとれる事態を作り出した[25)]。アメリカの全テレビ視聴者の4分の1にアクセスできることに相当する60余局を支配するシンクレア放送グループが、［社会活動家］テッド・コペルの番組『ナイト・ライン』について、コペルがイラクで殺された1000人のアメリカ人（その数は現在3000人に近づいている）の姓名を読み上げたことを理由に、同番組を放映しないよう8つのABC系列局に命じたのは悪名高い。視聴者にとって非常に困難なのは、「管理当局が米国の犠牲者の報道を規制

25）Michael Massing, “The End of News?” *New York Review of Books*, December 1, 2005.

するためにさまざまな段階を踏んだこと」[26]に対処することであり、おそらくはそれに向き合うことであろう。お堅い新聞においてでさえ、複雑な問題は、ますます置き去りにされる。『ロサンゼルス・タイムズ』紙には、もはや労働関係のニュース・リポーターを置いていないし、貧困問題を専門とする記者は誰もいない[27]。

多くの新聞社は損失を重ねていて、テレビやインターネットと争うことがますます難しいことに気づき、さらには徐々に、お堅いニュースで紙面を埋めることにはより慎重を要することに気づいてきている。CNN がよりフォックスのように見えてくると、PBS〔公共放送サービス〕はCNN のように見えてくるのであり、まさにフォックスが『エンターテイメント・トゥナイト（ET)』に舵を切ったとき、自らを規定した大人の基準から乖離して浮遊していったのだ。（今はもう放映されていない）テレビショー番組『クロスファイアー』にてクリントン大統領のスタッフだったポール・ベガラと、保守的なジャーナリストたるタッカー・カールソンとの陽気であるが沈痛味を帯びたインタビュー、それは重大な政治問題のフォーラムであり、かつてのテレビニュースが達していた複雑性やニュアンスから如何に乖離しているかを指し示すタイトルであるが、そこでは『コメディ・セントラル・ネットワーク』でのコミカルな司会の

---

26) Ibid.

27)『ニューヨーク書評』にある2番目の記事で、マッシングは以下の通りコメントしている。「この夏、『ロサンゼルス・タイムズ』のただ一人の労働専門の記者が去ってから6年以上も経って後、ナンシー・クリーランドはスクープ記事を残していった。彼女は“落胆”して異動し、私に語ったのだ。『ロサンゼルス・タイムズ』の編集者たちは、記者たちに切り返《カットバック》しを激しくさせて互いに張り合っていた。48の業務部門のうちの6つに取材に行かせたのだ」。Michael Massing, “The Press: The Enemy Within,” *New York Review of Books*, December 15, 2005.

ジョン・スチュワートがホスト役を務め、彼らが雇われ政治家以上の存在であることを思い知らせることとなった[28)]。コメディアンが厳粛なジャーナリストに自分の責任を思い起こさせるとき、その根本問題は深刻な放送ジャーナリズムから抜け出ることになる。

学習し、かつ、成長することは、まず第一に、自己に何かが欠けているように常に感じ取ることであって、難しいことだ。無知で瑞々しいままでいることは、ただ快楽原理に耽ることを求められるだけのことで簡単なことだ。このことは広告担当者にとっては、児戯に楽しみを求めることではなく、子供の喜びから利益を得ることを意味するのだ。簡単な楽しみには莫大な利益が伴うのだ。サーチ&サーチ社研究員のエリカ・グリュエンが注視するのは、ウェブ上にいる子供を対象とした、いわゆる「営利目的のサイバー少年向けカテゴリー」であり、それが提供するのは、「これまで前例のなかった、広告主にとっての媒体であり、そこにはその子供の関心を捕らえる観点から好ましいと思える他の如何なる製品やサービスもないのである」。なぜならば子供がオンラインに向かう場合、彼らは「フロー状態」に入っていて、それは「挑戦的活動に、完全に没頭する非常に楽しい経験」であって、さらに「広告主が子供との関係を築くにはこのオンラインに似た存在は他に何もない」ことを意味するからなのだ[29)]。

---

28) CNN's Crossfire, October 15, 2004. ジョン・スチュワートはコメディ・セントラル局の『ディリー・ショー』のホスト役であり、皮肉に満ちた若き視聴者から賞賛を浴びたが、彼らは新聞を読み、テレビ・ニュースを視聴することが年長者より乏しく、顔を顰めた懐疑主義の狂信者や参加者から、多量のニュースを得て満足するように思える。

29) Center for Media Education (Kathryn Montgomery and Shelley Pasnik), *Children Enter Cyberspace*, 1996.

“スロー”に優越する“ファスト”

当然に、困難に優越する安易、複雑に優越する単純の選好に続くのは、遅行性《スロー》に優越する迅速性《ファスト》の選好である。子供の世界は、カメの居場所のないウサギの文明である。哲学者のバートランド・ラッセルが『怠惰への讃歌《イン・プレイズ・オブ・アイドルネス》』を著してから75年が経ち、それ以来、そしてさほど昔でないがミラン・クンデラが「緩やかさ《スローネス》の喜び」を発見してからも、時間は「消えてしまった」。クンデラは「速度は、技術革新が人に授けたエクスタシーの典型」[30)]だと提起するが、そのエクスタシーは特に若者を虜《とりこ》にし、速度が格好良いと思う人にとっては崇め奉る対象となる、まるで妙薬であった。クンデラはテクノロジーを罪人扱いにするが、常にテクノロジーとは速度に触媒作用を及ぼす特徴をもつ道具でしかなく、一方で速度とは幼稚エートスがテクノロジーと資本主義の双方に求めた帰結である。ファストフード、テンポの速い音楽、即席のフイルム編集、処理の速いコンピューター、速さのみを重視する運動能力、速度を主要目的とするジギタリス薬飽和療法、（実は在りもしない方向に向かうまったく成長のない道程であったのかもしれぬ）人生を目眩くように急くこと。これらは大衆的な若者文化や世界中の商業を支配し、それに常に組

30）Milan Kundera, *Slowness* (New York: HarperCollins, 1995), pp.2-3.（フランスの作家）クンデラは、現代的速さの下での文化の加速性を捉えた。「現代史が語りかける手法は、ベートーベンによる138の作品を順繰りに奏でていく巨大コンサートのようであり、初めに8小節だけを演奏する」。10年後、コンサートは「一連の作品のうちの初歌」から、続け様に「全138作品、全コンサート、切れ目なきメロディを表す」のだろう。さらに10年後、ベートーベンの音楽は「長くブンブンいう音に要約される」のだろう。

み入れられている傾向なのである。インドでは、迅速性を尊ぶ新世代の消費者は、自らを「ジッピー族」と呼ぶのだ。

スピードについて述べたジェイムズ・グリックは、近代オリンピックについて「人類史上、より晴れがましくより強烈な時間という強迫観念を反映していて、それがオリンピックに風変わりな影響を及ぼし、大会そのものが、時間に対する強迫観念とその制御によって歪められている」と述べている[31)]。スピードに関してのグリックの研究は、「現代経済は活動するものの、その職業における時間の測定値と効率の精度によっては途絶える」ことを基礎に置いている。ビジネスが、常に生み出すのは、「時間に2、3秒でも余裕ができればそれを捉えることであり、瞬間的なオーブン・レンジ、素早い再生機能、急速冷凍、与信の即決、などである」[32)]。迅速性に変換していくことについて、グリックは「ネットワークや、我ら情感的生活における人生のルールは、インスタントコーヒー、即時的親交、即時的再生など」に、おそらく幼稚化によって、プロテスタントのエートスからの最大の離脱をもたらし、我らを「即時的満足」[33)]へと退行させるのだ。

---

31) James Gleick speaking with Bruce Weber for Weber's essay, "Sing, Goddess, of the Stopwatch," *New York Times*, August 8, 2004. グリックは以下のように結論づける。「我らは競技者としてより進化している。私が言うべきなのは、彼ら競技者に、そして我らのより多くが、人間の完全性の限界に近づいていることである。競技者における相違はまず小っぽけなものだ。その異様な結論の一つであるが、競泳では、テフロン社製の水着のような材質と、体毛を剃ることは、本当に重要になった。私はオリンピックを創始したギリシャ人たちが思うことを推し量って申しているのではない」。James Gleick, *Faster: The Acceleration of Just About Everything New* (New York: Random House, 1999).

32) Gleick, *Faster*, p.11.

33) Ibid., p.13.

マルコム・グラッドウェルが最近の著作『第一感《ブリンク》』の中で、「（考える間もない）瞬時の判断《シンキング・ウイズアウト・シンキング》」と呼ぶものに関し、突発的決定と即時的印象とが危険性と有益性とをもたらすと語っている。電光石火的判断と第一印象とが実はゆっくり蓄えられた経験、何らかの知見等に基づいている精神的な近道を意味するかもしれないとグラッドウェルは主張するが、同書自体の第一印象では即時的魅惑の一つがスピードについての考えの大衆文化《ポップ・カルチャー》的な活力に迎合していることを隠している[34)]。実際に「暴露本《インスタ・ブック》」は出版業界では常に一般的だが、その種の記録は2006年に作られたにちがいなく、200ページを超えるジェニファー・アニストンやブラッド・ピットに関する「暴露本」がちょうど1週間で書き上げられている[35)]。

映画やビデオにおける即席的編集と結合的編集《ジャンプカット》、また、すべてのインターネットに炸裂する瞬間的なポップアップ広告は、スピードを伴う殺気立った強迫観念を表している。比較してみるがよい。一つのシーンが一度の編集も、またはカメラアングルの変化もなきまま何十秒も1分間もずっと続くことさえできた1930年代のハリウッド映画と、一つのシーンで一度も切り取りや編集がないまま1秒や2秒以上続くことなどない今日の音楽ビデオや漫画的かつデジタル・アクション的な映画とを。今日の映画やビデオで、1秒間に複数の結合的編集《ジャンプカット》が、さらなる迅速性が映画界における専制形態となる風潮の中では、その超活動的な製作管理を尊ぶ人びとにとっての

---

34) Malcolm Gladwell, *Blink: The Power of Thinking Without Thinking* (New York: Little, Brown&Co., 2005).［マルコム・グラッドウェル／沢田博、阿部尚美訳『第1感 ―「最初の2秒」の「なんとなく」が正しい』光文社、2006年］

35) Mara Reinstein and Joey Bartolomeo, *Brad and Jen: The Rise and Fall of Hollywood's Golden Couple* (New York: Wenner Books, 2006).

常套となったのである。それから想像されるのは、若者の観衆たちがこのようなスピード感を切望することで、メディアに誘発された注意力欠陥症を抱え込み、それが癖になる傾向を自身で強化することである。速度はまさに薬物であり、他の薬物と同様に精神に対しての支配を単に維持するために、従来よりも容量を増やして服用されるのに違いない。

デジタル化はスピードと非線形性を活発化し、容易にするが、特にその後者については、我らの「通常の」時間の線形的経験は非連続した断片に解体されるので、人工的な不協和を生み出す。一時的な不協和は芸術や創造的革新に触媒作用を及ぼすかもしれないし、その好例として確実なものといえるものに、作品部門のオスカーを獲得した映画『クラッシュ』がある。しかし、その不協和はある意味で成熟した大人期と伝統的に関連した、通常の意識や、責任を負える想定内の行動に堕落していくのである。

大人からすれば、スピードは若さを虚栄する最高かつ最新の形態となるのであり、時間が目まぐるしく動き、時間が操られ、時間が速められ、時間が世を征服したのだ。『ターミネーター』、『バック・トウ・ザ・フューチャー』そして『マトリックス』三部作から始まる、10代向け映画シリーズや、『ファイナル・デスティネーション』と『X-メン』のような最近の映画シリーズを通して、または、テレビやケーブル番組（ティーボ〔ハード内蔵ビデオレコーダー〕）、（アイポッド）音楽聴取の「時間移動」を許す電子装置を通して、我らは特定の空間が自分たちの過剰反応する肉体（道具が我らを固定された空間から解放するとして）を包含するという考えをもつと同時に、「現在」が我らのアナーキーな一時性を包含するという考えをもつ不平家として、我らは慌しく現在の時間を旅するのである。我らの若かりし日にはゆったり過ごしたことでの贅沢はすべて小っぽけなものだった。そのゆったりしたペースを保持することが美徳と定義されていたものには、たとえばオートミール、チェス、マッシュド・ポテテ、ラブ・レターといったものがあるが、今やそれは迅速性のみならず即時性を求め、そして即時性から早指しチェスや簡易メッセージに至るように可能な限り時間短縮されている（グリックのいう即時性）。その幸福／不幸を表す絵文字《エモーティコン》、その創意に富む短縮語、そして、その猛烈に速いペースをもった簡易なメッセージを送ることが、メッセージを急がす以上に如何ほどの意味があるのか？　まさに子供たちが秒刻み以外の時間管理手法をもつならば、子供は何時間もかけて簡易メッセージを送るだろう。狂わんばかりに動く秒単位の時間も蓄積されれば、ソネットを作詞するためのふんだんの時間を残すことだろうが、彼らはその字句の断片に満足するだろう。その対極側にいる人びとにとっては待つことと、おそらく同時多機能《マルチ・タスキング》が重要で、それでも数秒間は取り逃すのかもしれず、時間は飛ぶように流れる。さらに急ぐのだ！

　時間に対する勝利が確信されれば、死に対する勝利という幻影もやってくるのかもしれない。それは美容外科という魔法もどきや、人体冷凍保存での約束された不死のみならず、あらゆる終点を迂回し、さもなければ忍び寄る死を知らせてくれるはずの停止信号を通り過ぎるほど速く変化する、即時の絶え間なき瞬間的変化を伴う時間からすべて自由になることでもある。買い物そのものは、時間を静止する、もしくは完全に消すことができるという幻想に加担するのであって、時計はモール（またはカジノ）では決して見られず、そこでは、買い物客が買い物や賭博に興じる間、まるで時間が静止しているように感じることを胴元《ベンダー》は望むのである。食事（燃料補給）のためのファストフードという手段はほとんど瞬間的である。「誇示的消費は、死への恐れから生じる」と結論づけるのは社会学者たちによる嵐の如き大合唱だが、それは「倒るるまで、止めるな」という勝利に驕った号令であり、そして買い物が死ぬまで許されることで何が起こるかを想起させるものなのである[36]。

テレビ・ゲームもまた、刺激に対する素早い反射神経的反応と即座的反応に拠っている。このようなゲームは幼児期の恒久化と本質的に結びつき、子供たちに加え、大人たちをも子供の必需品（詳細は下記の通り）の消費者にすることで、最も成功した商品企画分野の一つとなっている。しかし、単にスピードのみで測定されても、デジタル・ゲーム界の知性は伝統性に関連した知性（速いニューロンによって発生する生身の情報をまとめて、それで意識を生成する）を構成する新しいシナプスを創り出すことよりもむしろ現存しているシナプスの迅速な発火に関与している。一度でも知性というものが、知恵や熟考と同等視され、遅さに対して慎重に特権を与えること、そして時間という富を意図的に費消することと同等視されたところでは、現在のスマートさというものは早さについてあまりにやり過ぎということとなる。賢明なることの証しとされるがため、人は覚えを速くし、瞬きする間にも結論に達し、審議プロセス（退屈な！）を短縮し、その核心にまでたちどころに至るようにするのだ。大学入試や司法試験のように現代に存在する試験はすべて時間を競うのであり、その時間制限をなくす最新の提案も一瞬のうちに蹴散らされてしまうのだろう。

必要性があるように思えることを美徳とすることで、スピードを善しとする〔哲学者ヴォルテールの風刺小説〕『カンディード』で安

36）Sheldon Solomon, Jeffrey L. Greenberg, and Thomas A. Pyszczynski, cited in Len Costa, “Psychology of Shopping: How Much Is That Death in the Window,” *New York Times*, December 7, 2003.

心感を与える、そこに登場する現代の〔超楽天家〕パングロスさながらに現代の我らも彼を自身の内に宿しているのだ。スティーブン・ジョンソンは、動きの早いテレビ・ゲームに占拠されたこの惑星について、あらゆる悪が実は善だとして、ゲームを現実世界のあらゆるもののなかで至高のものと見なしている。彼は双方向テレビ・ゲームで勝利することは時間と激務を伴うことを最初に提起しているが、古きプロテスタンティズムの倫理が善きこととして定めた方法に従えば、まさにそうすべきなのだ。次のレベルに進むために必要な善行を得るためには「時間を、それも長い時間を掛けること」が必要なのだ。ジョンソンもまた例外的に認めているが、「〔オンライン・ショップ〕イーベイ社に数百ドルを掛ければ、完全にデジタル信号から成る魔法の剣や区画分譲地でも買うことができる」[37]のであり、それで時間と激務をともに回避するのだ。それは新たな技術であり、時間を購うという馬鹿げた手法でもあるが、時間を掛けることを回避し、勝利やより多くの買い物のために数時間の「節約」に血道を上げることでもあるのだ。

「ニュース」の領域ほど時間が加速するものはほかにない。もしニュースが新しいことならば、物事が急変するこの時代には「最近」あるいは「最新」のことのみが本当の新しいことと見なされる。18世紀、19世紀には1週間もしくは数週間の間隔をもっていたニュースのサイクルは、月刊誌がゆったりと1カ月ごとに駅馬車と蒸気船で出来事を報じていた時代だが、複利で金が貯まっていくのと

37) Steven Johnson, *Everything Bad is Good for You: How Today's Popular Culture is Actually Making Us Smarter* (New York: Riverhead Books, 2005). p. 26.〔スティーブン・ジョンソン／乙部一郎、山形浩生、守岡桜訳『ダメなものは、タメになる――テレビやゲームは頭を良くしている』翔泳社、2006年〕

同じように着実な歩みで進歩してきた。20世紀前半には、ニュースのサイクルは電報、ニュース・ティッカー（文字受信装置）、それにワイヤ・サービスで毎日更新に駆り立てられると、新聞では日刊紙が週刊誌に取って変わり、そのペースは格段に加速した。20世紀後半には、時間、分、それに秒が支配し、さらに24／7（週7日24時間）で休みなくニュースがサイクルするのが月並みとなった現在では、即興的コミュニケーションとメディアのデジタル化がケーブル・ニュース・ネットワークとインターネット（伝統的な活字媒体が急速に移動してくる）で強力となったが、非常に逆の効果を与える危険もある文字通りの光速性に向かっている。

迅速性は、決してよりよいことではなく、さらには適切でさえもない。ニュースのサイクルは、いまやニュース自体よりも急速に動くのであり、それは現実世界が着実に提供できることよりも多くの内容を要求し、24時間稼働のケーブル・サービスとブログが伴っているからだ。「法王が死ぬ」ということが、ほぼ確実な一つのニュース項目としてあったとしても、その反復は望まれない。どういう具合にその筋立てが偽りの筋立ての蓋によって塞がれなければならないのかといえば、「法王が（ある日に）死ぬとして、それからどうするのか？」。まず、「法王は病気であり、実は死にかけているかもしれない」として、次に「法王は死にかかっている」、そして、「法王は、ほぼ死んだ」、それから「結局のところ、法王はまだ死んでいなかった！」、さらには「しかし、今や彼は本当に死にかかっている。本当に」、そして本当に死んだ後は「なんで、法王は死んだのだ」、そして「法王は、一週間前には死んでいた」、そして、「新法王は、教皇選挙《コンクラーヴェ》によって選ばれる」、最後に、「新しい法王が死ぬのは何年後だろうか？」。以上の如くニュースのサイクルはニュースに動ずることなく、ニュースはその少ない合理的な「大きな筋立て」をリサイクルしなければならず、そして気分を悪くさせる出来事でもそれが一度でも起これば、火事／デモンストレーション／裁判／事故／選挙／銃撃／告発／殺人／辞任／流行／葬式／クーデターなど、そのイメージを一日中、もしくは何日（数週間）も再現するのだ。天災（ハリケーン・カトリーナまたはインド洋津波）、お悔やみ（ダイアナ皇太子妃死亡、法王死亡、テリー・シャイボ死亡、京都地球温暖化防止条約脱退）、有名人の裁判（O・J・シンプソン事件、スコット・ピーターソン妻子殺人事件、マイケル・ジャクソン性的虐待事件、今日も「空白」を埋め尽くす事件の数々）、これらすべては完全に一週間を文字通り隈なく番組製作上埋めることが可能だが、そのすべての番組が目標に定めるのは、それまで市場がつけ狙っていた大人の子供大人《キッザルト》であり、その不埒な着眼は彼らの天賦の才能や資質にもかかわらず、ただそれを奪い知的に挑むことにのみ力点を置くのである。

実際のところ、『ニューヨーク・タイムズ・マガジン』誌の記者によれば（彼は知っているはずだ！）、「より多くのニュースとより速いニュース」を生み出す 24 ／ 7（週 7 日 24 時間）のニュースのサイクルは、新しいことに対してより新しいことが勝るのを許し、そのより新しいことも最も新しいことには敗れ去る状況にある「ある種の広域にわたる注意欠陥障害」をつくることに手を貸し、それはまた、「ラッセル・ベーカーが〈古きこと〉と述べたもの」[38] 以外

38) Jack Rosenthal, "What to Do When News Grows Old Before Its Time," *New York Times*, August 8, 2004. ローゼンタールの見るところによれば、最新ニュースは昨日の大きな話題を続けることよりも、明日の大きな話題につなげることに価値がある。新たな話題はほぼ出た直後に、消滅してしまう。今やイラクのアブグレイブ刑務所のスキャンダルなどどこにあるのか、と人は尋ねるだろう。数年前の人びとを恐怖に陥れた炭疽菌はどうなったの

のニュースにはなり得ず、すぐに破棄されるものなのだ。一度、ニュースの速度が我らの生活における自然な成り行きを上回ってしまえば、それは発明されるか、過去の繰り返しのはずだろう。創造力に宛てがわれた繰り返し（ニュース速報：研究により明らかにされたが、10代の女子は、男子のことで悩んでしまうために、学校ではあまり好ましい行動をとらない！）、完全に認知された繰り返し（9・11の記念日、ピーターソン事件裁判の開始、ピーターソン裁判の終結……）、以上のように、その耐えがたきイメージがイライラさせる決まり文句に変わるまで、ビデオ・クリップが幾度でも繰り返し放映されるよう時間を果てしなく拘束するのだ[39]。

速度は携帯電話、ブラックベリー・スマートフォン、そしてインターネットに想定内の長所をより普《あまね》く明らかにすることで、ニュースを殺し、そしてテレコム（電気通信）を腐敗させた。これらのコミュニケーションの形態は、社会物理的環境において離れた人びとと即座に連絡をとることを可能にするが、その物理的に存在するはずの社会空間からは我らを取り除いてしまう。これらはすでに進行中の、公共空間の絶滅に貢献する。携帯電話使用者のイメージは、その携帯電話を使用する仲間たちと私的世界に嵌り込み、それによって公開空間を私的なリビングルームやベッドルームに転換し、文字通り公共空間に暗い影を落とすものである。それは一部のヒス

だろうか。有名人の殺人事件はどうか、過去の裁判は決着が付いたのだろうか。ゆっくりとした動きの話題（環境悪化、核兵器の徐々の普及）は、部分的に引っ掛かるところがなければ、報道陣の興味に適応することなどない。ニュースが永遠に過去を凌駕する場合、人びとは如何にして情報を与えられ得るというのだろうか。

39）アメリカ・メディアの現状に関する報告書全文より、以下を参照。Project for Excellence in Journalism, “The State of the News Media” (http://www.stateofthemedia.org)

テリックな公共市民にとっての悪夢ではなく、それは2006年初頭に何カ月もテレビに流れていた、偏在的《ユビキタス》な携帯電話会社の広告でもあった。電子メール、即時的メッセージ送信、携帯電話、あるいはキャッチホンかどうかにかかわらず、一人の人間から別の人間にジャンプしていく機能は、時間、注意の連続性、そして関与を要求する重大な一対一の関係を毀損し得るものだ。ここにいうスピードとは浅薄で、表面的で、忘れられがちで、無意味だということを示唆している。子供のゲームがそうだ。こうした新たな「即時的コミュニケーション技術」は、人間関係に密に浸っている年配者には多くの場合は避けられており、それを気に止めないゆったりした歩みを急かせる必要がないのは不可解なことではない。しかし、まさにそうした価値をいまだ学んでいない若者たちにはその人間関係を探し、変えようとするために、そのまったく同じ技術が反対に崇拝さえされるのだ。

これだけ現在の商業活動が盛んになると、我らが極端な中毒症状に陥り、スピードが病理的範疇に近づいていることが明らかになる。それで結局は、日常生活で病理的性向の正常化を図ることになる。これは、注意欠陥障害であるのみならず、我らが集中と連続性を抑制され、ジャンプカットだらけの生活を追求することで享受される文化で定義される、“強制的”な注意欠陥障害である。ある仕事、ある配偶者、ある職業、ある家庭、ある個性、これらは全生涯のうちではとても単調に、そして特に、子供から見れば非常に“退屈”なものである。永続する嗜好のような、永続する約束事《コミットメント》は、消費主義が頼りにする一時的流行には貢献しない。新しい友人、新しい家族、新しい恋人、新しい家庭、新しいファッションは、新たな必需品、新たなクレジットカード、新たな物の買い込み、新製品、そして、それゆえに、新たな購入品を意味するのだ。変化に待ったを掛けるペースを維持することは困難なことであり、子供が敏捷なだけに幼稚エートスは助長されるのだ。

迅速性《ファスト》に対する消費的選好の象徴、それはそのアメリカン・スタイルがほかの世界諸国でも消費主義の象徴になったファストフードである。ただ、ファストフードは、その批判者からでさえ非常に誤解されてきたところがある。エリック・シュロッサーの著書『ファストフードが世界を食いつくす《ファスト・フード・ネイション》』でその焦点の大半が割かれているのは、我らが食べる〈もの〉、つまり、その全体的な品質、また、それが国際経済や環境、そして重要な話題すべてと同様に我らの健康にどの程度に影響を及ぼすのかということだ。しかしながら、ファストフードの本質とは、それがあるという“こと”にではなく、それが“如何にして”あるかということにあり、そのスピードが、その品質や多様性を含み、あるいは品質の欠如と多様性の欠如とが相関することなどすべてに通じているということだ。早さを求めるキャビアのカフェ、あるいは同様にトリュフのショップがまだ存在しないのならば、それはキャビアやトリュフが高価だからではなく、複雑性をもつ食品とは舌の肥えた味覚をもち、さらにその資質でもって十分に味わって賞味する人をのみ求めるからだ。牡蠣料理店《オイスター・バー》は速度と成熟した味覚との両者間の妥協の産物であり、また、スターバックスのようなコーヒー・チェーン店はある種のレジャー性をも招き寄せて、多機能式《マルチ・タスキング》の無線LANが使えるようにしているのだ。大部分の消費者のはけ口はほぼ速さに向いているが、我らが複雑性を快楽として経験することの多くは、ゆっくりと起こることを必要としている。消費することとは、単に経験することではなく、犬が食べ物を食べるような本能的な快楽以外の目的をもって、それを呑み込むことなのだ。

文字通りに「顔に押し込む《スタッフ・ヤー・フェイス》」という名をつけたレストランが実際

にニュージャージー州にあるが、一般にファストフードはまさに買い手に向けて、栄養、燃料を補給し、カロリーを受け入れる手段たる食物を押し込むことを売りにするのであって、それを食べるのは生物的緊急事態に反応している単なる動物なのだ。もちろんビッグマック、揚げ物、ドーナツはある種の快楽であって、動物性油脂、塩分、糖分はおいしいものだ。しかし、その長所とはその得るものが速くて簡単、そしてゆっくりと味わうことを求めないところにある。速読、あるいは手早く性交渉を終えることには一定の利点があるのかもしれないが、そこには快楽を味わうような要素が見えてこない（だから、早漏は快楽を嚙みしめることをできないのであり、性愛としての円熟味には欠けるものなのだ）。プルーストを速読するとか、ホイットマンを斜め読みするとかは、休暇を切り上げたり、性愛の交渉を急かしたり、ヘネシーを一気呑みしたりすることと同様に意味をなさないことだ。我らが最も関心をもつことは最大限にゆっくり行うことであって、速読や愛なき性交渉とは確かに撞着語法であり、それは読書や性愛行為がことさらに急ぐ必要がないはずだからではなく、急いで済ましてしまうことがその為した行為を陳腐化させてしまうからである。

手早いタンドゥール（インド料理）や手早いタコス（メキシコ料理）は、ロンドンやロサンゼルスなどでもありつくことが可能だが、その迅速性が味気ないとか即物的だという意味合いを感じさせることはない。要は、高級趣向《ハイブロー》の人に特権を与えないことであり、あるいは食品の階層化を保持しないことだ。美食家にとっては、文化に対する最終的な影響の点で、ファストフードは、手早きハンバーガーや手早きポテトフライとほとんど異ならない。「迅速性《ファスト》」が意味するのは、我らがいずれにしろファストフードをほとんど味わうことなどないことである。それはまさに、階層の問題ではない。マクドナルド自体にとっては、主にアメリカ合衆国では大衆向けであり、モスクワと北京では高級志向、そして多くのヨーロッパの都市では完全に中流が対象である。要は、食物が買われて費消される速度の問題であり、また、過激なぐらい形式張らずにあまり考えないで消費し尽くす過程の問題であり、さらには、ただの食事の場合に我らがすることと、（言わば）皆で一緒にパンをちぎって、ご馳走や晩餐を囲む場合に我らがすることとの対比の問題である。晩餐を囲むということの意義の本来性に疑問を抱くことなく、夕食を急かすことはできないのであり、ママ・ナポリの甘いソーセージは顔に押し込まれる早食いコンテストでのホットドッグのように費消することができないのであり、ママ・ナポリの甘いソーセージは、マルベリー通りでの夕方の家族の食卓を思い起こさせるはずの母親の甘いソーセージの資質を維持することはできないのだ。ハンバーガーチェーン店のウェンディーズで感謝祭が催されないのは、たとえウェンディーズが四つ星シェフを雇い、本式の大皿に七面鳥、スイートポテト、そしてクランベリー・ソースを添えようとも、ウェンディーズに行かなければいけない理由は食事できるまでに2、3時間も待っていられず、あるいは親戚が集まってすぐに食事をせねばならぬ必要に迫られた場合のみだろうだからである。

ファストフードが、ここまで来るのには時間がかかった。テレビ・ディナー〔TVを見ながら囲む夕食〕の切っ掛けとなったのは、家庭の晩餐に対しアメリカの家庭が時間短縮を促し、そこから利益を得ようとすることに利潤があることを、マーケターが最初に発見したからである。素早い食事準備と何かしながらの簡素な食事に向かうことによって、テレビを見ながらの食事、宿題しながらの食事、友人と電話しながらの食事、メールに返信しながらの食事、そしてネット・ショッピングをしながらの食事へとどんどん加速する。夕食はもう誰にとっても重要でなく、交流と儀式はまったく必須でなくなった。それは何か一つの仕事を片付けるようなものであって、その他の活動のために燃料を補給することなのだ。ビジネスや取引は、常にスケジュールや家族に圧力を掛けていて、オスマン帝国の下でのケバブ街の素早い物売りは性急で商人や旅行者を満足させた。このことは厳粛な晩餐の文化というものについて忙しい時代の忙しい人びとにとってはささやかな息抜きの時間だったことも、晩餐についての的を得た論ではない。しかし、食事とは儀式として談笑し、食べ物を口に運ぶことであり、その象徴として食べ物を傍らに添えることであり、食卓とは家庭の住居と団らんのある種の非宗教的な祭壇である。今日ではテレビやコンピューターのスクリーンが家庭的団らんという儀式的機能を略取してしまったため、食事の営みは孤立的かつ受動的である。食育ネットワークによると、アメリカの家庭の40パーセント弱が「家族一緒に食事することはまったくない、あるいはほとんどないと答えており、その孤食化はなおも進行中である」[40)]。子供たちが年齢を重ねていくにつれて、この数値は悪化する。これは、ローマ・カトリック教徒の多くが聖餐用のパンを、ガムを噛むことに退行させてしまったかのようなことなのだ。

ファストフードの内容はファストフードの本質と非常に関わりがあり、それは子供の好みがスローよりもファストに優位性があり、複雑性よりも単純性に優位性があり、香辛料のきいたものよりも口あたりがよいものに優位性があるからである。それから、砂糖、塩

40) Martha Marino, cited by Denny Fleenor, "Meals Together Improve Family Nutrition," October 6, 2003, in a news bulletin published by the Nutrition Education Network (College of Agricultural, Human, and Natural Resource Sciences at Washington State University), available at http://cahenews.wsu.edu.

分、動物性脂肪は子供（老いも若きも同様に）に、その小さい（または大きい）顔にそれらを数分で押し込むよう誘導し、酢、コショウ、オリーブ油を打ち負かすのである。味覚を向上させて美味しいとすることよりも指を嘗めて良しとすること、それはファストフードの真の鍵は食事において形式張らないことと速度にあるとすること、電子メール、テレビゲーム、テレビ視聴のような他の若者らしき活動と同様に儀式張らずに素速くエネルギーを効率的に補給すること、そして（一時的）性交渉や買い物に対する熱意に付きもののことなのだ。砂糖とカフェインという麻薬は疲れ切った買い物客に付いて回るが、それは気つけ薬の匂いがフラフラになった賞金稼ぎのボクサーに効くようなものなのだ。

もちろん、これらの子供の特徴は、大人の市場と平行関係にある。モールのフード・コートは、子供が派手な金遣いに乗り出そうとする際、価値ある時間をあまり多く費やさずともよいように、買い物客が活動しながら燃料補給できるよう、速いスピードで走行するF1のピットストップのように設計されている。郊外のモールが、買い物客が消費者として幾度も買い物に向かうよりも、一度に何時間掛けてもよいようにあまり仰々しくないレストランで接待しているのは偶然ではないのだ。同様に、都市部や郊外の中心街にあるファストフードは、フランス流の3時間の昼食、あるいはスペイン流の自宅で家族とともに正午から食事を摂るのでは仕事の効率性を損なうと考える仕事中毒のビジネスマンのために、手っ取り早い食事を容易にする。マドリードのインディペンディェンテ基金は、そのような長い昼食を何とか厄介払いするためのキャンペーンを開始した。当基金の理事長はあてつけがましく以下のように述べた。「国際化された世界に、我らがそれに付いていけるよう、他の諸国とより類似した時間管理がされなくてはならない。今のような数時間掛けるスペインの昼食は非常に楽しいが、それはあまり生産的ではない」[41]。スターバックスやスポーツ観戦バーのような一見するとレジャー志向者の溜まり場となる施設さえもテレビや無線インターネットとの連結性を提供しており、他人行儀に厭気がさしている顧客がカフェラテのグランデを傾けながら、ラップトップ・パソコンでの無線通信《ブルートゥース》、あるいはタブレット型端末《ブルーベリー・マルチタスキング》でのビデオ・ショッピングに没頭できるようにしているのだ。まさに顧客は一つの場所に留まって手数料《キックバック》を支払うことで、忙し気にすぐに複数の場所で従事していることができるのだ。

幼稚化の主要な対語、すなわち困難よりも安易、複雑よりも単純、スローよりもファストの三つは、少しでも言及される長所がある多数の関連する対語を含み、伴っている。安易、単純、そして即効性ある特権は、純然たる遊興を仕事に優越させるのであり、それは幼稚化のエートスが促す何物かであるのだが、それは我らが見てきたように、仕事を遊興に転換して、それと同時に遊興を仕事よりも最大限に好ましいこととするのだ。どこまでいっても仕事と遊興の混在がないことは、余暇用の運動場の商業化においてより明瞭であり、そこではますます若い競技者たちがフルタイムの研修生として準プロ選手に変身し、また、学校や大学の運動施設がプロ・スポーツの準備となる商業上のファームチーム用のシステムに変換したのであり、さらにプロ・スポーツ選手の振る舞いを幼稚化させるのみならず、その幼稚化された外形を賛美し、子供になるよう命じているのだ。25年前、ニール・ポストマンは「子供のもつ価値とスタイルと、大人のもつそれらとの合体」と名付けたことの証左として、早くか

41) Renwick McLean, "Spaniards Dare to Question the Way the Days Is Ordered," *New York Times*, January 12, 2005.

ら子供の遊戯の消滅と、子供の運動が「大人のビジネス」に変わったことを扱ったのであり、これは幼稚化を理解することにとって先見性ある見方である[42]。大人の競技者たちのもつ幼稚化の別の側面として、利益を上げることを狙う意味での子供の遊興の職業《プロ》化がある[43]。批評家たちは、「貪欲な子供たち」やその貪欲な親たちを咎め立てする。しかし、それは「大人をして子供の時計《カレンダー》の針を遅らせる気分にさせる意味で罪深き」[44]ように映るプロ・スポーツを所有し、そこから利益を上げる娯楽会社に問題がある。子供たちはそれほど早くは成長しないのであり、それがより早く成長しようとしているのは、商業的スポーツにおける新しい才能に対する帝国主義的熱望に寄与するためにプレーできるようにさせられているのだ[45]。

---

42) Postman, *The Disappearance of Childhood*, pp.128-129. 誰も知らないのは、如何に今日のスターの多くが実際にいまだ現役でいるかということである（ニューヨーク・メッツの「公爵《エル・ドゥーケ》」、ペドロ・マルティネス、前ボストン・レッドソックス、メッツのレイ・オルドニェス）。しかし誰もが知っているのは、見込みがある選手は若ければ若いほどよく、高校の競技者たちは大学に行かず、プロの野球、バスケットボール、サッカーに駆け込むことである。

43) ドミニカ共和国出身の素晴らしい少年、ダニー・アルモンテは2001年のリトルリーグの世界選手権で（ヒット、四球、ホームランを与えぬ）完全試合を達成した。ただし、彼は12歳でなく本当は14歳で、おまけに学校にまったく通っておらず、父親は子供で賞金を稼ぐために出生証明を改竄していた。スポーツ・コラムニストのジョージ・ヴェチェイは、時に狼狽をもって述べている。「アメリカン・スポーツにおける黄金郷《エル・ドラード》では、搾取するために年齢がどんどんサバを読まれ、それによって長期契約が為され、将来に向かう道路が舗装されていっている」。George Vecsey, "Keeping Son from School Was Worse," *New York Times*, August 31, 2001.

44) Vecsey, "Keeping Son from School Was Worse."

45) 全米バスケットボール協会（NBA）の理事長、デイビッド・スターンは、つい先ごろまでプロ選手を20歳以上とすることを求めていたが、新人高校生の選手たちが〔スポーツ週刊誌〕『スポーツ・イラストレイテッド』の

今後も子供たちがあまりにも早く順応するならば、子供たちの肉体が損傷し、また、その生来の陽気さが奪われるやり方で、過剰な練習や過度な専門化が促されることで、将来を約束される競技者たちは、子供としての快楽を深めることはない。競技者を制御することと幼年期を条件付けることとの関連性を理解するその雇い主たちは、それをさらに加速させるのだ。このことは単に子供じみたプレーヤーについてだけでなく、管理上、影響されやすい競技者たちを優先すること自体についても当てはまることであり、すなわち、影響されやすい競技者たちは取引、賃金、組合利益といった大人の戯言を、チームのオーナー、または彼ら自身のプロの仲介者に任せてしまうからであり、彼らは自己の利益を最大にすることに夢中で自分の顧客の人格形成《キャリア》には関心を払わないからだ。プレーヤーは急いでその真意を汲みとらねば、数百万の子供に中年になるまで試合

ページやケーブル・テレビに掲載され得る分野では、スターンはレトリックを変えて、18歳から19歳まで年齢下限を下げた（NBA規約の以下参照。http://nbpa.com）。再論すればこれは、出しゃばりな両親や野心あるコーチのみならず、その動向を引き受ける企業選手たち、夏のプロバスケットボールのキャンプを支援し（ナイキとリーボック）、全米の高校に用具を提供する、多くのシューズ、アパレル会社も同様のことだ。スポーツ・シューズ会社の重役クリス・リバーズは、不平を述べ「ある7年生の子供の親は私に、まるで私が彼らの子供を旅行チームに入れてあげるかのように求めてくる。ある3年生の子供の親は、彼の子供がプレーしているのを私に見に来るように求めてくる」（Chris Broussard, "Still in High School, Certified Celebrities Look Toward N.B.A." *New York Times*, December 11, 2003）. NBAにはケヴィン・ガーネット、トレーシー・マグレディー、セバスチャン・テルフェアなど、高校卒業後すぐに入団したバスケットボール選手が多くいる。バスケットボール、フットボール、野球でプロを夢見る多くの選手たちは学位を取る前に、プロチームから誘いを受けたり、ドラフトに指名されたりして、大学を中途退学している。それにもちろん他の多くの選手たちは、プロにはなれないまま卒業試験に落ちたり、将来性なきサービス業に就き、陽の当たらぬ人生を送る運命になったりしている。

をさせる逞しき人間たちによって、厳しいその後の人生を歩む羽目になるのだ。

幼稚化は消費社会の隅々にまで行き渡っており、言葉よりもイメージや描画に特権を与えている。それは常に言語が複雑性や真実探求の駆動体であると言いたいわけではないのであり、画像は千言万語にも値し得るし、言語は簡素性や、宣伝や操作を表象するものともなり得る。しかしながら、概して我らは熟考や談話にあたって科学、哲学、加えて文学（文明を論ずる者もいるかもしれないが）を構築してきたのと同様に、デモクラシーのための装置をも構築してきたのであり、言語はその共通基盤を（たまさか共通することでの混乱も生じるが）提供するのだ。おそらくこれは、我らが可能性はあまりないが達成させようとしていることと同じぐらい真実に近いことが明らかだろう。いずれにせよ、今日の描画を選好することは、言語のもつ説得力の代わりにイメージを選好することではなく、その説得力にまつわる方法に対するものであり、それは描画的か言語的かにかかわらず、コミュニケーションの熟達した様式を短縮する方法なのである。

幼稚症が単純、安易、ファストに寄せる選好は、他人に対しての特定の政治的形態と親和性をもつ。それは消費主義そのものと同様に、何か一緒に行動する前に皆で熟慮する共同行為においてよりも、買い物のような一般的行動において、孤立化（もしくは孤立群として）の方向に急速に近寄っていくのだ。同じ理由から幼稚エートスは、家族、恋人、親類、または市民社会の市民として存在するというよりも、これは政治学者が権利を伴う法的人間と呼ぶ人間といえるのかもしれないが、個人であることが最優先と見なされる権利というイデオロギーによって強化される。このイデオロギーはアメリカの個人主義、それと現代のエートスと密接に関係しており、アイデンティティが他者との共同の中に役割を与えられ、また、他者への任務を与えることによって成る社会性という団円においては、個人に配置される義務と責任の倫理を撥ね付けている。カトリック信者であるかどうかにかかわらず、新法王ベネディクト16世（ミュンヘンのラッチンガー枢機卿であった当時）が現代の「相対主義的独裁」について淡々と「それは人間のもつエゴや自身の欲求による最終目標なのだ」[46]と述べたとき、多くのアメリカ人は良い顔をしなかった。しかしながら、ベネディクト法王が示したのは、幼稚エートスの継承予定者に対する告発のみならず、その偏向性に対する精緻な描写をも併せ持っていたのであり、また、それは彼自身の古臭い道徳主義的偏向（矛盾するようだがプロテスタント的エートスもいささか含んでいる）による不適切な表現と一概に決めつけることができないものであった。

ナルシシズムの倫理は、過去か現在かを問わず、その一時性を優越する永遠的現在を選好することを促し、またそれを反映する。その現在に対する礼賛は、常にアメリカという誘惑だった。移民たちは、歴史との関連では寛容なヴォルテールのもつ偏向と過失の重荷から逃れてアメリカ海岸へ向かう道筋をずっと探してきた。トマス・ペインは『人間の権利』の中で、アメリカとは「人生であり、世界の始まりである」と述べたが、それは時間の累積的重荷から解放された、もう一度新たに始まる可能性のある人生のことであった。このずっと先のことよりも近いことを、また長く堪え忍ぶことよりも瞬間性を選好することは、自己の過去とつながり、労働に従事してきた歴史的軛《くびき》に麻痺された文化にある守旧的習慣から、アメリ

46）以下の引用。Ian Fisher, "German Cardinal Is Chosen as Pope," *New York Times*, April 20, 2005.

カ合衆国を絶縁させることであった。しかし、幼稚化しつつあるエートスに表されるように、時間からの解放は歴史の忘却と、愚かなことに死生観の黙殺を招いたのだ。出自を重要と捉えないのがアメリカの約束事であるため、出自のアイデンティティは消えていく。それはアメリカ人が、自分の出身がどこか主張していることとは無縁である。死も消されるのであり（人体冷凍保存！）、将来を意識せず、我らが購入する消耗品によって老化現象に対する免疫を保証されるために、我らは無限の現在性に安住し、また、それゆえに瞬間的には不死でいるのだ。

これらのケースの各々において幼稚エートスはすでに現代的精神に存在する要素を踏襲しているが、それらの要素が危殆に瀕している消費資本主義の成功にとっては不可欠であるために、それらに道具的価値を認めて、その曖昧さを取り除くのだ。消費主義が必要とするエートスは微妙な陰翳にこだわらずに幼年期を包含するが、幼児期に蓄積する価値を認めずに子供っぽさを見せ掛けにしている。このエートスは、幼年期を合理化する際に、市場を介して「自由」を行使することで、消費者に「自分が望むもの」と消費者としての権利を与える製作者の義務とを引き出すのだ。

我らは思慮深い批評家として、子供と大人とを互いに争う系列的グループに振り分けることを討議することが可能なのであり、また、それを討議しなければならない。そこには肥大していくとされること（頑固さ、因襲性、閉鎖的関心）の伝統的概念に対する道徳的不十分さと、幼い頃の理想（新鮮さ、自発性、陽気さ）の幾分かの原初的倫理の特徴を見ることができる。ほぼ疑いのないことは、いわゆる成熟した文化が、少なくともその分別ある価値観を働かせることによって、幼い頃のより魅力的な特徴を引き出すことである。本書で示唆した安易性《イージー》は、ナチュラル、純粋さ、無邪気さにおいて単純で妨げようのないものだが、一方で困難性《ハード》は、不透明さ、仰々しさ、そして厄介さを意味することができる。大人の文化は、その手立ては「自然」を装いつつも、“複雑”を“単純”に、つまり透明で明快なように解釈できるような方法を探し出す。プロテスタント、とりわけ清教徒たちが明確に抗議するのは過度に偶像化された描画と不明瞭な礼拝の解釈に対してであり、カトリックが俗っぽい制度化を介して、単純なキリスト信仰の真実に問題を付け加え、かつそれを隠し立てすることに対してであった。それゆえにプロテスタンティズムはキリスト教の「単純」な起源に回帰したが、当時ちょうど活字や大人の読み書き能力向上もあってキリスト教が進化したこともあり、聖書を子供に匙で食べさせるように聞かせるよりも、むしろ成熟した大人として「神の言葉」と通じるよう、聖書にある特有表現も理解できることで多くの人びとが直に接する機会を与えたのだった。

遊興は表層的には愚行なのかもしれないが、それは探求性、自律性、そして自発性の感覚を引き出すこともできるのであって、それが発展すると遊興は説諭性、集団性、そして演劇性を育むのである。このように念入りに組成される遊興は、宗教と芸術が共有するものとなり、また、それがゆえに、ヘーゲルとニーチェのような哲学者がそこに重要性を見出すものとなり得るのかもしれない。仕事に対するキリスト教的な称賛でさえも、仕事を神聖な目的性に変えるある種の聖なる横溢として持て囃す一方で、後ろ向きの執拗さ、悲壮な真面目さ、そして楽しみなき努力を軽蔑するのであって、それはまさに1924年のパリ・オリンピックを題材にした映画『炎のランナー』での若きキリスト教徒の英雄が、神の栄光のために走り、遊興し、仕事をし、そして生きることを熱烈に叫ぶことである。

瞬間的な満足でさえも、束の間ならば完全に生活力を示唆し得るのであり、一方で快楽を先送りすることは活動からの孤立や、生活からの離脱を隠蔽し得るのである。精神分析が（とりわけ）目標とするのは、神経症患者が実際に抑制と精神性障害とを合理化し得ることに伴い、このような見た目の「長所」を求め、確認し、そして打ち勝つことである。ハーバート・マルクーゼが述べたように、フロイトにとっては文明そのものが抑圧と必然的に同義であって、それは「“現実原則”への“快楽原則”の変化」なのである。まず、人間が生き残る前提に立つならば、（マルクーゼの書き込みにもある）即時的な満足から後で得られる満足へ、快楽から快楽の制限へ、楽しみ（遊び）から労働（仕事）へ、受容性から生産性へ、そして抑圧の欠如から保障へ、と移行することによって大人らしくならなければならない[47)]。それでもフロイト自身は弁証法的に、「放棄と制限を介し永続する獲得のため、現実原則として“廃位”よりも“保身”を、同様に否定よりもむしろ“変更”を、という快楽原則」を信じているのだ[48)]。すなわち、文明は最終的には原初の超自我《スーパーエゴ》の制約を呑ませることによって、我欲《イド》のもつ快楽原則に不可欠な要素を保全する。これはエリク・エリクソンの指摘によれば、推論するための玩具と、現実を支配するための陽気さとの関係を考える際に生じることである。

同様に、私の構築した、子供と大人を巡る二分法の例示のすべて

47) Herbert Marcuse, *Eros and Civilization : A Philosophical Inquiry into Freud* (Boston: Beacon Press, 1955), p.12.［ハーバート・マルクーゼ／南博訳『エロス的文明』紀伊國屋書店、1958年］

48) Freud, *Civilization and Its Discontents.* (edited and translated by J. Strachey; New York: W. W. Norton, 1961). フロイトは、適者生存が快楽原則と調和し、その必然性を認める条件を切望しているのであり、これを要約すると、市民化のためのみならず、人類の生存のために資する役割を演じるのが抑圧と禁忌《タブー》なのである。

は、フロイト流の弁証法的な倒置に属している。子供のもつ描画的想像力はファンタジーを呼び起こすのかもしれないが、大人の術語はそれ自体（「“である”ことに依拠すること」）を隠し立てするのと同じくらい率直に、当たり前のこと（描画が千言万語に値する）を明らかにすることもできるのであって、それはすなわち、言語は哲学者や予言者と同様に、弁護士やペテン師をも助長するということである。芸術家や写真家は、ひっきりなしに真実を受け入れるイメージを製造してきた。感情や情感はその長所（具体性、確実性、直接性、それに率直性）でもって大いに持て囃されるものの、一方で理性はその悪癖（抽象性、途絶性、気分性、それに合理性）でもってすっかり悪者扱いされる。手短に言うと、大半の単純な批判と同様に、大人と子供の間で対極にある道徳的心理は、弁証法的に転換していく。二分法のどちらの側も、相対的な道徳的真実を運んでくることはないのである。

それでも、これらの警句のすべてが支配的な歴史的証拠を変えるわけではなく、それらが暗示するのは、主流の文明や宗教すなわち、それは無垢な幼少時の長所を修正した形を確かに含んでいてそれを大事にし、子供たちの純真なる徴候を保全しようと努力する一方、それでも一般的信念、つまり大人が子供じみたものを片づけたときにやって来るはずの、その本能を教化し、成長させようとする信念を共有するのである。子供たちが親になることができないならば、その子供たちの子供たちは発達することはない。従来より議論のあるところだが、親をもつ子供として存在し、振る舞うことから、子供をもつ親として存在し、振る舞うように続く回路は、我らが人びとに市民となるよう呼びかけることで、人びとはその意味することに縛られるのである。人間の性別について人間の再生と意識的に関連させると（責任、不安、そして抑制は、快楽主義的な悦楽に迅速に取り変わる)、快楽を減らし、幸せを強化することの両方について言えることだが、それは個人の生命を長続きさせる永久的コミュニティ(種族)に我らが帰属している意味を悟る道を切り拓くのである。

無垢の快楽原則は、意のままに人の生命を摑み、包み込み、そして傷つけることでそれを破壊するのであり、これはフロイトのイメージしたところの、欲望の第一の衝動は無意識の結果として不意に父を殺し、母を床に押し倒すことでもある。よって、個人が大人文化をいくらか修正した形態でその居場所を見つけるために、行動し、取り組むことさえするまさにその際、文明とは幼児期の面を重んじるのかもしれないが、衝動を鍛練する方向に急きたてて、幼児期の価値を大人の基準で測定することに固執するのだ。教化が幼稚症に後退することなく成し遂げられない限り、我らを病にする抑圧の可能性に相当に神経を使うフロイトでさえも、その教化する意欲を放棄してしまうだろう。

現代の消費資本主義の文化は、このようなフロイト(そしてプロテスタント)の手土産を四方に放り投げてしまった。歴史上初めて、その経済的に生き残った欲求がある種の支配された後退であることを社会は感じ取ったのであり、それは成熟よりもむしろ幼年期を進める文化なのである。その戦略が判然としないのは、美徳(無邪気性、信憑性、創造性、自発性、それに遊興性)の源泉となるかもしれない幼児期の特徴を認める反体制的文化《カウンターカルチャー》を宣伝するからである。それどころか、それは大人を脆弱で、巧みに操られ、衝動的で、不合理にする、他者に味方して幼児期の特徴を抑制するための宣伝活動なのである。この戦略は商業的な感覚を磨くが、マーケットは幼児期とその推定される長所に対する倫理的親和性とは関係ないところだけでなく、大人の判断と嗜好がそのような消費にとって障害となる人びとに不必要な商品を売る道具的需要とは関係ないところでも幼稚化を進めるのである。他方で、それは倫理的もしくは文明的に、ほとんど意味を為さないのである。

文明は、創造性や発明性を刺激するように、自発性や衝動性さえをも促すように図るかもしれない。しかしながら、マーケットやその幼稚エートスが衝動性を掘り起こすとすれば、それは“誘導された”衝動性である。小売業者は若者が喜び勇んでモール、テーマパーク、または複合施設に向かい、それらによって若者が「自然」に、社会的になったり、ブラブラしたり、遊び回ったりすることを企図するわけではなく、一方で彼らの社会化する衝動を消費する衝撃へと転換するように、彼らの遊興を商品や課金制エンターテイメントに関心を向けるべくショッピングに駆り立てているのだ。広告宣伝担当者《マーチャンダイザー》はしばしば子供との親交を深め、その嗜好（たとえば、いわゆる流行のマーケティングにおいて）を決定するのに手を貸し、マーケターはゴシップや対等的相互交流を若者に対する触媒として、その嗜好を頼りにしているのである。映画『ビッグ』でトム・ハンクスが演じた役は純真な子供であり大人でもある観察者であったが、彼は大人の肉体に宿る 12 歳の子供として純粋に快楽を覚えるのかもしれないが、現実にズル賢い会社は快楽を道具化し、一般的嗜好を形づくり、最新の商品を売るための手立てとしてハンクスの演じた役を利用しているのだ。その狙いは、主に映画では気づかれないことだが、無邪気さや最後に得られる至高の快楽とは無縁のものである。

マーケターはピーター・パンをハーメルンの笛吹きに変えてしまい、消費市場としての規律を若者に課すために、彼らを大人の規律の制約から解放するフリをする。両親たちが子供からネズミ駆除の報酬をハーメルンの笛吹きに払わなかったために、彼は村の子供たちを誘い出した。市場におけるハーメルンの笛吹きが子供たちを誘い出すのは、その両親たちが「番人」として、消費者となる入口《ホール》に子供たちを誘導する道中で立ち塞がるからである。かつてハーメルンの笛吹きが為した如く、今日の市場は、年長者の権限を縮小することで子供たちが強力になるのだと言って誘い出し、権限を与えるフリをするのだ。子供たちは独占欲の強い両親から解放されるが、実は少年の心をもった歪つな人間として囲われるのである。

クリストファー・ラッシュの『ナルシシズムの時代』では、福祉国家に代表される、すでに地位を失った父親的温情主義《パターナリズム》に対して懸念を表明し、保守主義の中心的概念となったテーマを理知的に扱っている。ミルトン・フリードマンが好意的に引用していたアルバート・ヴェン・ダイシーは、国家に対するラッシュの懸念を共有しつつ、「国家干渉による有益な影響とは、いわば直接的、即時的、そしていわば可視的」であり得るが、我らは「漸進的かつ非直接的、そして不可視的」[49]であるその「凶悪な影響」に慎重でなければならない、と述べている。そして今日、より気掛かりなことは、国家のもつ凶悪性がとても広範に喚起され、そして市場の長所が非常に無批判性を孕んでいる場合の、消費資本主義の広告主と広告宣伝担当者によって代表される可視的な父親的温情主義《パターナリズム》である。これらの幼稚エートスの狡猾な主唱者たち、つまり、慈善的国家の多分に元司祭のような者たちは、子供たちを自律の名の下で口うるさい親たちの呪縛から「解放」することを要求する。その自律は、実際に子供たちが嗜好と流行の仕掛け人として両親の居場所を奪うときにな

49) これはミルトン・フリードマンの言で、以下からの引用。A.V. Dicey, *Law and Public Law and Public Opinion in England* (2d ed., London: MacMillian, 1914; pp.257-258), in Friedman, *Capitalism and Freedom* (Chicago: University of Chicago Press, 1962; new ed., 1982), p.201.

され、「漸進的かつ非直接的、そして非可視的」であるために相対的に危険な「凶悪な影響」を伴っているのだ。

タバコ「キャメル」が宣伝用キャラクターのジョー・キャメルを用いた広告は、カメ、オウム、それに他の子供向け小動物を呼び物とした俗受けするビール広告に道を譲ってしまったが、その広告はマクドナルドが沿道で赤ん坊《ベビー》の囲い付遊興場《サークル》を提供しているようなものである。また、ディズニーランド（海賊とカウボーイとインディアンが100年経った後も存在している）にあるピーター・パンの乗り物は子供のままでいることには貢献しないが、子供にタバコや低カロリー・ビールやビッグマック、あるいはディズニーがアニメ映画にとどまらず、あらゆる生活利便施設を配したニュータウン、つまり同社がフロリダ州で開発した居住区「セレブレーション」のようなユートピアを提供して、彼らが成長した消費者になることに「貢献する」のである。ディズニーランドは利益をさらに多く得るために、幼児期という神話を売り捌くのだ。テーマパークの遊興は人が出向くことによって儲けが派生するのであって、その支払ったドル紙幣の対価として、相対的に受動的である「乗り物《ライド》」に乗った経験が派生するのだ。いま現金を運んで来る子供の余暇を支配する、これらの新しいテーマパークの遊興場では、その両親は財布をもったお守り役に留まっている。

もちろん、そこには「大人の文化」に内在する皮肉が込められており、それは強烈に深刻化し、肥大化しており、それが根本的な問題でなければいったい何が問題かというぐらいのものであって、それは幼い頃の楽しみ、つまり、純真な自発性や純朴な情感といった、売らねばならないことすべてを売るために、如何にしてそれらを活用するか企むのである。結果としてもたらされるのは、より子供じみた行為、より自由でない行為、そして訓練がより不足している文明であり、それはかつてニール・ポストマンが著書につけたタイトルそのままに「幼児期の消滅」であるだけでなく、大人期の消滅をも意味するのであって、それは幼児期が消費主義制経済にとってますます儲かるものだからである。

これに関連して、アメリカの仕事中毒的な市場には明らかに矛盾があり、その市場では「余暇」や「ふざけた傍観」が決して悠長さやお茶目さではなく、人びとが如何なる先進国社会の同胞よりも長い時間を実際に働くことをもたらすのであり、そして、それは仕事の栄光のためではなく想定される遊びという報酬のためなのである。アメリカの消費者ほど、遊興を取り入れつつ懸命に働き、余暇に多くのエネルギーを費やす人種はいない。ここでは余暇は、決して怠惰であるということを意味しない。アメリカには週35時間労働のフランス方式は存在しないし、今日、フランスで法律により過剰な労働時間の短縮が要求されていることは、アメリカの模倣を望むほとんどのヨーロッパの地域では嘲笑されている。マドリードやベルリンといった世界的都市では、ビジネスが文字通り夏の間ずっと停止する6週間の夏休みはない。マクドナルドのやり方を積極的に邪魔している、魅力あるイタリア式の運動のやり方にはすでに、原始的な意味での「スロー・フード」はないのである。

ポストモダニズム的資本主義経済において、安易な生活を築くことは困難な作業である。その愛好者にサービスを施す買い物社会は、選り取り見取りの余暇を用意して消費者を求めるが、実際には消費者は消費自体や消費分の支払いをするための激務のほかにほとんど残すものがなく、このため、消費者は余暇や自由を十分に満喫することはないのである。消費者が休暇目的地や旅行先に至っても、決して買い物から休憩できることはない。空港のモール、駅のモール、テーマパークやカジノ施設での買い物、ハイウェイ全線に沿って、また、その到達地点の観光地においての買い物、あらゆる広壮なホテルのロビーでの買い物、それに自宅に戻ってもテレビやインターネットでの買い物が待っており、これらすべての買い物は絶えず進行中なのである。

過剰に稼働し、生産している娯楽産業がその手に入れた観客人という商品であり、豊穣《コーヌコピア》さをもつ消費者でさえも、そのすべてを掌中にする製作者より懸命に働かなければならない。現代市場における新たなパンとサーカスを構成する、映画、テレビ番組、インターネット提供品、テレビ・ゲーム、ダウンロード音楽、競技スポーツについて、これらの情報すべてについていくことのできる消費者などいるのだろうか？　個人がこれらの部門の一つにでも遅れをとらないようにすることは、規律を守って仕事に向かうことと同等である。しかし、そうしない限り市場経済はグラついてしまう。こうして延長された仕事に挟まれて圧迫される余暇が、しばしば常勤の仕事のように感じられるのも不思議ではない。ダン・クックが宣言したように、幼児期によって資本主義が世を謳歌するのならば、子供はその方がよりその作業に没頭できるだろう。

第4章

私民化する市民たち
市民的精神分裂症の生成

リバタリアニズムとはピーター・パンのための政治哲学であり、それは決して成長せぬことを約束する世界観なのだ。

（アラン・ウォルフ[1]）

公私の区別とは、必然と自由、虚無と永続、そして最後には恥辱と名誉という一連の対語にそれぞれ対応している。

（ハンナ・アレント[2]）

かつてのプロテスタントのエートスが勤労と投資を呼び込むことで文化を形づくったように、今日の幼稚エートスは、余暇、買い物、そして出費を呼び込むことで文化を形づくるのである。かつてのアメリカ人が他のあらゆる人びとよりも仕事に精を出していたのと同じ場所で、今日のトーマス・フリードマンが懸念を表明するのは「静かなる危機」であり、その同じ場所における「精勤、投資、それに長期的思考よりも消費を優位に置く傾向」によって、その自慢

1) Alan Wolf, "The Revolution That Never Was," *The New Republic*, June 7, 1999.

2) Hannah Arendt, *The Human Condition* (Chicago: University of Chicago Press, 1958; Anchor Books ed., 1959), p.27. ［ハンナ・アレント／志水速雄訳『人間の条件』ちくま学芸文庫、1994年］。そのニュアンスに気をつけておくと、アレントが付け加えるように、「必然、虚無、恥辱のみが私的領域に適地を有する」ことを意味するのではない。

の生産力が下り坂となり、子供たちが「肥満し、愚鈍に、そして怠惰に」なるアメリカが創り出され、さらには、かつてのプロテスタント文化が促進し、かつ維持した道義的資本が著しく毀損されていることである[3)]。私が9・11テロ事件後に述べたことだが、「ブッシュ大統領は国家的結束を大々的に求めたが、その（当時の）唯一の機会を浪費し、そして大統領は国民に買い物に行くようしきりに促し、恐怖を捨て去るために、人びとは機能的停滞から踏み出さなくてはならないと説き、だからこそ、大統領は人びとにモールに足を踏み入れることを提案したのだ」[4)]。アメリカ人はいまだによく働き、それも先進諸国の中でも相対的によく働く方である反面、それは買い物に費やす機会を稼げるよう、より働くとも言えるのであり、またそれはヨーロッパの労働者と比べてもである。そのヨーロッパ大陸では、週35時間労働で6週間の休暇付き、そして福祉国家制での給付を得ることで、古き清教徒のエートスを傷つけられ、ヨーロッパにもある消費主義の斬新かつ身勝手なるブランドが後押しされているのに、である。

しかしながら、普遍化する幼稚化という新たなエートスは、我らが時代の超消費主義にとっての唯一の要因ではない。それは消費主

---

3) Thomas L. Friedman, *The World Is Flat: A Brief History of the Twenty-First Century*［トーマス・フリードマン／伏見威蕃訳『フラット化する世界――経済の大転換と人間の未来』日本経済新聞社、2006年］。フリードマンが注目するのは、外部委託がより低い賃金をもたらしたことのみではなく、「CEOが業務を海外に回した際に、賃金の75％を留保してさらには、生産増加分の100％を得たことだ」。

4) Benjamin R. Barber, *Fear's Empire: War, Terrorism, and Democracy* (New York: W. W. Norton, 2003), p.216.［ベンジャミン・R・バーバー／鈴木主税、浅岡政子訳『予防戦争という論理――アメリカはなぜテロとの戦いで苦戦するのか』阪急コミュニケーションズ、2004年］

義を支え、幼稚化するプロジェクトに力強く貢献する、民営化、ブランド化、完全なマーケティングを含め、関連するイデオロギーを育成し、かつ、またそれによって強化されてきたのである。これらの中では、民営化のイデオロギーほど、そして、伝統的な自由放任主義《レッセフェール》の哲学による、斬新かつ精力的な表現ほど顕著なものはないのであり、それは政府規制よりも自由市場を好み、そして消費者によって所有される類の個人的選択による自由と結び付いている。その最新の装いにおいて、民営化イデオロギーが真っ向から狙いを定めているのは、市民にとっての宿命的帰結でもあるが、この一世紀の間、資本主義と国民主権との間の均衡を図ってきた、大衆とその大衆によるデモクラシーの哲学なのだ。

民営化戦略は、少なくともロナルド・レーガン大統領とマーガレット・サッチャー首相が保守主義の公約的政治原則として採用した1980年代から、支配的な政治パラダイムとして形成されていった。こうした戦略は彼らが私的人間や個人的人間を賛美する際に、共同する社会的存在の概念を攻撃したのであり、そして長い間、コミュニタリアン的福祉国家モデルが人気だった西ヨーロッパやアジアでも、そうした戦略は近頃になって支配的となった。レーガンやサッチャーよりはるか以前に、ディビッド・B・トルーマンのような初期の社会科学者かつ批評家が公共利益に対して強く主張したのは「政治という集団的決定に至る過程において、包括的公益などというものは一つも存在しないのであるからして、我らがその根拠を説明する必要などない」[5]ということだった。利益を考量する際に、公益などないのだから、公益を考慮する必要もないのである。マー

5) David B. Truman, *The Governmental Process: Political Interests and Public Opinion* (New York: Knopf, 1951), p.51.

ガレット・サッチャーの如き政治家は、単純に「社会にはそのようなものは存在しない」[6]と断定する。政府や社会に対しての懐疑心は、「人間の行動や振る舞いをその他のいかなるシステム、構造、社会的プロセスを超えた領域性や正確性と調整する」[7]マーケットの果てなき能力に対しての、非常に驚くばかりの刷新された信頼を伴っている。こうしたマーケット戦略は、古典的自由放任主義《レッセフェール》による経済と、（ヨーロッパではネオ・リベラリズムとも称される）政治的リバタリアニズムとを新たに作り直したのであり、それは官僚主義的な“大きな政府”に対して、見掛け上は機能する名目上の自由をもつものの、融通の利かない非能率的な敵方であるとして攻撃を加えるのである。

ここにいう自由とは消極的な響きをもっていて、ほかの誰かの権力や意志によって決定されたり、支配されたりせずにただ自由でいることを指す。このリバタリアン的見地からすると政府は、20世紀初頭には目に見える権力として恐れられる地位に、また、より最近では集団的意志として認識された地位にあって、権力や意志と結び付いた実体であるとともに、自由と個人的選択にとっての敵でも

6）サッチャーの悪名高き言辞、以下の『ウーマンズ・オウン』誌1987年10月号に掲載のインタビューからの引用。Alan Ryan, “Waiting for Gordon Brown,” *New York Review of Books,* June 23, 2005, p.35.

7）この簡潔な公式はチャールズ・E・リンドブロムによるものであるが、彼は市場システムの存在を均衡させて以下のようにも述べている。「懐疑心は残酷かつ無慈悲な調整者《コーディネーター》であり、個人の自由にとっての味方でもあり、敵でもある。それは多くの最大級の歴史的不平等を破壊する一方で、自らに不平等が降り掛かることを招来し、そしてデモクラシーを歴史的に支援するものの、見せ掛けのデモクラシーを奉じる諸国におけるデモクラシーによる重要な特色を阻害している」。Charles E. Lindblom, *The Market System: What It Is, How It Works, and What to Make of It* (Yale University Press, 2001), p.14.

あった。著名なリバタリアンでエコノミストのミルトン・フリードマンはこの政府に対しての決定的痛打を与え、ほぼ半世紀前に、「すべての政府による介入的行為が直接的に個人の自由領域を制約し、そして間接的に自由の保存を脅かす」[8]ことを強く主張することで、当時に普及していた社会福祉主義（国家統制主義）的観念の正当性に疑義を呈した。この手段はロナルド・レーガンによって実践に移されたが、それが論議の対象となったのは、それによる自由がもたらされても政府の存在は常に問題解決というよりむしろ問題の一因となることだった。このリバタリアン的イデオロギーは、今日の商業社会における幼稚化の重要な同盟者となった民営化戦略を正当化しているのだ。

しかし、抽象的な個人的自由の名において、自由至上主義者《リバタリアン》と民営化主義者《プライヴァタイザー》は真の自律性を実際には歪め、徐々に蝕みつつあり、それはハンナ・アレントが論じたように「政治的自由とは、一般的に『政府の参加者である』ことの権利を意味し、また、それ以外の何ものをも意味しない」[9]からである。けれども、ミルトン・フリードマンが1950年代に最初の著作を著した際、自由放任主義《レッセフェール》によるリベラリズムは時代遅れであって、（第二次世界大戦期に出現していた）福祉政府の構想が批判されることはまずなかったのである。今日、このような政府は流行から外れてしまい、ジェデッドアイア・パーディが言及しているように「政治からあまりに多くのことを望むことが一般的だった時代に続くのは、より大きく、より危険

8) Milton Friedman, *Capitalism and Freedom* (Chicago: University of Chicago Press, 1962; new 1982), p.33.［ミルトン・フリードマン／村井章子訳『資本主義と自由』日経BPクラシックス、2008年］
9) Hannah Arendt, *On Revolution* (New York: Viking, 1963), p.221.［ハンナ・アレント／志水速雄訳『革命』ちくま学芸文庫、1994年］

な誘惑であり、それは公共生活にはあまりにも望むことが少ないというものだ」[10]。教育家のマキシン・グリーンは、その生涯を教育や教員養成に費やした完全な実務的人間であったことに注意を要するが、自由が常に消極的であるという抽象的な概念に挑み、社会的変革を準備する手段として自由を実用しようとするタイプの典型である[11]。現状の代替として、グリーンが主張するのは、自由が弁証法的に対処される必要のことであって、それは浅薄で「消極的」な構造が単に不十分であるとして、常に我らを道徳的で政治的な結合に引き入れることになる。自由とはただ孤立し、何も言わないのではない。それが便利な理想なのは、私的というよりはむしろ公的な概念として転換されるからだ。それが私的なものであるとの主張が根拠としているのは、まったく別の論法をもってウォルター・リップマンとジョン・デューイが両者ともにそれを一種の「公共の失墜《エクリプス・オブ・ザ・パブリック》」[12]と称するに至ったことでもある。

10）Jedediah Purdy, *For Common Things: Irony, Trust and Commitment in America Today* (New York: Knopf, 1999), p.125.

11）Isaiash Berlin, *Two Concepts of Liberty: An Inaugural Lecture delivered before the University of Oxford on 31 October 1958* (Oxford, Clarendon Press, 1958).［アイザィア・バーリン／小川晃一、福田歓一、小池銈訳『自由論』みすず書房、2000年］。ミルトン・フリードマンはマーケット重視の思考を復活させ、哲学者のアイザイア・バーリンは19世紀的リベラリズムを再生する基盤を整え、自由が必然的に消極的意味をもたらし、積極的にその自由を扱うことが権威主義者と全体主義者のためだけの成果となることを論じている。この見方に対して私は長きにわたり批判を為してきた。以下の拙著を参照。Benjamin R. Barber, *Strong Democracy: Participatory Politics for a New Age* (Berkeley: University of California Press, 1984).［ベンジャミン・R・バーバー／竹井隆人訳『ストロング・デモクラシー——新時代のための参加政治』日本経済評論社、2009年］

12）Walter Lippmann, *The Public Philosophy* (New York: Mentor, 1955).［W・リップマン／掛川トミ子訳『世論』岩波文庫、1987年］、John Dewey, *The*

消失しつつある公共に対するデューイとリップマンの関心（ただし、政治的意見の相違から間違いなく、デューイよりもリップマンはずっと保守的である）によって、自由そのものが、変わりゆく社会的かつ政治的な状況を反映して進化する意味をもっていたことが明らかにされた。アイザイア・バーリンが為したように、ある種の抽象的もしくは本質的手段で、自由の「実際」の意味について議論する必要などない。それが敵対的であったという意味で、自由に対する英国の初期リベラルの解釈は消極的だったのであり、それは階層主義的で権威主義的、かつ根本的意義を必要としている教会や政府のもつ公的領域に直面したのである。自由というものを、その稼働時の外部的障害の欠如と捉える意味において、トマス・ホッブズは潜在的に自由な市民を阻害し、そして人びとや商品の自由な行動を制約した専制君主国家を格好な非難対象としていた。初期リベラルによる自由概念はある暗喩を得たのであり、それは為されるがままの多くの欲求や情熱と解される、"負荷なき自我"という虚構《フィクション》なのである。そうなったのは、人びとをそっとしておかずにいる実際の政治的、かつ宗教的な独裁体制に直面したからである。その目的は暴君的政府による支配の下での「奴隷状態」から解放されることだった。古典的自由を創造するに際しては、奴隷状態が手鎖や、肉体的拘束という圧政によって明白にされたが、この場合、自由というものが必然的に理解されるのは、マキシン・グリーンが適格に表現したように「メカニズム、スケジュール、時間、そして群衆に対しての古臭き反乱」[13]であった。ここにいう自由とは、物事を転覆し、

Public and Its Problems (New York: Henry Holt and Company, 1927).［ジョン・デューイ／植木豊訳『公衆とその諸問題』ハーベスト社、2010年］

13) Maxine Greene, *The Dialectic of Freedom* (New York: Teachers College

専制君主に拘束された人びとを自由にする革命と同義となるのだ。

当時、自由に対するこのような理解は、自由な共和国や寛容な社会の確立に手を貸した。自由を表面的なものとして狭義に解釈すると、自由に対して自然権からアプローチすることは、伝統的な独裁政治を規定する心身に対する圧制、すなわち中世的専制政治や現代初期の教条的正統主義に対しての強力な抗議となった。奴隷を支配する主人、臣民を支配する国王、という恣意的統治は、（たとえば、アメリカの独立宣言に表現される）リベラルな主張によって破棄されたが、それは人間が自由に生まれ（「生来的自由」であって）、自分自身が同意したときのみ「合法的」に他者による束縛や強制を受け得るとの虚構の上に成立していた。自由は活動阻害に対する抵抗として表現されるものの、それは現代の専制体制による強制からの自由という、ホッブズによる概念と、より近時のリベラルによる理解との双方をよく捉えている。そこで、ジャン・ポール・サルトルが逆説的に述べたのは自由の意味について、抵抗する表現の内に見出せる抑圧的環境の意味合いが彼の感覚では強化されているために、ナチによるフランス占領期よりも自由であるなどとは決して感じられないということだった。さらに最近になると、共産主義支配下の中央ヨーロッパに影響を及ぼした英国の脚本家トム・ストッパードは、利益を稼ぐ限り何でもありで、毀誉褒貶のある自由な資本主義社会にはそぐわぬ競争無き作品を成すことよりも、共産主義政権に対する抗議をもって地下出版作品を成す際に気兼ねしないことの方が、はるかに自由を感じるのが簡単だったと述べた。劇作家で、チェコ共和国の初代大統領となったヴァーツラフ・ハヴェルは、詩人であり政治家である立場での経験に基づき、これと同様の結論を導

Press, 1988). P.20.

き出した。

しかしながら、リベラルな権利に関する歴史を重ねた適切な理論は、人間を専制から解放することに資するものの、それほど簡単に市民参加の理論、つまりデモクラシーを正当化し、長らく自由だった社会に、そして少なくとも形式的法感覚に正義を根付かせる理論へと転換することはまずない。これは、20世紀の政治における主要なパラドックスだった。新自由主義者《ネオリベラル》、自由至上主義者《リバタリアン》、そして民営化主義者《プライヴァタイザー》は、おそらく専制の反対に資する自由概念に回帰しており、そしてそれが今日、国際的な人権的教義を通じて言わんとすることは、デモクラシーの出現を育てることに資することだが、それはデモクラシーの政府自体の合法性に挑むためのものであり、その政府の形態によって古き消極的自由が確立し、合法化することを助けたのだ。しかし、この頃は、私人だけが自由であるという、そして、寛大なる消費者による個人的な選択のみが自律的なものに数えられるとの考えは、専制政治に対してでなくデモクラシーに対しての攻撃へと転換されている。その立ち向かうべきは、専制君主がかつて我らを支配した際の不法な権力に対してではなく、我らがともに我ら自身を支配する際の合法的な権力に対してである。ひとまず自由のこの概念が不正な権力に挑んだその場所で、今日ではそれが合法的な権力として自由なるものをその下位に置くのである。

自由は、歴史によって条件づけられる価値である。専制に対抗する際に非常に重要なのは制約から解放されることであるが、それはデモクラシーがより浸透した時代には、道徳的解放や政治的約束としての公式であり得たはずがない。フリードマンやレーガンといった自由至上主義者《リバタリアン》たちは、現代デモクラシーにとって危険な自由や政府の概念に結託する、政治的な隔世遺伝的生物《アタビスト》である。もちろん、この100年の間、公私間の適切な均衡をめぐり、議論の循環や再循環が為されてきた。しかし、アダム・スミスの時代から、社会契約そのものを疑わしいものと意図するのがリベラリズムと解釈した（スミス自身や、より精緻な思想家を除く）人びとがいたのだ。

英国や欧州大陸では19世紀前半、また米国では南北戦争後、政府がまだ小っぽけな時分に、資本主義が強者として登場し、ある種の生々しく残忍な市場イデオロギーが支配的となったことについて、それを（オーギュスト・コントのいう）社会動学《ソーシャル・ダイナミクス》として祝福する者もいれば、それを当時の主流的現実と認めずに、社会的進化《ソーシャル・ダーウィニズム》として非難する者もいた。当時の取るに足りないほど小っぽけな政府はほとんど何も支配することができずに、ただ経済市場を放っておいたのであって、アメリカの未成熟だった連邦政府は、軽蔑を込めて「大統領プラス郵便局」という具合に描写されたのだった。しかし、特にウィーン会議後の欧州、また南北戦争後の米国で頭をもたげてきた市場は、驚異的な生産性を生み出したものの、その同じ市場が自由放任主義《レッセフェール》によって、リベラルが約束した競争や自由よりむしろ、カルテル、独占、そして不平等を生み出した。このようなアナーキー的権勢は、デモクラシーのみならず資本主義体制そのものをも最終的に危地に陥れた。資本主義が、生産した製品についてその当の労働者にそれを買うのに十分な賃金を支払うことができないような失敗に瀕していると、ヘンリー・フォードは考えた。競争と市場交換を押し潰した独占状況をつくることで、企業家精神が繁栄するはずはなかった。19世紀末までに、欧州、米国ともに、政府の役割について、それが資本主義が適切に生育するのに必要な環境を確保することにあることを悟ったが、その装置自体を必然的に侵食していく傾向に向かうという有名な資本主義的矛盾については放ったらかしにしたのだった。

アメリカでは大統領のセオドア（テディ）・ルーズベルトやウッ

ドロー・ウィルソンが、それにヨーロッパではグラッドストン首相やビルマルク宰相が、市場のアナーキー性を仮想敵とする統治主体としての特権を強く打ち出し、きめ細かく独占禁止法を制定し、金融規制を継続することで、資本主義をその矛盾から救い出したのだ。別の見方によれば、1920年代は市場が横溢し、植民地を介して世界貿易と結合した新たな大量生産により、資本主義はそのデモクラシーによる監視者たちを再び凌駕する勢いを示した。この監視者には偉大かつ先駆的な社会理論家であり哲学的プラグマティストたるジョン・デューイがおり、彼は「壮大なる公共」がすっかり鳴りを潜めたのではないかとの疑問を呈し、政治自体が「まさに別の“ビジネス”となること、つまり集票機構の上役や管理者《マネージャー》に特別な関心を寄せる」[14] 傾向にあることに気づいたのだった。

民間《プライベート》が公共に勝利した時期とは、進歩主義《プログレッシブ》時代やニューディールの合間の短く不安定な期間であったことを証明した。おそらく、より説得力があるのは第二次世界大戦によって、その多くがデモクラシー体制をとっていた連合諸国と、その敵国だった国家主義的独裁国家の双方ともが、大半の経済部門を国有化し、頼りなき市場経済を超越した政府権力の回帰を強く訴えたことである。国防軍と社会保障とは対の公共財であり、それは戦争から出来して、新旧双方のデモクラシー制国家の、そしてヨーロッパでは新しき欧州共同体（EC）の特徴を規定したのだった。本書で論じるのは、こうした公共財が民営化という反政治《アンチ・ポリティクス》に膝を屈する最近までは無傷だった

14）John Dewey, *The Public and Its Problems*, p.138. ここで私の議論との関わりで言うと、デューイは、「映画、ラジオ、安っぽい読み物、自動車、そしてそれらが表象するものすべて」により可能となる政治的かつ公共的な生活からの転換を、公共なるものの部分的な失墜《エクリプス》だと論じている。

ことだ。

この対立の火種は、1944 年にフリードリヒ・ハイエクが反響を呼んだ著作『隷従への道』を出版するよりも以前から宿っていた。だから人によっては、彼の懸念するその暗がりの道が、より規制的な福祉国家による新たな侵害的介入によって、あるいは市場による殺気立ったアナーキー性によって、破滅へと向かう道に徐々に向かっていくのか見極めることができたのだ。いずれにせよ 1950 年代までは、ニューディールと戦争経済は、ソビエト共産主義（またそれに敗れたものの全体主義的意味では双子だったファシズム）という逆進的パラダイムをも包含して、長い眠りに就いていたレッセフェール的リベラルを刺激し、その市場に対する偏向を再び活発化させ始めたのだ。こうした性向は、ハイエクのいう市場イデオロギーにまつわるイデオロギー的運動を確立することに躍起となり、ロナルド・レーガンやマーガレット・サッチャーの政策において頂点に達した。ミルトン・フリードマンによる異端的著作『資本主義と自由』の言説によると、この時代のほとんどのオピニオン・リーダーや知識人にとっては、「資本主義とは幸福とそれによる自由を阻害する不完全なシステムであり、それは抗し難いほどの説得力をもつ」ように見えたのであった。その結果として、そこには「あらゆる既存の政府介入を望ましいものとみなし、また、諸悪の根源が市場にあると考える傾向」[15] があった。

歯車は回転していく。今日のレッセフェール的リベラリズムは、再び誇らし気になり、フリードマンの言葉はもはや過激かつ異端な説諭ではなく、ワシントン（そして世界市場）にとって標準的なバイブルなのだ。我らが今日の視点でみると、社会福祉主義やその先

15）Milton Friedman, *Capitalism and Freedom*, pp.196-197.

鞭を付けたニューディールや“偉大な社会《グレート・ソサエティ》”が自然な経過を辿ってきたようであり、それから市場イデオロギーは支配的となった。しかし、このことが意味するのは、大恐慌の間、あるいは南北戦争後のカウボーイ的気分にあった時代よりも、今日は憲法創設時の正統的歴史から乖離してしまい、ネオ・リベラリズムのもつ政治理論が少しも説得力をもたないことである。あるいは、100年前ほどに市場には有効性や自由があり、人間の福祉を内在することを意味するのでもない。レッセフェール的リベラリズムは、かつてはそれが手助けしたデモクラシーの歴史との争いにおいて、その主権在民を不法的強制と見誤り、自由の後退を伴った公共的福利を混乱させ続けた。それによって社会契約、つまり個人が公的自由や共同的保安という恩恵と引き換えに、その保証などせぬ私的自由を放棄することに同意する契約の意味はすっかり忘れられてしまった。

市場の高潔さが意味するのは、ネオ・リベラリズムの批評家たるデヴィッド・ハーヴェイが表明しているように、「いったん成立した市場に対する国家的干渉は、公的には最低限にとどめておかねばならず、なぜならば、国家が後付けで市場の発する信号（価格）を判断するのに十分な情報を備えることができないからであり、また、強力な利益団体が自らの利益のために（とりわけデモクラシー制国家においては）国家的干渉を必然的に歪曲し、偏向を掛けるからである」[16]。市場哲学はデモクラシーにとってはより脅威であり、資本

16）David Harvey, *A Brief History of Neoliberalism* (Oxford University Press, 2005), p.2.［デヴィッド・ハーヴェイ／渡辺治ほか訳『新自由主義――その歴史的展開と現在』作品社、2007年］。ハーヴェイはリベラリズムを「資本的蓄積の条件を再建し、経済的エリートの権力を回復するための“政治的”プロジェクト」（p.19）と見立てる。このことはよいが、重要なのは以下を理解すべきことであり、それはネオ・リベラリズムが規律なき消費主義の条件

主義のもつ今日の最大級に面倒な問題の原因でもあって、それは貧者の真のニーズを満たせずに、偽物のニーズに代替しようとする傾向をもち、そして先進国社会で見失われた消費者の真のニーズを求めるために生産性を高めているのである。消費資本主義を最終的に危うくしているのは、こうした問題なのである。

しかし、今日のネオ・リベラリズムは、ミルトン・フリードマンや彼のシカゴ大学のリベラルな同僚たちが行った如く急進的でも、あるいは17世紀のイギリスの初期リベラルたちの如く歴史的現実に敏感であったわけでもなく、そのような危機に直面しても理解不能に陥っているばかりに見える。彼らが明瞭に受け入れたのは、義務的消費主義が退潮していく間、消費者を忙殺させておく必要性をもつ幼稚エートスと民営化イデオロギーの途上に、デモクラシー制国家があることだ。彼らは誠意をもって自由について語るが、その現実家としての関心は買い物に掛かり切りである。ただの直感で申すならば、彼らが称賛するのは、民営化イデオロギーが個人的選好に特権を与えて消費を合理化、容易化するのを助けることだ。彼らは平等、公正、そして正義の名目で進められる政府規制に棹をさすが、それは政治学者のロバート・ウエストブルックの見立てによれば、「経済における“生産過剰”の危機が確かめられるのは、もはや資本的蓄積という役割によるものではなく、工場や企業による巨大出力に資するマーケットを何とかして見出そうとする試みによるもの」[17]なのであって、それが今日のサービス産業や情報テクノロ

を整え、それにより資本主義の生存を目的として大人とともに子供を巻き込んで、果てなき買い物を育んでいることである。

17) Robert Westbrook, “Consuming Citizens,” in *The Responsive Community*, vol.13, no.4 (2003), p.72.

ジー産業の姿である、と彼らが懸念するからである。ネオ・リベラルたちが弁えているのは、自分たちが戦争を仕掛けるのは不法権力（昔の可視的専制）によるものでなく、合法的権力（可視的デモクラシー的市民）によるものに対してなのであり、また、それは不法的かつ非可視的な市場権力に特権を与えるためなのだが、この彼らの確信はモノを売ることにとって重要なことであり、資本主義の存続にとって不可欠なことである。彼らによるレトリックは国家の横暴に焦点を当てるが、彼らは公的専制でなく公的商品に対して異議を表明するのであり、それは後期消費資本主義における公的商品と私的商品とが相矛盾した目的をもって、基本的に緊張関係にあるからである。資本主義は生産過剰体制に合意せねばならず、それはウィリアム・グレーダーが著作『ひとつの世界、用意はできているか』において、「再建、移住、破壊のための爆発的サイクルはすべて、人間の発明をもってたいていは着火されるのである」と述べた如くであり、また、それを産み、育てたデモクラシー制度を危険に晒すために、資本主義の存続を掲げつつもその態勢を調整するのだ[18]。

時代は変わり、それとともにこのデモクラシーが直面する脅威も顕在化する。専制とは、我らがいまや自由という世界の、かつてはその一部でしかなかったことをいうのではないし、不道徳な専制君主や全体主義的政党、そして違法な国家の問題だけをいうのではない。少なくとも、アレクシス・ド・トクヴィルが1830年代にアンドリュー・ジャクソン大統領当時の騒々しきアメリカを旅した時から、専制は現存するのに、現代はその見掛けだけ新たにしていることを我らに指し示しているのだ。すでにトクヴィルが指摘した如く

---

18) William Greider, *One World, Ready or Not: The Manic Logic of Global Capitalism* (New York: Simon & Schuster, 1997), p.26.

「首枷と死刑執行人」の意味は、「専制とは前代で用いた粗暴な道具であったものの、この当代の文明は専制そのものを仕立て上げたのであり、言い換えれば、独裁的権勢が抑圧を実現させたものの、現代のデモクラシー制共和政治はそれを全面的に胸中での出来事にした」ことである。近時では、トクヴィルが述べた「肉体は放置して、霊魂を隷属させる」[19)]という条件をつくりだしたのが、トクヴィルが懸念した世論の力のみではなく、市場そのものの力でもあるのだ。

トクヴィルは、デモクラシーと関連し得る多数派の専制について懸念したが、彼が捉えた精神的実体とは、それ自体を制約する事実によって、自由な主体を標的にしているのではなく、自由な意識を標的にしていることから生じているのである[20)]。現代の専制君主は、我らの狙いを妨げ、我らの目的を変更し、我らの目標を改変することを望んでいる。この君主はデモクラシーの多数派や公益とは同一でないし、消費資本主義に内在する販売ニーズの施行者である。彼の扱う道具は国家ではなくまさに市場なのであり、そこでは彼が自慢し、持て囃した自由が扱われるのだ。それによって、意識を巡る新たな闘争において、留まることを知らぬ私的商品を売ることに魂を隷従させるという名目で、リベラリズムのイデオロギーは、その

---

19) Alexis de Tocqueville, *Democracy in America, vol.1* (New York: Vintage Books, 1990), p.264.［トクヴィル／松本礼二訳『アメリカのデモクラシー』岩波文庫、2005年］

20) 戦後の政治学者、ハーヴァード大学のルイス・ハーツはトクヴィル流の観念、すなわち悪者扱いされるアメリカの多数派は、「ライオン用の鎖にずっとつながれている、愛想のいいシェパード犬だった」と注意喚起し、多数派の専制と見ることを放擲したのだ。Louis Hartz, *The Liberal Tradition in America: An Interprenation of American Political Thought Since the Revolution* (New York: Harcourt, Brace, & Company, 1955), p.129.［ルイス・ハーツ／有賀貞訳『アメリカ自由主義の伝統』講談社、1994年］

真の目的として公共財から肉体を解き放つことが可能だろうか？　騒々しきマーケティングの新たな少年ヒーローたる、にやけたポストモダンのピーター・パンは、慣習と自重尽くめの大人期から若者を解き放つよう機能するのだろうか？　あるいは、私的消費主義に我らを年季奉公させるために、その番人役たる両親と監視役のデモクラシー制国家との道徳的威信から若者を解き放つに過ぎないのだろうか？

自由というものを、我らの集団的かつ道徳的意志、そしてデモクラシー自体に対抗する棍棒として用いるという歪んだ用法に反対するため、我らは積極的もしくは道徳的な自由による言説を思い起こし、再確認する必要がある。すなわち、ルソー、カント、それにデューイの用いてきた伝統的言説では、我らは資質としてある程度は公共的な目的によって定義される道徳的かつ共同的な生活の探求以外に、公共的な自由として生き残る概念が他にないことを理解する必要がある。道徳的節度、また、それに所以する教育や市民参加に基づかない自由を確保することなどできないのである。国際市場、自由貿易、そして必然的な民営化といった現在の政治情勢においては、また、幼稚エートスの支配の下では、自由に対するこの断固たる見方は、嫌悪され、中傷され、永久に包囲される。このことは、肝心な点を有利に運ぶ政治理論を操ろうと共謀している執行管理者たちにとってはあまり重要な点でない。マーケターたちは「その」ように賢明ではないし、そうなるべきでもないのだ。登場した文化的エートスは彼らのために精を励む。よって、我らがデモクラシー体制において、公的権力に対抗する私的自由を展開する場合、それがたとえ我らの「権利」を守っていると思っていても、我らがしていることの本質は専制をではなくデモクラシーを攻撃することなのである。

政治的に関連するが、我らが時代にいう自由とは、経験的には消極的であるよりむしろ積極的であるべきで、また、私的であるよりむしろ公的でなければならない。自由のためのこの方法論を教育することもまた、私的であるよりむしろ公的でなければならない。市民は単なる消費者として理解されるべきではないのであり、それは共通認識や公共財が常に私的欲求の寄せ集め以上の何かなのであって、個々人の欲求の記号ではないからである。消費者をデモクラシー的市民と捉える考えの最たるものは、市民を一片のケーキと為し、消費者主権や「消費者共和制」[21]を語ることで、さらにはそれを賞味しようとすることである。しかしながら、共和国は公共性、つまり「公的な事柄」を含意する“レスプブリカ”によって定義されるのであり、公的であることは私的な欲求を念頭に置いたり、それを集計したりすることで決定されるわけではないのである。

消費者による共和制とは、安易きわまりない撞着語法である。消費者が主権者のはずがなく、それは市民だけがなれるはずのものだからだ。公的な自由とは、公的な制度を求めるのであり、それは私的な市場的選択による公的帰結について市民が対処することを許諾するものである。あり余る程の自動車ブランドの中からの選択を許すことは、輸送機関については私的手段よりも公的手段を支持する選択、あるいは燃料を浪費するよりむしろ燃料を節約するエンジンを支持する選択を許さぬことでもある。「私が欲する」ことについて尋ねること、そして「私が属するコミュニティで、我らとして欲する」ことについて尋ねることは、双方相容れない設問であるが、どちらともに利他的ではなく、そして、どちらともに「私」の利益

21) Lizabeth Cohen, *A Consumers' Republic: The Politics of Mass Consumption in Postwar America* (New York: Alfred A. Knopf, 2003).

を含んでいる。前者は市場で理想的とされるものが回答となるが、後者はデモクラシーの政治による回答とされねばならない。市場がデモクラシーの機能を促進させた場合、我らの文化は歪められ、我ら連邦の資質は徐々に蝕まれるのだ。さらには、私の言う自己が意味するのは、自由なコミュニティに埋め込められている道徳をもった自己であるが、それは喪失されるのだ。

（「一般意志」にこだわったルソーの言葉でもある）公共選択をつくる能力と理解される自由とは、生来のものというよりも、むしろ出生時から訓練されて学習されるはずの潜在的能力である。権利は確かに道徳的な要求であるものの、その運動は市民権のもつ行為能力や、それによる学習技術に基づいているからこそ有効なのだ。したがって、トクヴィルが習得するのに最も困難なものとして名付けたのは「自由の修行」であり、その必要性を説いたのである。その核心的意味合いは、今ではアメリカの大部分の教育機関で失われてしまっている「教養科目《リベラル・アーツ》（自由のための学問）」を組み入れたパブリック・スクールに見出すことができる。リベラル・アーツとは、自由な共和制における市民権の行使に必要な自由の術《すべ》である。トーマス・ジェファーソンとジョン・アダムズとは政敵同士だったものの、有能な市民が居ない場合、権利章典が紙屑となってしまうというジェームズ・マディスンをともに支持したのだった。デモクラシーが成文法を記した羊皮紙以上に生き永らえるためには、有能な市民が公立小学校と公立大学で教育を受けねばならないだろう。

このデモクラシーの論理は、権利と人間が「自由に生まれる」という理論的な「自然状態」という断定から始まるのかもしれないが、その履行は市民としての学習、公的参加、それに我らの潜在的自由という骨格に肉付けする共通認識に依拠しているのである。我らが今日に直面する専制の新たな形態とは、物の支配という名目での肉体の隷属という激烈な独裁制をとる従来型手法から、物を売るという名目での精神の操縦という穏健な市場管理制《マーチャンダイジング》や享楽制《エンタテイニング》をとる新型手法に移行し、それから引き出されているのである。衝動買いは市場的強制という新たな形態に訴え掛けるものであり、それははっきり確認することや、それのみで強制を機能させることが難しいものであり、なぜならば、巧妙にも我らが自ら湧出《ボトムアップ》するが如き衝動を生じ、「無感覚」にそれを許諾してしまうものだからである。市場が何を為すのか我らに語られることはないし、我らが何を欲すべきかを我らに示唆されることもないのだが、かつては、それが我らが欲しているものであると「語り」かけ、我らにそれを欲することを手助けする（これがマーケティングである）ことでやり過ごされていたのである。

私は現代の鉄製檻についてマックス・ヴェーバーを引用した。彼はそれを一世紀以上前に述べた。ポストモダニズム期の危中にある後期消費資本主義には、異なる檻が思い浮かべられるのであり、それは第２章で私が述べたアメリカの猿の罠、つまり罠から逃れるにはナッツを手放すしかないのに、その不本意なことをせぬがために猿が捕まる罠のことである。これは、強制だろうか？　猿は自由なのだろうか、それとも網に絡め捕られているのだろうか？　幼稚エートスは我らの手に手錠を掛けるわけでなく、我らがそれに手早く絡め捕られてしまい、自らの手で鎖をしっかり摑むことを促すのである。我らがともかく為さねばならぬことは、手を放すことである。この罠の箱は、ヴェーバーの鉄製檻よりも何と巧緻にできていることだろうか。

民営化はまさに経済的イデオロギー以上のものであって、ナルシシズム、個人的選好、それに幼稚症を受け入れ、かつ強化された幼稚エートスと協同して機能する。それは自由を曲解し、それによって我らが市民の自由と市民権を理解する方法を歪め、さらには公共財や公共的安寧のまさしくその意味を無視し、かつ、しばしばそれを蝕むのである。政治的自由がその手に届く度合いでの自由というよりも、むしろ政府への参加の度合いによって定義されるべきものと主張したハンナ・アレントの説く道理に従えば、我らが共同的生活を形づくり、我らが生活したい文明の特質を決定づける能力について、民営化はそれを縮減しただけでなく、我らを自由からより遠ざけたのである。

市民的精神分裂症：民営化の精神病理学

　自由というものが完全に私的なものとして扱われる場合、報いが得られることがなく、破壊的でさえあるのは何故だろうか？　このことは憂慮すべきパラドクスと関連する。つまり、このことが誘発するのはある種の市民的精神分裂症であり、それは選択的自己を対立的断片へと切り離し、また、我らが公的自由を行使する能力と関わる「市民的」もしくは「公的」と考えられるその断片を合法化することを最終的には否定するのである。民営化イデオロギーは、選択というものを根本的に私的であるかのように扱うが、問題はそれが「我らが為すべき」幾つかの熟議（デモクラシー的に相互交渉する市民によって生み出されるある種の「一般意志」）を経ることなく、我らが私的な消費者と個人的欲求の創造者としてもつ「私が欲する」ことすべてを列挙し、集計することだけである点だ。しかしながら、私的選択は、社会的帰結と公的成果とを必然的に手にしている。これらが純粋に私的選択に由来する場合、結果はしばしば社会的に不合理かつ想定外なものとなるが、それは我らが集団的な熟考とデモクラシー的意思決定を通して選択するはずの社会に対し広範な矛盾をもたらすのである。哲学者のいう「第一階欲求」である私的な欲求と欲望とが、その結果に正確に反映されるものの、これらは我らの共通の価値および基準に資するようには事実上、まったく機能しないのだ（実際に「第一階欲求」を望ましいものとして受け入れるか否かを反映したのが、哲学者のいう「第二階欲求」と表現される）。

民営化は、自己に潜む私的で衝動的な“私”をして、“私”の存在をその一部とする、公的で熟議的な我らに対する敵方へと迂闊にも回してしまう。私的な“私”は「欲しい！」と叫ぶが、民営化はこの絶叫が合法化されることを織り込み、“私”が参加し、人間としての私益の一面を表すはずの公的な“私”の声たる「我らが欲する」という冷静な発言を制圧してしまうのである。我らが一人ずつ為す選択はすべて、我らがともに苦しまねばならぬ社会的帰結を決しようとするものの、それらは決して我らが共同して直接的に選択するものではないのだ。

ここで説明することは、たとえ社会に悪者や共謀者が居なくても、また、社会が善良なる意志はあっても自己本位な個人で構成される場合、如何にして急進的商業文化が引き起こされ得るのかについてである。そしてその商業文化はその同じ個人の多くが軽侮するもので、また、たとえそのうちの少なからぬ個人がその生成に関与しているとしても、彼らは誰も直接的にその文化に責任を負うことはないものである。本当は望まれない不当な社会を確立する過ちを無意識に個人に犯させる、腹に一物もつ故意的主導者を生産することによってでは、消費資本主義は作動しない。むしろそれは、自己が生きていくための態度や振る舞いを条件付けようとする精神分裂症のエートスを生み出すのである。それはナルシシスト的な子供をモデルと想定する“私”を養育する一方で、分別を弁え、ある種の熟議的で生育した市民を想定する「我ら」を挫《くじ》くのであり、そして、ジェームズ・スロウィッキー（『ニューヨーカー』誌のビジネス・コラムニスト）が「皆の意見《ウィスダム・オブ・クラウズ》」と呼んだもの、すなわち意見の「相違性と同意性」[22]を許容する「多様性と独立性」に基づく知見を加味することをも挫くのだ。このように消費主義は、放し飼いになっている猿が捕獲される心理を市場に組み入れるのだ。その帰結となる態度や性質が他の重要な文化的価値を徐々に蝕むものであっても、それは資本主義的性向とは無関係なのであって、しかしながら、道徳的かつ精神的な枠組みに、あるいは理想的な公的文化の形成にとってはそれが深い関わりがあり得るのかもしれず、そうならばそれは非常に悪いことである。

フロイトの『文明とその不満』には、同等のパラドクス的見解が示されており、同書で彼が観察するのは大人の自我《エゴ》であり、それは通常、衝動的な我欲《イド》に対する文明の保護者の役割をもつ成熟した超自我《スーパーエゴ》によって監視および管理されていて、その退行する我欲《イド》によって抵抗を受けている。フロイトが仮定するのは「文明と性欲の対立」であり、その結果は「文化的社会が永久に崩壊の恐れがある」[23]ということだ。というのも「良心に関する当初の幼年期の段

22) James Surowiecki, *The Wisdom of Crowds: Why the Many are Smarter Than the Few and How Collective Wisdom Shapes Business, Economics, Society and Nations* (New York: Doubleday, 2004), p.xix.［ジェームズ・スロウィッキー／小高尚子訳『「みんなの意見」は案外正しい』角川文庫、2009年］

23) Sigmund Freud, *Civilization and Its Discontents* (edited and translated by J. Strachey; New York: W. W. Norton, 1961), pp.55, 59.［ジークムント・フロイト／中山元訳『幻想の未来／文化への不満』光文社、2007年］。フロイトの大まかな構図はもはや、心理学と心理療法の分野であまり信用されておらず、政治的文化における抑圧、罪悪、退行、幼稚化という衝動による文化的暗喩のみが有用なままなのであり、それは言うなれば、私が本書で幼稚エートスと呼ぶものに脚光を当て、フロイトが「文化コミュニティの病理」と呼

階は、超自我《スーパーエゴ》に取り込まれた後に明け渡されるのではなく、それに並行して、あるいはその後から付いていくものなのである」[24]。我欲《イド》が推進されるのは、市民性に対して、またそれに所以する文明性に対して行動する、私化された、個人的自由に向かうその意志によってである。

後期消費資本主義という我らが時代、この幼稚エートスは、文明化のもつ原子価〔原子が他の原子何個と結合し得るかを表す尺度〕を翻す手法として作用し、共同的自我《エゴ》を共同的我欲《イド》に置き換える形態を促し、市民的共通項の代わりにアナーキーかつ商業的な遊び場を確立する。このエートスは文明を軽侮しないものの、ただそれに無関心なだけである。それは消費資本主義に一途に関わり、文明の腐敗をもたらすものの、消費主義には有用であるよう個人が欲望に耽り、我欲《イド》が駆動するよう促すのである。退行は消費的指令にとって不可欠の戦術となり、幼稚化は資本主義の成功の条件である。誰にも責任がなく、「間違っているとの意識」もない。そのシステムは、“私”と我ら、我欲《イド》と自我《エゴ》、あるいは経済的要求と文明的価値体系、それぞれの必要条件の間にある亀裂にさらに間隙を打ち込んでいくのだ。このそれぞれの相対は我らの社会で、かつては文化と資本主義の双方にとって有用な文明的基準を促したプロテスタンティズムの倫理、すなわちピューリタニズムのもつエートスとしての美徳により、審議され、調和されたものであった。

しかし、今日、幼稚エートスが、その道理の内にある文明を腐食させる民営化イデオロギーと結びつくことでさらにその効用を高め、それによって文化と資本主義をバラバラに配置するのである。我ら

ぶものを示すのである。

24）Ibid., p.88.

は自分たちによる公的サービスから撤退し、「私は欲する」という聖域に勢いをもって突っ込もうとしているが、それは公共部門から脱退して、ゴミ処理、警察保安、そして学校教育といった、かつては公共財と見られたものを私的必需品とみなすことによって得た、私的資産を備えた、囲われたコミュニティの背後に自身を匿うことである。ブッシュ大統領は2005年初秋にハリケーン・カトリーナによる被害に対する市場主義的対処〔復興事業の多くを民間機関に委託〕について大勢から非難を浴びたが、すでに宗教的慈善と住宅バウチャー政策に対する選好を含む私的慈善と市場的バウチャー・プログラムに特権を与えている先進的な市場社会に限っては、同規模の一般的災害に対処する際にも、それは完全なる正当性をもつことになるだろう。すでに市場は、カテゴリー5のハリケーンに対するニューオリンズ州の防衛力を弱めることに一役買っており、かつて都市を保護した湿地帯が分譲されて、過剰に開発された結果、防災用堤防の安全基準はあまりに高価であるとしてあるいは収賄という裏技が採られることで押し除けられ、そして、（ニューオリンズ州ナインスワードのような）最低レベルの、最も保護など乏しい地区に貧しき者（ハリケーンから最も逃れられそうにない人びと）が置き去りにされる一方で、最も安全な土地が商業的開発のために保護されるという都市開発の常道を都市自体が辿っているのである。

慈善は公的成果を成し遂げることを目的とする私的資本の形態をとるが、それは公的災厄に直面した際に、公的資源や公的意志（一般意思）を代替することなど能わない。ニューオリンズ州の貧しき者に寄付をするオプラ・ウインフリーやビル・ゲイツのような超富裕のアメリカン・スターによる称賛を浴びる私的努力についても、何らかの幻滅するようなことがある。第一に民営化イデオロギーは、危地にある同胞市民たちを災厄から救い出すことについて、公共が全体として許容するかもしれない、公共財や公的資産に対してのある種の制限を合理化する。そして、その同じ民営化イデオロギーは裕福な慈善家を褒め称えるものの、それは市場の不平等、すなわち公共では到底できないことを、彼らが市場にもつ資産のうち幾つかの断片を費やして真剣に取り組むことで可能になっているものだ。何もしないより慈善はマシなことだが、慈善よりも遥かに善いのは、その所有する共同資源や、その慎重なる計画を伴ったデモクラシーとして可能な限り公共を自ら守り育てることである。私的な慈善家たちが為そうとするのは、彼らが公共として他人にできなかったことを、より大きな公共の中で他人のために為すことであって、他方で、デモクラシーは自分でその解決を図るべく、公共に公的権限を与えるのだ。

我らが伝統的に公的とみなすサービスは、デモクラシーの下で如何に報われるのかとの意味で公的なだけでなく、如何に作動するのかとの意味でも公的なのである。ゴミ回収、健康管理、警察保護、教育、それに災害救助が民営化されたとたん、それらは実際には台無しになる。（都市の麻薬や犯罪を避けて郊外に向かった人びとに尋ねたいことは）国家等の集団的保安が欠如する中で、幾つかの地区のみが保護されることなどできないことであり、また（今や「教養ある労働者」を探すことを除き、公教育に背を向けている企業に尋ねたいことは）社会的無知が横行する中では、幾人かのみを教育することなどできないことであり、さらに、（十分なゴミ収集や公衆衛生計画などない遠き社会で生み出される、SARS〈サーズ〉や西ナイルウイルスのような病気に感染した第一社会の患者に尋ねたいことは）別の場所でゴミ収集や伝染病予防を放置しておきながら、ある場所でのみそれを成就することなどできないことである。個々の慈善を通して犠牲者を救い出すことは、市民が真の権力を共有して効果的な公的政府を介して、市民の犠牲を避けようとすることの代替になり得るはずがないのである。

文明に資本主義を対置させる公私のパラドクスは、私的欲求に「公的権限を付与する」ことで共通の欲望を挫くように機能する。我らは皆で生活を形成する能力を失うのであり、それは我らの欲求を孤独の内に表現されるものとして自由が意味付けられる支配的エートスに我らが得心してしまうからである。教育の場では、たとえば（私がより深層にまで迫って調査した結果）公的な学校教育の欠陥は、親による私的選択のもつ長所によって治癒可能と考えられる。我らは個人としてできるバウチャー制度を介し、また、私的選択を介することで、我ら自身の利益にとっての有用さを享受するが、逆に私的選択に我らの利益をもたせる意味で公共財を腐敗させる制度と施策を形づくるのである。“私”が望むのは自分の子供にとってまさに最高の学校制度であり、また、人びとが望むのは、より才能に恵まれず、準備も十分でない子供に合わせて自分の子供もゆっくりと学習していくことなどではないことであり、また、人びとが望むのは「不利な条件に置かれた背景」（しばしば有色人種）をもつ子供たちが我が子の学習を邪魔することなどない学校制度であり、（有色人種の）人びとが望むのは「失敗している学校」から子供を成功する学校に異動させるために最大限の選択ができる学校制度なのである[25)]。

我らは何を得るのだろうか？　個人が公的な領域から分離されて

25）人びとの耳目を集め、論争を呼んだ衝撃的議論は、教育、監獄、水利、その他公共財の民営化である。以下を参照。Si Kahn and Elizabeth Minnich, *The Fox in the Henhouse: How Privatization Threatens Democracy* (San Francisco: Berrett-Koehler Publishers, 2005).

断片化したシステムを介して、これらの私的欲求は不完全な満足のまま、我らが共通して同意できる公的システムを徐々に蝕むのである。根深い教育的不正があって、公的かつ市民的な教育理念が最終的には我らの私的選択にさえ影響を与えるほど不在であって、それに屈服する国家などは、もちろん誰も本当は望んでなどいやしない。確かに、それは我らが自分の子供に個人として欲することを言及する際には選択することでない。しかし、我らの私的選択を教育の消費者として集約することは不平等かつ高度に分断された社会を育むのであり、当該社会で富裕層であるのに相対的に恵まれず、最小の恩恵しか享受せぬ人は、かつてないほど公共部門から撤退している。市民として我らがそのような結果を意図的に選択することは決してないだろうが、実際には“私”、すなわち教育的な消費者にとっては好ましいことが、市民、すなわち市民に対する教育者としての“我ら”にとっての災厄に転換され得るのであって、それは“私”を、アメリカという共有物におけるただの住人（あるいはそこから立ち退いた人間）に仕立ててしまうことだろう。

この同じパラドクスについてロバート・ライシュは、安価な商品と非組合員による安価な労働力に立脚したウォルマート原理を解説し、消費者はその共謀者となって、市民として大切にするべき非常に健全なコミュニティや善き労働を破壊するのだ、と述べる。ライシュによれば、「今日の経済は、我らに“悪魔への貢ぎ物《ファウスティアン・バーゲン》”を提供するが、それは労働者とコミュニティを叩きのめすことで、消費者を主な相手として取引することを可能にする。我らがよりよい専門的サービスを見つけることが簡単であればあるほど、専門家はより早く顧客を惹き付けて、確保することにより躍起になるに違いない。より効率的に我らが世界中のあらゆるところから不良品をかき集めれば集めるほど、我ら自身のコミュニティにはより多くのストレスを課すことになるのである」[26)]。

ウォルマート社（シアーズ・ローバック社やモンゴメリー・ワード社の用いた迅速な商品カタログ化と、小売スーパーの巨大化の戦略を完成させた）は、我らを市民に位置づけることに対し、消費者に位置づけることを固定化させたのである。それは高給を約束する仕事を作り出し、市民生活の中心を成す活気ある小売店を包含した地元のコミュニティを維持することで、正当かつコミュニティ支持的な資本主義経済を支えるという公的関心に対して、安っぽい商品の獲得に眼目を置く私的関心を競わせることでもある[27)]。このように、幼稚エートスと民営化イデオロギーは、我らが市民であるということよりも我らに消費者としての特権を与えることを優先するのである。トーマス・L・フリードマンは、そこに「多重人格障害」と表現するものを認め、それが暗黙の内に拒絶するのは、市場的解決に対する支持と、私的関心を伴った消費アイデンティティとを公的関心を伴った市民的アイデンティティが打ち負かすという概念である、と

---

26) このような政策は、経済的生き残りにとってなくてはならないものでなく、それはウォルマートの最も成功した競争者の一つがコストコである事実から明らかである。同社は労働者に対する健康保険や賃金政策よりも、より低価格のタグをつけることを優先したのだ。以下を参照。Robert B. Reich, "Don't Blame Wal-Mart," *New York Times*, February 28, 2005.

27) 以下の著作でマイケル・サンデルは、同じ論理を見て取っている。モンゴメリー・ワード、シアーズ・ローバックといった早くからのカタログ通信販売業者が演じたのは、より廉価なより多くの商品を提供することで、地元小売店や、ダウンタウンのショッピング街、それにそれらを支援してきたコミュニティを最初に害する消費運動を始めた役割である。Michael J. Sandel, *Democracy's Discontent: America in Search of a Public Philosophy* (Cambridge, Mass.: Harvard University Press, 1998).〔マイケル・J・サンデル／小林正弥訳『民主政の不満——公共哲学を求めるアメリカ』勁草書房、2011年〕

している。それゆえに、フリードマンが為し得る言説すべてに見られるのは、「多重人格の消費者、従業員、市民、納税者、株主」については彼が困惑して頭をかくことであり、それはウォルマート経済学のジレンマを思い起こさせるものがあって、それはもしも政治的にウォルマート経済学を優先させることがなければ、政治的主権の意味をプライベートに対してパブリックが勝るとする優先権が打ち立てられることになるからである。多くの現代の評論家たちと同様に、フリードマンはまるで権力が市場に無関係であるかの如く、ただこれらの重要な政治的概念をグローバル化する世界の現代市場に関する議論から省いてしまい、あるいは、合法な公的権力と非合法な私的権力との相違が存在しないかのように扱うのであった[28)]。

民営化と幼稚化との結託による影響を受けた権力に目を瞑ることは、公私間の抗争を過熱させるのであり、私的な“私”の意志が公共財に対抗することを保証し、私たち一人ひとりの内に精神分裂的に居る消費者としての“私”が、自称市民の近くに居る“我ら”に打ち克つことでもある。このジレンマを中立的に扱うフリードマンは、民間部門を志向する新たなエートスによってすでに歪められていて、消費者が市民より自由の良き擁護者であるのみならず、消費者は市民の任務（最終章に詳述）を、市民よりもよく為す意味で、市民に優ることを示唆する。これは善意から出たものであっても、民間機関という慈善家による壊滅をもたらす戦術であって、それは20世紀初頭の全米消費者連盟（NCL）の時代から、今日に至る市民

28）Thomas L. Friedman, *The World Is Flat*, pp.214,216. より政治的な議論については以下を参照。Liza Featherstone, *Selling Women Short: The Landmark Battle for Workers' Rights at Wal-Mart* (New York: Basic Books, 2005).

的消費者の主唱者たちや、企業責任の擁護者たちにまで及んでいるのだ。それは、ハリケーン・カトリーナに対処しようとして失敗したブッシュ大統領の戦術でもあった。買い物客にロビー活動を為さしめよ。それも手持ちのドル、ユーロ、円を用いてより良き世界へ向かう道をどうにか採択するように。政府ならばおそらくそのような道を探すのは適わないのだから。雇用者たちに「善行を十分に為す」よう促してみよ。コミュニティ奉仕活動をする労働者のために貢献し、彼らに休暇を与えよ。また、彼らが長く居るそのコミュニティのニーズについて考えてみよ、その善行は、それを為す企業が海外のより有益な地域のためにそのコミュニティを捨てるギリギリの瞬間まで為せ。そのようなアプローチは彼らによる善意と、慈善的な推進力でもって、明瞭なアピール性をもつものの、デモクラシーが為し得ることに適合することから、また、資本主義を苦境から救い出すことからさえも縁遠くなる。資本主義はデモクラシーとの協力関係を失うことで無力となるのであって、その内面にある市民的善意、もしくは市場側の改革を介すのみでは健全に復活することなどできないのである。

幼稚化が機能するのは、性急で、貪欲な子供を理想的な買い物客として扱い、そしてその買い物客を理想的な市民として扱うことで、私的で幼稚なことに対する選好を補強するためである。それは自由になる義務を大人に教え込み、「私は欲しい」、そして「それをくれ！」という、その双方ともが幼児の我欲《イド》を開放し、構成要素とする。選択肢を過度に単純化すれば、幼年期は資本主義の生存にとっての必然となり、それゆえに、時代精神《ツァイトガイスト》の要請であるものと、つまり当然に幼稚エートスが必要だと考えられるのである。上述のようにこのエートスは、プロテスタンティズムより勤労と投資とが熱烈な支持を得た如く、非常に慈悲深く、神聖なる性質さえ与えられた。

その結果は、メディアで右の如く広く認められた、紛う方なき「子供のカルト化」である[29)]。『シン・シティ』のようなポルノ漫画を映画化したハリウッドに対しては多量の舌打ちが聞こえてくるし、コメディアンのハワード・スターンによるラジオ・トーク番組の愚劣さや、勝者が一人占めして、他の誰が貧乏クジを引くのか？ というような下品なテレビ番組、リアリティーTVに対しては多くの慨嘆が寄せられている。しかし、低賃金、最低限の健康保険、将来性なき仕事に連動するウォルマート社に対しての消費者の抵抗以上に、子供たちに連動する市場に対しての大きな抵抗が、消費者によって示されることはほとんどない。市場が親たちによる集団や組合のように「特別利益」集団として配されると、そこからはどういった抵抗が生じるのか。そのような集団は、公的利益よりもむしろ「特別利益」の集団とみなされるのであり、それは、市場の勝利の証しそのものなのである。

我らが市民的精神分裂症を大目に見ることには穏便に図らう知見が含まれている。それは、我らにとって概して悪いことが肝心な点では良いことであり、“私”にとってはまさに最適のことなのであり、それは“私”にとって肝心なこと（“私”がモノに支払う価格）にとっても、“私”の株式のポートフォリオにとっても、“私”の資産の長期的価値にとっても、そして、“私”の通う教会の財産にとっても大事なことである。まさにその経済的恩恵を数え、その魅惑的製品を（ウィンク混じりに）楽しみ、我らは狂暴で猥雑な大衆文

29) たとえば、トマス・ゼンゴティタは以下の著作の第二章に「子供のカルト化」のタイトルを付けている。Thomas de Zengotita, *Mediated: How the Media Shapes Our World and the Way We Live in It* (New York: Bloomsbury, 2005).

化に対して青臭い不満をつぶやく。我らは子供が砂糖、脂肪、塩分を望むのを食い物にしている企業に懸念を抱くのと同時に、肥満が結局のところ本当は健康に有害なものでないということを「発見する」都合よき医学研究を歓迎するのであり、このためピザやハンバーガーを学校で販売しても誰も本当は傷つかないということにして、ファスト・フード会社の株主たちは満足できるのである[30)]。

書籍では新たなジャンルが芽生えたが、それが論じるのは、ニーチェによる「諸価値の再評価《トランスヴァリュエーション》」を無闇に肯定するかどうかなどお構いなしに、人びとが子供たちを貶めると考えてきたことがすべて、実は子供をより聡明にすることである。愚劣なテレビゲームがティーンエイジャーを実際には頭を良くし、複数のテレビ連続番組が注意力に欠陥のある視聴者を実際には思考と非線形論理による複雑さを促すよう調整するというのである。スティーブン・ジョンソンは著作『ダメなものは、タメになる』[31)]において、必ずしも的外れ

30）政府機関である全米広告協会の副理事長キース・スカボローが、メリーランド州モンゴメリー郡の健康福祉センター社（HHSC）に証言したのは、広告社が認めるのは子供の肥満の「問題」であり、広告業界にある自己規制が子供を守ることである（政府規制は必要ない）。そして、「子供向けの食べ物の広告に対する多くの批判は、ある食品を悪魔扱いにするという欠点のある前提に基礎を置いていること」とする。広告社は「この種の政府による前例主義、そして、良い食品／悪い食品という二元的見方を否定する」傾向にある。その代わりに「バランスのとれた部分的ダイエット」を用意するのであって、それは子供向け食品の広告社は１ペニーも費やさずに済むということである。Association of National Advertisers, November 28, 2005, http://www.ana.net. 証言の全文は以下を参照。http://www.ftc.gov.

31）詳細は以下の著作、第７章参照。Steven Johnson, *Everything Bad is Good for You: How Today's Popular Culture is Actually Making Us Smarter* (New York: Riverhead Books, 2005).［スティーブン・ジョンソン／乙部一郎、山形浩生、守岡桜訳『ダメなものは、タメになる――テレビやゲームは頭を良くしている』翔泳社、2006 年］

なことを論じているわけではない。我らがすでに見たように、哲学者や宗教指導者が常に理解していたのは「第一階欲求」として人にとって「善い」と思うことを語り、その人自身はそれを「第二階欲求」として内面で反映させ、それを「善くない」としばしば判断することである。それは我らが最初の衝動を後知恵で判断するという第二階欲求を介することであり、そして、「私はまさに欲しかったものを本当は欲しくない」といったような何ごとかを言うことなのである。もちろん、子供（第一階欲求）にとっては、すべて（喫煙、飲酒、麻薬、怠惰、攻撃性、一夜限りの性交渉と過激なテレビゲーム）悪いことだと言われていたことが実はよいことだというのは好ましいことだが、大人（第二階欲求）に普通になりたい者にとっては、大人たちから何も小言を言われなくなることが嬉しいのである。

哲学者ハリー・フランクファートは、以下のように述べる。「あれやこれや欲しがり、選び、その気になること以外にも、人間は特定の欲求や動機をもつ（あるいはもたない）のかもしれない。異なることを欲することができるのに、自分の方からそのいまある好みや目的にメッキを施してしまうのだ」[32)]。我らが「自由に選ぶこと」についてよく突き詰めて考えてみると、その熟慮こそが我らを本当に自由にすることなのである。我らは欲することと欲しないこととを、自身の内で区分けしてしまう。我らが欲するものは通常は私的であって、我らが欲しないものはしばしば公的である。ジョン・スチュアート・ミルは、我らが欲することを屈服させる能力と、我ら

32) Harry Frankfurt, "Freedom of the Will and the Concept of a Person," *Journal of Philosophy*, vol. 68, no. 1 (1971), pp.5-20.（2005年に著作『ウンコな議論』を出した著者）フランクファートが論じるのは、自由や人間（あらゆる動物は「選択」を命じる欲求をもつ）を我らに与える第一階欲求でなく、それを行う第一階欲求に「関する」第二階欲求である。

がその性向として欲することを“求める”こととを関連づける。「独自の欲求と衝動を身に付けた人間、すなわちそれらが生来の自分の表現であり、それらを自己修養によって発展させ、修正してきた人間は、ある性格をもっているとされるのである。独自の欲求と衝動を身に付けていない人間は性格をもたないのである」[33)]。性格はもちろん成熟度を伴った機能であって、その欠如は幼年期継続の表現なのである。

幼稚エートスと民営化イデオロギーとが結合したとき、この市民的精神分裂症がどのように公益を打ち破り得るかについての事例は数多ある。“私”は路上を走るどの自動車よりも、より大きく、より野卑な四輪駆動のハマーを欲しがる。しかし、我らが必要とするのは（市民の“私”が必要とする）一つの国家であり（“私”はその国家に住みたがる)、そして我らは一つの世界をもつべきである（“私”は自分の子供たちにその世界に住んでいて欲しいのである)。そこでは他の誰かの車が、“私”と“私”の車を抹殺することでその車の所有権を保護しようとはしないのであり、そこでは最終的にはアメリカ合衆国が我らのエネルギー源の輸入を保護するための戦争を仕掛けることをもって、国家として石油を外国に依存することはないのであり、そしてそこではグローバルな環境が化石燃料による製品によって悪化することはないのである。ある人間とある人間の関係者

33) John Stuart Mill, *On Liberty*, (Norton Critical Edition, edited by David Spitz; New York: W.W.Norton, 1975), p.57. ［J・S・ミル／塩尻公明、木村健康訳『自由論』岩波文庫、1971年］。エコノミストのディヴィッド・ジョージは以下の著作で、ミルによる性格の定義と、それが第一階欲求および第二階欲求につながりがあることを説明している。David George, *Preference Pollution: How Markets Create the Desires We Dislike* (Ann Arbor: University of Michigan Press, 2001), p.12.

だけのために買うことができる最高の健康サービスが望まれるが、健康は私的ではなく公的な善きことであって、それによって疫病とウイルスから保護される国家に誰もが住みたがるのであり、それが意味するのは幾分かでも危険にさらされる場所ならば、その全土が危険な状態にあることだ。5歳児をターゲットとすることで販売する余地を見つけることができる若者向けマーケティングでの経歴を“私”は欲するが、“私”は幼稚園児が操作と搾取の標的である社会には住みたくないし、“私”は5歳児の“私”がその対象とされることなど望んではいない。

（幼児向けテレビ・チャンネル）『ニコロデオン』の運営に携わるマーケティング担当役員によれば、自分が子供を開拓しようと取り組むのは、自分が金で買い、支配することのできる影響者になるためであり、それは「小煩《うるさ》い」指導者になるために支払いをして上流階級、アスリート、または友人や貴族になることであり、そして、自分が金で買うことができない番人（たとえば母親や先生）は避けるのである。しかし、市民としての自分は子供を搾取とマーケティングから保護する国に住みたいのであり、そして、子供に影響を与える者には牧師、先生、導師、そして母親のような手怖《ごわ》い番人であって欲しいのであり[34]、こうした人びとはマーケターとしての自分の作業の影響圏から自分が締め出そうとする人びとなのである。世界市場のための映画製作者としては、映画に収益性を保証する子供じみた嗜好と熱烈な映画館通いの習慣（超大作映画を繰り返し見る視

34）これは単なる修辞などではない。メディアポストTVによると、「ニコロデオンは子供向けのマーケターたちの秘訣を見つけていたように思う。子供を標的にするな。子供に影響を与える人間になるべきだ」。Wayne Friedman, November 23, 2005, http://blogs.mediapost.com/

聴者たちは大金を儲けさせてくれるのだ！）を保持することを至る所の大人に望むが、親としては、暴力、ポルノ、コミック、テレビゲーム、ファスト・フードとのタイアップに没頭することを自分の子供たちには望まない。そして、その子供自身が30代や40代を過ぎ、彼ら自身の子供の親になったときに、彼ら自身はその子供にそのような嗜好に夢中になることをまず望まないはずである。

この憤慨すべき市民的精神分裂症は、実は銀行業への潜入を許し、経済そのものを故意に危地に陥れたのである。個人としてのアメリカ人は消費好きで、幼稚エートスはそれをいよいよ増進させるよう条件付けしている。しかし、この永遠なるバカ騒ぎの共同的帰結にあるのは、低迷する貯蓄、増加する対外負債、外国人投資家に対する依存、そしてドルの価値を貶めるのみならず、経済崩壊の脅威ともなる通貨危機、以上を体現する国家なのである。市民の研究組織デーモスによるレポートは、民営化（個人消費支出と定義される選択の余地）と幼稚化（大きい浪費家として若いものを目標として、利用する）の相関を明らかにする。デーモスのレポートによれば、1992年と2001年とを比較し、「負債のある成年若年層［25～34歳］のクレジットカードの平均負債額は55パーセント増えており、若年成人の負債がある持家層は債務支払い（先に、米国政府の経営費を払う！）に収入の約4分の1をあてていて、以前にも増してより破産状態に近づいている」。より若い成年若年層（18～24歳）は、1992年から2001年までの10年間で（1992年から二倍になった）彼らの収入のほぼ30パーセントを債務支払いに費やしている負債のある持家層とも相まって、クレジットカードの負債額が104パーセントも急増した[35]。社会的経費が如何ほど掛かろうが、買い物客に「公

35）以下のデータを引用。Tamara Draut and Javier Silva, “Generation Broke:

的権限を与える」というクレジット業界のひたむきな野心の行く手には、破産でさえも立ち塞がることはできない。2001年に破産宣告を受けた人のうち96パーセントは、負債がチャラになったその年に、クレジットカード、自動車ローン、モーゲージより資金提供を受けた。彼らの半数は、1カ月間で10件以上の資金融通を受けた[36)]。今やアメリカ合衆国の貯蓄率は正味0%に満たず、そして、最新の消費者金融による悪徳商法では、与信の高い買い物客に「貯蓄誘因」を提供し、クレジットカードを使うたびに、1セント（または1ドル換算での金額）が貯蓄口座に入金される。現在、出費は、貯蓄の新たな形態なのである。

そこから明白に見えてくることは、我らが一人ひとりに望むことは無意識ながら、貯蓄よりむしろ消費にあり、その消費はアメリカというグローバルな財政力に対しての信任票として集計され、実質的にそうなったのである。無分別な私的選択は、費消する消費者権限が一部で集約されることをもって派生し、若者の消費に対する集中はその無分別をもたらし、かつしばしば悲惨な公的帰結に終わる。我らが貯蓄という公益を促すメッセージを受け取りたいと思うはず

The Growth of Debt Among Young Americans," Demos, October 13, 2004 (http://www.demos.org). レポートが示すのは「大学生に対する積極的マーケティングにより、無料進呈のTシャツ、マグ・カップ、ピザ、その他のインセンティブを用いて」、全大学生の96%がクレジットカードを所有することを突き止めた。「1990年から1995年の間に、ある機関によるクレジットの調査によると負債額は900ドルから2100ドルへと134%跳ね上がった。2001年に大学卒業生はクレジットカードの負債額平均3262ドルをもったまま卒業した」

36) Caroline E. Mayer, "Offers Too Good to Refuse," *Washington Post National Weekly*, April 25-May 1, 2005, p.19. 強欲な諸銀行は、連邦の倒産法の下、「新規負債」が破産宣告後6年間は免責されぬことで、守られている。

の貯蓄銀行さえもが精神分裂症に罹り、預金口座よりもむしろクレジットカードとデビットカードを小売りし、人びとに費消することを教え込もうとする幼稚化の合唱に加わるのであって、自分の所有額以上に費消し、預金口座が空っぽになっても費消し、負債で深みにはまるまで費消するのは、自国経済がそれによってどれほど損害を受けても資本主義的経済がその生存のためにその出費に期待するからである（クレジットカードとデビットカードで稼いだ儲けを、預金の再投資を通じてこれまで稼いだ預金による総利益よりも上回るようにするにはどうするべきかを銀行は計算するのだ）。そうして、民営化によって誘発される精神分裂症から生じた捻れた論理においては、製作者が売り手としての合理的な個々の関心を追い続け、消費者が買い手としての関心を追い続け、そして、まさに国家経済が破綻し、資本主義そのものが崩壊するその瞬間まで、消費資本主義は急速に成長していくのだ。

グローバル資本主義をその生き永らえている欲求のペースで成長させ続けるために、資本主義的エートスの保持者はアメリカ自身の幼稚な出費狂いを輸出せねばならない。かつてレーニンが主張したのは、資本主義が自身を国境の向こう側にも押し込み、世界帝国の存在を確立することによって初めて生き残り得ることであった。生産過剰の時代には、資本主義や消費主義は同様の難題に直面する。アメリカ合衆国に商品を売りつける諸国は、あまり国内の消費経済が強くなく、それゆえに、過剰生産されたアメリカの商品をほとんど輸入することなどないが（実に酷いアメリカの貿易赤字に関連する）、このアメリカ資本主義の運命を託されたアメリカの消費者には特別の関心を寄せている。元財務長官ジョン・W・スノー指揮下の財務省は、中国との継続中の取引交渉において、中国が「銀行を含む国有企業の民営化の速度を上げる」ことだけでなく、「中国はより多くを費やし、より貯金をしないよう人びとに志向させる必要がある」[37]と主張した。これはもちろん減退しつつある消費資本主義のまさに命題であって、決して、プロテスタントのエートスを通じて明らかになることはない。インドでは富が増強し、高速道路網が近代化し、その変化のペースが早まるのをもって、インド人や西洋人の目には「インドが“時は金なり”との西洋的概念に社会を隷属させることを急かせている」[38]と映るのだ。けれども、インドは4歳未満の子供たちの半数が体重不足である国家であり、それは西洋の消費主義を救うことになると当てこみ、偉大なる東洋としてますます望みを掛けられている。それは西洋の仕事を「盗むこと」になるのかもしれないが、そうすることで、それは長い目で見れば情報エンターテイメント、サービス、そして他の商品の西洋側の売り手を助けることができるだけの、さらなる消費支出に関する国内基盤を確立することになるのである。

しかし、私的な消費主義が世界中に広がるにつれ、自由が私的選択だけを伴うという考えは消費者や市民として我らが実際に経験することと衝突する。我らはメニューから選ぶ権利が自由の本質であ

37) Edmund L. Andrew, “U. S. Offers Details of Plan for Open Market in China,” *New York Times*, October 16, 2005. 中国での消費出費額は近時では年に10％近く上昇しており、家庭消費のクレジットカード利用額も上昇しているが、北京政府に「人びとをもっと消費させる」よう欲するアメリカ政府（ホワイトハウス）にとってはまだまだ遅いのだ。

38) Amy Waldman, “Mile by Mile, India Paves a Smoother Road to Its Future,” *New York Times*, December 4, 2005. ワルドマンが指摘するのは、インドの高速道路が現代的となって徐々に民営化されている。この民営化とは、伝統的な二車線道路が「公的空間をもち、論理的カオスの本拠として、インドの生活の多くを支配していたのを、改修された高速道路は無理にそこに境界を引き、直線にしようとする」ことである。

るという考えに誘い込まれるが、それに通じる結果として、現実の権力、そしてそれゆえの現実の自由は、メニューにあるものから決定することになるのだ。強力な権限をもつのは予定表《アジェンダ》を設定する人びとであり、その提示した選択肢から選ぶ人びとではない。我らはメニューから私的に項目を選ぶが、我らは公的な意思決定を通してのみ有意なメニューの選択を保証されるのである。我らはどんな車を運転するかを選ぶが、その選択は、効率的かつ公平的で公的な輸送機関（たとえば、都市内と都市間の高速鉄道）という選択肢を切り離し、私的輸送機関のベースとなる高速道路システム、つまりそれを選択した議会に対する影響を介して、自動車、鉄鋼、ゴム、そしてセメントの産業を選択することである。さらに、その選択により明らかになるのは、渡されたメニューに選択の数を増やすことが収穫逓減の法則をもち、私的な自由に利することにさえなることだ。より多くの量と薬効に溺れ、我らはもつ選択の数を能う限り最大にし、それを自由と結びつけて考えることを好む。しかし、心理学者が諭すのは、我らが可能な選択肢から利益を計算する能力には限界があるのと同様に、我らが実際に楽しむことのできる選択肢の数には限界があることだ。それを知るはずのサーチ＆サーチ社CEOのケビン・ロバーツはこう述べている。「人びとは直面する選択に圧倒されている。情報経済を忘れよ。人間の注意は、支配的な流行にしか向かわなくなった」。彼は生来的選択の現実について、マサチューセッツ工科大学（MIT）メディア研究所《ラボ》のニコラス・ネグロポンテの言を引用する。ネグロポンテは「私は500ものテレビ・チャンネルは欲しくはない。見たい番組のみを提供する一つのチャンネルがあれば十分なのだ」[39]と述べるのだ。

---

39) Kevin Roberts, *Lovemarks: The Future Beyond Brands* (New York: pow-

しかし、ケビン・ロバーツが見過ごしているのは、500のテレビ・チャンネルと“私”が本当に見たい一つのチャンネルとを巡る選択が、公か私かの選択であるということである。アメリカ合衆国の公共テレビ放送とヨーロッパの国営テレビは集団的選択と公的責任の基準に見合うせいぜい一つか二つの選択を提供しようとするが、それは数千ある中からたった一つの私的選択に変える恐れがある民営化と商業化の圧力の支配下にある。上述した公私の輸送機関の選択は、同様の問題を高じさせる。公私の輸送機関のどちらかを選ぶことは、より簡単であるだけでなく、私的な輸送が唯一のオプションであった（たとえばロサンゼルスのような）都市にとっては、果てしなく多い自動車ブランドから私的に選択するより非常に魅力的でもある。『コンシューマー・レポート』は220以上の自動車モデルを定期的に概説するが、これは我らの自由を本当に強化するのだろうか？　250の朝食のシリアル、400のビデオレコーダー（VCR）、500の健康保険証書、350のオープン型投資信託《ミューチュアル・ファンド》、そして35のシャワーヘッドを分析すること。これは間違いなく選択の過剰、つまり、より多いことが実はより少ないことのように感じられる世界では「選択過剰」であると、スワースモア大学の社会理論家バリー・シュワルツが主張することである[40]。そしてもちろん我らに本当に問題となる決定とは、古き知見に基づく決まり文句、いわゆる「人びとが人生で本当に望むもの、すなわち愛、友好、尊敬、家族、地位、

erHouse Books, 2004).［ケビン・ロバーツ／岡部真里、椎野淳、森尚子訳『永遠に愛されるブランド――ラブマークの誕生』ランダムハウス、2005年］

40) Barry Schwartz, *The Paradox of Choice: Why More Is Less* (New York: HarperCollins, 2004).［バリー・シュワルツ／瑞穂のりこ訳『なぜ選ぶたびに後悔するのか――「選択の自由」の落とし穴』武田ランダムハウスジャパン、2004年］

快楽などのほぼすべては、市場を介するわけではない」ということである[41]。

バリー・シュワルツや他の学者とともに、コロンビア大学のシーナ・アイエンガーは「より多くの選択は、より少ない選択よりも悪いことがあり得る」、すなわち選択の数が増えると、選択はより面倒で、より自由度が低くなると提起した[42]。すべてのブランド選択について『コンシューマー・レポート』によってランク付けしておくことや、実際に500以上ものテレビ・チャンネルが提供されることは、我らをより自由であると感じさせるのだろうか？　どれほどのチャンネルがあれば十分なのだろうか？　どれほどの種類の石鹼がいるのだろうか？　“私”は本当に35あるシャワーヘッドのモデルの中から選びたいのだろうか、それが必要なのだろうか？　シュワルツは、「圧倒するほどの選択数に直面する場合、我らは『採集者』、つまり、相対的に利用できるすべての選択肢の受動的選択者となることを強制される」[43]と結論付けるのである。

私的選択は圧倒的であり得る。しかし、我らが興味を示さないときでも、「知性に関係なく」経験的研究が示すことは「人は必ずし

41) Gregg Easterbrook, *The Progress Paradox: How Life Gets Better While People Feel Worse* (New York: Random House, 2003), cited by Robert J. Samuelson, “The Afflictions of Affluence,” *Newsweek*, March 22, 2004. サムエルソンの報告によれば、アメリカ人がかつてよりも食べ物を多く費消しているものの、以前よりも独りでいることが多いと感じている（1957年にアメリカ人の3%が独りでいると感じていたのが、今日ではそれが同14%になっている）。一方で、年間40万の死亡は肥満をその原因としている。以下を参照。Schwartz, *The Paradox of Choice*.

42) 以下を引用。Eduardo Porter, “Choice Is Good: Yes, No or Maybe?” *New York Times*, March 27, 2005.

43) Schwartz, *The Paradox of Choice*, p.224.

もよい選択をしない」[44]ということである。効果的（かつ、まったく滑稽）なカリフォルニア・テストでは、3つの匿名の401Kのポートフォリオの選択を付与し、その中に5人の参加者に気づかれぬよう、彼らが実際に所有するポートフォリオを紛れ込ませておいたが、自分にとって最善のはずの自分が所有するポートフォリオを選んだのは1人だけであった[45]。同様に、経験的に示されることは、選択が“オプトイン”（受信されるよう望むと明示）の、もしくは“オプトアウト”（受信拒否されるよう望むと明示）のどちらで扱われようとも決定に重大な影響を発揮し得るのであり、なぜなら「選択」を強化するフリをする人びとは、顧客が惰性でもって選好したオプトインとするだけで、他の好ましい選択肢を拒むようにその顧客に影響を実際に与えるかもしれないからである。アメリカ人の4分の3もが臓器提供を意思表示するが、オプトインの前提条件からすると、実際には4分の1未満しか自分の意志でこの意思表示を行っていない[46]。他では、大部分の消費者は自宅の固定電話に対する勧誘電話を嫌う一方で、政府のオプトアウトという前提条件はテレマーケティング会社に突破口を与える。消費者は（名前を勧誘お断りリストに

44) Porter, “Choice Is Good: Yes, No or Maybe?”
45) Ibid.
46)「任意の選択下では、アメリカ人の全成人の実に75％が臓器提供の意思を表明するようになるだろう」(Aron Spital, “Mandated Choice for Organ Donation: Time to Give It a Try,” *Annals of Internal Madicine*, vol. 125 [July 1996], pp.66-69).「我らは国際心肺移植学会（ISHLT）の会員を、心臓療法促進基金（FACT）と共同で調査した。方法／結果は、臓器提供を改善する手法の意見を求めたもので、全739の全回答のうち、75％が推定的承諾で賛意を表明した」。M.C.Oz et al., “How to improve organ donation: results of the ISHLT/FACT poll,” *Heart Lung Transplant*, vol.22, no.4[April 2003], pp.389-410.

入れないことを選択することで）勧誘されることのない形式的な「権利」を保持するが、「選択」（思いもかけないことでない！）はマーケターに対する賛意を表明することとなり、このマーケターが最近さらに獲得したのは、ユーザーがオプトアウトにしない限り携帯電話にも勧誘できる権利である。

最終的に考えられることは、人間の幸福にとってそれほど重要でない私的で分割された領域で我らが為す選択の数を最大にすること、そして反面で我らが重要な公的領域で為すことのできる選択を制限することによって、消費に支配される私的な市場システムと、我らが何に執着し、我らが如何に生活するかを歪め、陳腐化させることを伴うであろう偽物の自由とが跋扈するのだ。

これは、間違った認識ではない。我らは私的に選ぶよう許されることを実際に欲しているのだ。しかし、ともあれ我らはより私的な選択をしているにもかかわらず、より劣悪な状況にあって、より自由が乏しい状況にある。なぜなら、これらの選択が真の決定が為されていない領域にあるからである。我らは私的に選ぶことを欲するが、その私的な選択がもたらすことを決定する公的課題を選ぶことをより一層欲するのである。『ソフィーの選択』でさえ、ナチ強制収容所指揮官に2人いる子供のどちらかを殺害するよう命じてきたらどうするかといった類の選択の話である。しかし、ソフィーにはこれまでに為そうとして為した選択はなく、独りでに「自由」を確認するか、定義するようにされたのだ。実際に、公私の自由の間の重要な差異は、デモクラシー的参加と引き続き起こる政府的介入を正確に通じて現れるのであり、それは我らがそれぞれの消極的側面を束縛するために私的選択を規制し、そして市民的（かつ文化的）コミュニティの成員として我らにとって本当に大事な公共的事柄に、我らが焦点を当てることである。私的な消費者として、メキシコシティ、ロサンゼルス、またはムンバイのスモッグに包まれたダウンタウンに住むこと、もしくは懐に余裕があるならば、より空気がよい山腹周辺に住むことの、人びとはどちらかを選択することができる。しかし、呼吸のためにダウンタウンに住むか、郊外の丘上に住むかの選択を強制されることのないよう、メキシコシティ、ロサンゼルス、またはムンバイに大気清浄化基準を法律で定めることはどうして為さないのだろうか。直観とは裏腹に、私的領域における束縛された選択では、我らが感じる自由の意識はかえって促進される。このことを説明すると、ルソーが公的自由に関して重要な概念を捉えた逆説的なフレーズ、我らが事実上は「自由への強制」[47)] の内に居るかもしれない、ということである。すなわち、我らの取るに足らない私的選択の領域を制限することによって、我らの本当に決定する公的選択を、強化することができる。ダウンタウンの都心への私的目的での自動車の乗り入れ禁止は、“私”が好きな所にドライブする私的な自由を制限するが、健康、安全、そして私の持つ買い物に対する好奇心（さえも！）にはるかに貢献する都市環境をつくるのであり、それは“私”が好きな所にドライブする私的自由よりもより市民として重要なことであろう。

あまりにも多くの私的な市場選択に圧倒されるか否か、あるいは、どのような決定が我らの課題にとって必要なのかについての真の公的選択が欠如していることによって権限が減殺されるか否かにかか

47）ルソーは、このフレーズを1762年の『社会契約論』で用い、多くのリベラルたちをして、私的自由のみに集中するよう先導した。その結果、ルソーは、支離滅裂で危険な原始的全体主義者の思想家とされ、結局はジョージ・オーウェルにトドメを刺されるのである。しかし、かつて我らが私的選択と公的選択を区別し、私的選択を強制することで、我らの真の自由を強化し、「自由になるよう我らを強制する」のに手を貸すことは、明らかである。

わらず、我らは自由についての深刻なる精神分裂症的意味で引き裂かれてしまっている。我らは内面で分裂し、我らの公私双方の選択に不満をもっている。自分から酒瓶を隠そうとするアルコール中毒者のように、または彼らが生計のために生産する不快な商品を子供に見せないようセキュリティ・ロックを自宅のスタジオに置いて、インターネットへのアクセスまでを阻止しようとする職業ポルノ作家のように、絶え間なく私的な欲求により構築された社会を公共的に受け入れることには抵抗があることに、我らは気づくのだ。それでも、製作者が我らに欲するものを与えているだけでなく、その過程で我らに（彼らの好きな表現で）「公的権限を与える」との主張に、我らは誘引され続けるため、その私的欲求の（そうあるならば）「権限を減殺する」ことができず、また、それをしようともしない。故に私的な欲求を満たすことは気持ちがよく、消費資本主義が生き残るのを助けることは、誰にとってもよいことだと思えるのかもしれない。我らがそれまで憧れていたはずの公共財が自由を破壊し、権限を減殺するものと解される一方で、我らの自己本位性は合理化され、許容されるのである。この過程では、公共財と、それが保証されることで成り立つデモクラシー制機関は、非合理化される。このように、マーケティングという魔術を通して、“自由（放任）”や“権限拡大”といった非常に公共的な条件は変更されるのであって、過去にはデモクラシーと市民権に関連した市民による議論が取り置きされていたのが、消費主義とマーチャンダイジングの道具に作り替えられる。それは、我らのかつての政治革命での構成員とされた公的成員（市民）を破壊する狙いをもつ、「消費革命」という新たな旗印なのである。

公共財の代わりに腐食性のある私的な選択を合理化することは、民営化イデオロギーのもつ独特な毒性である。それが消費者について熱を込めて語るのは、市民が投票でこれまで為してきたよりも、消費者が手持ちのドル、ユーロ、円を用いて多くのことを為すことができる新しい市民であることだ。それによってデモクラシー制政府が強制的だとして非難される一方で、私的な選択として特権的な市場セクターが自由と結びつけられる。利己的な個人による私的利益を追求すれば結果として社会全体に資することになる、との啓蒙的経済学者がかつて仮定した「見えざる手」の18世紀の自由放任主義の教義に関し、それは悪意を伴った新たな類型を促すのである。今日の民営化イデオロギーが我らに促すことは、市場が効率的で柔軟であるだけでなく、市場が公共財の概念をいささか退行させるよう刺激を加え、さらにその概念を置き去りにするサービスを施していくことである。同時に、それが取り繕うのは、我らの市民的権限を拡大させる伝統的機関、すなわち我らのデモクラシー制機関が、実質的に我らに隷属する手段であることだ。しかし、この論理は内在化され、そこでは公的な機能を実際には奪う私的文脈の中に“自由”と“権限拡大”のような市民的字句を展開することによって、その論理が表層から隠された内部で作用することができるのである。

民営化はある種の逆進的な社会契約であり、それは自由なコミュニティとデモクラシー共和制に向けて我らを互いに結ぶ紐帯を分解する。それは我らを自然状態に引き戻すのであり、我らが自らに与え得る権利をすべて自然権として所有しつつも、それと同時に我らが権利をもつことを保証する如何なる真の能力をも失うのである。私的選択は、個人的権力（暴力）、個人的技能（不平等的分配）、それに個人的幸福に基づく。公的選択は、市民の権利、共通の責任に基礎を置き、それに伴いすべての人に平等なる権利があるものと見なす。公的な自由は、共同権力に向けた努力によって確立されるものであり、それゆえに、我らが社会契約を選ぶことで公的な市民として我ら自身を構成することを前提とするのである。民営化によって、我らは私的な自由と特定の関心という誘因から自然状態に引き込まれるが、結局は我らが経験するのは、強きものが弱きものを支配し、そして、最終的には無秩序が強きものも弱きものも支配する社会であり、それは私的自由と特定的関心の双方に対する保護を徐々に蝕んでいくのである。それは原初の社会契約が対処しようとしたはずのまさしくジレンマなのである。

民営化の費用：商業化、「外部性」、そして、平等

かつて公共財と捉えられたものを一括売却する民営化とは実際には遥か以前からの既定路線であるが、それは少なくとも公的性質が常に曖昧である分野においての場合であり、また、効率性、競争性、それに機会均等性が市場に合理性をもたらし得る機関においての場合である。これらの分野に含まれるものに輸送機関があり、初めは鉄道で、より近時では飛行機と高速道路（「高速路線」料金）で民営化が為された。住宅部門に目を向ければ、公共住宅については、非効率性、貧弱なデザイン、深刻化するスラム化、それに人びとが保有せずに居住するだけの「自宅」を維持していくための避けがたいコストによって、その評判は地に堕ちている。そして、教育部門では、“偉大な社会”の一環たる公立学校という触れ込み《レトリック》にもかかわらず、宗教色の強い私立学校は常に公立学校と競争し、この頃の親の選択（バウチャー制、チャーター・スクール制、または他の市場原理により）は新自由主義者《ネオ・リベラル》のみならず、少数民族《マイノリティ》の間でも、自分たちの子供を不備がありそうな公立学校から遮断することに躍起となっている。

これらの分野の各々、ならびに宇宙探査や連邦内の災害救助のよ

うな著しく斬新な領域では、かつては公共に信託していたことが、福祉国家のもつおそらく抽象的な概念よりも資することを保証する、より善き任務と想定される利益を巡る競争の舞台となった[48]。その各々について手短に吟味するが、それが民営化論議の骨組みに少しは肉付けすることになるだろう。初めに、民営化が広く受容されているこれらの領域でさえ、推定される目標の一つたる健全かつ多元的な社会に到達するために悪質な結果を生んだ点に注意する必要がある。すなわち、民営化が必然的に伴うのは商業化であり、それは「形式主義」として不適切とみなした公的経費を軽視することであり、また、市場社会ですでに全面的に行き渡っている不平等を加速させることになる。

民営化にとって重要となる正当性とは、おそらく政府の「独占」を私的競争がある多元かつ多様な機関に入れ替えることである。それによってもたらされる現実が実際に多様であるのか、あるいは均質化された商業文化によって支配されるのかは、非常に重要なこと

48) ニューオリンズ州でのハリケーン・カトリーナの災害への対処だが、本章の後段で検証している。宇宙探査では、リチャード・ブランソンの会社ヴァージン・ギャラクティック社が、ニューメキシコ州のスペースポートから飛び立つ私的飛行で1000万ドル以上の価値ある宇宙旅行を販売した。ブランソンは20万ドルの切符を、女優ビクトリア・プリンシパル、ハリウッドの映画監督ブライアン・シンガーのような有名人に売り、同社は5隻の宇宙船を購入し、飛行を請け負ったのである。専門家のジョン・ターニーの講義では、「NASAはいまだに月に立ち返る資金をもっておらず、火星に向かうのはさらに難しい。他の誰かがやることである」としている。飛行機設計家のバート・ルタン、彼の後援者たるマイクロソフト社の億万長者ポール・アレンは宇宙飛行を民営化しようとしている。彼らは2004年のアンサリ・エックスプライズ（宇宙飛行コンテスト）で優勝した再利用可能な宇宙船を利用し、NASAがもはやできる余裕のない作業を行った。John Tierney, “Go West, Young Astronaut,” *New York Times*, December 6, 2005.

である。公的権力を私的機関の手に移行することは、権力の委任としばしば関係するが、実際には民営化した権力は、商業資本に移行するのみであって、政府同様に集中および独占の可能性のある私的機関の手に委ねられ、通例ではそれは格段に透明性や説明責任に欠けるところを克服するが、全面的な商業化に行き着くのだ。水道の民営化は、公的腐敗に対する治癒として、そして、その退嬰に対するカンフル剤として実施（売却）された。水道にコストがより多く掛かる場合、人びとはその使用により慎重になる。現実の民営化とは、より十分に必需品を提供できずに、また、多大な利益を上げることさえ為しえずに、ただ汚職と不平等とを民営化するのみである。

公園、学校、その他のかつての公共機関が悟るのは、市や州がその税収を失う場合、押し寄せる商業化の波に耐えることが難しいことである。マンハッタン中心部のニューヨーク市立図書館の裏手にあるブライアント公園は、利用者からの入園料とスポンサーからの広告料によって、まるで事業として運営されているかのような公共広場となった49)。公園利用者はこの改善を歓迎し、広告を必要経費とみなすのかもしれないが、その経費が「必要」とされるのは、私的利用者が納税者としての市民となることや、公的に公園を維持するための応分の税金負担（たとえば、フランス人が実行した手法）を拒絶したときだけである。同じことは民営化された学校組織についても実際にはいえるのであり、各々の子供に近隣の一つの公立小学校を充てがう地域の公立学校制度よりも、民営化は地域としての選

49）Timothy Williams, "In Bryan Park's Rebirth, Some Chafe at Growing Corporate Presence," *New York Times*, December 5, 2005. ウイリアムはマンハッタンの州議員リチャード・N・ゴットフリードを引用し、「公園は同市の歴史では、実態としての思想、危険な概念と考えている。このことは公共公園をテーマパークと成す道を均《なら》している」。

択を両親たちに与えるように映るだろう。

公立学校でさえも民営化理論の犠牲になり得るのであって、レンタルのテレビ機材とおそらくは教育的なニュース番組（チャンネル・ワン・ニュース）の利用と引き替えにチャンネル・ワンが歴史の授業でコマーシャルを流す事態を招く。公立学校が慢性的資金不足に悩むことに失望する全米中の両親たちは注意さえ払わないのかもしれないが、新たな公立学校施設が次のような名称に変わっている。すなわち、ショップライト・オブ・ブルックラウン・センター（ニュージャージー州ブルックラウン）、ラスト・オリウム・フィールド（イリノイ州ヴァーノン・ヒルズ）、そしてイースタン・フィナンシャル・フロリダ・クレジット・ユニオン・スタジアム（フロリダ州ブロワード郡）というように、各企業がその建設に数十万ドルも費せば、その企業名を冠に付すことができるのだ[50)]。しかし、繰り返すが、このような民営化は公立学校と私立学校の双方に同時に影響を与え、それらが多元性や多様性に乏しい学習環境を創造する、教育機関の商業化への扉を開けるのである。そして、その他のいずれの場合でも、企業名を冠された施設や、教室内のテレビ広告を選好することに対しての釈明はないが、それは、学校とその生徒たちのニーズに見合う公的利益に乏しい事態に直面した挙句の止むにやまれぬニーズなのである。

同様に、私的な資金提供先を模索する公立の総合大学と単科大学がしばしば気づくことは、自身がまさに国家の（少なくとも公認され、合法的な）独占にではなく、市場の独占に屈することだ。国家的独占は、この頃は、総合大学と単科大学に適正に資金を助成せず

50) Tamar Lewin, “In Public Schools, The Name Game As a Donor Lure,” *New York Times*, January 5, 2006.

に、それらを制御しようとするのであり、それはたとえばブッシュ政権の政策「落ちこぼれを出さない《ノー・チャイルド・レフト・ビハインド》」という、実に適当な「財政補助の伴わない指令」に代表される。あるいは、学校という自由空間に対して圧力を掛けるための資金提供策が用いられているのであり、それは兵士採用官《リクルーター》の校内立ち入りを認めない学校に対して、連邦政府が補助金引き上げにより懲罰を与えると脅迫するのと同様である。

彼らは政府独占を攻撃するが、教育の環境と内容に対する非公的な制御がそれ自体で独占的であるのと引き換えに、企業利益で国家による資金提供の不足分を穴埋めすることも厭わないのである。公立大学に対する連邦税と州税からもたらされる歳入の割合は、平均すれば1991年の74パーセントから2004年の64パーセントへと低下しており、ペンシルバニア州立大学の学長は悲し気にこれを「公立高等学校が民営化に向けてゆっくりと移行すること」[51]と語った。歳入の落ち込みは、必死さを伴った手法を生み出す。競技用施設ならびにアカデミックな建物に、そして、奨学金や理事や大学部門にさえ命名権を設けて、それを最高入札者に売り渡し、大学機関としての高潔性と学究的な自治性を腐食させている。コーラ会社との契約は、数百万ドルの贈り物と引き換えに唯一の消費可能なブランドを売って、その排他的権利を企業が買うのを許す協議であり、選択が最高のものとなるはずの、外部勢力から分断されるはずのキャンパスの理想という道化芝居を製作しているのだ。企業は市場での自由な消費上の選択であることを誇示し、一方で教室での自由な知的

51）San Dillon, "At Public Universities, Warning of Privatization," *New York Times*, October 16, 2005. ディロンが着目するのは、ミシガン州が「アナーバー市の歳入の約18%」を基金として、一方で「税負担者はヴァージニア大学の歳入の共有は8%」であることだ。

な選択を誇示する大学と協力し合い、双方の妥協を図るのだ。活気のある企業が、客観的な研究や学習を徐々に蝕む企業的偏重を掛けて腐らせた人材を学ばせるために金を落としているのであって、たとえば、エクソン・モービル社が提供しているのは人材保護である。大学機関の科学研究に対する企業による資金提供は、公的研究であると思われることを民営化し、研究成果と特許を私的利益のために売却することにつながっている[52]。それでも、国家の資金提供が低下し続け、そして大学がますます「その人員と間接費を支えるために現金の継続的な注入を必要とする巨大な研究帝国になる」ことで、民営化は大学機関にとって生き残るための条件となる[53]。

1980 年に連邦政府は、利益目的で研究を売却することを大学に認める法律を可決し、高等教育の商業化に乗り出した。ウエスト・バージニア大学では、Kマートが消費者マーケティングに特化した講座（店長養成？）を寄付した。アメリカの高等教育機関の中でも最も選り抜きとされるスタンフォード大学では、グローバル・クライメート&エネルギー・プロジェクトが、エクソン社からの1億ド

52) たとえば以下を参照。Jennifer Washburn, University, Inc.: *The Corporate Corruption of American Higher Education* (New York: Basic Books, 2005). その表紙は Derek Bok, *Universities In The Marketplace: The Commercialization Of Higher Education* (Princeton, N.J.:Princeton University Press, 2003). Stanley Aronowitz, *The Knowledge Factory: Dismantling the Corporate University and Creating True Higher Learning* (Boston: Beacon Press, 2000). アロノーヴィッツが懸念するのは、大学が職業訓練の教育工場となり、批判的学問の場というよりもマック・ジョブ（機械的作業）と化すことだ。

53) Andrew Hacker, "The Truth About the Colleges," *New York Review of Books*, November 3, 2005. もしも大学の企業化の証拠が必要ならば、ハッカーの観察するように、「スタンフォード大学の従業員の 71 パーセント、ハーヴァード大学の 83 パーセントが講師でなく従業員」であることだ。

ルの寄付によって設立された[54]。そして、最後にチャンネル・ワンの嘆かわしき事例を紹介すると、それはホイットル・コミュニケーションズ社によって開発された高校向けのお堅くないニュースによるネットワークで、当初は3分間の難解な広告を加えた9分間の緩い情報エンターティメント番組に高校の各教室がアクセスできるのと引き換えに、無料のテレコミュニケーション設備（レンタル専用）を提供した。この悪魔の如き買い得品を（ほぼアメリカ全州で800万人の学生を擁する1万2000以上の高校で）利用している学校の大半は都心《インナーシティ》の貧しい施設であって、こうした学校は授業時間を広告に浪費したり、すでに学校外部で商用メディアにどっぷりと浸っている子供たちの商業的過飽和状態をさらに補強したりする余裕などほとんどない施設だった。

民営化は公的独占から「解放」された機関を商業化し、その支持する私的な市場処理に掛かる社会的経費を何とか隠蔽しようとする。ミルトン・フリードマンは、このようなコストを「外部性」と呼び、「近隣効果《ネイバーフッド・イフェクト》」という字句を用いて、そのようなコストが市場効率と生産性が測定されることで内部会計の一部となるわけでないという印象をエコノミストが与えるとした。英国において、たとえば、1970年代および1980年代の市場志向の政府は、乗客利用と乗車券の販売売上げの落ち込みを理由に国中の相対的に小さな町村に対する鉄道サービスを打ち切り、合理化した。この効率重視のコスト・カットは、「外部性」という如何なる社会的コストの計算も省いた。それでも、国家的士気にとって重要であると考えられるすべての市民を包含する国家通信ネットワークの維持と同様に、地方の生活の

54) エクソン教育基金により支援された、このプロジェクトについてもっと述べると、以下を参照。http://www2.exxonmobil.com.

質とその英国文化に及ぼす損傷によって測定されるように、これらの縮減が社会に広く与える影響は破壊的だった。同時に、農村地帯での自動車の代替となる重要な手段を取り除くことで、この縮減は公害と交通渋滞を増幅させた。市場的消費の見地から望ましきことであっても、市民の立位置では筋が通らぬ場合があり得るのである。民間鉄道会社の最終損益に帳尻を合わせることは、国家的輸送システムの目的には合致しないのかもしれない。しかし、利益のみを認識し、他のすべての価値を外部性とみなして看過する市場システムは、費用対効果を確保する過程において、文明を荒廃させ得るのだ。

民営化はまた、見えぬコストを納税者に押し付け、市場機関が実態よりもコストが効率的で安価であるように見せ掛けようとする。カリフォルニア州オークランドに拠点を置く非営利団体リディファイニング・プログレスによる調査報告では、従来と異なる経済指標たる「真の進歩指標（GPI）」を生み出した。ジェイソン・ベネトゥーリスとクリフ・カッブによるレポート『真の進歩指標（GPI）：1950-2002（2004年に改訂版）』では、GDPと異なるGPI、つまり単なる経済上の数量のみならず、その品質を重視した指標により、GDPが7兆ドルも経済の安定度を過大評価しているとまとめた。たとえばGDPは、2000年1月から2003年1月まで、経済がおよそ2.64パーセント（または2720億ドル）成長したことを示唆する。しかしながら、環境破壊と国債を計算式の考慮に入れるGPIは、この期間の経済成長をそれより非常に小さい0.12パーセント（3年間で2120億ドルの減少）と、推計する。別のレポート「全国エコロジカル・フットプリント（2005年改訂版）」（これもリディファイニング・プログレスによる発表）は、全世界住民がエコロジー的手段で生活をしているか否かを測定する。レポートは結論としてそれに否定的であって、地球上の生態的使用領域が一人あたり42エーカーであるのに、我らが平均して一人あたり57エーカーをも使用しているからとしている。アラブ首長国連邦、クウェート、そしてアメリカ合衆国では、その生態的使用領域を大きく上回っている。大陸間の比較では、北アメリカと西ヨーロッパは、最大の人間活動による環境負荷（エコロジカル・フットプリント）をもち、それが悲観的な生態系と釣り合っているとする[55]。

アメリカの市場システムは私的市場経済の利潤を民間機関に還元する民営化とは別に、コストを社会化する手法での模範ともなったようだ。米空軍によって訓練されたパイロットの多くは、最後は民間航空会社で仕事をして終えるが、その納税者に支えられた高額な飛行訓練が、結果としては民間航空会社にとっては低廉な訓練経費で済ませることになり、これに相応して、飛行操縦術習得の公的経費を算入しないことで「利益」を膨らませることとなった。納税者はパイロットの訓練のために課税され、民間航空会社はそれで利潤を獲得する。ほぼ同じことは新たに企業化された民間軍事会社にも生じ、同社での傭兵や他のプロの軍事要員たちは公的軍隊でその高度な技術的訓練を完遂した後でのみ、私企業によって雇われるのである。今や名門クライスラー社に対しても緊急支援が施されたが、経費が掛かる場合には社会主義的であっても、利益をもたらす場合には市場資本主義的なのである。皮肉にも、企業が政府に尻ぬぐいさせるほどの政治的コネクションをもっていれば、そのようなコネクションをもたない企業よりも収益が上がるのだ[56]。

55）以下にある二つのレポートを参照。http://www.redefiningprogress.org.
56）マラ・ファツィオとロナルド・W・マスリス、そしてジョン・J・マクニールは、1997年から2002年まで35の諸国における同様の450社の事例により、「政治的コネクション（しかし公的取引）のある会社」を示しており、「これらの企業はまったくコネクションのない同等の企業よりもより財この（文字通り）プライベートからパブリックへの負担金の転嫁、すなわち別の言い方ならば、公共の受益者が自己負担分の支払いを拒む、いわゆる“ただ乗り《フリーライディング》”であるが、これが最も明瞭なのは保安分野《セキュリティ・ドメイン》であり、ここにはすでに試算結果もあるが、ある機関が公的機能を実に速く民営化していることが典型的に示されている。この機能は多くがまさに国家の本質、つまりその存立に根付いてきた主権と社会契約の双方に密接に関わっており、それが市場勢力に外注化され、従属させられているのだ。これらの典型的機能は社会保障、個人的（警備的）保安、そして国家的（軍事的）保安を含んでおり、また、自制を失った民営化の目覚ましさを表している。おそらく偶然でないのは、社会保障の民営化がアメリカで論議されていることであり、またそれは時を同じくして、単に国家がどのように公的責任を引き受けるのかという再調整だけでなく、デモクラシー制主権国家のもつ合理的機能という概念を攻撃することも視野に入れて、近隣警備、〔軍人用でない〕民間人用の刑務所、軍事的保安が急進的民営化の下に置かれつつあることだ。

マーケットの議論は、稀にしか「ただ乗り《フリーライディング》」や「外部性」に向き合わないし、より重要なデモクラシーの問題にはまず焦点を当てることなどない。たとえば、2005年にブッシュ政権によって提案された社会保障民営化が、経済的に持続するのか、技術的に可能だったのかについて多くの議論がある一方、ブッシュ大統領による変

政支援を受けやすいことが重要である。また、そうした企業は、財政支援をその時から2年以上にわたり受けておらず、まったくコネクションのない企業よりも、その財務が思わしくない業績を示している」としている。 Mara Faccio, Ronald W. Masuilis, and John J. McConnell, "Political Connections and Corporate Bailouts," AFA 2006 Boston Meetings Paper, available at http://ssrn.com/.

革提案によるコストが市民社会の活力やデモクラシーの健全性の観点から測定されることはほとんどなかったか、もしくはまったく顧慮されなかった。これに関する真の問題は、そのデモクラシーという酸素を得るために市民部門に依拠するはずの国家が、社会保障に体現される市民的信頼が窒息死するのを見過ごす余地などあるのかどうかということだ。公的な社会保険と年金施策が私的な賭け事に、つまりは個人的かつ私的な市場決定が、儲ける人と、擦ってしまう人を確定する場と化してしまえば、デモクラシーの共通基盤、そして、かつて公的生活の約束と呼ばれていたことに、もはや回復しがたい危害を加え得ることとなる。社会保障の約束は、私的領域で相当にぐらついた階層、人種、そしてジェンダーに対して、その歪んだ痕跡を修正するものである。

教育、住宅、あるいは社会保障であれ、いずれにおいてもその民営化は我らを公共から遠のけてしまう。マーガレット・コーンによる民営化と言論の自由に関する思慮に富む研究によると、「政治的スピーチと異議申立の機会を維持し、我らが互いを市民と潜在的に認めることができる共有世界を提供することでデモクラシーを促進することにより、公共の場は重要な役割を演じる」[57]。我らが公共の場を民営化する場合、自分たちの市民権を徐々に蝕むだけではなく、すべての人が等しく保護される社会正義のためというよりも、民間投資家が成功し、その他の人が失敗するであろう市場進化論《ダーウィニズム》を選んでいるのだ。民営化は、「我ら」を、大きな政府、官僚主義、「他人」を引っ括めて単なる「それ」に貶めるのであり、そして、消費者と市民が同じ穴のムジナだとイメージさせるのである。しか

57) Margaret Kohn, *Brave New Neighborhoods: The Privatization of Public Space* (New York: Routledge, 2004), p.19.

し、社会保障は単に私的労働者に年金と、傷害保険金や死亡保険金を与える技術的な計画のみではないし、それは今日の経済的風潮に合致するよう翻弄させられ、変更させられるものだ。それは、共同の政治形態の市民としての資格の印であって、市民権の責任を伴う見返りとしての利益である。我らが働き納税する市民として、支払いに応じるのは自分の私的な年金の保証のためだけでなく、すべてにおいての公正な社会制度と公的な審議の保証のためでもあるのだ。それでも今日は、収税さえもが連邦政府によって外注化されている。欧州共同体（EC）の諸国では、経済効率と市場哲学の名においてヨーロッパ的主権の中核的意義と関連した社会保障計画の逆進化を求める経済提案について、多くの警告が発せられた。新たなヨーロッパ憲法に関する2005年6月のフランスの「反対」票はいくつかの競合する動機から生み出されたものだったが、フランスの指導的地位から去っていた左派の多くは、新たなヨーロッパがフランスの社会福祉制度に内在する社会契約を危地にさらすことを恐れたのだった[58)]。

おそらく物理的保安は、社会保障より主権の意義からすればより不可欠なものである。それでも、当該分野ではここ数十年、警察機能の民営化や外注化が先進国でも発展途上国でも目に付いたし、今般に至り、アメリカ合衆国によって再び主導された。合衆国で収監される囚人の6分の1以上は営利目的の刑務所に収容されているが、その収容所が関心をもつのは犯罪者を罰することや、市民復帰させることではなく、単に株主に相当な利益を生み出すことのみが考慮

58) Benjamin R. Barber, "Dreams Without Borders," *The American Prospect*, vol.16, no.8 (August 2005). 西欧の企業化と同様に移民の恐怖は大きな役割を果たしている。

されており、このことが意味するのは、他の民間会社と競争する合理化のため、サービスを減らし、経費を下げ、そして給料を下げることが志向されることであろう。刑務所が民営化されるのと同等に、民間警備員を雇うことや閉鎖されたゲーテッド・コミュニティを建設することは、自らを都心のスラムと壁で断絶しようするアメリカ郊外や、フィリピン、南アフリカなどの発展途上国における中上流階級向けの居留地でますますありふれた特徴となっている。パリやロンドンなどの都市では価値が逆転し、移民が被抑圧的に時には暴力支配も受けているゲットーとされる幹線道路周辺と壁で仕切ろうとする、裕福な都心部の飛び地《アンクレイヴ》がある。しかしながら、貧しき者のコミュニティを内に囲おうが、外に囲おうが、犯罪を阻止する際には効果がないことが判明しており、ドラッグや銃を所持するギャング、あるいは少年犯罪に至るまでの多くの都市災厄は、都心から郊外に撤退する中流階層住民の居る所よりさらに郊外周縁の緑地帯《グリーン・ゾーン》を越えたエリアにまで迫ってきた。そして、フランス人が2005年秋〔パリ郊外暴動事件〕に学んだように、郊外のゲットーは都心部のエリート集団を暴力や騒乱から遮断はしなかった。保安の民営化は、それのみで上手く機能するほど単純ではないのだ。

さらに、富裕層の保安を民営化することが公共財を破壊し、デモクラシー的市民権を腐敗させる一方で、貧しき者のコミュニティと壁で分断する。それは公的保安機能そのものを徐々に蝕むのであり、なぜならその公的保安機能がもつ合理性はすべて、共同的に構成され、共同的に強制されることに掛かっているからだ。階層や収入に基づき保安上の利点を区分すること、あるいはそのような利点によって私的治安部隊を育成するよう専門機関を政治的に設置してしまうことは、社会契約の廃棄につながるのである。

社会契約に対する悪影響があるにもかかわらず、アメリカ合衆国は、まさに警察保安のみならず国防や世界的保安を民営化する際にも、この手法を押し広げている。ほぼ50年前に書かれたジョセフ・ヘラーの〔現代風刺的著作〕『キャッチ22』で、憤慨したマイロ・マインダーバインダーが叫ぶのは、「率直に申すならば、完全に戦争から降りてしまい、それによる民間企業との確執をすべて置き捨てる政府を是非にも見たいものだ」。それに、第二次世界大戦で疲れ切った航空操縦士の口から出た冷笑交りの冗談は、今日の国防総省の冷笑的リアリズムと何ら変わらない。批判をしない兵士がその不人気な戦争に従事すること（幼稚化時代の皮肉）を悟った10代の青年たちに、新兵が欲しくてたまらないアメリカ軍の兵士採用官《リクルーター》が触手を伸ばし、政府はアメリカの世界に及ぶ軍事的駐留によって、イラクやアフガニスタンだけでなく世界中の、そして、アメリカ国内にさえ拡大している軍事基地の役割を演じるよう民間企業を誘致する。国内基地周辺の保安は民間企業に外注化されている多くの実際業務の機能に加えられたのであり、一方でザルメイ・ハリルザド駐イラク米大使がイラク国内にいるほぼ15万人の米軍によってではなく、ブラックウォーターUSA 社派遣の民間の警備員によって保護された。

それはアメリカ行政におけるもう一つの皮肉である。国連やNATOに対し、「リベラル」により企図されたアメリカ主権の「降伏」を一貫して嘆くことになるのであり、また、親和性のあるカナダや英国の将校の指揮下であっても独りのアメリカの兵士を配置することさえ嫌うこととなったのである。しかしながら、このことは、基本的な国家的保安を好んで民間機関に外注化する以上の意味が明らかにあり、それはその民間機関に向け表明される関心こそが、必然的に（そして極めて適切に）同機関にとっては肝要だからである。国連を信じず、ブラウン＆ルート社を信じよ。フランスには相談せずに、ミリタリー・プロフェッショナル・リソーシズ社に相談せよ。イラク再建のためにヨーロッパに連絡せずに、ダインコープ社と契約せよ。大使の世話を海兵隊に頼まず、ブラック・ウォーターUSA 社に依頼せよ。

世界のあらゆる諸国の憲法と同様に、我らアメリカの憲法は政府の主要な機能が「共同的防御の提供」にあることを十分に明示している。ブルッキングス研究所の研究員、P・W・シンガーは『戦争請負企業《コーポレート・ウォリアーズ》』と名付けた、国家保安民営化に関する自身の重要な研究成果において、保安について「政府で最も重要な任務の一つであり、真に政府が何者と想定するのか定義するものである」[59]と述べている。しかし、今日、主要な70以上の企業が、その多くはアメリカの会社だが、はるか昔に主権国家が唯一の機能であった保安機能を引き受けると売り込み、年間1000億ドル以上の売上を上げている。ハリバートン社の子会社たるブラウン＆ルート社のサービスは、アルファベット順で以下の諸国と取引した。アフガニスタン、アルバニア、ボスニア、クロアチア、ギリシャ、ハイチ、ハンガリー、イタリア、コソボ、クウェート、マケドニア、サウジアラビア、ソマリア、トルコ、ウズベキスタン、ザイール、これら諸国の多くは米国連邦政府に代わり同社と契約したのだ。それはハリバートン社から3700万ドルの退職金を受領した、前CEOのディック・チェイニーの業績であり、彼は二期にわたっての米国副大統領であり、その間、確かに重大な利害対立が高じる米国政府から、ブラウン＆ルート社が有利な契約書を受領したが、それらは透明

59) P. W. Singer, *Corporate Warriors: The Rise of the Privatized Military Industry*,(Ithaca, N.Y.: Cornell University Press, 2003), p.7.［P・W・シンガー／山崎淳訳『戦争請負会社』日本放送出版協会、2004年］

な、説明責任のある政府が重要な公共保安機能を民間企業へ移行する際に起こる幾多の不正行為のうちでは、些細な事柄である[60]。

民間保安会社は、近年、米国内でも公共的保安の代行者として利用されるようになってきた。ニューオリンズ州のハリケーン・カトリーナの災厄に続く、法や秩序の一時的中断で、米国政府とその災害担当省庁（FEMA：連邦緊急管理庁）が、その機能を著しく喪失した際、民間保安会社はこの機能を徐々に取り込んでいった。ブラック・ウォーターUSA社は、「150の完全重武装したブラック・ウォーター部隊」に加え、「免許プレートを付けていない覆面車」[61]にフランス人傭兵のパトロール部隊を乗せてニューオリンズに向け急派した。この出番の追加された保安部隊は民間企業および財産保護を求める富裕住宅所有者により雇われたもので、ダンコープ社、インターコン社、アメリカン・セキュリティ・グループ、ウオッケンハット社、そしてインスティンクティブ・シューティング・インターナショナル社（イスラエル部隊）であった。同時に、連邦政府はハリバートン社、ベクテル社、フロア社との随意契約を解消しつ

60）「ハリバートン社は以前はチェイニー副大統領に率いられており、イラク自由作戦（イラク戦争。OIF）で17億ドル以上の契約をものにし、アメリカ陸軍工兵隊（USACE）発注による随意契約で数億ドル以上を稼ぐ立場を得ている」とマイケル・ドブズはイラク侵攻の数カ月後に述べている。Michael Dobbs, "Halliburton's Deals Greater Than Thought," *Washington Post*, August 28, 2003, p.A01. ドブズの記すところによれば、このような外注化は「軍事予算削減によって、また武力に莫大な比重を置いていた冷戦が終結して以後の一連の紛争によって加速された」。ハリバートン社の業績の多くは支援と再建であり、イラクやアフガニスタン他での保安に直接に従事している他の多くの企業もある。2004年にブラックウォーター社に雇われた4人の私的保安の請負作業員の残忍な処刑は多くのアメリカのメディアにはアメリカ軍兵士の処刑と同様の取り上げられ方をした。

61）Jeremy Scahill, "Blackwater Down," *The Nation*, October 10, 2005.

つあるが、それはイリノイ州選出の上院議員リチャード・ダービンの不満を呼び込んだのであり、彼は「カトリーナの被災地では、我らが求める類の説明責任《アカウンタビリティ》がなくとも、イラクに向かうのと同じ企業と随意契約をしたと聞き及んでいるのに、官僚どもは心配性だ」[62]と苦言を呈した。

通例、主権とは国家により駆動される権力の合法的独占と定義されるが、それは国家だけが主権を行使し得ることを伴うものである。デモクラシーにおける社会契約の本質は、個人や集団が、同じアナーキーな生来的権力を展開している他者から身を守るために、自らが構成する主権的政体に対して、それが原理的に権力を働かせるべく、自らの「自然権」を引き渡すのである。主権国家が保安機能を「外注化する」とき、その国家は自らの正当性を構成するまさしくその権力を原始の状態へ戻して事実上割譲するのである。これは、ホッブズからルソーに至るあらゆる社会契約理論家がアメリカの創設者たちに対して為してはならないと述べたことを為しているのであって、このことは「奪うことのできない」主権を遠ざけてしまい、それゆえに、奪うことの許されぬ権利自体を否定しているのだ。

シンガーが現実面での問題を述べているが、国家が保安機能を保証するために民間団体に公的権限を貸与する場合、危険なのは「その公的権限を与えられた企業自体が、脆弱な地元の国家とだけでなく、その企業の地元国を含む、他の権限にも及ぶ国益とも競合する

62) アメリカの非営利ラジオネットワーク（ナショナル・パブリック・ラジオ）での上院議員ダービンのコメントで、以下からの引用。Pratap Chatterjee, "Big, Easy Iraqi-Style Contracts Flood New Orleans," posted September 20, 2005, by CorpWatch. もしくは以下参照。http://www.corpwatch.org. この記事は、ニューオリンズ州の洪水後の民間の建設請負契約について詳述している。

こと」[63]である。アフガニスタンのカルザイ大統領が心もとない大統領警護のために民間警備員を雇う場合、我らは完全に信頼できる国防軍がまだない未開の国家では仕方ないと思うことができる。しかし、アメリカ合衆国が民間企業にアフガニスタンとイラクで軍事や保安に関する多くの機能を外注化し、それらの企業に自らの代理として自国内の保安をも委託するとき、それはどのように説明されるのだろうか。せいぜい、このことは（軍が関与するほどでない）民間用の兵士として為すべき仕事のために傭兵を雇うのだと言うことができるぐらいだろう。さらに悪いことに、外注化されるのがアメリカの主権であり、国家のもつ国家的保安という不可侵かつ、それゆえに委任が不可能な責任であることだ。『ニューヨーク・タイムズ』紙の社説がコメントしたように、「民間会社に食物と洗濯物のサービスを外注化することはあり得る話だが、実際の戦闘を民間軍隊に外注化するとなれば、ことはまったく別次元の話である」[64]。

このような懸念にもかかわらず、幾人かの契約労働者は、たとえば、グアンタナモ湾収容キャンプとアブグレイブ刑務所で行われた収容者への虐待に関与したとされており、これは「ごく最近までは、政府機関だけが携わることのできた範疇にあった、高度に注意を要する任務まで、いまでは民間企業が遂行している」[65]ことを示している。外注化された保安業務の濫用は、市民権の侵害、腐敗、そして透明性の欠如のみならず、民間傭兵の起用による危険も孕んでおり、つまり、彼らが平和を保証するよりむしろそれを徐々に蝕み、

63) Singer, *Corporate Warriors*, p.189.
64) Editorial, "Privatizing Warfare," *New York Times*, April 21, 2004.
65) Joel Blinkley and James Glanz, "Contractors in Sensitive Roles, Unchecked," *New York Times*, May 7, 2004.

また、その保安よりむしろ脆弱な新興のデモクラシー体制を引き倒すために用いられることである。これらに共通することではないが、シンガーが報告するのは、危険な民間警備会社が「狂暴な国家なき担い手のために働く」ことが暴かれ、こうした企業が訓練を施し、テロリスト・ネットワークの供給に一役買っていた事実さえ知られていたことである[66]。現在は消滅した英国企業のサキナ・セキュリティ社は、市場化された「ジハード・チャレンジ」計画の一環たるイスラム聖戦士の養成を支援したし、一方ではメキシコの麻薬カルテルが、別の民間警備会社のスピアヘッド社から防諜活動と武器援助を得ていた。また、アメリカ政府職員のケルヴィン・スミスは「サイド・ビジネスの運営」によって、アルカイダのうち少なくとも6人のメンバーに訓練を施していたことを揉み消した[67]。

2004年にイラクで活動する民間警備会社には、ブラック・ウォーターUSA社のほか、カスター・バトルズ社、アーマーグループ社、クロール・セキュリティ・インターナショナル社があった。カスター・バトルズ社はイラクで1300人を雇い、「キャンプ場を襲う貪欲なクマに関するカビ臭い冗談、すなわち生き残るためには、クマより早く走ることは必ずしも必要でなく、ただ一番遅いキャンパーより早く走ればよい」[68]を引き合いにして、「保安に関しての『より速いキャンパー』論を展開する」。もちろん、イラクで最も遅

66) Singer, *Corporate Warriors*, p.181.

67) Ibid. シンガーが注記するのは、スミスが米国銃規制法違反で2年の懲役刑となったものの、ほかの小者だが多くの悪徳企業が、最高役の罪に服さず免責されていることだ。この動機が利益のみにあり、たとえ高い評判のある企業でも、ほかの動機はほとんどないはずだが、シンガーのいうように、これらの企業はその国家的政府の関心とは矛盾した関心をもつのだろう。

68) James Glanz, "Modern Mercenaries on the Iraqi Frontier," *New York Times*, Week in Review, April 4, 2004.

いキャンパーはイラク市民であることは自明だが、民間警備会社はイラク国家内にある主権国アメリカの保安対象物の理想的な家来のわけではないことについての、いま一つの理由を提起している。バリー・ヨーマンが注意を促すのは、民間企業を用いることで、政府がラテンアメリカや、他の地域でも「軍隊の所為で政治的にギクシャクするであろう」ことである。このことは、「これまで、ペンタゴンが民間機関の兵士の活動や安全性に対する責任をとることができるとの証明に失敗した」[69]ことを明らかにするだけでなく、より重要なことは、保安機能の民営化がデモクラシーの安全装置にとってエゲツない回避策を用意することを示唆することだ。

権力と保安とが平等に利用可能なことは、デモクラシーの主要な長所の一つである。しかし、私的市場は平等に対して悪名高きくらいに無関心であり、シンガーによって引用される描写では、「これらのカーキ色のブルックス・ブラザーズを着た傭兵は、権力が富裕な人びとに属するという概念を支持する」[70]ことが明白である。この民営化が栄えるのは、平等というものがこの因果の双方を指し示す矢の如く、その関係を解決する有力なヒントにならない時である。政府がモノを再分配する補正装置《イコライザー》であるため、それからの離脱は常に持てる者にとっての誘惑であり、それによって彼らは公共財を支えることに対する自身の公的関心を考慮するのを止めて、政府と関連するはずの個々の負担と利益とを計算する私的な会計に掛かり切りになるのだ。もしもロンドンに住んでいて、裕福であるならば、ヨークシャーとドーセット村を結ぶ鉄道路線をどうして廃止しよう

69) Barry Yeoman, citing Myles Frechette in "Need an Army? Just Pick Up the Phone," *New York Times*, April 2, 2004.
70) Singer, *Corporate Warriors*, p.226.

としないのか？　貧しき者に効果的に課税して、あるいは、２台の車を保有できて、１日につき５ドルを払う余裕のある人びとだけに都心への自動車の出入りを許すことによって金持ちの私益になる交通渋滞コントロールシステムを設けていないだろうか？（奇数と偶数のナンバープレートをもつことで、都心へのアクセスにあたり、ナンバープレートが奇数／偶数の規制の網の目を掻い潜るのを許している）[71]　高速料金車線のある公共幹線道路、いわゆるレクサス路線を民営化せよ、なぜならそれはレクサスを所有できるほどの財力のある人だけのものだからである。そして、もしも公共領域がほとんど人びとに還元されることがないのならば、ゲーテッド・コミュニティに移動し、自己の保安、自己の教育、自己のゴミ処理サービスを買い求めるしかないのだろうか。それによって、低い課税で高いサービスを受けられる都心《インナーシティ》を腐敗させたまま置き去りにして、下流層向けの公的課税と自己と自己の家族に対する上流層向けの私的サービスの費用との双方を払うことを強いられる「二重課税」についてずっと不満を口にするのであろうか。あるいは、もしも自分が無秩序、犯罪、そして腐敗によって苦しむ第三世界の新生社会に居住した場合に、自身に尽くす治安部隊を買い求め、その政府に成りかわって“その”分を負担するのだろうか。あるいは、さらに言えば、その政府を奪首し、その政府を打ち倒し、あるいは、その政府武装軍（パプアニューギニアの場合のように）から自己を保護することに対して負担をするのだろうか。大胆な新たなポスト主権的市

71）皮肉なことに、前上院議員でロンドン市長、そして何よりも社会改革者の超左派で“赤派”ケン・リヴィングストンは、ヨーロッパ中の高速道路に課税式の追い越しレーンを設けるが如き、税制改革を誇示し、富者に特権を与えている。

場世界では、社会契約によって構成される人びとにではなく、それに対する代金として払うことができる人びとに、武力行使する「主権的権利」は属している。そして、お馴染みの古い言い回しだが、ホッブズの「万人に対する万人の闘争」に回帰するのである。

保安機能を民営化するのは、決してアメリカ合衆国ただ一国のことではない。南アフリカのような、その力強き新たなデモクラシーにとって暴力が最大の脅威となる地域では、増幅する都市犯罪、自動車泥棒《カージャック》、強盗、通り魔殺人に嫌気が差している白人や中流階級の黒人は民間警備やゲーテッド・コミュニティに目を向けた。南アフリカでは積極的な民営化イデオロギーは、行政当局が不平等や犯罪急増の阻止に怠慢を重ねることに対して我慢するよりも、よい結果を招いている。しかし、この治癒はそれまでの徴候を悪化させ、その原因を未処置のままに放置している。南アフリカのある評論家の言だが、「社会的正義と犯罪的正義にとって、政府はより多くの能力を明らかに必要とする」一方で、その欠陥が「法と秩序のさらなる民営化」につながり、今度は「政府の機能をくり抜くことを反映しているのである」。原因がどうあれ、そして南アフリカではその原因によって「国家の失敗、つまり、アパルトヘイトが横行し、それが終わった後も、仕事、保健、住宅、そして教育を大多数の人が入手できるように創造するべく改めて取り組む」ため、事実としては「正義と社会統制手法とが民間機関、すなわち自警団員グループ、民間警備会社、単純な群衆的正義に移譲される際に、デモクラシーは空虚な約束と化す」[72]ということである。

不平等は市場システムによって仕組まれるのであり、それは裕福

72) Sasha Abramsky, “One Nation, Under Siege,” *The American Prospect*, April 1, 2005.

である人びとにとっては頂点を目指すレース、そのほかのすべての人びとにとってはドン底に向かうレースとなることが頻繁にある。不平等は民営化には付随しないが、まさにその前提にはなる。富裕層によって採用される暗黙の戦術とは、公的サービスでより多くを得ようとする人びとを放置することを優先し、自分の抜けた後の「公的」な機関に対して納税者として貢献することを劣後させ（自己資金調達のできないため自己投資型ハンセン病療養所の一種)、そして自分たちの私的な「共有物」に大きく貢献する機関には手を貸すのである。その帰結とはサービスには二つのレベルがあることであり、この二つの社会は互いに敵意をもち、分断され、また根源的に同等ではないのである。

もはや驚くことではあるまいが、民営化は政治そのものに最終的には付随する。政治家は大衆に対する商品として規定され、販売される存在なのであって、この大衆とは公的な市民の体裁を取るのではなく、その常連客と見なされるのである。世論調査は私的な意見投票に転換し、それには調査を受ける人びとが市民としての自らの審議判断ではなく、自らの生来的な私的偏見だけが求められる。「討議型投票《デリヴァラティブ・ポリング》」での実験が示すことは、市民たちが自分の考えを変えることが可能で、また実際に変えていくことであるが、死刑のような重大な問題に関してさえ、合理性を巡る議論や、他人の価値観や合理性に触れれば、そのような取り組みが「操作的」に民営化推進者によって帳消しにされ、そうして心中にある考えは侵入してきた第一印象を支持し、中庸な熟考を除去することに努める調査情報集団《フォーカス・グループ》の方に向き、それを正当化していくのだ[73)]。政党と政

73）ジェイムズ・フィシュキンは、「討議型投票《デリヴァラティブ・ポリング》」について印象に残る実験を行い、公的テレビにつなぎ、市民たちが重要問題につきその問題を熟慮す

治家とはともにブランドを付けられるが、そのために誰かが政策や考えと“呼ぶ”ものが、それが現にあり、為していることよりも重要になるのだ（第6章）。近年、アメリカ合衆国では民主党がジョージ・レイコフのような言語学者、そしてジム・ウオリスのような神学者を雇い、自党の「製品」の「再ブランド化」に手を貸さしめたが、それはカール・ローヴの如き政治的「秀才」と目される人物が共和党の地位にブランドを付けることに成功したと感じ、それに反応したからである[74)]。こうした技能は、現在、ヨーロッパに、そして、イラクのような新興のデモクラシー国家にさえ広がっている。

「大統領（そして大統領職位）の売却」は、リチャード・ニクソンと前評判の低かったジョン・F・ケネディとのテレビ初の大統領選討論で始まったが、それは政治世界に一括売却方式の市場化をもち込んだのであり、それが効果的である場合もあるが、効果的であろうがなかろうが政治を市場操作の科学に後退させたことは、政治を消費の基礎とする見地を崩さぬことにより、公共性《パブリック》に関してのリー

るよう時間を与え、その立場を変え得るのか、実際に変えるのかを試した。しかし、そのような方法は、プロの候補者には軽んじられるのであり、それは彼らが、熟議的公的判断の出現を助けるよりも、私的偏見を矯正することが自らの任務と捉えるからである。以下を参照。James S. Fishkin, *Democracy and Deliberation: New Directions for Democratic Reform* (New Haven, Conn.: Yale University Press, 1991).［ジェイムズ・S・フィシュキン／曽根泰教、岩木貴子訳『人びとの声が響き合うとき――熟議空間と民主主義』早川書房、2011年］

74) George Lakoff, *Don't Think Of An Elephant!: Know Your Values And Frame The Debate* (White River Junction, Vt.: Chelsea Green Publishing, 2004). *Moral Politics: How Liberals and Conservatives Think* (Chicago: University of Chicago Press, 2002). Jim Wallis, *God's Politics: Why the Right Gets It Wrong and the Left Doesn't Get It* (San Francisco: Harper San Francisco, 2005).

ダーやデモクラシーの特質や許容度について非常に冷笑的態度を取ることを促したのである。

肝心な点は今日、連邦政府が「従業員給料のために為す外部契約に、年間約1000億ドル以上を費やす」ことであり、それは職能的な政府機関として機能するというよりは、ある2人の批評者がNASAやエネルギー担当省といった政府機関を「契約管理局」と呼ぶことに表れている[75]。ハリケーン・カトリーナの災害に対するブッシュ大統領の対処は、企業契約者との雑多なコネクションを活用し、連邦政府の関与が必要な全国的災害で大きな役割を担うよう、私的慈善と市民的社会グループに促すことだった。イラクで保安（ほかのサービスも含む）を供する企業の一つたるハリバートン社は、ニューオリンズ州でも同様に請負者として事業を遂行したが、契約上は入札方式を取らないことさえ定められていた。社会保障の民営化と同様に、そのような調整を正当化する理由は、常に価格設定と効率性に基づいている。しかし、連邦緊急事態管理庁（FEMA）の惨憺たる非効率性によって、大統領の論理はカトリーナ災害の対処が合理的に思われたものの、それは事実上、ニューオリンズの犠牲者、生存者、そして再建者の人びとの期待を裏切った。それでも、民営化策の失敗によるコストが同程度に掛かったことは、デモクラシー制主権や公共的価値に対しては、精査したわけではないが衝撃を与えた。政治評論家マーサ・ミノウでさえ、民営化に関する賢明な研究『パートナーズ・ノット・ライヴァルズ』において、民営化が「平等、デュープロセスとデモクラシー」を危険に晒す価値に囲

75) Stephen Goldsith and William D. Eggers, "Government for Hire," *New York Times*, February 21, 2005.

まれていると認める一方、その支配性を看過している[76]。

それでも最終的に問題がもち上がるのは、トラウマを負った都市の回復が市場に残される場合、あるいは、囚人が営利目的の刑務所に収監されている場合であり、それが解決策として「機能する」（それが機能しない）か否かにかかわらず、また、その自治州（ニューオリンズ州）のもつ義務を州が外部にもち出すことができるか否かにもかかわらないのである。理由の如何を問わず市民の自由を侵害する（囚人を収監する）主権的権限が外注化されることができるか否かは、暴力に優越する合法的な独占とその自治州に対する奪うことのできぬ責任とが主権の特徴を定めることによるのだ。

政府というものをすべて疑うミルトン・フリードマンやロバート・ノージックのような政府最小主義者《ミニマリスト》でさえ認めるのは、自己を代表した集合的意思決定（一般意志）をもつ公権力のみに、生存権および自由が譲渡されることである。要するに、政治、自由、それと保安が民営化される場合、それが外注しているのは主権そのものであり、それは完全に単純な撞着語法である。それが我らをネオ・リベラルの夢見る「自由市場」にではなく、真正なる無差別的アナーキー状態へと引き戻すのであって、それは権力と詐術を極めて重要な美徳とする、ホッブズのいう自然状態なのである。

*　　　　　*

民営化は現代の否定し得ぬ兆候であり、そしてそれは自己の権利に害悪をもたらすのかもしれないが、その幼稚エートスとの親和性

76）Martha Minow, *Partners Not Rivals: Privatization and the Public Good* (Boston: Beacon, 2002), p.2.［マーサ・ミノウ／荒木教夫、駒村圭吾訳『復讐と赦しのあいだ——ジェノサイドと大規模暴力の後で歴史と向き合う』信山社、2003 年］

は証し得るものだろうか。我らが本書で為したように民営化の力学について検証することで見えてきたのは、子供じみた態度が大人の側に立つときに、プライベートがパブリックに関与することである。個人を優先し、コミュニティを個々人の必要性とニーズの寄せ集めに見せ掛けるやり方で私的性質を与えることは、社会的世界を構築するには稚拙な方法である。明らかに、個人主義とナルシシズムは同義でないものの、一連の私的な第一階欲求に連動する公益の縮減と、それに個別の私益を集約するだけの公益の陳腐化は、ある種の退行とみなされ得るのである。

社会契約とそれが成す国家《レス・ププリカ》とは、社会組織の成熟した形態であるが、大人たちが無政府主義の限界、個人主義の不十分さ、それに相互依存の現実を学んだとき、彼らは如何にしてその国家を支持するというのだろうか。ウィリアム・ゴールディングの小説『蠅の王』は、子供たちのみの集団内で大人の不在が社会規範の侵食を促進し、そして、無秩序的蛮行につながる社会契約の行き詰まりと、弱き者に対する強き者の支配とが、想像上の産物たるホッブズのいう自然状態の完全なる構図を導くことを描くのである。ゴールディングが極端に描くホッブズ式の比喩表現では、我らは言わば孤独に自己主張するように生まれることが追求されるが、それによって我らは社会性や共同性を学ぶのだ。自己本位は先天的で、利他主義は後天的であるのならば、市民性は我らのナルシシスト的な核心部の表面に緑青を生じさせるものであり、それは経験、教育それとデモクラシーによる市民権の形成力によるものである。我らは貪欲な自己を世界全体と見分けることがほとんどできなくなり始めている。我らは母性による他者への愛を認めるものの、それは幼児の感受性の繭《まゆ》に包まれたままである。やがてその我らが見るようになるのは、家族がその最初の例であることを除けば、目的を共有するコミュニティの内側でのみ発達途上の自己のまま成育し得ることだ。

民営化は成熟へと向かう道程を逆行する。それにより「私」は再び特権を与えられ、ナルシシスト的な子供っぽさに対峙するよりも、むしろそれに寄り添うのである。コミュニティと公益とは「我ら」に関わるものだ。結婚、家族、一族、そして社会は、再生的かつ社会的な成熟度を生み出すものだ。しかし、私的な消費社会の見方からすれば、これらの大人のつくる代理制度は、そうした制度を巧みに避けたり、乗り越えたりすることを妨害する番人に過ぎない。市場が好むのは、独身男性や独身女性、マーケターが与えるもの以外に社会的紐帯などもたないチビっ子消費者である。遂行力、自律、そして独立的判断によって定義される大人は、消費主義にとっての友人ではない。今日の資本主義的家父長制は、消費者を幼稚化することに狙いを定めていて、相対的に労働者の権利を縮減することには重きを置いておらず、その意味では矛盾していて、あくまで消費者に権限を名目上与えることに固執するのである。

言語学者ジョージ・レイコフは、前述したように民主党の助言者であるが、「枠組み問題《フレーミング》」がマーケティングを見立てる鍵であるとみて、政府を家父長的に扱い、市民には子供役を振り当てる典型的な消費社会の政治的枠組みを示している。彼は、共和党が政治的なリーダーシップのために「厳しい父」を演じていると主張し、その流れでリベラルには「心身の世話を焼く親」のモデルを務めることを促すのであり、それは、ニヤけている青少年（人呼んで市民）を満足させる父や母の役割を政府が同時に担うよう求めることではないということだろう。これは長い時間をかけて政治を民営化するに何と完全なる計画であることだろう。消費者に対して私的選択という取るに足らない支配力を与えることと引き換えに、重要な公的選択という真の権限を市民から奪い取るのである。「小遣いを何に使いたいのか？」という、恩着せがましき親の質問は、その 10 代の子に自由を与えるフリをしつつ、小遣いを与えるのか否か、そして、それがどれくらい多くなるのか、あるいは少なくなるのかを決める親に、真の権限と、それによる真の自由とが帰属しているということを弁えた上でのものなのである。

それほど驚くことでないのは、アメリカ合衆国での選挙政治は、私的なマネーが氾濫して保持され得ることであり、そこでの政治は消費の形態をとり、政治家たちは自らが“親としての人形”であることと理解する。すなわち、チビっ子市民に“親としての人形”に「なる」許しを得て、バービー＆ケンの人形を大量に売りに出しているようなものなのだ[77)]。上昇する選挙経費は、消費主義としての政治を反映している。2005 年に、アメリカ合衆国では、選挙での総出費額は、議席を買うという市民的シニシズムを大いに育むことになった。

77）政治資金の役割、そのデモクラシーに与える腐敗の衝撃は、重要な課題だが、ここで深く掘り下げ得るものではない。それは幼稚化とのつながりで興味を引くもので、消費社会の市民は「父親や母親としての政治家」だけでなく、「砂糖のように甘い父親の政治家」を探すのであり、政治的に選挙に掛かる財政的負荷を除去し、政治家の双肩にすべての責任をもち込むのである。（前ニューヨーク市長）マイケル・ブルームバーグが二期目でフェルナンド・フェラーを破った際、そのライバルの 10 倍に相当するおよそ 7400 万ドルの資金を費やした。Gigi E. Geroge and Howard L. Wolfson, “Singing the Blues in a Blue City,” *New York Times*, November 13, 2005. ジョージ・ブッシュは「2004 年の選挙で 3 億 6000 万ドルの資金費消という記録を打ち立て、4 年前の 1 億 9300 万ドルを軽く超えた」。ケリー上院議員は 3 億 1700 万ドル以上を費やしたが、双方の候補とも予備選挙での公的資金の上限たる 4500 万ドルを上回ってしまい、予備選挙期間中の公的資金の役割を低下させていった。以下を参照。Center for Responsive Politics, http://w.w.w.opensecrets.org/bush/index.asp

下院　　単位：米ドル

政党	候補者数	全献金額	全費消額	手元資金	PAC 献金額	個人献金額
合計	1054	407,461,716	237,829,973	322,106,551	141,268,765	228,977,852
民主党	567	181,343,922	106,551,126	143,221,910	59,679,939	107,888,312
共和党	460	224,834,130	130,098,637	178,754,059	81,566,672	119,918,509

上院　　単位：米ドル

政党	候補者数	全献金額	全費消額	手元資金	PAC 献金額	個人献金額
合計	131	272,062,026	122,670,384	201,367,512	38,815,777	200,987,518
民主党	61	150,838,381	65,057,670	112,484,532	18,357,868	117,624,012
共和党	60	117,951,060	54,682,416	85,275,552	20,128,360	80,534,984

基礎データは 2006 年 6 月 1 日連邦議会議員選挙。

ネオ・リベラルたちは、そのような出費に原則として反対するのかもしれないが、実際には、彼らは議会の議席を「買う」大浪費家の一人なのであり、さもなければこれらのゲームから免れ得ない存在というべきなのである。まさに彼らが政府を「人びとの背中から」切り離すよう働きかける場合、役人たちを人びとの親身な保護者とみなすのである。その意味は、民営化がある種の退行であるということであって、第一に、今や貪欲な消費者で、ねだりたがりの子供と解釈される市民を幼稚化することであり、また、やがてはそれが社会的紐帯の分解、他者の否定、そして『蝿の王』に回帰すること、つまりそこでは子供たちが子供たちとありとあらゆる戦争で対峙するのであり、それは隠喩でもあり（消費者としての子供）、真実でもある（兵士としての子供）[78]。この展望は公的独占からの解放を意味する進歩として流行るのかもしれないが、文化的かつ文明的

78）たとえば以下を参照。P. W. Singer, *Children at War* (2005).［P・W・シンガー／小林由香利訳『子ども兵の戦争』日本放送出版協会、2006 年］。カレン・ハーパートは以下のエッセイにて、人員不足の米軍部隊に 10 代の雇用があることを記している。Karen Houppert, "Who's Next?" in *The Nation*, September 12, 2005.

意味での後退を如実に表すのである。市民は大人である。消費者は子供である。敵方にともに生きることを許容する市民的対話に参加することが大人には求められ、子供たちは敵を殺すことが相対的に容易に刷り込まれてしまうのだ。 子供たちに「公的権限を付与する」ことのもつ後暗い一面は、彼らに兵士としての権利を拡大させることであり、ある世界のどこかでは潜在的消費者と見なされるにはあまりに貧しい子供たちにそれが実践されているのだ。

成長した市民は合法的で集合的な権力を働かせ、そして、真に公的な自由を楽しむ。消費者は取るに足らない選択を行い、見せ掛けの自由に嬉ぶ。消費者は子供っぽくても、自由社会で一定の地位を得て、自由に生きる意味の一面のみを体現する。しかしながら、彼らは市民的自由を明示することはないし、明示することはできない。彼らがそういう存在だと定義されるとき、自由社会は危険に晒される。民営化とは、幼稚化を増強するのみでなく、政治の領域におけるその実現化のことなのである。

民営化のもつアウトソーシングとしてのグローバリゼーション

公共に優越する個人、また公的な自由に優越する私的な自由に特権を与えることで、民営化は幼稚化と退嬰化とを供する。すると今度は現代世界の変質によって民営化が供されるのであり、おそらくそれはグローバリゼーションによって為される最も重要なことである。グローバリゼーションは、民営化を効果的に外注する。すなわち、それは市場が主権たり得るというイデオロギー的主張である。つまり、国家だけが主権たり得るという主張、そして公共（大衆）のみが主権を主張し得るという主張をもって、民族国家内での反論を喰らう主張なのである。そして市場がこの主張をグローバル化すべきというものでもある。主権在民でない無秩序な国際的舞台では、無秩序な国際的状況しかない市場主権に対する議論には反対が生じない。グローバルなレベルでは、合法化され、増強された世界的政府など存在しないために、世界共和国についての構想を牽引する主体がない。国家内部で公的機関が伝統的に規制し、管理する主要な経済力は、今はその主権的限界の内に逃げ込んでしまった。デモクラシーと市場の間、公私の間にある抗争は、国家内部ではまだ持続するが、国際的に対応するものではない。そこでは、市場は切り札であり、市民は存在しないし、グローバルな主権は夢想である。グローバルな市民の切掛けさえない場合、資本主義的旋風を和らげるデモクラシーに弾みをつける主体はないし、あり得ない。大人たちは国家内部の市場の制御のための戦いを鎮めるのかもしれないが、グローバルな舞台では、製作者と消費者が主権者であって、子供たちがその舞台を支配するのだ。

ヨーロッパ人たちはその大事にしてきた社会福祉制度というセーフティ・ネットを諦めつつあるが、それを経済的に統合したヨーロッパの内部でさえ、何故にそれを保護すべきかが判断できないからであり、まったく規制の撤廃されたグローバルな市場社会に放り出されたからである。どのように市民は新領域《フロンティア》で保護され得るのか、それも新領域《フロンティア》なき製作者と消費者からなる世界の中で？　不法就労者が境界のない市場で国家労働法に疑問を呈するならば、何が、境界のない市場で決定的消費を管理するために為され得るのだろうか？　労働力の流動性は、主権国家に無理な負荷をいったん担わせた。その同じ流動性は、マーケティングとマーケティングが狙いを定めた人びとにもあてはまり、それは消費者を終わりなき、かつ消費主義の集大成とも言える猿の罠の世界に駆り立てるのと同時に、労働者を「ドン底に向かう競争《レース・トウー・ザ・ボトム》」に進ませるのだ。

グローバリゼーションは議論の前提を転換する。諸国家内では、市場は政治的主権のもつ強力な教義に対し常に脆弱で、つまり国家には逆から見ると経済を規制する権利があるという考えがある。フランス、日本、あるいはアメリカ合衆国の内部では、民営化は主権、デモクラシー的な規則、そして公共財をめぐる議論を闘わせるに違いない。グローバルな舞台では、理論上のみならず実際上も、市場はすべての制約、合法性その他から自由である。デモクラシー的ガバナンスは存在しない。グローバルな市民はいないが、グローバルな消費者だけはおり、グローバルな国家はないが、グローバルな資本主義的企業だけはあり、共和国はないが、個人、国家、そして消費者市場が欲する集合態だけがあり、偏狭的かつ地方的と定義される文化的かつ国民的なアイデンティティにグローバルなものはないが、ブランドによって与えられた斬新であるものの凹んだアイデンティティだけがあるのだ。

グローバリゼーションは、民営化を切望から現実へと転換する。市場エネルギー、市場的不平等、それに市場的無秩序を包含するにはあまりに政府が脆弱だった時代、つまりヨーロッパにおける 19 世紀前半、あるいは、アメリカ合衆国における南北戦争後の時代に資本主義を引き戻すのである。グローバルな関係とは個人間、集団間、国家間の私的な関係であり、多国籍的で超主権的な協定が不在の場合のときのものである。

相互依存の新しい現実は、経済市場がデモクラシーの目が届かない範囲へ逃れることを認めるのであり、最も覇権的な主権国家さえ、今日では市場経済を管理するか、コントロールすること、もしくは、金融資本を取り込み、それに、規律を敢然と守らせることができないでいる。アメリカ合衆国も、過去に主導権をもっていたはずだが、政府として海外での大赤字から特殊な任務や全産業を守ることはもはやできない。民営化が主権在民主義の合法性を内部から攻撃するのに対し、グローバリゼーションはその外部から主権在民主義のまさしく本質を盗み出してしまうのだ。

グローバリゼーションは、市場のアナーキーなやり方を正当化する如何なるニーズからも市場を自由にするのであり、それは市場が繁栄か苦難、新しき投資機会か国家社会プログラムの失墜、より多くの生産性かより少ない仕事、より大きな私的自由かより大きな社会的不正義、これらのどちらを生じようがである。弁証法的には、グローバリゼーションは実際に上述のすべてを生じる傾向がある。タバコ会社、児童ポルノ映画製作者、過激なテレビゲームの製作者、彼らはそこの自治体または中央政府に対し、自分たちが特定のコミュニティ内で子供顧客と小児性愛消費者を引っ掛けようとするのを取り締まり、防ぐよう、（それらが為されぬことに）良心の呵責を覚えるのかもしれない。しかし、より煩わしくない慣習をもった地域や社会にいる顧客で満ちている世界市場という海原では、疑似餌による流し釣りを防ぐものは何もない。さらには「自由貿易」を叫ぶ世界市場という場所には裂け目があって、その内部では、あらゆる地域からの批評を沈黙させ、その悪名高き“ドン底に向かう競争《レース・トゥー・ザ・ボトム》”の開始の鐘が鳴るのだ。

如何なる戦いが為されるにせよ、それはグローバル規模で争われねばならない。市民的精神分裂症には、幼稚化された市場社会の抱える疾病を超えるものがある。それはグローバル市場のもつ苦悩である。民族国家の境界線内のみでは、この苦悩に対処する治療は疎《おろそ》かになりがちである。デモクラシーはグローバル化されねばならず、グローバリゼーションはデモクラシー化されねばならない。そこには他のいかなる方法もない。私は本研究の最終章で、直接的にこれに対する挑戦を試みたい。

世界的潮流になっている民営化が、幼稚化というイデオロギー的に何か最も重要なものであるのならば、それは資本主義が消費主義の時代に追いつくための唯一の戦略ではない。消費主義は、マーチャンダイジング、マーケティング、それにとりわけ、ブランド化に包含されるアイデンティティ政治に同等に依存し、おそらく溺れていて、これらの長期にわたり表れる特徴は、多様性を増すよりむしろそれを減じていき、多元的な市場社会であるフリをすることを集約し、均質化する影響をもつのだ。

第5章

ブランド化されたアイデンティティ
意味の喪失

「ブランド観」の主要な目的は、モノを売ることにではなく、ブランドを付加して魅力を創出することにあり、それは顧客のブランドの認知度を高め、その情感の核心となる場所にまで深く入り込み、そしてブランドのもつ世界観との一体感をもたせることにある。

（オットー・リーボルト『ブランド観』[1]）

仕事、投資、貯蓄、それに出世払いの満足に立脚した経済機構という、著しく生産主義的なシステムとして資本主義が発展してきたこの数世紀間、プロテスタント的エートスと連関したアイデンティティ政治は、資本主義が求めるものと完全に適合して出現した。宗教改革後の人間は、来世に関心を高める視点をもった勤勉なピューリタンで禁欲主義者であり、その内面にあるキリスト教的アイデンティティを探求しつつ、日曜日は教会に通う道徳に、平日は資本主義的生産に精を出すことをうまく折り合わせ、神の摂理に対する確固たる信仰と精神的健全性とを抱き合わせた。やがて、国籍、人種、民族を中心に組織される他のアイデンティティの形態は、プロテスタンティズムを関連付けてアイデンティティをより自律的に理解することを超越したのであり、それはある程度の自由意志を伴ってキリスト教の神命と結びついた。この数百年の間、これらの社会文化

1）Otto Riewoldt, *Brandscaping: Worlds of Experience in Retail Design* (Basel: Birkhaueser-Publishers for Architecture, 2002), p.10.

的（いわゆる他律的、あるいは非自発的）なアイデンティティの形態は、もしも支配的な経済的アイデンティティと自己創造した市民的アイデンティティがなかったならば、互いに相争ってきたはずのものである。

この後期消費資本主義は、顧客に対して商品を売ることに躍起となっていて、しかもその顧客は売られるものを必要とするのでも欲するのでもないかもしれないのに、それでも、この資本主義が存分に用いられるのは、プロテスタンティズムの倫理に具体化されるアイデンティティの形態によるのでも、また、この最近40年間の文化的なアイデンティティ政治によるのでもない。よって、消費主義は新たなアイデンティティ政治にくっついているのであり、そこではビジネスそのものが売買の手助けとなるアイデンティティを創り出す役割を担うのである。ここにいうアイデンティティは「ライフスタイル」を反映するのであり、それは商業ブランドと密接に関係した、そのブランドを貼り付けた製品であり、また、我らがどこで買い物をし、我らがどのようにモノを買い、そして我らが何を食べ、着て、消費するのかという、態度や振る舞いなのである。これらの特質は、収入、階層、そして他の選択的余地のあり得る経済的要因と次々に関連していくが、それは過度なほど人口統計上で、また社会経済上で決定されてしまい、個々の消費者の意志を超えてしまっている。最終的には、この深刻なるアイデンティティの商業化は、幼稚エートスに反応し、反響することで大いなる意味をもつのだ。商業的アイデンティティは外部で決定される単純かつ他律的な傾向をもつので、たとえば、有名人や気分（「俺はロックスターでありたい！」）と結びついて幼稚エートスを補強し、かつ神の摂理、コミュニティ、そしてデモクラシーを徐々に蝕んでいくのだ。

ブランド化されたライフスタイルは、より深みのあるアイデンティティに関しては、単なる見せ掛けのハリボテであるのみならず、ある程度は、その核心に向けてもっと掘り下げていく可能性のある後天的資質をもった代替的アイデンティティとなるはずである。これらは伝統的で民族的かつ文化的な特徴に置き換わってしまい、我らが自身で選ぶはずのアイデンティティのもつ任意的側面を圧倒する。たとえば、我らはアスリートになることを選好するかもしれないが、そこに自発的アイデンティティはまずないのであって、我らがナイキの〔ロゴマーク〕スウッシュを身にまとえばナイキのアスリートとしてブランド化されるのである。それはただ無心に企業の歯車となるのか、もしくは我らが競技する大会でナイキの企業支援を受ける見返りに、そのウェアを着用するかすることで我らがナイキを「選好する」ことになるのかもしれないのだ。ブランド・アイデンティティによって、もともと選ばれた、もしくは伝統的に所与のアイデンティティをさえこうして置き換えていくことで、アメリカのモータリゼーションや郊外生活も促されたが、それは個人を伝統的なコミュニティと地元に根付いた市民生活から追い立てて、彼らをブランドによる浅薄な商業アピールに影響されやすくする。このことで生じることは、我らが買うモノを名称で選ぶ事実にかかわらず、おそらくその買うモノが我らに背負わすアイデンティティを選好させることであろう。

1970年代から1980年代にかけて、これらの新たな商業アイデンティティは、商行為上の取引を時間的に積み重ねることをもって、ある程度は世代ごとに定義されてきた。戦後ベビーブーム世代という用語は、その再生産性により示される豊かさをもって定義されたが、やがて文化や消費主義との深い関わりを定義する用語となって再登場したのであり、この「役立たずの」60年代世代は、「ヒッピー族」、「ウッドストック世代」、そして「フラワーチルドレン」

とさまざまな用語で認知されている。少なくともこうした一昔前の世代のカテゴリー化は、文化的な態度や行動、もしくは人口統計的要因（「反体制文化」）に及んだ。これに続く世代は一時的に無名になったが、結局ジェネレーションＸと呼ばれて、そのこと自体が文化よりも商業によって定義されることをもって認知された。いわゆる我が儘な怠け者とも呼ばれることもある、これらの1960年代生まれの低出生率時の子供たちを一つの世代に位置づけて実際に定義すると、文化史家のポール・ファッセルの説明によれば、以前のベビーブーム世代に特徴づけられた「地位、お金、そして社会的成功というメリーゴーランドから飛び降りる」ことを求められた世代である[2)]。ジェネレーションＹはジェネレーションＸの跡を継ぎ、消費に関してほぼ完全に一つの世代を描き出す意図をもたされていた。ジェネレーションＹは1990年代の技術ブームで成長し、その消費に向かう列車の後方に跳び乗る準備ができていた。サーチ＆サーチ社のCEOケビン・ロバーツの引用する「1979～1994年生まれの子供たち」は、「人口統計上の10代では空前の裁量的支出力」を擁していて、これに適合する子供たちは「テクノロジー」に乗っかったのである[3)]。日本ではジェネレーションＸは「親指族」

2) 1970年代のビリー・アイドルの最初のパンク・バンドは「ジェネレーションX」の名称であったが、この用語は以下の著作で成文化されている。Douglas Coupland, *Generation X: Tales for an Accelerated Culture* (New York: St. Martin's Press, 1991). この用語はマーケターたちの心を摑み、彼らは何ら大義名分もなきままこの用語を新たな標的となる世代に無闇に適合させようとしたのだ。Paul Fussell, *Class: A Guide though the American Status System* (New York: Summit Books, 1983).［ポール・ファッセル／板坂元訳『階級《クラス》――「平等社会」アメリカのタブー』光文社、1987年］。ジェネレーションXはおよそ4500万人いると見積もられていた。

3) Kevin Roberts, *Lovemarks: The Future Beyond Brands* (New York: power-

と呼ばれており、その25歳以下の彼らはその「性質の中身」によってではなく、親指で携帯電話のテキストを押打、送信することで仲間との親和性を築き、それによって育成される疎外された社会関係性をもって定義されている[4)]。インドでは若い企業家たちが自らを「ジッピー族」と規定するが、この子供たちはトーマス・フリードマンによって礼賛される類のネオ・リベラルな市場改革を促すのだ。ジッピー族は15～25歳の年齢層の「ズボンに一つのジッパー」を付けた子供たちで、「矜持、野心、そして抱負」を滲ませつつ、「クールで、自信に溢れ、創造的」でもある[5)]。この世代は「金を儲け、それを費消することに罪悪感をもたない」感覚を有し、最初は日本で、そして現在はインドと中国で、若者向けマーケティングの標的となり、世界中のマーケティング戦略たる幼稚化の成功を象徴した[6)]。

これらの進化した顧客属性のカテゴリー化によって、広告の対象とする属性が素早く見つけ出され、「ペプシ〔コーラ〕世代」あるいは「ワイアード〔時計〕世代」のような明確な商業的スローガン、または、強力なライフスタイルのブランドとして、たとえばラル

House Books, 2004), p.150.［ケビン・ロバーツ／岡部真里、椎野淳、森尚子訳『永遠に愛されるブランド――ラブマークの誕生』ランダムハウス講談社、2005年］

4) Ibid., p.125.

5) これはインドの雑誌『アウトルック』で描写されたものだが、以下の著作では新たな起業家精神のモデルに転換されている。Thomas L. Friedman, *The World Is Flat: A Brief History of the Twenty-First Century* (New York: Farrar, Straus and Giroux, 2005), p.184.［トーマス・フリードマン／伏見威蕃訳『フラット化する世界』日本経済新聞社、2008年］

6) この消費パラダイムを描写し、無批判に称賛するのは例によってフリードマンである。以下を参照。Friedman, *The World Is Flat*, pp.184-186.

フ・ローレン（ある種の偽物のアメリカ人に根付いた上流階級を気取る高所得の郊外居住者）、ボディショップ（環境を意識した健康狂）、あるいはカルヴァン・クライン（幾分か肉体的異性交遊に堕した流行好きで熱狂的なティーンエイジャーにとっての善き生活《グッド・ライフ》へのパスポート）と関連づけられる。また、ブランド戦略は『チアーズ』のような代替的アイデンティティ番組〔コメディドラマ〕を通してやって来るのであり、それはアメリカ中のバーを巡り、その想定外の実生活にブランドを再生させていくのであり、それを人びとがお気に入りの画面として見るだけでなく、彼らの振る舞いを自分に重ね合わせるのである。そして『セックス・アンド・ザ・シティ』は若く、教育水準が高く、自己中心的で、男性に取り憑かれたキャリア・ウーマンの振る舞いを捉え、かつそれを形成するのを助長したし、『ザ・ソプラノズ』は郊外での憂さ晴らしの形態としてニュージャージー州のギャングの生活をロマンチックにしている自称タフ・ガイに焦点を当てた。『スリーパー・セル』はテロリズムの文脈で恐怖心と愛国心とを駆り立てている。『デスパレート《お盛ん》な妻たち』は、現代の郊外生活の喜劇的ペーソスの見本であり、相当数のアメリカ人が最近はそれを好んで罵倒しつつも模倣しているのだ。

ライフスタイルはブランド化され、そのブランドはライフスタイルを代替するのであり、かつてのそのアイデンティティの目印でもあったある種の性質に取って変わるのだ。あらゆるブランドは顧客属性《デモグラフィック》をもち、アーバン・アウトフィッターズ、ギャップ（そのギャップを着た赤ちゃんの家族を広告に組み込む）、バナナ・リパブリック、ロレックスのような企業が消費者の一部の特質を引きつけるだけでなく、彼らにとっての善き生活《グッド・ライフ》が、当の疑惑の的たるブランドを着込むか、食べるか、使用するかによって定義されるはずだと説得しようとする。アレックス・クチンスキー（ニューヨーク・タイムズのコラム「買い物客批評」の筆者）が述べたように、ラルフ・ローレンは「根源的に含意された権力」[7]を表しているのである。

現代のブランド戦略は、市場取引を発生させるかどうかはもはや問題にしないのであり、「まるで一夜限りの取引」は、印象的なタイトル『心に響くブランド戦略《エモーショナル・ブランディング》』を表象し、「それは決して恋に落ちるほどの満足や価値をもたらしそうにはない。ある取引はいったんレジにチンと鳴らして打ち込まれる。ある関係は、幾度も幾度もレジをチンと鳴らす。そして、ある関係の中身に入り込んで初めて、その販売はある新たな次元に突入するのである」[8]。マーク・ゴーベは、『心に響くブランド戦略《エモーショナル・ブランディング》』と呼ばれる情感的マーケティングについて、マックス・ヴェーバーとは同一ではない彼独特の言い回しをもって「旧経済」と「新経済」とを区分することで、目を瞠《みは》るほどの社会理論の一端を示すのである。旧経済は「工場ベース型」で、「能力駆動型」であって、それゆえに実際の製品製造では「生産集中型」であったが、一方で新経済は「消費ベース型」で、「消費集中型」で、それゆえに製品製造でなく「ブランドの創造」[9]に関心を向けた。

ブランドの関係性が維持される限り、ブランド・アイデンティティが世界中の辺境の隅々にまで一貫して通用する必要があるというわけではなく、マクドナルドのそれは低所得者向けで、それゆえに

---

7) 以下を引用。Michelle Cottle, “The Gray Lady Wears Prada,” *The New Republic*, April 17, 2006.

8) Daryl Travis, *Emotional Branding: How Successful Brands Gain the Irrational Edge* (Roseville, Calif: Prima Venture, 2000), p.54.［ダリル・トラヴィス／木村達也、川村幸夫、水野由多加訳『ブランド！ブランド！ブランド！――理屈を超えた強さをいかに築くか』ダイヤモンド社、2003年］

9) Marc Gobé, *Emotional Branding: The New Paradigm for Connecting Brands to People* (New York: Allworth Press, 2001), p.xiv.

アメリカ合衆国では低中流層と貧困層向けなのが、ロシアでは上流層で流行となっており、日本では懐に余裕のあるブルジョワ層に受け入れられている。マクドナルドの欲望は、ファスト・フードを家庭的にして、どこでも利用できるようにすることにある。アメリカの支配層は、上流層に相応しいとされる「高次元の文化」による国際的なブランド戦略を用いているのかもしれない。パリやブリュッセルに愛好者の多いフランスのテーブルワインは、アイオワシティやデトロイトにあるホテルの食堂に置くことで、そうした階層が出現することに手を貸しているのかもしれない。対象物は対立的で、それゆえにグローバル市場に適さない場所と出自に関連する伝統的かつ属性的なアイデンティティを置き換えるのであり、イスラム教徒のトルコ系クルド人で20代前後の若者が皆、仕組まれた国境なきブランド・アイデンティティを介して、MTVを観て、ペプシを飲むようになっているのである。

ジャーナリストのナオミ・クラインは、ブランド化を批判し、それに立ち向かった第一人者であり、1990年代半ばには以下の通り考察した。「最もグローバルな広告キャンペーンが、いまだに最も積極的に販売しているのは、10代向けのグローバルな市場についての『考え』であり、それは相互に多民族的側面から影響し合うブランド戦略の万華鏡である。たとえば、腕輪《ラスターブレード》、ピンクの髪、手の彩色《ハンド・ペインティング》、ピアスや入れ墨《タトゥー》、少数民族派の国旗、外国の街路標識にある光沢、広東語やアラビア語の図案化《レタリング》や英単語を配《あしら》うこと、電子音による重層的楽曲《サンプリング》が全面的に流れていること、である」。しかし、民族的国民性や、宗教的かつ人種的分派によって世界中で互いに相殺し続けている相違などは、消費的商行為によって偽物と見なせるものの、一方でマーケターたちが確立しようとしている共通の商業アイデンティティは、クラインのいう「国民性の第三の概念、すなわちアメリカ的でなく、偏狭的でなく、買い物を介して双方を結びつけるもの」[10]として相当に現実的に扱われる。

大衆社会学者は、たとえば“ヤッピー”“サッカー・ママ”そして“新上流階級（ボボズ）”という用語で、支出性向に根ざす商業アイデンティティに特別の地位を与えたが、それは人びとの性向を出費やライフスタイルの支配下に置くことでもある。これらのアイデンティティは国家や民族という境界を横断し、ミュンヘン、ミラノ、そしてマンシー（インディアナ州）で見出せるのと同様に、潜在的にはジャカルタ、ジャワ島（ともにインドネシア）、そしてヨハネスブルグ（南アフリカ）でも見出すことができる。ヤッピーは若くして都会に住む知的職業人の総称であり、彼らは外車を乗り回し、絢爛なレストランで食事することで、自己の名声を都心のスラム化防止に役立てている。おそらくサッカー・ママが表象するのは、複数兼業《マルチタスク》の郊外居住の女性であり、彼女たちは、お母さん、主婦、そして（最も基本の立場として）買い物客のままでいさえすれば、それを職業とする者として認める社会で「すべての役割をこなす」ことを目指すのである。そしてボボズとは、ジャーナリストで「滑稽な社会学者」を自称し、現在『ニューヨーク・タイムズ』紙の論説委員たるデイビッド・ブルックスによる造語であり、1960年代のヒッピー的反体制文化と、1990年代の勤勉、実力主義的主流文化とを無理矢理に混合した「ブルジョワ的ボヘミアン」の略称である。ボボズはあらゆる先進商業社会に見出すことができ、彼らはロンドンのスローン・スクエアからパリ左岸に至るまで出現している、

10) Naomi Klein, *No Logo: Taking Aim at the Brand Bullies* (New York: Picador, 2000).［ナオミ・クライン／松島聖子訳『ブランドなんか、いらない——搾取で巨大化する大企業の非情』はまの出版、2001年］

ブルーミントン（ミネソタ州）のツイン・シティーズ郊外にある巨大な「モール・オブ・アメリカ」を模倣したアメリカ式モールに見られるのである。

ブルックスの著作『ボボズ――優雅に生きる』に対するアマゾンでの書評には、ボボズを描写し、それを消費者に言い換えているものがある。「48ドルのチタン製の“へら”を買いに、〔雑貨ショップの〕ポッタリーバーンまでピカピカの自家用四駆を操りながら、極大サイズの低脂肪カフェラテをチビチビ呑み、携帯電話でチャットし、国営ラジオ放送（NPR）を聞いている。彼らは最高級のハイキング・ブーツを履きながら、それで独特のチーズ臭の漂う細道を踏み歩くし、オリーブ・ウィートグラス・マフィンに5ドル支払うことに何ら躊躇しない」[11]。アイデンティティにおけるこの大衆文化的な特徴は、最新のハリウッド超大作と同じくらい劇中広告《プロダクト・プレイスメント》を積み重ねて成り立っていて、その主要な目印は消費可能性にある[12]。

11）ショーン・カーコネンによる以下の著作に対する書評で、アマゾンへの投稿文（http://www.amazon.com）。David Brooks, *Bobos in Paradise: The New Upper Class and How They Got There* (New York: Simon& Schuster, 2000).［デイビッド・ブルックス／セビル楓訳『アメリカ新上流階級ボボズ――ニューリッチたちの優雅な生き方』光文社、2002年］。ブルックスはボボズの類型を情報化時代の申し子と推定し、「偉大な両親をもち、見掛けだけ立派で愚劣な人びとが、スマートで、大望をもち、よい教育を受け、靴の踵を踏みつけて歩く上層階級に反発する人びとに置き換えられた」と論じている（p.39）。

12）映画に出てくる商品のプロダクト・プレイスメントは、今日ではよく用いられる広告手法であるが、それが作品に差し込まれることで、それがハリウッドの実写映画にある「現実生活」と同一視される。プロダクト・プレイスメントは物語の筋立てに、レッドロブスターのレストラン、オレオのクッキーを登場させていて、それが進行していくドラマの一部となると懸念する向きもある。以下を参照。David Bauder, “Integrated ads: Products concerned about product placement,” *Berkshire Eagle*, May 29, 2006.

合理主義的啓蒙運動《エンライトメント》の時代的特徴は、ヴォルテールが小説『カンディード』によってよりも、むしろ彼より発せられる意志によって認識されていたし、あるいは、ロマン主義の意味はコールリッジの英雄詩よりもむしろ彼の愛用するパイプタバコで捉えられるのである。マーケターやジャーナリストの権化たちに用いられる斬新で、幅広な顧客属性《デモグラフィック》のカテゴリーは、階層、人種、そして性別を無視し、そして伝統的かつ社会学的カテゴリーを拒絶する。結果として、それは学術的信憑性を欠いている。しかし、それにより妨げられ得ないことは、それらが大量消費時代の修辞的景色を支配し、我らが何かを買うにあたり我らが何者なのか考える手法を稚拙化することである。アル・ゴア副大統領は2000年の選挙で政策綱領《プラットフォーム》を定めたが、その理屈っぽい政策の有効さよりも、彼のコーディネートしたワードローブの色合い、つまり、その挑発的スタイルの拙劣さによって不適当と判断された。またその数年後になって、ジョン・ケリー上院議員は、民主党が再度選挙で勝利するためにはその「ブランドの払拭」が必要だとも主張していた[13)]。他国の大統領選挙でも暗示されるのは、新たな消費アイデンティティが如何に強力になっているかということである。英国のブレア首相、フランスのサルコジ大統領、ロシアのプーチン大統領、そしてイラクのチャラビー国民会議代表といった政治家たちは、その政策と同じくらい、そのスタイルやブランドによって規定されているのだ。

ライフスタイルのアイデンティティが支配する新たな世界では、

---

13) 以下の引用。William Safire, "Brand," *New York Times Magazine*, April 10, 2005. サフィアの説明によると、「ブランディング」の語源は、動物を規定する焼印《ブランディング・アイロン》に起源を求めていて、それは、特定の会社の製品を特定するトレードマークに先んじたブランド・マークとしてのワインや〔強めのビール〕エールの大樽《キャスク》なのである。

旧産業で製造される製品とその施されるサービスは、もはや批判的ブランドでさえない。ブランド保持企業に対する2004年の顧客支持度先端調査では、その第1位のブランドは、（レンタカー会社の）エイビス社を追い抜いたグーグル社となったが、同社は物質的製品を販売せずとも、その株価は1株あたり400ドル超に達し、ただデジタル化された情報による新世界についての出入口、それも同社の考える“同社による”出入口を提供することのみで、勢威ある商業力の保持を象徴するのである。2004年のトップ9までで、耐久消費財を扱うのは1社のみだった（その唯一の例外たるキヤノン社によるオフィスコピー機は通信ハードウェア事業そのものである）。残りは、ペプシやピザハットのような消費財（非耐久消費財）を取引対象とするものでさえなく、（電気通信会社）ベライゾンやヤフー（それに第13位のオンライン書店アマゾン）といった情報または通信会社、あるいはエイビスやハイアット・ホテルの如き上流階層向けのサービス提供会社が代表している。ブランドはもはやその内容《コンテンツ》を追いかけるのでなく、流行、ファッション、ヒップな生き方や振る舞いを追いかけるのだ。ブランド・コンサルタントのライズ＆ライズ社の社長アル・ライズの見るところでは、ブランドは「流行モノであって、現在の第1位がグーグルであっても、来年はどこか別のモノになる」[14]のだ。

2004年の顧客支持度で測定されるブランド・ランキング トップ50（括弧内は2003年のランキング）[15]

14）以下を引用。Kenneth Hein, “Brand Loyalty 2004,” *Bradweek*, October 25, 2004. at http://www.bradweek.com.

15）Ibid.

1. グーグル〔インターネット検索エンジン〕(2)
2. エイビス〔レンタカー〕(1)
3. ベライゾン〔長距離通信〕(4)
4. キースパン・エナジー〔発電〕(9)
5. サムスン〔携帯電話〕(7)
6. ハイアット〔ホテル〕(19)
7. スプリント〔長距離通信〕(3)
8. キヤノン〔オフィスコピー機〕(8)
9. ヤフー〔インターネット検索エンジン〕(14)
10. ミラー・ジニューインドラフト〔ビール〕(5)
11. リッツカールトン〔ホテル〕(17)
12. ピーセグ〔革製品〕(15)
13. アマゾン〔インターネット販売〕(12)
14. マリオット〔ホテル〕(13)
15. スイソテル〔スイスホテル〕(－)
16. ディスカバー〔クレジットカード〕(27)
17. ダイエット・ペプシ〔コーラ〕(31)
18. バドワイザー〔ビール〕(16)
19. モトローラー〔携帯電話〕(10)
20. クアーズ〔ビール〕(－)
21. ネスカフェ〔コーヒー〕(59)
22. ソニー・エリクソン〔携帯電話〕(93)
23. キャピタル・ワン〔クレジットカード〕(29)
24. エル・エル・ビーン〔アウトドア〕(20)
25. ウォルマート〔ショッピングセンター〕(33)
26. スケッチャーズ〔靴〕(－)
27. ニュー・バランス〔スポーツ衣料〕(22)

28. ミラー・ライト〔ビール飲料〕(87)
29. スターバックス〔コーヒー〕(6)
30. ラディソン〔ホテル〕(48)
31. BP〔ガソリン〕(79)
32. インターコンティネンタル〔ホテル〕(−)
33. シアーズ〔百貨店〕(30)
34. ベライゾン〔携帯通信〕(37)
35. ショワブ・ドット・コム〔衣類〕(26)
36. ダイエット・コーク〔コーラ〕(47)
37. モービル〔ガソリン〕(25)
38. T モービル〔携帯電話〕(76)
39. サウスベル〔通信〕(28)
40. アディダス〔スポーツ衣料〕(23)
41. イー・トレード〔証券〕(42)
42. ジェイクルー〔衣料〕(54)
43. フェデックス〔オフィスサービス〕(50)
44. ウェスティン〔ホテル〕(73)
45. エキサイト〔インターネット検索エンジン〕(35)
46. ヒルトン〔ホテル〕(36)
47. ホットボット〔インターネット検索エンジン〕(34)
48. サンヨー〔携帯電話〕(−)
49. MSN〔インターネット検索エンジン〕(38)
50. アルタビスタ〔インターネット検索エンジン〕(51)

非常に多くの伝統的な消費製品製作企業と同じく、たとえばコダック社は伝統的なカメラ用フィルムで昔から利潤を稼いできたものの、現在は新たなデジタル写真用テクノロジーに包囲されてしまい、同社はトップ200のブランド・リストからさえも漏れている。同社は新たなブランド戦略の哲学的視点をもって、また、復活を期して、近ごろになってカメラは無料の試供品や使い捨て用の双方の性質をもつものを選好し（お金はフィルム開発に掛ける！）、カメラから女性の地位向上のための政治運動（アイデンティティ政治）に軸足を移し、「彼女たちが女性のままでいることが心からよかったと思えるよう気づかせるための、当社が全米の10代女性にとっての目印で居続ける」[16] ことを決めたのだ。それは国内全域においてのみでなく、世界中においてもである。結局、コダック社は富士フィルム社のようなライバルと競い、アジアでも他の世界市場でもうまく立ち回っていかねばならないのである。

同様に、ビール製造企業は確立したビールのブランドから他分野へ移動しつつある。ビール醸造社が関心を向けつつあるのは「ビールとは名ばかりの飲料」であり、しばしば限定版飲料として新商品を供給し、それにはたとえば、「ムーンショット」（ニュー・センチュリー・ブリューイング社のカフェイン含有ビール）、「Be」（バドワイザー社の「ビタミンBをビタミンEの力へ」による命名）や「ティルト」（アルコール分6.6パーセントでありながらカクテル風のビール）、さらには「ユートピアズ」というサム・アダムズ社によるアルコール分25パーセントで、〔脚付グラス〕ゴブレットを逆さにしたような異様なボトルの一本100ドルのビールがある（「ユートピアズ」のラベルはおそらく複数あり、そのうちの一つか二つを飲むとそれが二重に見えてくると思わせるほどだ）[17]。ここから明らかになることは、

16）同社はサーチ＆サーチ社の過去の顧客であって、このことは以下に記述されている。Roberts, *Lovemarks*, p.152.

17）Melanie Warner and Stuart Eliott, “Fronthier Than Ever: The Tall Cold

彼らが当然にビールを売り出すよりも、むしろ少年っぽく、漫画チックな男性的アイデンティティを売り出すことであり、醸造業者はイカシタ女の子たち、モノ言うカエルたち、そして大学の“パソコンおたく”を主演とする幼稚な広告を打ち続けるが、それは若い男性を祝福し、彼らをもち上げることに訴え掛けるのである。この広告のターゲットは、何よりも未成年者なのである。

このように、ブランドはその製品やサービスにレッテルを貼った特定的内容から徐々に分離され、その製品やサービスとせいぜい僅かに関連する程度のスタイル、感覚、そして情感に再帰属する。この過程で、ブランドは幼稚症にとって有無を言わさぬ新たな出入り商人となり、この場合にマーケターは製品がコーラだろうと政党だろうとも、それに対して“母親《マミー》”としての（まったく文字通りの）承諾を与えようとするのである。資本主義が従来目を向けていた汎用製品から、製品とは無関係のブランドに夢中となることで、幼稚エートスの影響下にあるブランドの使用と意味に対しての如何に重要な洞察を提供することだろうか。それが顕在化することによって、無軌道なマーケットによる偶発的事故はより多く生じるのである。

歴史的には、資本主義はあるシステムとして発足したのであり、そのシステムは特殊な製品やサービス、自由市場にピッタリ適合する汎用性や真のニーズを反映して、製作され、かつ売り付けられたのだ。その製作者たちはその製品の後に続き、また従属したのであって、その製品や商品にはたとえば、鯨油、レンガ、鉄鋼、ワゴン、石炭、石鹸、銃、スカート、石油、鉄道車両、ポンプ、蠟燭、キャンディ、モーター、その他諸々がある。すべての製品は、今日の用語でいう「汎用製品《ジェネリック》」であり、また、企業は裏取引、カルテル、独

One Bows to the Stylish One," *New York Times*, August 15, 2005.

占、そしてトラストを介して製造販売の競争を繰り広げたのであり、そこでは思慮分別の大半は、大胆さでもあるはずが、スタンダード・オイル社のような自称プレーヤーのもつアイデンティティを事実上は隠し立てしかねないのである。汎用性ある製品は、各々の汎用性のある部門にたった一つの有力なプレーヤーのための余地を残しておくことを理想としたのだ。塩はあくまで塩なのであり、2ないし3の製塩会社がこの世にあることの重要さとはいったい何なのだろうか。

独占が成功する段階になれば、あるものの創始社を他社と区別する必要などまずなかった。石油はスタンダード・オイル、鉄鋼はカーネギー、フィルムはコダック、スープはキャンベル、といった具合に。しかし、独占度合いを診断し、競争を保証することでの資本主義的市場の（政府による独占禁止法による助けを借りての）成功は、ヨーロッパとアメリカ合衆国で20世紀初頭まで、同一製品を製造し、同一サービスを提供する大勢の創造者たちが市場占有割合を競っていたことを意味した。自社を他社と区別するため、顧客がある社の塩、油、銃を他社のそれよりも選好することを期待して、商品とサービスの「商標登録《トレードマーク》」を始めたが、まずその「合理的理由」に含まれるのは、市場化された製品やサービスにおける「最高品質」、「最安値」、「最高信用」の型式の提供者であることを主張することだ。

広告とマーケティングはまず第一に、商品に関する情報を提供することを目指したが、消費量が増大し、製作者が増えるにしたがい、必然的に他社製品よりもあるトレードマークが選好されるよう、その論拠をより操るようになった。農耕社会（1870年以前のアメリカ、およそ1848年までのヨーロッパ、1960年代までのインド）において、必需品はだいたいが汎用商品として売られていた。独占企業はほとんどまったく広告する必要はなかった。石油を欲すれば、ロックフェラーから購うだろう。手紙を送りたくば、アメリカ郵便局に行くだろう。塩やサラサを欲するならば、雑貨店に立ち寄り、求めることだろう。しかし、ガソリンが競争会社によって提供され、そして郵便や伝達が、政府企業（ポニー・エクスプレス、ウェスタン・ユニオン、最後にはUPSやフェデックス）と同様に民間企業の起源となり、塩とサラサが品質、価格および信頼できるサービスをめぐり競争する会社によって提供された時、消費者の分別は現実のものとなって、その分別がその権限によってその現実に影響を及ぼし、形作るのだ。汎用商品の調達はもはや十分ではなく、トレードマークは「汎用商品プラスアルファ」を提供せねばならなかった。

商品は需要拡大を目的とするだけでなく、「誰もがあるものと自覚しなかった需要を満たす」目的で急増したが、それはウィリアム・リーチが『欲望の土地』[18]と呼ぶ初期の商業文化であり、彼はそれに欠かせぬ描写を交えて赤裸々に記しているのだ。リーチのレポートによれば、ピアノは1890年に3万2000台が出荷されたが、1904年にはそれは37万4000台となった[19]。また、当初は普通の旧式スプーンだけが売られていたのと同じ場所で、世紀の変わり目になるとベリー・スプーンと砂糖スプーンとスープスプーンと塩匙とマスタード・スプーン等が出てきたのである。リーチの述べるところによると、「1899～1905年のちょうど6年で、アメリカの食物生産高は、ほぼ40パーセント増大した。安い人工宝石の量は、1890～1900年で倍増した」。オリジナルだった製品（スプーン）や

18）William Leach, *Land of Desire: Merchants, Power, and the Rise of a New American Culture* (New York: Vintage Books, 1994), p.16.

19）Ibid.

サービス（通信販売カタログ）が、他の競争企業によって提供されるものとほぼ区別がつかなくなった状況になって急激に選択肢が増えると、特定のトレードマークは品質、価格、一貫性、信頼性、そして顧客サービスによって定義される追加価値《アドオン》を提供しなければならなくなった。そのような特質は、通常は“より多く”の“より良い”という語句でもって、汎用性ある製品やサービスと関連づけられたままだった。もし雑貨店にある小物を買うとき、その値段の適正さについて誰も言えないのではないだろうか？　たとえば、〔小売業者〕ウールワースの店でならば、その値段は予期できる小銭の範囲内ではないだろうか。フォードは、より良い車を製造した。〔金融および通信会社〕ウェスタン・ユニオンは、より信頼できるコミュニケーションを提供した。ボールドウィンはより良いピアノを製造したが、チッカリングやブルースターはピアノをより安く製造した。〔スーパーマーケット〕シアーズ・ローバックは、モンゴメリー・ワードよりもより良い価格で、より多くの商品を揃えていた（逆もまた同じ）。

重大な変化は進行していた。ソースティン・ヴェブレンがこうした進展に見たのは、「人類史上、最も重要な突然変異の一つ」であり、それは利潤を目的とした投資が「産業と技術への関与」を追い越してしまい、それにより、その事業資本が産業資本に取って代わることだった[20)]。プロテスタント的エートスは、新たに「公的権限を与えられた」消費者の驚愕する眼前で変貌していった。市場は消費選択の名のもとに買収され、多様化され、宣伝され、そして操ら

20）以下を引用。Leach, *Land of Desire*, p.18. 引用原典は以下。Joseph Dorfman, *Thorstein Veblen and His America* (Cambridge, Mass.: Harvard University Press, 1934), pp.326, 160.

れてきた。ウィリアム・リーチは、デパート王たるジョン・ワナメーカーの名句「欲望の土地」を借用して自著のタイトルとしたが、この句をほかに消費資本主義の文化について記述する際にも用い、それが自由なレトリックであるにもかかわらず、「これまでに創造されてきたなかで最も合意を得られていない公的文化」の一つであったとした。その理由はそれが「『人びと』によってではなく、他のエリートと協力した商業集団によって製造された」ことと、「善き生活《グッド・ライフ》にとって前向きな展望だけを向上させ、他のすべてを押し除けた」[21] ことにある。その影響により、アメリカの公的生活、そしてデモクラシー的同意の役割さえもが縮減し、まさにその時、顧客に仕えることに捧げる新たな消費市場が喧伝されたのであって、それは子供たちを市場に晒す人びとが子供の「権限拡大」を喧伝する方法だったのである。トレードマークは道具であって、それは事業資金を元手とする新たな大量市場における企業群が「多量の寓話」[22] を創造し、そして、互いがその圧倒的シェアを巡り争うため、彼らの展望を「欲望の土地」に向かうよう強いることを援けることによるものであった。まさに創造者と消費者の双方に対する広告とマーケティングの支配を確保するよう、トレードマークは来るべき消費者による創造者の支配を宣言したのだ。

しかし、トレードマークは単にブランドに至るまでの中間点に過ぎない。ゆえに、トレードマークは汎用性ある製品やサービスに非常に似た色彩を帯び、そこにあるとは気づかれぬ欲求を呼び覚ますには不適格であることが明らかとなるだろう。この呼び覚ます行為

21）Leach, *Land of Desire*, p.xv.
22）Jackson Lears, *Fables of Abundance: A Cultural History of Advertising in America* (New York: Basic Books, 1994).

に求められるのは、商品のニーズの明白な意義をつくることよりもすばやく、感情と想像力とをその商品を生産していた新たな大量消費社会のサービスに参加させることである。1901年という早い時期に、人類学者マーガレット・ミードの母親、エミリー・フォッグ・ミードという広告専門家は、消費資本主義の成功に求められたことが「全集団を通した『欲求』の普及」であることを理解した。広告の新ビジネスを擁護してミードは、サーチ&サーチ社のCEOケビン・ロバーツがその1世紀後に騒々しく警鐘を鳴らした如く、「我らは支払い能力に関心をもつのでなく、欲し、選ぶ能力に関心をもつ」[23)]のであり、それは「欲求への想像力と感情」をこじ開けることを意味するのだ、と熱っぽく語った。フォッグの同時代人たちは、「想像力なくして欲することはあり得ぬし、欲することなくしてそれに応える供給の要求はあり得ない」[24)]との結論を明瞭に引き出した。この点に、節制が主要な美徳であった生産優先システムとしての資本主義から、出費が主要な美徳になる消費優先システムとしての資本主義に至る重要な移行があり、それは自家用車を必然とする自律機動性に欠ける地方生活から、「自動車と飛行機、映画とラジオ、電灯と電化製品、瓶詰めの清涼飲料とスープの缶詰」[25)]という都市型の自分で何でもできる文化への移行でもあった。それは言い換えれば、必需品を提供するシステムから必需品を創造するシステムへの移行なのだ。

　このような革命からすれば、トレードマークは十分なものではな

---

23) Leach, *Land of Desire*, p.37.

24) Ibid.

25) Gary S. Cross, *An All-Consuming Century: Why Commercialism Won in Modern America* (New York: Columbia University Press, 2000), p.17.

かった。ブランドは、カルテルとトラストの時代に続く、起業家同士の競争の継子として誕生したのだ。驚くには値しないことだが、家庭製品を独占したプロクター・アンド・ギャンブル社（P&G）は、新しい競争者より挑戦を受けたために、1931年には「管理システムのブランド」を体系化する先駆となった。最初にトレードマークが汎用製品《ジェネリック》の字義通りの同義語を作って代替した方法を、うまく自分のものとしたのがブランドであり、それは同時にバイエルがアスピリンの、クロロックスがアンモニアの、ジェローが砂糖ゼラチンの、ワセリンが油性クリームの、バンドエイドが包帯の、それにコダックがカメラの代名詞となったのである。その目的は、もはや何を売るのかを一般大衆に語ることでなく、なぜ買う必要があるか、そして、売るモノの特定のブランドに固執するよう教え込むことにあり、それも一般大衆がそれを必要とするか否かにかかわらず、それを買うように仕向けることにある。この意味するところは、ブランドを人びとの感覚と結びつけることでその支持を感じさせることであり、その感覚は生理的な支持であって、あれやこれやといった感覚や支持ではなく、汎用性ある感覚であり支持なのである。ブランドが家族の一員であることをもって、ブランドのある家庭に居ると感じること、そしてブランドを感じることというのは信頼感をもてるということであり、それは飼い主のすぐそばには誠実な飼い犬“スポット”が控えているように広告として自然だということである。パンケーキ・ミックスは卵、小麦粉、ショートニング、そして砂糖によるのが一般的なレシピだったが、“ジャマイマおばさん”のブランドは卵と小麦粉だけではなく、罪悪や人種を意識せずに、安心できる在りもしない幼い頃の乳母の思い出とともに、砂糖入りクリームを加えてセットにした。トレードマークが汎用的な商品を取引の対象としたのと同じ場所で、ブランドは汎用的な感覚、感情、つまり商品とサービス自体をほとんど扱わないものの、プロの市場診断士によって外科的に付加されたものを取引の対象とした。

現代のブランドは、厳格にこの論理を探究する。コーヒーはあくまでコーヒーなのであり、それはたとえばスターバックスに明らかであって、「消費者が、製品間に大きな相違があるとは本当は思っていない」ことであり、その真の目標は「感情的結びつきを樹立する」[26]ことである。スターバックス創設者のハワード・シュルツがよく弁えていることは、本当は醸造者がビールを販売するよりも多くのコーヒーを販売してなどいないということである。むしろ、彼は「スターバックスの店内に入る人びとが期待するコーヒーを飲むというロマンス、暖まる感情」[27]に賭けているのだ。ナイキもまた、「人びとがスポーツとフィットネスによって得られる深き感情的つながりにテコ入れすることで、その経験を得るよりも高い目的感覚を加えさせることで、一段と高いブランドになる」[28]としている。製品ではなく感情的なテコ入れ、操作されたライフスタイル、そして人間の目的の形成によって、新しい企業像が規定される。ナイキの創設者フィル・ナイトがその典型となる率直な意見を以下の如く表明している。「長い間、我らは自社を生産指向型の会社と考えてきたが、それが意味するのは我らが製品の設計、製造を強調することに尽くしたことである。しかし今や我らは、最も重要なことが製

26）スターバックス社のマーケティング担当の前副社長スコット・ベドベリーの言で、以下より引用。Klein, *No Logo*, p.20.

27）ハワード・シュルツの言で、以下より引用。Klein, *No Logo*, p.21.

28）再度、スコット・ベドベリーの言。クラインのレポートによれば、彼はナイキからスターバックスに至るまでのマーケティングを手掛けてきた。ただし、私は、彼の正当化する哲学について一つの言葉を付け加えることも、変えることもしていない。

品を市場に出すことであると理解しており、ナイキはマーケティング指向型の企業であり、製品は我らの最も重要なマーケティング・ツールなのだ」[29]。

商品とサービス（企業製品）とマーケティング（それが製品を売る）、これらが伝統的資本関係を急激に変転させることによって、注目すべき前進が為され、生産資本主義とはまったく相容れない外見をもって、消費者を対象化し、幼稚化することが必要とされたのである。一方でナオミ・クラインが企業世界の「新時代の深き衝撃」と呼び、愉快気《ゆかいげ》に指摘するその多くは森林保護《トゥリー・ヒュッジング》と捕鯨禁止《ホエール・ソング》よりも危うくなっている[30]。後期消費資本主義の経済が命ずるシステムとは、ナイキがリーボックよりもむしろディズニーと競争し、ブランドが経験、ライフスタイル、そして感情に即して理解され、そしてこれらは売られねばならぬ性質であり、一方で、製品自体がそのままではまったく不要なままであるか、製品のみであってもマーケティングによって類似製品からの差異を認められているかのどちらかなのだ。

幼稚エートスと連関した新消費イデオロギーについて、サーチ&サーチ社のCEOケビン・ロバーツは「製品とは初めから当然によい製品なのだ」[31]と述べたが、それ以上に有益なコメントなどないはずだ。レンガはまさにレンガであり、一つのレンガはもう一つのレンガと区別されることはほとんどないが、レンガは家と暖炉を造って、安全や聖域といった感覚を引き起こすことができる。レンガ

29) Geraldine E. Willigan, "High Performance Marketing: An Interview with Nike's Phil Knight," *Harvard Business Review*, July 1992, p.92. cited in *No Logo*, p.22.
30) Klein, *No Logo*, p.22.
31) Roberts, *Lovemarks*, p.25.

会社は「家の築造」という事業に携わり、そこには買う価値のあるレンガ・ブランドがある。床タイルがレンガと同じくらい重要なインドに居るマーケターは、十分にその工夫を学んだ。ライバルのタイル・メーカーは、お互いに競争するという難題に取り組むが、そのブランド・ロゴがそのタイルの下側に埋められるので、その床に埋め込まれたものが消費者に見られることは決してない。したがって、ブランドは「インドの家庭の心と精神を引きつけて、捕らえる」こと、つまり陶製タイルの特性を再吟味する以上の何かを求めねばならないのである[32)]。マーク・ゴーベは、ブランドにつながりを求めるならば「自らに（星座や数表ではない）F-E-E-L-I-N-G を与えよ」[33)] と述べるのである。

オートミールも、レンガやタイルと少しも異ならない。チェリオスというブランド名が 1990 年代初期に萎んでいった際、ケビン・ロバーツが見掛け上は巨大と化したゼネラル・ミルズ・シリアル社の役員に説き伏せたのは、チェリオスが朝食シリアルの「普通のオートミール」と捉えられるのみでなく、むしろ「家族の一員」として、また、それゆえに「家族に対する母性愛の永遠なる表現」と捉えられることだ。そのシリアルに「感情的ブランドを付ける」ことで、ゼネラル・ミルズ社はロバーツによれば顧客と結託したのであり、そして瞬く間に売上は再上昇した[34)]。同じ意味で、自動車ブ

---

32) Jagdeep Kapoor, "Innovative Marketing to Woo Consumers," *Deccan Herald* (India), November 7, 2005. カプアの記述によれば「ブランド化されたタイルは、インド人の世帯の心情に訴え掛ける最大の広告の一つである。いずれの、すべてのブランド化されたタイルは他社とは一線を画した地位を築こうとしていて、それはコミュニケーションを通じ、そのブランドに顧客を振り向かせようとすることである」。

33) Gobé, *Emotional Branding*, p.53.

34) Roberts, *Lovemarks*, pp.197-198.

ランドとしてのサターンに特別の意味をもたせるよう、その製造者たるゼネラル・モーターズ社は、「4万4000人の顧客に対して、我ら自動車とともに自動車整備工場で休暇を過ごそう」と語りかける広告を流し、（会社とブランドの凋落が見えはじめた）その絶頂に酔っていた。サターンはその顧客の家族の一員となったのであり、それは顧客が休暇に向かうときに文字通り誰と一緒にいたらより嬉しいのかということを示したのである。ブランド志向がカルトに傾斜しているとさえ言う人がいるかもしれない。広告専門家は、それに賛意を示した最初の人びとである。ダグラス・アトキンは著作で「カルトは、ブランド崇拝を創造する見識にとって合法かつ肥沃なる源泉であって、ブランドは新興宗教である」[35] と論じた。彼は批評家としてではなく主唱者として、「他の宗教とともに、今やブランドは信条やコミュニティにとっての真剣なる競争相手である」[36] と結論付ける。ジハードは今日のマックワールドの敵方となることを引き受けたことで、商業に対する宗教でなく、宗教に対する宗教となったのだ。

35）Douglas Atkin, *The Culting of Brands: Turn Your Customers into True Believers* (New York: Portfolio, 2004), p.xi. アトキンは以下のように述べている。「今日で最高に成功しているブランドは、製品に特別《アイデンティティ》のマークを与えているわけではない。カルトのブランドは信条である。これらはモラルであり、価値を体現する。カルト・ブランドはモノのために立ち上がる。そして忙しなく働き、何が正しいかを争う。カルト・ブランドは現代の暗喩を提供し、世界にその重要さを吹き込む。我らはベネトン社の衣服を買えば、その意味するところを身にまとうのだ。我らがベン＆ジェリーズ社製のアイスクリームをスプーンで口に運べば、その意味するところを食しているのだ。ブランドの機能は完全にその意味を伝えるシステムなのである。それは消費者（被雇用者）にとって一連の特有の信条や価値を公的に規定する場所なのだ」

36）Atkin, *The Culting of Brands*, p.202.

アメリカ合衆国のテレビ・ニュースは、アトキンが「精神的な経済」と呼ぶことに対する新たな理解と、それによる新たな統治を実践するのであり、そこでは原料となる商品の世界を支配する「意味の帰属先を探し、作りだす必要」が求められる[37)]。朝方の「ニュース」は『トゥデー・ショー』や『グッドモーニング・アメリカ』といった初期（1952年の『トゥディ』）を経てジョン・チャンセラーやトム・ブロコウといったジャーナリストを主演させる半ばお堅いニュース番組で始まった。しかし1980年代に明らかになったのは、硬軟どちらのニュースもが、単なるスター・ブランドの伝達手段と化し、テレビ・ネットワークは強度の「帰属するニーズ」[38)]を刺激することでその聴衆を拡大する、そのためのマーケティングだったことだ。政治的領域における3つの伝統的階級や階層との相対たる市民ジャーナリズムの重要な役割はかつては“第四階級”とされたが、今やそれは階級、それも企業株主を満足させ、広告収益を最大にするために、情報エンターテイメントを売る商品資本主義に過ぎないのだ。

そのためニュースとしては、この頃は、露出度の高いケイティ・コーリック、ダイアン・ザーナ、アル・ローカーのようなパーソナリティ抜きでは成り立たなくなっている。ショー番組は、朝方の視聴者の70パーセントを占める女性を標的にし、また、メディア批評家のケン・オーレッタが指し示す通り、とりわけ彼らアンカーのもつ「好感度」に依っている。『トゥディ』はレギュラー出演陣に

37）Ibid., p.201.

38）アトキンは以下で「帰属するニーズや意味を為すこと以上に強い感情はほとんど存在せず、よってブランドはそのニーズを開発する」と述べている。Atkin, *The Culting of Brands*, p.199.

気象予報士を連ねているものの、メインの演壇は常に同番組のトップ・スターたるアル・ローカーに用意されていて、その最も重要な任務は、「天気予報を告げることなどでなく、その親しみあるジョッキー、アル・ローカーというキャラクターを演じることなのであり、だから天気などは肝心な部分から外されるのだ」[39]。新しきブランド・マーケティングでは、製品が感情、感覚、そしてそれらのつながりと比較されるとき、その要所からは常に逸れているのだ。だから、ポルシェが新しいカイエンS（チタニウム・メタリック）を発表した際、誰もが驚くのは、大きな人目をひく広告に細い字で「カイエンS（チタニウム・メタリック）は、すべての部品がチタン製ということではありません」との文字が読めることである。どうしてそうなのだろうか？　ブランドとは経験であり、そしてブランドという経験は「台本《やらせ》」[40]が必要とされるからだ。『グッドモーニング・アメリカ』の元プロデューサーたるシェリー・ロスは、番組に居るスターたちのために実際の台本を書いて、キャスト・アンカーとしてチャールズ・ギブソンを「お父さん」に、そのうえで「家長」にし、また、ダイアン・ソーヤーを「すべての文化の愛好者」として、さらにはニュース解説者のロビン・ロバーツを「親友」と

39) Ken Auletta, "The Dawn Patrol: The curious rise of morning television, and the future of network news," *The New Yorker*, August 8 and 15, 2005, p.69. 朝のニュース番組の特集で最初に見られるが、いまやネットワークニュース番組で一般に評価されるのが標準になった。ジャーナリストのアンカーたち、ダン・ラザー、トム・ブロコー、ピーター・ジェニングスを経由して、ケーブル・ニュースとラジオトーク番組をつないで、ラッシュ・リムバーからハワード・スターンに至るまで、ニュース、トーク、コメンタリーをただパッケージ化しているだけである。

40) 以下の著作ではブランド戦略を「建築および内装の設計を介した段階を踏んだブランド体験」と定義している。Riewoldt, *Brandscaping*, p.7.

して配役したのである[41]。

ナオミ・クラインが著作『ブランドなんかいらない』で詳述しているが、彼女のいう「『ブランドのビジョン』という啓示《エピファニー》」は、あらゆるマーケティングの石をひっくり返して、その下で見つけられたものだ。ポラロイドは、もはやカメラではなく「社会の潤滑油」を、IBMはコンピューターでなく「ビジネスの解決策《ソリューション》」を販売するのであり、スウォッチは腕時計よりもむしろ時間を市場に出すのであり、ディーゼル（ジーンズ）はライフスタイルという「活動」を表すのだ。この概念は一連の価値を表現し、「ブランドの特質」を展開するのであって、何かを製造するわけではないが、ナオミ・クラインが主張するように、トミー・ヒルフィガーが為すのは「その名前を署名する事業」[42]に没頭することである。今日、多くのブランドは有名人やパーソナリティを中心に回っていて、マイケル・ジョーダンとラリー・キングといったすでにブランドと「なっている」人たちから、リチャード・ブランソン（ヴァージン）、フィル・ナイト（ナイキ）、ビル・ゲイツ（マイクロソフト）のような、製品を有名人の評判に変えることでブランドと「なった」人までおり、彼らには、〔カリスマ主婦〕マーサ・スチュアート流のところが大いにあった。

マイケル・ジョーダンやオプラ、または〔インサイダー取引で有罪となった〕黒い疑惑のあるマーサ・スチュアートは、製品を創造、実用し、それをもって「行動」し、あるいはそのサクラとなってきたが、自己とともに歩み、息づいてきたのは自らの名前というブランドであって、それ以上に特別な製品はないことを考えてみるがよ

41）Auletta, "The Dawn Patrol," p.73.
42）Klein, *No Logo*, p.24.

い[43)]。もしも彼らが製品を動かすのならば、それを購入する人びとはジョーダンやオプラ（と“なり切る”）の態度を買い求め、取得することを期待するはずだからであり、そこには抹殺してきた敵方を消費した古代戦士たちがその美徳までも吸収しようと思う部分も少なからずあるのだ[44)]。彼らのアイコン的な娯楽産業のトレードマーク（アーノルド・シュワルツネッガーと彼の潜在的挑戦者たるウォーレン・ビーティ）を政治的なブランドに変えて、時々政治的なブランドをエンターテイメント商標に変えた（テネシー州の前上院議員フレッド・トンプソンと同様に）有名人政治家の新しい類型についても考えてみるがよい。何ものも、すべてが、誰もが、何もないことさえもが、ブランドとなりえ、発言や水、砂でさえもそうなるのだ[45)]。

---

43) William Safire, "Brand," *New York Times*, April 10, 2005. Evan Morris, *From Altoids to Zima: The Surprising Stories Behind 125 Famous Brand Names.*「カルヴァン・クラインやラルフ・ローレンはともに、『ブランド』としての、よく知られる『一般的資質』をもつ個別の名義のイノベーション、消費者にその製品の調子がプロジェクトになりそうかというアイデアを与えるのだ（双方のケースともに超 WASP)」

44) マイケル・ジョーダンのスター性は消えつつある。ナイキは 250 万ドルの元手により、〔シューズ〕「エア・ジョーダン」の販売で 26 億ドルを稼いだ。ジョーダンはナイキと 1984 年に 5 年契約を交わした。慣例というわけではないが、その後継者はレブロン・ジェームズ選手で彼は高校卒業後にドラフトでクリーブランド・キャバリアーズに所属した。ジェームズは 2003 年に 7 年間 9000 万ドルのライセンス契約に署名し、ジョーダンが契約した 20 年には届かなかった。ナイキはレブロンを「キング・ジェームズ」として広告に出演させ、80 億円のアメリカの競技用シューズ市場の圧倒的シェア（ライオンの分け前）をもつことを目論んだ。"Nike Pins Hopes on LeBron," CNN/Sports Illustrated, May 22, 2003, available at http://www.sportsillustrated.cnn.com. その市場価値は 2005 年夏にアディダス社が 38 億ドルでリーボック社を買収したときの利潤に匹敵し、ナイキがよりシェア拡大を目指す拡大路線に適っているのだ。

45) ナオミ・クラインが引用するのは、広告専門家サム・ヒル、ジャック・マ

あるいはホームレスはどうか。つまり貧困と真逆の立場で、売れるものは何でも売るというために、ホームレスのもつ看板を利用し、ある「賢明な」子供は「浮浪者広告《バムバータイジング》」と何気なく呼ぶ手法を発明した[46]。あるいはペットにしても、ニコロデオン（子供向けケーブル・チャンネル）は、そのシンボルたる番組『スポンジボブ・スクエアパンツ』のキャラクターを犬用のセーターに刺繍して売りつけているし、一方で有名人のパリス・ヒルトンは「自己を表現する一つ」（そして、彼女の製造したラインナップ）として愛犬チワワの毛づくろいをしているのである[47]。

出版業と同程度に質実かつ重厚な産業でさえも、これらに対する免疫があるわけではない。観察者たちの中には、大衆市場にいる慎重なベストセラー作家がもはや自己を本の出版者と考えるべきでないとし、むしろ、本が大衆市場のベストセラー作家を生産しているように提起する者もいる。彼らがフィクション、ノンフィクションまたは内輪話を書くかどうかにかかわらず、新しいブランドであるのはその著者自身である。スティーブン・キング、ボブ・ウッドワード、トム・クランシー、ダニエル・スティール、アン・クールターはまず最初に「自己」を売り込み、そして、著作は次にその波に乗って行くのだ。事情はフランスでも変わらず、著者名のブラン

クグレイス、サンディープ・ダヤルの調査が「実際にブランドが砂のみならず、麦、肉、レンガ、メタル、コンクリート、化学、コーングリッツ、そして伝統的にその過程に免疫があると考えられるあらゆる種類の商品がブランドにできる」との証明を論じることである。Klein, *No Logo*, p.25.

46）CNN Headline News, August 12, 2005.

47）Rob Walker, “Consumed: Dog Chic,” *New York Times Magazine*, August 7, 2005. ウォーカーのレポートによると、（子供向けアニメ）『スポンジボブ』はライセンス商品の販売料として年間15億ドルをもたらし、ルイ・ヴィトンやハレー・ダビッドソンはペット業界にも進出しようとしている。

ドと『ヴォーグ』誌掲載の著者の写真がその著作を動かすのであって、その大衆文化《ポップ・カルチャー》的な著者によって本や回顧録やエッセイを飾り立てているのだ。

有名人のブランド化は自然に浸透《トリクル・ダウン》し、人気のない作家たちをより文学《リテラシー》とは無縁のやり方で、自己の仕事を再考するように促している。2005年の作家協会のシンポジウム「飽和市場における指針と宣伝（タイトルだけでも言わんとすることは分かる）」で、作家たるE・ジーン・キャロルは、その著作よりも女性誌『エル』のコラムですっかり有名であるが、（コメディアンで）男性作家たるジョージ・カーリンの台本についてではなく、その台詞回し（それは「秀逸だった」）や演技（それも「素晴らしかった」）について勢いよく語り、「本が人びとの指針にならなくなるだろう日が訪れ、本はその指針に付属し始めることだろう」と結んだ。ニュース番組での天気と同様に、本は肝心なところから外されている。キャロルは作家協会の権威ある演台から気負うことなく自発的に語り出して、ブランドの時代精神を以下に体現したのである。「この本は……、えっと、絶版です。まあ、フーッ。誰もがウェブサイト、ケーブルテレビ、ラジオ、（衛星ラジオ・ネットワーク）シリウスに紹介されたいと思っているのに。でも、本はもう無理なの。前はよく紹介されて、ほかの媒体はすべて、本のまわりを回っていたのが、もう本はダメなのよ」[48]。本は対象外で、著者とそのブランドだけが対象内なのだ。

その少年っぽい熱意をもってケビン・ロバーツは、ブランドのもつ潜在的な意味を暴露し、本書で調査した多種多様な事例の意味を体系化し、そして、『ラブマーク』のタイトルで次世代のブランド

48) "Standing Above the Crowd, Authors Guild Symposium," *Authors Guild Bulletin*, Summer 2005, p.21.

戦略のバイブルを著して影響力をもった。同書において、彼はマーケティングを資本主義のツールとしてではなく新たな絶対必需品として認めることでその幸福に浸っているが、それは情感的宣伝であり、真の感情や感覚を乗っ取り、さもなくば、製作者も消費者（ケビン・ロバーツの戦略の不在）もあまり関心がありそうにない製品を、それも如何なる場合にも先天的需要がほとんどない製品を売るために、有益な手法で完全に彼らを釣るのである。ロバーツは、「ブランド」がかつて「トレードマーク」を改善したのと同じ方法で「ブランド」を改善する第３世代（戦後世代）の用語のための時代が到来したと信じている。彼がその候補とするのはラブマークであり、それは消費者がラブとともにあり、それゆえに、企業経営者や株主によってではなく消費者自身によって「所有される」ブランドだからである。よりそれを明らかにするため、ラブマークは、消費者が愛に浸ることができ、そしてケビン・ロバーツ、リチャード・ブランソン、フィル・ナイト、トミー・ヒルフィガー、そしてハワード・シュルツのような知識豊富な広告主であり利口なマーケターたちによって「所有する」よう説得され得るのだ。彼らの仕事は、「感情的な決定」を「自然」に起こすことができる非特異性の情感が悪く影響される製品やサービスに没頭させることである（人工的造作物としての自然さ、そして非合理かつ無思慮としての感情的決定であり、それゆえにまったく決定ではない）。

それは、最も文字通りの意味での「愛の販売」であり、なぜならば企業は、実質的製品よりもむしろ愛を販売しているからだ。同様のものに、ラブマークをあしらった郵便切手があり、それは米国郵政公社の今やお気に入りで、幸せを伝達する手段に対する一部のマーケターの考えを取り入れて郵便局が印象の良いと考えたブランドの表象《エンブレム》よりも、施されるサービスとの対価性に乏しいと思われるものである。消費者が愛または「それが好きである」(有名なマクドナルドのスローガン) ことに同意したら、ラブマークは生まれる。当初の合理的なニーズに定められた製品そのものと実際の要求とは、もはや要点ではない。このラブマークの時代では、第一段階はブランド・マーケティングの特徴として合理性と知識を否定することによって感情を完全に受け入れることである。「人間は合理性によってでなく、感情によって推進される」(または子供は合理性によってでなく、感情によって推進されるからである) ので、新しいマーケティングへの鍵 (そして、暗黙のうちに、同様に古いマーケティングへの鍵) は「首尾一貫した、消費者との感情的つながり」を作ることであって、それは「私はそれが好きだ、私はそれを好む、私はそれにいい印象をもつ」ような表現において明らかな種類の感情的決定に基づくように買い物の選択をさせることである。ナイキが「感情的なつながりにテコ入れしよう」と努力する間、スターバックスは「感情的な結びつきを樹立しよう」と試みる。ケビン・ロバーツは、すべての感情を標的とすることを述べ、ただそれらがブランドの代弁者であるだけで、「感情が一番であり、それがすべての最も基本にある」としたのだ (「ラブマーク」のサイケデリックなレイアウトにある二つの完全なそれ以外は空白のページの上に描かれる明るく鋭く叫びたてる深紅色でこの一つの語を想像させる)[49]。

ラ ブ

これは単純なことだ。ロバーツの著作第4章は、皆が知っているフレーズ「愛こそがすべて」から借用したタイトルとなっている。これはとりわけ子供が求めることである。ロバーツがサーチ＆

---

49) Roberts, *Lovemarks*, pp.42,43,45-46.

サーチ社のCEOに就いた1997年の時点から、彼は信念を実行に移した。かねてよりの大きな構想、すなわち「サーチ社は、『広告代理業者』でなく『アイデア（創造）企業』である」ことを改めて目指し、「我らは、より多数の人びとに向いている必要がある」と、彼に精神を預けている社内の同僚たちに訴え掛けた。彼の説明によれば、「すなわち我らが目を向ける必要があるのは、より多数の人びと、すなわち愛なのだ」[50)]。同社のあらゆるブランドでは、ラブマークが愛情の代役となるニーズを求めるのみならず、ブランドではないはずのサーチ&サーチ社が同等のことをせねばならないのだ。それはブランドを売るブランドよりもより原型的なブランドとは、売られるものすべてがブランドであるポストモダン的消費経済に存在するのであり、それがサーチ&サーチ社自身なのだ。もう一つ別の例でいうとポップスの（歌手ティナ・ターナーの）曲目「それが愛と如何なる関係があるのか？〔邦題：『愛の魔力』〕」をわかっていない経済学者は当惑するのだろうが、それは幼稚化時代の経済学に理解がないだけのことである。

ロバーツによるマーケティングの語彙では、ラブマークは安心の目印《トラストマーク》であって、その土台は神秘、色欲、親交、尊敬、そして忠誠を含む一連の関連する感情を独占することにあり、いわばそれは「合理性なき支持」であり、ぞれを最大限に系統立てていけば、皮肉家が「母国の正邪」または「愛国心の構築」または「不合理な横溢」または「不滅の支持」を似ている何か、たとえば共産党やアルカイダと取り違えしかねないことだ。それでも、ロバーツはただマーケティングの新たなレトリックが自然と頂点に達するまでそれを採用しているだけのことである。彼の競争相手たちは同じく過剰

50）Ibid., p.21.

な字句を使い、ダリル・トラヴィスに説き伏せられるのだ。すなわち、「すべての成功したブランドは、その内に見通しをもった頭脳に、また、うまくすればその心の熱き部分に、他に類のない、小さなスィートスポットをもつのである。このスィートスポットは競争相手と異なるようにすることの実際性と感情の双方をもつ」[51)]。それによりマーク・ゴーベが確信するのは、「“企業主導”の手法による企業的アイデンティティ（C.I.）の既存概念を、“人びと主導”による感情的アイデンティティ（E.I.）の方向へと変転させることへの挑戦」[52)]である。ゴーベにとっても、ブランドとは「我らの生活に感情的に共鳴する」ものに違いないのだ。何故だろうか？「感情は人びとを最もよくつなげるまったく単純な配管であるからして、製品やサービスに対する我らの認識を抱負のレベルにまで引き上げるのだ」。ゴーベはロバーツのための地均《なら》しをするのであって、「企業主導のメッセージ」を「人びと中心の対話と取り替える必要がある」[53)]と強調する。ラブマークは人びと中心の対話による原始的成果物なのである。

ブランドに対する支持度では事実が見えていないのであり、その

51）Travis, *Emotional Branding*, pp.39-40.

52）Marc Gobé, *Citizen Brand: 10 Commandments for Transforming Brands in a Consumer Democracy* (New York: Allworth Press, 2002), p.xxi.［マーク・ゴーベ／東英弥訳『シティズンブランド――成功する企業経営 10 のルール』宣伝会議、2003 年］

53）Ibid. ゴーベによると、ブランドを如何に「人間化」するのかという現代マーケティングの典型であり、会社は「全企業計画はインサイト、パーソナリティ、ヒューマニティの一つであって、将来的な企業アイデンティティは、強いパーソナリティを発信することである」としている（p.127）。ゴーベが結論づけるのは、「個性をもったブランドは、想像、審美、そしてファンを備えた自己の生活をもつ」ことである（p.144）。

理由はロバーツには明白に見えていて、その事例として1985年にコカ・コーラ社が空前のマーケティングの大失敗を犯したことと、その誤った判断に対する酷評のことを挙げる。ブランドに関係のない、目に見えぬ嗜好に対して慎重な市場調査が為された後、同社はニュー・コークと命名した新商品を顧客に提案した。ロバーツが我らに明らかにするのは、同社が理解し得なかったことは、コークの顧客が味覚について、あるいは、新商品が「主に（あるいはそれどころか実際に）味がよくなった！」かどうかについて、「気に掛けなかった」ことである。この顧客たちが古典的コークによる印象を拭えない「インスピレーションをもった消費者」であるのに、コカ・コーラ社はこのことを理解できなかったために、貴重なブランド的遺産のそのまさに本質をほとんど放棄したのであった。ニュー・コークが失敗したのは、飲料の味によってではなく、同社の弄した、矛盾した手法、すなわち消費者のもつ高い支持度をある意味で裏切ったことによるのだ[54]。

コークのボトルの外側にあるラベルは、中身にあるものの指標であったが、一方で中身にあるものは、本と朝食《チェリオス》と朝方のニュースにくっついているものと同じで、大事なことの外側にあり、逸れているのだ。この教訓は、教育のような「重要なもの」と考えられるものを含むすべてのことにあてはまる。ジョン・デューイたちによって1919年に創立された伝統的大学院、ニューヨークの新社会研究学院《ニュースクール・フォー・ソーシャル・リサーチ》は、1930年代と1940年代にナチスドイツからの亡命者によって社会的哲学と研究のための国際センターに変わり、数年前に、その名称をニュースクール大学に変えた。それは、マネス音楽大学、パーソンズ・デザイン大学、そして俳優演劇学校

54）Roberts, *Lovemarks*, pp.171-172.

のような新たなプログラムを開設し、従来の自治的機関を吸収し、そして、アナーキーなプログラムの多様性を集積して、真の大学として新たな地位を知らしめる必要があった。しかしながら、一般的公共性が混乱を来す一方、その支援者と顧客は反抗した。よって同大学は消費者圧力とブランド志向に屈服し、2005年に再び元のブランド、かつてのまさにニュースクール大学の名称を取り戻した[55)]。

消費企業のもつ商業価値は、製品の内になどではなく、企業を代表する名称やブランドの内に宿るのである。コークの不幸なる経験は、偶然ではなかった。インターブランド社によるブランド評価でランキングされた企業リストの最上位はコカ・コーラであり、そのブランド価値は「少なくとも670億ドル」と定められた。その価値とは同社の生産工場とビン詰め工場、そしてレシピによってでなく、「『コカ・コーラ』や『コーク』という単語によってのもので、それも、アトランタ本社が血迷って、商業史上で最も認知されたブランド名称そのものを売ることを決めた場合のものだ」[56)]。2004年のダボス（スイス）での世界経済フォーラムの会議では、プレスリリースが「企業のブランド評価が最重要な指標であって、それは会計上の成果よりも地位が高い」のタイトルの下に発表され、そこで主張されたのは「企業評価は、世界でも有数のCEOや組織リーダーの

55）ほかの学校でも、再命名による再ブランド化が試みられてきた。フィラデルフィア近郊のビーヴァー単科大学は、アルカディア大学となった。ニューヨーク州立大学オーバニー校は、オーバニー大学となった。西メリーランド大学は、マクダニエル大学に名称を換えた。多くの学校は大学や非営利に精通しているマーケティング会社リップマン・ハーネの如き企業にこの件を相談したのである。以下を参照。Alan Finder, “To Woo Students, Colleges Choose Names That Sell,” *New York Times*, August 11, 2005.

56）Griff Witte, “Branded for Life: What if a Familiar name Becomes a Different Animal?” *Washington Post*, January 23, 2005.

何人かに対する調査によって、株式市場での業績、収益性と費用対効果よりも成功の度合いを測る指標がより重要である。製品とサービスの品質だけが、企業の成功の主要な基準としての評価に辛うじて入るのである」。その発表によれば、「企業の時価総額の40%」[57]でブランド価値は測定されると想定している。

ケビン・ロバーツはある個人的事例をもち出して、彼をブランドからラブマークに駆り立てた新たな支持度評価について、納得が得られるよう説明した。普段から彼はヘッド＆ショルダーズのフケ取りシャンプーが好きだったことを告白する。今や彼は禿げ上がってしまったが、それでも使い続けている。それにこだわる理由がないはずなのだが、このことこそが、ブランドに対する「愛《ラブ》」を意味するものである。この種の「理由を超越した支持」は、日常生活に現に存在するが、それは通常に成熟した大人よりもむしろ直情に即する子供たちに関連している。古くみすぼらしげな人形やボロボロの毛布をつかんでいる6歳児に、ブランド物の真新しくてずっと見栄えの良い着せ替え人形や毛布を渡すからといって、それらをもぎ取れるものだろうか！

もちろん、ブランド支持を浸透させるよう取り組むことは、企業が「若い消費者とその両親のご機嫌を取ろうとすること」に非常に執心するのが主要な理由である。彼らは「新たなマーケティングの成果として幼稚園児をさえ標的とする」のである。フォード自動車社は、幼稚園、保育園、そして育児施設向けに、家の内のみならず、「もちろん、車内でも」安全に注意しようと呼びかける10万枚のポ

57) "Corporate Brand Reputation Outranks Financial Performance as Most Important Measure of Success," press release by World Economics Forum, January 22, 2004, available at http://www.weforum.org.

スターを印刷し、一方で、ピザハット社は、そのブランド漬けとなった幼稚園向けに、同社がペパロニ＆ソーセージのチェーン店に由来するのでは必ずしもないと綴った解説書を発行している。しかし、幼稚園や保育園にいる400万人以上のアメリカの子供たちにとっては、企業がブランド支持を打ち立てようとすることに抵抗し難いのが実情である[58]。その傾向は「従来よりもいよいよ」強まっていると『ニューヨーク・タイムズ』紙は報じ、小さい子供に対する贅沢品に関するエッセイを紹介し、「両親が有名デザイナー製の洋服、アクセサリー、それに装飾品で自分の子供たちの身を包むことに熱心になるほど、その赤ん坊たちは贅沢品市場に対する小さな自己の権利を主張している」[59] としている。赤ん坊が如何様にも「自己の権利を主張する」ことができると示唆するのは、あからさまに強弁しない限り非合理的なのは明らかだが、企業が小さな赤ん坊によるブランド支持を確立しようとする場合、クリスチャン・ディオールが幼児にデザイナー・ドレスを貸し出す計画を実行するような“やり過ぎ”は予期される範疇にある。娘が当該計画の受益者となった母親によれば、「子供にドレスを提供することは社会的に意味のあることであって、そのことによって特別な社会階層にいるこ

58) Caroline E. Mayer, “Nurturing Brand Loyalty: With Preschool Supplies, Firms Woo Future Customers—and Current Parents,” *Washington Post*, October 12, 2003.

59) Ellen Tien, “Living in the Lap of Labels,” *New York Times*, February 15, 2004. そのアイテムは押し売り的で、ジミー・チュー社製のシースルーのプラスチックのおしめ用バッグが880ドル、シルヴァー・クロス・プラム社製のベビーカーが2500ドル、ガーネットヒル社製のおしめ用の「鮮やかなゴミ箱」が168ドルと記載されている。「赤ちゃんたちはいまや、彼らの両親が貼るのと同じブランドのラベルのまわりで遊んでいるのだ」と『タイム』誌の狂騒好きの「レポーター」が述べている。

とを意味する」[60]のである。同様な心理でもって、アメリカン・ガール・プレイス〔人形会社〕は人形専門のレストラン・ブティックのチェーン店を出店し、ロサンゼルス、シカゴ、それにニューヨーク[61]の店舗で若いファン（消費者）を虜にしたのであり、それを『ニューヨーク・タイムズ』紙ではジュリア・モスキンが記事で「そこは町で最も熱き場所で、人形たちは食事無料《ドールズ・イート・フリー》である」[62]と喧伝した。

アメリカでは若者向けのマーケティングには、まさしく制限などないのだ。企業が世界中で開拓しようとしている若者に対しては「侵入口《エントリーポイント》」がある。マリア・パパンシモワが熱心に報告しているが、ロシアでも他の地域と同様に「若者はより高級なモノの消費を志向し、ブランド関連の情報収集に非常に敏感であり、さらに、若者のライフスタイルは、ますます消費文化の参考にすべき重点になっている」ので、「若者は、ますますロシアのマーケターにとって絶好の標的たる顧客になっている」ことを調査により示している。ロシアでも他地域のブランド支持のアイデンティティと同様に、調査が示唆するのは「理想的な若者ブランドに関する説明は、理想的な若者自身の回答の説明と合致する」のである。パパンシモワがケビン・ロバーツの言説に無意識的に到達しているように思えるのは、彼女が調査結果について以下の事実を物語るとして、「ブランド・イメージのもつ感情的な構成要素と特定の製品の社会的意味とが製品の機能的利点よりも非常に重要である」[63]と結論付けるからであ

60）Holly Peterson, "What the Well-Dressed Child Will Borrow," *Newsweek*, February 2, 2004.
61）http://www.americangirlplace.com
62）Julia Moskin, *New York Times*, May 16, 2004.
63）Maria Papanthymou, "Branding for Russian Youth," posted at BizCom-

る。

ラブマークはブランドとアイデンティティに近づいていて、そして全世界に及んでいる。しかしながら、ロシアでもアメリカでも、社会を歪める影響の定式化に幼稚エートスが手を貸すという別の性質に苦しめられているのであり、それは不確実性を伴うもので、かつ不確実性を生じるものである。パパンシモワの観るところによれば、それは本物の感情にある情感力を乗っ取り、「機能的な利益」とはただ無縁な製品とサービスを付け加えるのだ。レンガは家屋や囲炉裏と同等ではないし、レンガが確実に用いられるのは、言わばガラス製の家屋を破却するとか、強制収容所の人間焼却炉を囲い込むとか、あるいはよくあるレンガ造りの屋外トイレを建設するとかだろうが、これらは広告経営陣が影響を与えたいと望んでいる情感的つながりとはまず関係ない。同様に、チェリオスは本当の家族の一員ではないし、アル・ローカーやヘッド＆ショルダーズももちろんそうではない。それは本当に家庭を奇怪なものにしかねないのであって、そうした家庭ではブランドが暖炉に居る飼い犬と並んで居場所が与えられ、家庭はグッピーのように金魚鉢の中に押し込められかねないのであって、ましてブランドが母親や父親の補助や代替することはあり得ないのだ。これらを母性愛と結びつけることは、愛を乗っ取ることであって、母性を取るに足らないものとすることである。もちろん、これは野心的企業や焦燥する政党が母性的感情を市場化することに歯止めを掛けることはない。

---

munity.com, November 3, 2004, available at http://www.biz-community.com. また、以下も参照。Paul Temporal, *Branding in Asia: The Creation, Development and Management of Asian Brands for the Global Market* (New York: Wiley, 2001).

ブランド・アイデンティティによる新しき世界では、諸価値がくだらぬ《トリビア》ことによって価値転換される。不確実性は、ある種の捏造された確実性になる。偽りの感情と商業的に企図された感情とは、ディズニー社のいう「夢を形にする《イマジニアリング》」ものに近づいていく特徴をもっていた。ロバーツが感嘆をもって引用するのは、ウォルト・ディズニーが「これまで知ったどんな女性よりも、私はミッキー・マウスを愛している」[64]と言ったことだ。そして、ディズニーが建設に乗り出したニュータウン、セレブレーションは、ありふれた郊外の建築様式を貼り合わせた上での多様な建築様式による虚偽の装いを顧客に提供した。さらに事実を申せば、それは、買い手に対し「即興的伝統」[65]という好餌を約束した。ニューイングランドに（インディアン運営の）インディアン・カジノがあり、またフランスや日本にテーマパークがあるのと同様にラスベガスやアトランティックシティにあるホテル建築は、現実を再現し、偽物のイメージに適合するのだ。ラスベガスでは、レンタカーから降りなくともマンハッタンの高層ビルによる街並みやパリの景色を味わえ、一方でユーロディズニーのあるパリ郊外では、「ドイツ風」カフェから〔ディズニーのテーマパーク〕メインストリートUSAを堪能できる。マンハッタンのタイムズスクエアでは、郊外のラスベガスのショッピング・モールのように感じられる清潔な都市の快楽的景色の中を散歩できる。ロンドン橋がアリゾナの砂漠にもあり、一昔前の英国遠洋定期船「クイーン・メリー」はサンディエゴ造船所《ドライ・ドック》にもある。こ

64）Kevin Roberts, *Lovemarks*, p.55.

65）Benjamin Barber, “A Dissenting Opinion of Sell-ebration: Living Inside the Book of Disney,” FORUM, Summer 1997. Also see Barber, “From Disney World to Disney's World,” *New York Times*, August 1, 1995.

の原物のすべてはいまやボール紙でできた断片であって、これらは母親もどきや「クイーン・メリー」もどきに扮した本物らしきイミテーションなのである。世界は、すべてが反射する鏡でできたカーニバル舞台と化しているのだ。

テレビは現実に似せた媒体となって、買い物ネットワークの主催者、ニュース・アンカー、選挙運動中の政治家、そして偽物の社会的現実をシミュレーションするリアリティ・ショーのパーソナリティ、との「亜社会的《パラ・ソーシャル》」かつ「疑似個人的」な関係を助長した。彼らは視聴者の目を覗き込み、その心に即興的に話し掛けるのであり、それはまるで彼らが匿名のカメラレンズを凝視し、スクリプト会議で考案された撮影用機器《テレプロンプター》から覆面作家の手による言葉を読み取るかのようである。この作家にとっては、「本物らしさ」とはシミュレーションすることの言い訳であり、「現実」とは発明への招待状なのである[66]。文化批評家たるジェリー・マンダーが注意を促したように、アメリカ合衆国が「世界を直接的に経験するのを経験する形態を介することで、最初の文化を、二次的なものに置き換えた」[67]のだった。

ニール・ガブラーの著作の題名『人生、すなわち映画』はただの修辞的な空想的飛躍などでなく、新しき存在論の手掛かりとなるもので、人生自体がもつ根源から発して、それを画面上にシミュレーションされた再現物へと置き換えたのだ。ガブラーはエンターテイメントによる現実世界の征服について論じ、「エンターテイメント

66) Mike Budd, Steve Craig, Clayton M. Steinman, *Consuming Environments: Television and Commercial Culture* (New Brunswick, N.J.: Rutgers University Press, 1999), p.126.

67) Jerry Mander, *Four Arguments for the Elimination of Television* (1978; reprint, New York: Perennial, 2002), p.13.

共和国」について、それが1830年代のジャクソン大統領下のアメリカで根づき、アイデンティティや名声のすべての形態が転位されることで「宇宙支配」と化したエンターテイメントとして今日に至ったとしている[68]。この新しき世界の概念は、想像と現実とが区別されることはもはやなく、それはピーター・ウィアー監督の映画『トゥルーマン・ショー』(1998年製作）によって捉えられているが、同作品では何百台もの隠しカメラが（主人公）トゥルーマン・バーバンクの（彼にとっての）「私的」な人生を透明なショーに転換し、また、自分の生活が「現実」だと思っているトゥルーマン自身を除けば、あらゆる要素が台本化されている。クレイ・カルバートはこれを「他者に関する外見から分かる真実と、その無防備な生活に関する情報を透明にする想像上の消費」がエンターテイメントの基となるだけでなく、プライバシーや会話を破壊する基となる「転位された覗き見趣味」と表現する[69]。

覗き見趣味のリアリティＴＶは、ポストモダン的な消費主義を定義し、具体化する。(ジャージ・コジンスキーの小説が原作の）ピーター・セラーズ主演の映画『チャンス（Being There)』における、〔主人公〕チャンシー・ガーディナー（庭師のチャンス）のように、全世界は今や「見るのが大好き」なのであり、それは消費資本主義

68) Neal Gabler, *Life: The Movie: How Entertainment Conquered Reality* (New York: Knopf, 1998), p.11.

69) Clay Calvert, *Voyeur Nation: Media, Privacy, And Peering In Modern Culture* (Boulder, Colo.: Westview Press, 2000), pp.2-3. カルバートが明確に見るのは、仲介された覗き見主義が如何に寄生的かということである。セレブへの変身ショーのもつ“循環性”を引用して、彼が示すのは「(ショー番組)『究極の大変身』は、変身を希望する視聴者会員たちがリアルテレビのセレブに劇的に変身する様子を従前《ビフォー》と従後《アフター》の2つの姿で見せて、セレブ風の審美的イメージを手軽に適えるよう再築するのだ」。

が欲し、また助長していることが主因であり、つまりは消費者が行為を為すことよりも、消費者が観ることの方が、より多くを稼げるからである。セックスから政治やスポーツに至るまであらゆる事象が見物人にとっての好事である。セックスは観るだけのものとなり、アメリカのドラマ『セックス・アンド・ザ・シティ』、フランスの有料テレビ局「キャナル・プリュス」、過激さを増した広告、課金式のビデオゲーム、または隠しカメラから妄想を掻き立てるインターネットでの人気サイト「パンチラ」（靴の中や階段の吹抜け、そしてレンズを上向きにピントを合わせて何処にでも隠して盗撮する）は、女性の秘所をワールド・ワイド・ウェブ上で今や世界中に公開する。覗き見主義はチーム・スポーツに引き継がれたのであり、その（贔屓の）ブランド同士のチームが激突はしていても肘掛け椅子に居る観客たちは受動的意味でつながっていて、その勝利や敗北のたび想像するに一体化するのであり、それはたとえ選手たちが冷徹なる金銭取引をもって、その町で活躍するにもかかわらず売買されても同様なのだ。事実、かつては競技場を公共物と位置づけた名称が、その民間企業名との同化によって今日はよりつながりが強化されている。政治も同様で、熱狂的ファンにとってはそれは観戦用スポーツと化したのであり、そこでのデモクラシーは、我らが拘泥する活動よりもむしろ我らがテレビで見るものなのだ。政治的な熱狂者は、新しき仮想市民社会を構成する（議会中継専門チャンネル）「Cスパン」、ケーブル・ニュース、そして増えつつある政治のウェブ・サイトやブログを四六時中見ているテレビ・ニュース・マニアと定義される。ハワード・ディーンの仮想支持者には、インターネットによって取り込まれた者もいるが、彼らが2004年の民主党予備選のアイオワ州党員集会での投票で敗れた際は、仮想政治と現実の選挙戦の相違について若者たちに深刻な混乱のあることが明らかとなった。

そして、覗き見は現代メディアの独特な特徴だけではなく、言うなれば我らのますます仮想化する生活における特異な特徴である。現代メディアと我らの仮想が高じた生活とは、後期消費資本主義の特徴をむしろ規定している。消費者にとって今や資本主義はアイデンティティや現実を所有しているのであり、商品（そして、それゆえに利益を生産する）をこれまでより大変な困難を伴って動かすことに失敗している消費市場で、マーケティング器具としてアイデンティティ等を必要としている。同じ理由で、それは政治と経済状態を決定するテクノロジーでなく、政治とテクノロジーを決定する経済力学である。これらの相関関係の背後には、幼稚エートスと、そのエートスが利用したブランド力がある。

仮想的アイデンティティとそれに対する偽物の支持が促されるのは、製品がその一般的資質から離れて、一次的な感覚として形成された二次的感覚と関係しているときである。ウォッカのブランドを巡るマーケティング戦争は、それを理解するのに有意な事例を示している。グレイン・アルコールは、味覚と品質ではまず見分けが付かない。その呪縛を解こうとして、フランスのグレイ・グース・ウォッカは、2005年の広告キャンペーンを慎重に進め、「インディペンデント映画」の伝説たるロバート・レッドフォードを起用し、彼がサンダンス・チャンネルで製作する映画シリーズを後援することで、マーケティング論争にもち込んだ。このシリーズではドキュメンタリー映画の一環として偉大なる「因習打破主義者たちの再会」と冠した（レッドフォードとポール・ニューマンとの）対談で、「その情熱を通じて我らの文化を変えた、大地を揺るがした変革者たちの親密かつ予測できない肖像」を示した。グレイ・グース・ウォッカは、もちろんアインシュタインとマザー・テレサ、あるいはチャーチルとストラビンスキーを対峙させて見るわけではない。同社はグレイ・グース・エンターテイメントが心象風景として描いたように、善き生活を象徴する二者に手を伸ばしたのである。それは、ファッション・デザイナーのトム・フォードとアーティストのジェフ・クーンズ、俳優サミュエル・L・ジャクソンと伝説的バスケットボール選手のビル・ラッセル、料理人《シェフ》のマリオ・バターリと映画製作者マイケル・スタイプ、といった「創造的な組み合わせ」である。ある関連コンテストは、ロサンゼルス行きの映画チケットにプレミアムとして「祝宴での1000ドル分の買い物券」[70]を付けることを約束した。

2006年、レクサスは別の商業情報用対談として、公共放送局の〔司会者〕チャーリー・ローズを起用した『イノベーションへの道』という会談シリーズを設け、ジョージ・クルーニーとマイケル・アイズナーのような有名人同士をローズが取り持ち、その会話の中にある革新と直感、そしてレクサス自動車により定義される革新と直感との双方間にある類似性を比較したのだった。

オーカットと呼ばれている比較的新しいソーシャル・ネットワーキング・ウェブサイトは、斬新かつ容易な手法でこの新たな不確実性に付け込むのであり、「友人と信用する知人のコミュニティ」に加わるのに選ばれる幸運がある場を提供し、そこでは即席にメッ

70) http://www.iconoclaststv.com. 2005年8月5日付けABC放映の『20／20』の6人の若者、そのうちの4人は（フランス産ウォッカ）「グレイ・グース」が好きだと言うが、彼らはプレミアムの付いたウォッカの利き酒に夢中であった。誰も実際には好きなブランドを選べない。ウォッカはレンガと同じで、一般的なものであり、それを市場に供給する企業は顧客の支持を引き出すのは味ではなく、イメージだということを承知している。これが「グレイ・グース」による計算ずくの「因習打破主義」キャンペーンなのである。

セージを送り、相互交信できるのだ[71]。「信用ある知人」とはもちろん撞着語法であるが、マーケティングの仕掛けとしてのそれは、信用が不十分で、コミュニケーションに飢えている世界では、うまく機能する。以下はオーカットのウェブサイトの文句である。

> オーカットを唯一の存在たらしめるのは、それが信用する知人同士による有機的に発達するネットワークであることだ。これによって我らは急速に大きな組織になるわけではないが、誰もが自分の存在を保証するには少なくとも一人の他人を要するはずだろう。
>
> もしオーカットの会員の誰かを知っているなら、その人が同様に加入するよう勧めてくることだろう。また、もしもオーカットの会員に誰も知人がいなくても、少し待てばたぶんすぐに誰かが加入を勧めてくることだろう。我らは、皆様がオーカットのコミュニティの一員に加わることを楽しみにしている。

オーカットは「クチコミ」(非公式に人から人へと「販売」すること）を偽物の「コミュニティ」と「信用」に近いところで実施するのであり、それはより「匿名性」をもち、そのゆえにクールに欠けるが如き、他の若者のウェブサイトと競合するのだ。

71）Jesse Lichtenstein, "The Wires World: The Real Orkut," *The New Yorker*, March 29, 2004. 同様のウェブ・サイトは、マイクロソフトのワロップのほか、フレンドスター、マイスペースがあり、すべての仮想空間には若い人びとがインスタントメッセージや相互反応に群がっている。オーカットは労せずして得る親密性を売り、「紹介だけによって」そのサイトを立ち上げ、少なくとも一人の他の会員との面接をパスする。サイトはケヴィン・ロバーツがトラストマークとみなすものである。

調査された全事例による教訓は、ケビン・ロバーツ、ダリル・トラヴィス、マーク・ゴーベ、マシュー・ラガスによって、新たに教え込まれるべきマーケティング原理として取り込まれ、精錬されてきたのであり、それら全部が売るよう洗練された一連の偽の感情と感覚によるブランドを指し示すのであり、そこでは特に感情と感覚は製品から生じるのでなく、スペースシャトルが宇宙に向けて発進できるようロケットに付帯されるやり方と同様に、製品は感情等を括りつけられるのだ。そして、ロケットが推進能力《ペイロード》に事実上達する以外は、自己修正でもって目的に達するのである。

幼稚化する消費社会においては、これはブランド化されたアイデンティティにまつわる問題の核心に我らを引き戻している。ロバーツは愛《ラブ》のマーケティングを美化し、それに古典的な信憑性を与える際にロングフェロー、ヴォルテール、ラスキン、そしてエーリッヒ・フロム等（ならびにウォルト・ディズニーと〔テレビアニメの主人公〕ホーマー・シンプソン）の内容を引用している。その際に、彼は言語の力をその本物の源泉から盗み取り、道具化したのであり、それを商業的利用の下位に置いたのだ。かつて汎用性ある商品やサービスと同一視されたトレードマークとは異なり、ラブマーク化身のブランドは、一般的製品を盗まれた感情的な汎用品に置き換え、それによりこれらがブランド支持と株主利益のために機能を有するのである。チェリオスが家族の一員となるのは、家族の強化が望まれているからでもないし、焼いたオートミールが犬や猫、そして他の家族の一員となるペットとしての居場所を想定し、代わるからでもない。一般的なオートミールのシリアルを家族愛と結びつけることによって、感傷的な力が製品を刺激し、さもなくばその不足分を補うブランドに投資することを広告主が望むからである。

映画の劇中広告《プロダクト・プレイスメント》の戦略の有効性は、その目的が製品を売ることだけでなく、その感情的なメッセージを利用する映画で証明される。よって、たとえばジム・ジャームッシュ監督の受賞映画『ブロークン・フラワーズ』において、彼がそこでどのようにチェリオスを見るべきかといえば、〔主演を務めたコメディアン〕ビル・マーレイは朝食に就くかわいい子供に甘い台詞を投げ掛けるのであって（マーレイは一匙くらい盗み食いしているのかもしれない！）、チェリオスはブランドを売るのと同じくらい、その場面に感情を移入するために為す多くの作業に対してレッテルをつけているのである。

ブロードウェー・ミュージカルでの再演は、原作による一般的な選好を後援企業のための劇中広告《プロダクト・プレイスメント》へとしばしば変えてしまうのであり、その際はリアリズムを損なわないことだけに注意を求められるのである。1968年のミュージカル映画『スイート・チャリティ』の原作では、ウェイターは客に「スコッチのダブルをもう一杯如何でしょうか？」だったのが、2005年の再演での問い掛けは「グラン・センテナリオ・テキーラにしますか？」となったが、それは休憩時間にロビーで売られている商品なのである。ホーメル食品社（肉の缶詰「スパム」のメーカー）は、ヒット・ミュージカルの『スパマロット』を後援するだけでなく、ショーにその名称使用権を与え、新たな“ゴールデン・ハニー・グレイル・フレイバー・スパム”をニューヨーク市場に打ち出した。ヤフーは『スパマロット』の後援企業としてホーメル社に加わり、そのブランド名は台本（ショーの中で野蛮人が「ヤフー!」と叫び、そして同社はステージ上ではずっと「見せ掛け」はスポンサーとして現れている）に書き込まれたのである[72]。

72) ヤフーは、俳優に甲冑を着せて、劇場の外でヤフーメールのスパムガード〔迷惑メール対策機能〕を広告させている。最近、ヒルトン・ホテルはもしもブランド名称が形を成して、アイデンティティに代替することさえもがあり得るのならば、「あなたが誰なのか」を見つけ出すため、どこで（そして、何のために）買い物をするのかを決めねばならない。これは現代ブランドの単純な秘密である。そこには「幻想」などない。消費者たちは共謀者を知っており、だから必ずしも誤った意識の問題ではないのだ。消費アイデンティティのポストモダンの形態では、見た目がすべてである。『ニューヨーク・タイムズ』紙でインタビューされた、ジョージア州郊外のアルファレッタからやってきた裕福な住宅所有者は、「歴史の幻想を引き起こす」ことに自分が係わったと認めているようだ。彼は家を「持ち堪《こた》える」厚い柱が空洞であるということを知っており、別の場所から移転された古きアン女王朝様式の家に、ニュータウンの史的社会性があるということを知っているのだ。

この74歳のニール・マルティノーが認めるのは「建築上の威容」に自らが関与していることであり、その肝心な点は自分の家が「他の人が居る家よりよい」ことを証するためだけにあるということだ。彼は「私がそれをここで模造している」のだと認める。「私には資産があるが、それには馬に与えるほど十分な牧草があるわけではない。しかしながら、私はこれを牧場と呼ぶ」。マルティノーは自動車が地位を運んでくるのを見て、メルセデスを運転することで、「自分が何者かを示す」のだ。そのために重要だと感じるから、彼

ニューヨークでミュージカル『チキ・チキ・バン・バン』を後援した（ヒルトン・シアターで公演）。〔カー用品会社〕タートル・ワックスは、『グッド・ヴァイブレーション』を後援し失敗したが、〔クレジット会社〕ビザは『ムービン・アウト』の全米ツアーを後援した。以下を参照。Stuart Elliot, “On Broadway, Ads Now Get to Play Cameo Roles,” *New York Times*, April 22, 2005.

は「メルセデスを身にまとって満足する」[73]のだ。アイデンティティが移動性と同様に滑りやすいのが常である所では、「リロ（再移動）」を行う階層にいる典型的成員、つまりマルティノーは車が運転するというより身にまとうものであり、アイデンティティは内部が空洞であっても外見で示されることと理解しているのであり、それは、衣服、車、クラブ、教会、すべて同じである。たとえばキャシィ・リンクは、別の新しい匿名の郊外地で「リロ」製品で不快な思いをした人間で、彼女はブランド・アイデンティティをもまた捜している。彼女の居るメドロック・ブリッジという新たなコミュニティにおいては地元のクラブに加わることが必要なのであり、彼女は「我らは教会を見つけられなかった。だから我らは教会を買いに行った」[74]ことを認めるのである。

人びとが「身にまとう」車や、彼らが「買い求める」教会につながっていくアイデンティティのある商業社会では、アイデンティティが買われ、借りられ、盗まれることは少しも不思議ではない。個人情報盗用《アイデンティティ・セフト》はクレジットカードとインターネット・ユーザーとの間の、そして、それゆえに、銀行や信用サービスにとっての共通の懸念となった。しかし、個人情報盗用《アイデンティティ・セフト》の用語が単に盗まれたプラスチック板の濫用を象徴するだけであるとは、もはや想定できない。凶悪犯の冷淡なバリトンが老婦人の甘い口から出てくるように、テレビ広告が個人情報盗用《アイデンティティ・セフト》の寸劇で警告しているとき、盗用された商業的な個人情報《アイデンティティ》は人びと自身の「発声能力」が失われることを事実上意味するのかもしれない。アクシオム、セイシント、レクシスネ

73) Peter T. Kilborn, “The Five-Bedroom, Six-Figure Rootless Life,” *New York Times*, June 1, 2005.

74) Ibid.

クシスといったデータ収集サービス社が個々の消費者の購買習慣、与信、買い物行動に関する情報を売買するとき、通常は消費者の了解や同意はなく、それはプライバシーに関連すること以上の危険をもたらす[75]。

あらゆる都市近郊では、ニューヨークのタイムズスクエアで（アダム・ゴプニクの鮮明な描写において）起きたように、アイデンティティの変動を経験することが可能だ。マンハッタンを特徴付ける歓楽街では、「国家的ブランドと熱心な買い物客」からなる大仕立ての商業文化が、「情感的な『大衆人気』の文化、アーケードやラニヨン風の営業用奏者《ソングプラガー》を置き換える」ものとなった。ゴプニクは、タイムズスクエアにブランドを付けることが、子供たちにモノを売る戦略の一部であることを描写し、「タイムズスクエアの凋落によりもたらされるのは、ニュースクエアというその真に超駆動的なタイプの出現であり、それはあらゆる親の弁える帰着点であるが、アメリカ商業の動力源であるのだ。それはまた、『家族』に向けられてブランド化され、テレビを通じた商品なのである（つまり、子供たちが商品を買うまで、彼らの両親を羽交い締めにしておくよう彼らを仕向けるのである）」[76]。

しかし、偽物の価値をアイデンティティの中心に置くことは、ある価値を求めることである。時間とともに、寄生主義は偽物の価値自体の真実性と意味が対象とするものを抜き取り、新しいアイデンティティを実体がなく、有意性もないままにする。チェリオスが母

75）これらのテーマは以下の著作で探求された。William Safire, "Good-bye to Privacy," *New York Times Book Review*, April 10, 2005, a review of Robert O'Harrow Jr's *No Place to Hide*.

76）Adam Gopnik, "Times Regained: How the Old Times Square was made new," *The New Yorker*, March 22, 2004.

親についてまわるならば、母親はチェリオスについてまわるのであり、そして結局、チェリオス（または石鹼の泡や〔年増の人気キャスターの〕ケイティ・クーリック）についてまわる母親は、「本当」の母親たることをやめて、そのブランド利用と同程度に偽物っぽくなるのだろう。この要点は、母親としての価値が乏しくなったことで、母親らしい養育とは虚偽の関係であるブランド信用力を求めても、もはやチェリオス自体に魅力を付すという目的に適合しなくなったことである。〔洗剤〕タイドも家族を健康にする最高の掃除人や埃の巡回人である以上に、母親と関連付けられるよう決定されているが、タイドはチェリオスに対して母親の信用力を侵害し、徐々に蝕むことを望まないのかもしれず、それはチェリオスがタイドに対して商業的に過剰に利用されることを望む以上のことだろう。両社ともに望んでいるのは、愛情、支持、そして「あらゆる理由を越えた」信用のある母親らしさという、本物らしく、それに相応しい意味で表現される本質的意味での母親に生じる、数カ所の（盗んだ）緑青《サビ》の部分を張り合うことである。しかし、これらの借用した特質を利用する際、企業はその意味が流出するのを援助する。愛という語は母が理由を越えて自分の子供を愛する意味、そして、彼女の子供たちが同じように自分の母を愛している意味をなす一方で、我らが理由を越えてチェリオス、タイド、ヘッド＆ショルダーズ、コークが好きであるという意味を成さない。実際に、そんなことはまったくバカげており、子供っぽいことだ。大人はラベルに恋をしているのでなく、その味わいと栄養価のためにチェリオスを好み、フケをコントロールするためにヘッド＆ショルダーズを使用する。結果として、消費者は、母親に付随する製品と母親風の甘き理想に冷笑で報い、それを軽蔑することになるのだ。しかし、伝統的なアイデンティティを失い、ブランドに対する懐疑をもってしても、これらの製品や理想は母親から解放されるものの、根絶されるのみではないことを意味することだろう。

そうして、子供と10代の若者たちはブランド製作者の応え得る目標物をつくりだす。よって、アリッサ・クォートは以下のように論じた。「10代や20代は、自分たちの肉体を改造したり、ブランド化したりすることに大人よりも抵抗が少ないのだろう。この肉体を、しかも一晩で永久に変えてしまうことは、実質上、毎日アイデンティティを変えると定義される思春期の子供の得意技であって、多くの10代の美容外科手術は自己嫌悪の産物であり、自己向上や普通になりたいという考えでカモフラージュされる。美容外科を選択する女の子は、肉体を脇に置いて、まず自己嫌悪を克服しようとはせずに、肉体に執着し、むしろそれから支配される強迫観念を選ぶのだ」[77]。

マーケターたちは理由よりもむしろ感情を供給していると主張し、そして、彼らが確かに消費者にある感情を呼び起こそうとする一方で、実は自ら理性的に行動し、理由にならぬ理由による強力な形態、つまりは利益の名目で理性的に展開される感情を用いているのであ

77) Alissa Quart, *Branded: The Buying And Selling of Teenagers* (New York: Basic Books, 2004), pp.126-127.［アリッサ・クォート／古草秀子訳『ブランド中毒にされる子どもたち――「一生の顧客」を作り出す企業の新戦略』光文社、2004年］。「2000年から2001年のたった1年間で、18歳以下の10代の美容整形手術の件数は、6万5231件から7万9501件へと21.8％も飛躍的に増えた。2000年に米国で実施された740万件の形成外科手術のうちおよそ30万6000件近くは、10代や子供が対象だった。2000年の全米形成外科学会（ASPS）によると、豊胸術は18歳以下に3番目に人気のある手術で3682人の少女がこの手術を受けた。同じ年に、10代の鼻の手術は2万9700件、耳は2万3000件、ケミカルピーリングは9万5097件、マイクロクリスタル・ピーリング7万4154件、そして、レーザー脱毛は4万5264件だった」

る。たとえば彼らが、女の子たちのもつ身体像に対して関心を抱くことは、商品を売り、会社を維持するためには完全に合理的なもの（彼らにとってで、我らにとってではない）であって、それは破綻せずに（消費資本主義が）生き続けるためのものである。創造者たちは顧客を合理性から解放するのであり、それは自分たちに都合のよい金儲けという合理性に適うことをもって、顧客にモノを売るためである。ケビン・ロバーツが認めるように、彼らの仕事は実質的に消費者に衝撃を与えることであって、それは効果的字句をもってすれば以下となる。「“私”に感銘を与えるための時間が3秒与えられている。“私”とつながる3秒間で、“私”はこの製品でラブに陥るのである」[78]。“私”がその製品に恋に落ちるように「させよ」。この恋の成就は顧客次第というよりもむしろ製作者とそのマーケティング代理人に掛かっているということを、顧客さえもが知っているのだ。

しかし、消費者を恋に落ちさせることは寄生主義に依拠しており、それは我らの社会的価値の蓄積を上向かせるのみならず、引き下ろすこともし、また、その貯蔵庫内に何かを差し戻すことなく、その価値を使い切り、微小なものにし、卑しめるのだ。家族の範囲が縮小に向かうなか、チェリオスはそれを再び拡大させることを助長しないし、それは法律が結婚することも、離婚することもより難しくしているのと同じ理屈である。さもなくば、家族の相談にはのるのかもしれない。さもなくば子供をもつかもしれない。さもなくば、〔イギリス犬〕コッカースパニエルを買うことで為されるかもしれない。ヘッド＆ショルダーズやコカ・コーラを「愛する」ことは、ブランドにとっては良いことだが、愛にとっては良いことではない。

78）Kevin Roberts, *Lovemarks*, p.68.

ラブマーク提供者はロマンス泥棒であり、彼らはすべての間違った理由に基づく愛情につけ込む。まさに彼らは、宣伝とイデオロギーの洗脳が為す方向性をしっかりと管理するのであって、適当な感情を不適当な物に向けるのだ。「チェリオスに対する愛情」または「タイドに対する愛情」は、「総統《フューラー》に対する愛情」または「党に対する愛情」とほとんど異ならない。我らが「神を愛する」と語るとき、我らは「神は愛である」の如き何かを意図するが、「ヘッド&ショルダーズを愛する」ことについて語るとき、我らは「ヘッド&ショルダーズは愛である」などとはまず意図していない。我らは愛が詐欺、愛はトリック、愛は売春、愛は売りに出されていることをむしろ認識している。サーチ&サーチ社またはドイル・デーン・バーンバック社を雇ってみよ、すると彼らはあなたのブランドに対する愛情を買い取るのだ。世界に冠たるマーク・ゴーベによるデグリップ・ゴーベ・グループ、あるいはそのイメージと「ブランド創造」会社を雇ってみよ、するとあなたは同社の「ブランドを人びとに接続するための新しいパラダイム」[79]を、自分のブランドにあてはめるのだ。

ケビン・ロバーツが熱っぽく語るのは、彼の成功実績たるレクサスのビデオ広告である。そこでは夫と病院へ向かう道中で妊婦が（都合よくレクサスのディーラー店の前で止まる）車の中で、レクサスのセールスマンの助けを借りて出産する。当然に、レクサスが提供するのは、カップルが病院に車で出かけ、そのセダンという出産部屋をきれいにし、その家庭の一員が産まれる場であって、だから生まれてきた幼女は、イザベル・アレクシスと名付けられるのだ[80]。

---

79) See http://www.dga.com.
80) Kevin Roberts, *Lovemarks*, p.87.

ロバーツにとっては、このことはレクサスがブランドからラブマークへ向かったこと、そして今や創造という奇跡的行為に参加していることを示唆するのだ。より懐疑的な観察者からすれば、それは借り物の感情、偽物の感覚、立位置のずれた感情、そして不相応な愛を提案できるだけである。それが必ずしも嘘でなく、より悪い何事かがあるのであって、それは技術的な意味においてである[81)]。「レクサス家族」が家族に関するレクサス、さもなくばレクサスに関する家族を定めているかどうかを認識することは、この新たなアイデンティティ政治では不可能である。いずれにせよ、そういえるのはブランド化におけるレクサスの成功を、トーマス・フリードマンが著作『レクサスとオリーブの木』で、成功した西洋化とグローバリゼーションの同義語として用いたことによるのだろう。

それから、これらのブランド戦略の目的は、消費者市場のもう一つの重要な製品としてのアイデンティティを正確に確立することである。ロバーツが非難するのは、「ブランドが、人びとの生活を買収した」と懸念し、それを「悪いもの」とする批評家に対してであり、実際には、「それは反対であって、おそらく生活がブランドを買収している」[82)] と主張するのだ。ロバーツが幼稚エートスの権力に対する正当な証言者だろう。世の中では、有名人の名前や変形されたロゴ（エドワルド・ムンクによる苦悩を描いた『叫び』の入ったT

81）ハリー・フランクファートは以下の短編著作において、ウンコの如き議論は、少なくとも真実から乖離した真実を認めるという嘘以上の害悪があり、そのウンコの如き議論は真実を糊塗することはまずない、としている。この意味で、ブランド広告は真実を歪めている。Harry Franfurt, *Bullshit* (Princeton, N.J.: Princeton University Press, 2005).［ハリー・G・フランクファート／山形浩生訳『ウンコな議論』筑摩書房、2006］

82）Roberts, *Lovemarks*, p.57.

シャツに苦悩がないことは、おそらくよく知られる指摘である)[83] をあしらったTシャツが無頓着に着られているが、新しい「リアリティー・ショー」に至っては、参加者が嫉みというアイデンティティの公開劇中で身を苛まれる（それゆえに、とてもおもしろい）のであり、市場は根無し草の若き現代が、そのルーツを捜し求める場となっているのである。

新たなリアリティ・ショーの起源

『ライフスタイル・オブ・ザ・リッチ＆フェイマス』（ロビン・リーチ司会）

『パスワード』

『ハリウッド・スクエアーズ』

『私を当てて？《ホワッツ・マイ・ライン》』

『デート・ゲーム』

『ドッキリ・カメラ』（後に『パンクト』）（アシュトン・カッチャー司会）

より最近のリアリティ・ショー

『ハルク』

『ザ・サーリアル・ライフ』（7人のセレブリティによる共同生活）

『オズボーンズ』

『アンナ・ニコル・スミス・ショー』

83）この議論がこの絵画にいかによく当てはまるかといえば、それが「ブランド」というアイテムを長く借用していて、それはノルウェーのオスロにあるムンク美術館から盗用されているからだ。

『ビッグ・ブラザー・6』(8人の見知らぬ男女が擬似生活を送り、それが観客に赤裸々にさせられる)
『私はヒルトンになりたい』
『セレブリティ・フィット・クラブ』
『見習い《アプレンティス》』(ドナルド・トランプ司会)
『火をつけてくれ』
『スターたちとダンス』
『アメリカン・アイドル』
『殺人オンエア』(映画『スコーン』をスターたちが演じる)
『究極の変身《エクストリーム・メイクオーバー》』
『メイド』
『ライフ』
『ダイアリー』
『私は有名な顔が欲しい』
『白鳥』
『ママとデート』
『屋内飛行』
『リアル・ワールド』(7人の見知らぬ男女が生活を完全に把握される。原作はオランダ版)
『フィア・ファクター』
『バチェラー』
『バチェロレッテ』
『サバイバー』
『アメージング・レース』

リアリティ・ショー(TV番組)が提供するのは、視聴者が画面上で、誰でも少なくとも他の誰かには変われると思うことによる、アイデンティティ上の博打である。『見習い《アプレンティス》』では、大部分のショーは一種の隠喩的変身を認めるのであり、そこでは（番組ホストで大富豪の）ドナルド・トランプとの勝負に勝ち、「クビだ！」と宣告されなければ、トランプに従業員として雇われるだけでなく、トランプの一員でいることでの有名人としての多くの特権を共有し、ある種の小型ドナルド・トランプとしての生涯を約束される。あるいは、テレビで作られた愛情をもって独身男性や独身女性と争った結果、運良く「有名人」と結婚することはできなくとも、拒絶されて有名になるという機会を手にできる番組もある。あるいは、『アメリカン・アイドル』（イギリス発の“のど自慢”番組）で歌声をもって全米中を魅了することで、富と名声（エンターテイメント面での正真正銘の経歴）を手に入れることができるのだ。

ショーには有名人たる他者に実際に変貌することを敢えて約束するものさえあり、その下劣さの最たるものに『私は有名な顔が欲しい』や『私はヒルトンになりたい』の如きショーがあり、ほかにも『白鳥』や『究極の変身《エクストリーム・メイクオーバー》』といった「変身」ショーがあり、そこでは自己イメージに障害をもつ、なりたがり屋が観血外科手術を含めて急激な変身を経験することを選び、彼らの大好きなスターたちのように見えるよう、現状より少しでも勝る誰か（誰でもよい？）他人になろうとする。前述した風潮では、まるで彼らが他の誰かとして自己を作り直すこれらの「機会」によって搾取されているよりはむしろ、公的な権限を与えられているかのようだが、この商業イメージに身をやつすことに服従するよう参加者は扱われる。こうした結果がアイデンティティに対する方向感覚を深刻なくらい失わせ、その搾取されている個人にとってとても苦痛をもたらす代表例ではないのならば、この結果は滑稽なものであろう。結局、これらは数千人が参加するために争い、そして、数百万人が畏怖と妬みで見ている個人参加方式の狂想曲、つまり中世のサーカス・フリークショー以外の何物でもない。つまり、たとえばリアリティ・ショー『私は有名な顔が欲しい』では有名人に見えることを追求して、「ケイト・ウィンスレットのように見える願望から本人より一回り太った女性が、肉体を押し込まれて、もち上げられ、脂肪吸引をされる。ブリトニー・スピアーズのプロの物まねタレントは、ブリトニーの胸のサイズになることに熱中する。それらのなかで最も異常なのは、一卵性双生児の両方ともがブラッド・ピットのように見えることを望むことだ」[84)]。ほかの「競争者」では、ロングアイランドから来た男性が、「よりアーノルド・シュワルツネッガーのように見えるよう再整形された『男性らしい胸』をもつ」[85)] のだ。

ブランド化と民営化とは、相前後して機能することとなる。アイデンティティが宗教と国籍に根ざしている公共カテゴリーから、ブランドと消耗品と関連した商用カテゴリーの方へ立ち去って、そして、アイデンティティそのものは（ほとんど個別化されないけれども！）民営化される。公共機関にブランドを付けることは、それを効果的に民営化することである。この20年間、スポーツ・スタジアムから大学に至るまでの各施設は、名称を変えられ、ブランド化され、効率よく民営化され、かつ商業化された。第4章では、我らは教育機関の民営化を見てきたが、本章で注視すべきは名を付け再

84) Marc Peyser, "Absolutely the Pitts," *Newsweek*, April 12, 2004. 女優のケイト・ウィンスレットはファッション誌『GQ』の表紙写真に修正を入れることを余儀なくされたが、その後のインタビューで性的アピールの非現実的理想に恥じない行動を取ろうと女性たちに説諭した。Hugh Davies, "The Secret of Slimline Kate," *London Telegraph*, October 1, 2003, available at www.telegraph.co.uk.

85) Don Kaplan, "Make a Face: The ugly side of getting movie-star looks," *New York Post*, April 18, 2005.

ブランド化することが今や「非課税で非営利の高等教育機関が、協力社や系列社としての商業的ベンチャーとの関係をますます深める」[86] 方法の一部となったことだ。その究極の形態の一つの例は、ローワン大学として生まれ変わったニュージャージー州立グラスボロ大学であり、同大学は資金提供者に「名誉」を与えるため、学校名称を実際に変更したり、大学をしてプロ・スポーツ・チームやその地元市を模倣し、その競技場の命名権を売り渡したりした。コーラ会社は、多くの公共大学で製品と広告の排他性をすでに「所有」し、2005 年まではラトガーズ大学は、コカ・コーラだけを優遇し、広告したが（2005 年にペプシに変更した）、メリーランド大学はペプシだけを優遇し、広告した。両校のチームが対戦したとき、それはもはや学校スポーツの競技でなく、コーラ戦争の継続であった。

ニュージャージー州のブレンダン・バーン・アリーナのようなスポーツ・スタジアムがコンティネンタル航空アリーナと名前を変えられ、その際にコンティネンタル航空の飛行機が上空からニューアークのリバティ国際空港に着陸する進入経路《グライドパス》にそのコンティネンタル航空のロゴが見えると、名称変更以上の変化が生じた。公共スポーツ・アリーナに対する公共的支配者としての位置付けは、私企業のための屋外広告看板《ビルボード》へと変換される。このことが公共アリーナに及ぼすことは、都市の公共空間が私的商業モールに変換することで市民空間に影響を及ぼすことである。かつての諸店舗はダウンタウンには好ましい市民的調和を伴った市民的、宗教的、教育的、そして政治的な機関をもった公共広場に共存してきたのであり、それ

86) Martha Minow, *Partners Not Rivals: Privatization and the Public Good* (Boston: Beacon, 2002), p.15. ミノウが述べるのは、「教育と商業の間にあるボヤけた境界線に立ち返り、眺める」ことである（p.21）。

は古き理想のアゴラであり、今やそれは壁で囲われたものとして再現され、抗議人、不必要な見知らぬ人（都会の若者、少数民族）と非買い物客を締め出し、広場を一元的かつ商業的なアリーナに変えて、保護された私的商業空間としてアゴラを変貌させた。再ブランド化は、名称以上の深刻さをもって、それが娯楽的か市民的かに関わらず、市民の環境の特徴を変え、商業をしてその他の活動に勝たせるのだ。

それらが公共的装いのある名称を帯びていない場合でさえ、大部分のスポーツ・アリーナはメモリアル・コロシアム、フェンウェイ・パーク、ベテランズ・スタジアムとして名称には公共的響きを伝統的に帯びている。今日、アメリカン航空、フェデラル・エクスプレス、リライアント・エナジー、フィリップス電気、インヴェスコ、ダンキン・ドーナツ、ワン銀行、そしてリンカーン・フィナンシャル・グループのような会社は、彼らの商業的なロゴを公共スタジアムまたはアリーナに貼付する権利のために、年間で平均500万ドルから1000万ドルを支払っている[87]。公共の場を保護することで評判のサンフランシスコのような市民にとっての最後の拠り所でさえ、結局は、財政上の存続という名目のもとでブランドとの取引契約が是認される。サンフランシスコは、フォーティナイナーズ・フットボール・スタジアムという伝統的な市民的アイデンティティを、キャンドルスティック・パークという名称として守ろうと、ほぼ10年の間勝ち目のない戦いをした。つまり、1996年に、数百万ドルの取引でスリー・コム社に命名権を譲ったものの、2002年の「協議離婚（名称使用権期限切れ）」後には「独身時」の名称に立ち

87) Daniel Kraker, "Private Names, Public Spaces," posted by http://www.poppolitics.com. August 30, 2002, available at http://www.poppolitics.com.

戻ったのであり、これはアメリカで最初の都市であった。当時、サンフランシスコの監督のトニー・ホールは、「我らは、特権的NFLの軍門に下り、自らの身を売る必要はない。キャンドルスティックは、我らのコロシアムは、我らの背景（我らの文化）の一部である」と言った。サンフランシスコは「記念碑、建築物、または公園を所有する如何なる公共物」[88]に関する命名権の販売を禁止する法案さえ検討した。しかし2005年、あまりに税収が少なく、またネオ・リベラル的民営化イデオロギーが焚《たき》付ける、増税に対する大衆の強い嫌悪感という「ニーズ」に基づき、市はたとえキャンドルスティックが「モンスター・パーク」に呼び替えられるとしてもよいとして、600万ドルでモンスター・ケーブル・プロダクツ社との契約を断行した。契約は2008年まで延長されたが、都市は（再び求めることで）スタジアムを「キャンドルスティック」に現実的に（永久に）戻すことができるだろう[89]。

デンバーにも似たような話があり、市民に愛されていたマイル・ハイ・スタジアムの命名権の売却に抵抗する試みがあったが失敗した。2001年、命名権は反対する民衆からの嘆願書にもかかわらず、20年間で1億2000万ドルの契約でインヴェスコ社に売却された。怒れる一般市民と妥協して、新しい名称はインヴェスコ・フィールド・アット・マイル・ハイとなった。コロラド州のメディアはスタジアムを相変わらずただマイル・ハイと呼んでいるが、野球チームのコロラド・ロッキーズがクアーズ・フィールドでプレーし、バスケットボール・チームのデンバー・ナゲッツがペプシ・センターで

88）Ibid.

89）Fred Gehrung, "Hey, Sports Fans, Guess What We've Named Your Stadium," *New York Times*, July 10, 2005.

プレーしていることからすると、商業的名称はいずれ勝利を収めることになるだろう[90]。

あるサンフランシスコのスポーツ記者は、悲しげに問うている。「本当の意味で、我らは公共的なのか？　これらのチームや施設に対して相互に関心をもち共有している意識が本当にあるのだろうか？」と。彼にとっては、「命名契約を最高入札者と結ぶ」ことは間違っているのだ[91]。しかし、バンク・ワン・ボールパーク（現在はチェース・フィールド）で野球をプレーしているアリゾナ・ダイアモンドバックス、そしてリンカーン・フィナンシャル・フィールドでフットボールをプレイしているフィラデルフィア・イーグルスというように、経済が政治と後期資本主義の消費社会にいる市民を支配していることは明らかである。そして、それは公的教育と公的政府による公的資金の提供拒絶が断行されて大学のスポーツチームが皆同じ財政論理に厳格に従うことによって起こったのである。2004年に、ボストン大学は、シャーロット・バンク・オブ・アメリカ・スタジアムにおいて、コンティネンタル・タイア・ボウルのフットボール試合でノースカロライナ大学と対戦したのである。

金銭は、まず第一にこれらの取引における直接の駆動体である。しかし、キャンドルスティックの命名権で支払われる数百万ドルは、どれほどの収支上の収益を年間50億ドルのサンフランシスコの予算に加えることができるというのか？　実際は、再命名は我らの共同体、そして我らの公共財（国家）を再ブランド化することの重要部分であって、その、アメリカ人であることを含意するはずのものを特定の経済的かつ企業的利益の集合態たる私的共同体と扱うこと

90）Kraker, “Private Names, Public Spaces.”
91）Gehrung, “Hey, Sports Fans.”

である。よってそのアメリカ人は市民でなく消費者であり、市民参加者でなく顧客であり、支配するファンでなく支持する顧客なのである。この移行は、アメリカの首都のフットボールのホーム・スタジアムの軌跡によっても完全になぞることができる（その命名権の問題をもつチーム、ワシントン・レッドスキンズ）。ワシントンD.C.の都心部では初めて、政治史上の伝説《レジェンド》たるロバート・F・ケネディの没後にRFKスタジアムと改称された。また、郊外のプリンス・ジョージ郡の新施設には、1997年の開業を夢見つつその前に亡くなった幻想的建築家名を冠したジャック・ケント・クック・スタジアムがある。さらに1999年には、商業ブランド化の誘惑に屈したフェデックス・フィールド・スタジアムが、フットボール・チームとその支持するファンたちの運命を共有することよりも、企業ブランドにその支持する消費者とともに売却することに優先順位を置き、ロゴマーク付きの宮殿以上のものにスタジアムを変えたのだ。

公共アリーナをブランド化することは、比較的最近のことである。最初の命名権売却はバッファロー・スタジアムによるもので1972年に遡り、当時、地元企業リッチフーズがバッファロー・ビルズ・フットボール・チーム・アリーナに自社名を付けるために150万ドルという妥当な金額を支払った。16年後、そのスタジアムにはわずか二つの他社の名称がまだ残っていた。しかし、ダニエル・クラッカーが述べるように、その時から「大小、有名無名を問わず、多くの企業が62のスタジアム名に飛びついた」[92]のだ。たとえば、ボストンの伝統たるTDガーデン（セルティックス・バスケットボール・チームがホームとしている）は、フリート・センターとなり、それは賢明なるフリート銀行にボストンの「高速道路」の電子料金収

92）Kraker, "Private Names, Public Spaces."

受システム（ETC）の命名権を購入するのを許し、当該企業はその幸運の余力を駆って、この高速道路は「フリート高速道路」となった。しかし、如何に目まぐるしく企業アイデンティティは変わるのだろうか。その次に別の事業銀行との合併でもたらされたのはフリート・センターが現在バンクノース・ガーデンというブランドを冠せられていることであり、しかしながら、このことは皮肉にも再び過ぎし日の古き（ボストン）ガーデンをファンが言及するのを許すのだ。

あまりに取るに足らない名称などはなく、あまりにケバケバしいロゴなどもない。おそらくかつてアメリカで最も有名なフットボール・チームであったピッツバーグ・スティーラーズが、そのスタジアムの隣に計画される巨大なハインツ・ケチャップのビンを現在は大目に見なければならない一方で、（ロードアイランド州）プロヴィデンスにはダンキン・ドーナツ・センターがある。企業は、モノに名称を付けることにつき、その行為以上の関心をもっている。2004年に、『スパイダーマン２』の製作者たちは、（野球）大リーグと取引して、スパイダーマンのロゴを野球ベースに刻印し、各イニングの合間に映画予告を放映することを契約しようとした[93]。この取引はスポーツ専門のベテラン記者たちが明るみにして世間で議論されるようになってから初めて揉み消されたが、この刻印ははっきりと野球ベース上に残っている。

クラッカーは以下のように述べる。「この数年で、命名ゲームは球技以外にも、そして公共部門にも瞬く間に広がった。全米中の都市で、我ら市民の観る景色に付されるべき名称が、我らの公園から

93) Murray Chass, "Advertising Casting Its Web Over Young Fans at the Park," *New York Times*, May 6, 2004.

我らのハイスクール・スコアボードに至るまで、売りに出されている。業界誌でIEG社による『スポンサーシップ・レポート』によると、1999年単年で50の都市が公的資産を後援する企業の意図により、総計1億ドルに上る協定に署名したと見積もられた。国中で、病院、公園、図書館、公演芸術センター、劇場、コンベンション・センター、屋外市を催す場所、ハイスクール・スポーツ施設、そしてショッピング・モールは、適正な価額で命名権を利用できるのだ」[94]。マサチューセッツ州がソローのウォールデン湖という立地にある公園を含む公共公園に対する命名権の売却を模索する一方で、今日のサンディエゴなどの都市は特別部門を新設し、企業ブランド化による売上を取り扱っている[95]。パトカー、消防車、パーキングメーターは現在収益確保に必死の都市による潜在的広告板《ビルボード》とみなされていて、それはおそらくある日、その都市のもつ歴史的な名称の売却をブチ上げることが賢明であると判断する時が来るのかもしれない。それらには「フリート・バンク・バーグ」としてのボストン、「ダンキン・ドーナツ・デモス」としてのプロヴィデンス、「デスティネーション・ユーロ・ディズニー」としてのパリ、そして「ハリバートン・ハムレット」としてのバグダッドなどがある。

ブランド・アメリカ

言い過ぎなのは承知の上でだが、幼稚化や民営化の時代におけるブランド化の盲信は、アメリカのみならず各国で、かつてのあらゆ

94) Kraker, "Private Names, Public Spaces."
95) Katie Zezima, "A Bill to Sell Park Names," *New York Times Magazine*, April 16, 2006.

る公共部門に感染した。ラリー・ロスが近時の業績によって明らかにするのは、如何にしてこの成功したマーケティング専門家が「神に奉げるバンジー・ジャンプ」を為し、また宗教性を帯びた宣伝活動を、「キリスト教、それはブランド」[96]のタイトルをもたらすビック・ビジネスに転換することを手助けしたのか、についてである。

宗教がマーケティングを必要とするのならば、いまや諸国家が、宗教についてその性質を歪め、矮小化するだけでなく、それを幼稚化された「市民」が消費するブランドとして、その公共的なイメージを用いつづけることは意外ではない。英国のトニー・ブレア首相は、その就任当初に「ブリタニアによる支配」よりもむしろ「クールなブリタニア」と語ることで、その新労働党政治が大衆受けすることを招来した。2005年夏にフランスがイギリスにオリンピックへの挑戦権を奪われたのは、ある意味でイギリスのようにマーケティングの明快さをもって国家をブランド化することに失敗したからだ。

アメリカ合衆国は長きにわたりブランド化を重要視してきており、国務省内に対外広報《パブリック・ディプロマシー》および対内広報《パブリック・アフェアーズ》担当局を設けてさえいるが、当局の存在はアメリカをブランドとみなすだけでなく、国家の命運が政策的現実や伝統的アイデンティティ、そして行動よりも、経験豊かな広告およびマーケティング専門家によるブランド・マーケティングに依拠することを示している。デモクラシーは魅惑的なブランド・ロゴである以上の統治システムにはならず、敵も味方もアメリカという消費者を「製品」に変換するよう目指した（デモクラシー？　繁栄？　ママとアップルパイ？）。大方の消費マーケテ

96) Strawberry Saroyan, "Cristianity, the Brand," *New York Times Magazine*, April 16, 2006.

ィングと同様に、ブランドUSAの製作者は、「メッセージは権限拡大の一つであって、それはアメリカによる支配や指導によるものではない」と消費者（イラク、アフガニスタン、中央ヨーロッパ、中東）に信じ込ませるよう懸命に運動している[97]。カレン・P・ヒューズは、直近時のブッシュ政権というUSAブランドのプロモーターであり、その前任者たちとは若干異なるマーケターである。彼女が強調するのは、米国というトレードマークを打ち出す以前に「聞く」ことであり、それは顧客の「ニーズ」を聴き取り、形づくり、そして売られるものの価値についてのメッセージを考慮に入れるという認知されたマーケティング技術である。

ブランド化は選挙や政党という政治の基本となった。1966年に初めて導入されて以来、大統領制の運営はマーケティングの一手法とみなされたのであり（ジョー・マクギニスの1968年の著作『大統領の売り込み』参照）、2005年に上院議員ジョン・ケリーが、民主党がアメリカの選挙の消費者に対する支配を回復するために自党を「非ブランド化」し、そのうえで自党を「より効果的」に再ブランド化することを提起し、何にも増して政党政治は消費主義上の課題となった[98]。左派右派ともに自党の方針を遵守しつつブランドの純度を保つことに、躍起となっている。共和制のオピニオン・リー

97）ロジャー・コーヘンが論じているが、ブランドとしてのデモクラシーの販売は長い歴史をもち、第二次大戦後に製作された一連の映画にある、（戦災復興計画）マーシャル・プランの販売にまで遡っている。以下を参照。Roger Cohen, "Democracy as a Brand: Wooing Hearts, European or Muslim," *New York Times*, October 16, 2004. コーヘンが考えるのは、我らは次の映画シリーズから多くを学ぶことである。"Selling Democracy: Films of the Marshall Plan, 1948-53" shown in New York in 2004.

98）以下を引用。William Safire, "Brand," *New York Times Magazine*, April 10, 2005.

ダーたるグローバー・ノーキストは、「増税はするな」の方針に従わない共和党員に対しての攻撃を正当化し、マーケティング的思考を呑み込んで、「コカ・コーラというブランドを信じ、買ったボトルの中にネズミの頭を発見したら抗議する。増税する共和党は、コークのボトルにあるネズミの頭である。それは党ブランドを危険にさらすのだ」[99] とした。ゴア副大統領は2000年の選挙で自己のブランドについて気にしていたが、それはネズミの頭ではなかったものの、出鱈目にゴア・ブランドを拾い上げ、色調をコーディネートした選挙用衣装であった。2006年に議会での少年性愛の嫌疑を掛けられたマーク・フォーリーは、自身のコンピューターにはその少年向けのメールの痕跡を残していなかったものの、共和党ブランドをほぼ壊滅させた。

ブランド・アメリカは比喩に映るが、それ以上のものであって、それは政治をゲーム形式にしたのではなく、政治そのものを対外広報《パブリック・ディプロマシー》として知られる新しき広報活動と再認識するのである。対外広報は国務省内に新たな部局を設けるのみならず、それ自体で総合的部局として学術的専門性ももつこととなった。その狙いは、世界的なマーケティング戦略をブランドUSAに適合させることである。国務省の対外広報《パブリック・ディプロマシー》および対内広報《パブリック・アフェアーズ》担当局は、明らかにマーケティングの中心と考えられていて、マーケティングおよび広告の専門職員を置いていた。それは、ブッシュ政権の（極めて保守的な）公共放送理事会議長たるケニス・Y・トムリンソンのアドバイスに忠実に従ったものだった。トムリンソンが追いやった批判は、ブッシュ大統領が「我らは自由とデモクラシー、そして

99) 以下を引用。John Cassidy, "The Ringleader," *The New Yorker*, August 1, 2005, p.47.

アメリカ合衆国を代表する一般からの支持を恥ずべきではない」[100]と断言することによって、方針よりもむしろイメージに取りついて、国家宣伝機構を動かしていた、というものだった。政治に対するこのブランド的アプローチの超党派的な特徴は、キース・レインハードのようなリベラルな民主党員によってなされたブランド化の業績において明らかであり、彼は広告界の巨人たるドイル・デーン・バーンバック社（DDB）のCEOで、その数ある成功実績のなかでも、マクドナルドの「今日のあなたは休息するに値する」のキャンペーン担当だったことで知られる。レインハードはビジネス・フォー・ディプロマティック・アクション（BDA）と呼ばれるプログラムを開発し、そこでブランドUSAが問題に巻き込まれたときに（ロック・スターで慈善家のボーノも世界経済フォーラムで語ったように）、明らかにビジネスにとっての問題だとした。

事業は眩しきブランド・アメリカを付すという伝統的戦略に失敗すると、ビジネス・フォー・ディプロマティック・アクション（BDA）は眩しきビジネスと結びつくことでアメリカの再ブランド化を助けようとする。アメリカ式ブランドは「ダマスカスからジッダに至るまで若者の間で魅力を発し続けている」ために、ジョン・M・マクニール（ビジネス・フォー・ディプロマティック・アクション理事）は、「企業はその固有の実用主義、楽観主義、臨機応変さを中東地域の人びとにもち込むのであり、それは中東地域がよりよい未来に至る経路に沿って進歩するのを見たという実例をその領域に示すのである」[101]と述べる。ビジネス・フォー・ディプロマティ

100） 以下を引用。"Rebranding America," *The Weekly Standards*, March 1, 2004.

101） John M. McNeel, "America, spare Arabs the spin," *International Herald*

ック・アクションの善意のイニシアティブの皮肉は「公共」の外交さえ民営化とアウトソーシングを受けていることである。それと同時に、企業ブランドはその「市民」の眩さを捜している。『市民ブランド』（『心に響くブランド戦略《エモーショナル・ブランディング》』の姉妹篇）というマーク・ゴーベの率直な内容の著作が企業に理解させようとしたのは、「事実上、ブランドが本物の市民ブランドになるには、自分たちが何者なのか伝達しなければならないことであり、企業的使命の中心的な要素としての社会的責任を目的として、もちろん非常に戦略的に、この観方の要点を伝達しなければならない！」[102]ことである。

当初、対外広報《パブリック・ディプロマシー》および対内広報《パブリック・アフェアーズ》担当局は他の手段を用いて、公的業務を司る民間部門のマーケティング専門家に打ち勝とうとした。その初代長官はシャーロット・ビーアスであり、彼はその数年前にアンクル・ベンズ・ライスで成功したことを踏まえて、アンクル・サム・アメリカの再ブランド化を支援する権利を得ていた。ビーアスはビジネス・フォー・ディプロマティック・アクション主導の後援者とは違い、国家は必ずしもライスではないと理解し、「これは、私がこれまでにしたなかで最も洗練されたブランド化の任務である」と、広告界の巨人ジェイ・ウォルター・トンプソン社とオグルヴィ・アンド・メイザー社の前会長に述べた。しかし、同時に、ビーアスは、ブランド化はブランド化であり、世界中が実際

Tribune, June 9, 2005. 実際のマクニールによるビジネス・フォー・ディプロマティック・アクション（BDA）はアメリカ外交の空転やほとんど影響力を発揮できないことと同等以下である。以下も参照。Naomi Klein, “Can Democracy Survive Bush's Embrace?” *The Nation,* March 28, 2005.

102) Gobé, *Citizen Brand,* p.230. ゴーベが引き合いに出すのは、ベライズン社が9・11事件後の北東地域の顧客に通話を無料にし、「彼らがこの非常時には友人と家族の支援を得て、安らぎを得るよう手助け」したことである。

のアメリカの政策に対する憤慨によって惑わされて、それゆえに、ブランドに「惑わされた」外国人のために「アメリカがそうあることを再定義する」ことを彼女に要求すると理解した[103]。

ビーアスはアメリカで幸せなイスラム教徒について愉快なビデオを製造し始めたが、あまりにも多くのアラブ国家が地元で彼女の製品を放送することを拒否したので、彼女の極端に楽天的アプローチは単純であると考えられ、最終的に失敗した。それから2年もたたないうちにビーアスは辞職し、政府でより豊富な経験をもった者に後を引き継いだ。モロッコ大使であった国務省前報道官マーガレット・タトワイラーは、「心を入れ替えよ、平和を勝ち取れ」と称される2003年の超党派的な議会レポートを所掌する地位に就き、従来の気持ちのまま、「アメリカの威信は次第に低下し、その慈善事業がほぼ無視され、そして、そのメッセージには戦略的方向性を欠いている」と結論づけた。タトワイラーは、この問題を是正するための「長きに渡る厳しく、集中力の要る仕事」を受けるには数カ月を要すると認めた[104]。想像するにタトワイラーにとってそれはあまりに長いため、数カ月後に彼女は辞めてしまい、その問題になっていたはずのニューヨーク株式取引所でより楽チンな仕事を引き受けたが、このブランドUSAの問題と同じくらい恐るべきものは他にまずないのである。

ブランド向上担当局の新局長はカレン・P・ヒューズで、彼女はブッシュ大統領の長年の友人、かつ私的アドバイザー兼選挙参謀であって、高じる欲求不満とその高まる任務の意義を伝えるほか、

103）Vanessa O'Connell, "Veteran Beers Helps U.S. Craft It Message," *Wall Street Journal*, October 15, 2001.

104）Chiristopher Marquis, "Promoter," *New York Times*, April 30, 2004.

マーケターとしてのCEOに興味を示すのみならず、製品に影響力を与えるその地位に身を置く必要性を発信している。ヒューズはよく物事を聞くが、その聞いているメッセージはイスラム世界の多くが認識するアメリカ合衆国というものが、ブランド・ロゴを運んでくるものの、本物の製品を規定する性質を欠いた、マンハッタンの通りで売られる偽物のグッチの腕時計、食わせ者や詐欺師が供する安価なコピー商品、等の一つでしかないということである。アメリカをブランドとして扱うことで、実物の眼前にイメージを置き、その放り出される国家とつながりなどない感覚と感情を製品と結びつけることによってブランドとして消費者に影響を及ぼすよう試みるのである。アメリカを売り込む際に、カレン・ヒューズはケビン・ロバーツと、そのチェリオスのブランド・マーケティングの先例に倣ったのであり、つまり、チェリオスが退屈な古いオートミールよりもむしろ母親になろうとしたように、カレン・ヒューズがアメリカを汚く古いグアンタナモ湾軍基地収容所やアブグレイブ刑務所よりもむしろ母親にしようとしたことなのだ。イスラム教徒から憤激を買った政策とイメージの重なるブッシュ親派としてのイメージを払拭するために、彼女は中東を「聞いてまわる」出張でまさに普通の「働く母親」として自己アピールし、これまで被った憤激とはかけ離れた感情へと彼らの注意を逸らすことを望んだ[105]。

105） 2005年9月の中東訪問の際、ヒューズはムスリムの女性たちに自分が「働く母親」で女性のニーズに理解ある者だと幾度も説明したが、それはまるでアメリカという国家もまた、中東の女性を見張っている働く母親であるかのような言い方だった。この女性たちは記事を買うことなどなくとも、アメリカ文化の傲慢さ（リヤドに彼女が立ち寄った際の態度）やイラク戦争（〔アメリカ軍駐留を拒否した〕トルコ）については語り続けるのである。

政治学者であると同時にアメリカ政策に対する明敏な観察者たるシブリー・テルハミは、「最も長続きする対外広報《パブリック・ディプロマシー》とは宣伝でなく、信用を創造することに、より則している」[106]と主張して、パブリック・ディプロマシーを弁護する際には、ロバーツのいうゲームを演じているようにも思える。しかし、それは国家が政策、すなわち宣伝よりもむしろ広報活動を介して信用を創造しようと努力するときだろう。トラストマークは積極的行動によって得られるよりむしろ、マーケティング指導者によって考案される。グアンタナモ湾軍基地収容所とアブグレイブ刑務所は貧弱なトラストマークをつくったが、一方で、連邦緊急事態管理庁（FEMA）が、M-1戦車と大型貫通爆弾をもつことをまったく意に介さないことは、ケビン・ロバーツが「ラブマーク」を考案した際に思っていたこととはまったく異なるのである。しかしながら、カレン・ヒューズの方にも試みるべき余地がなかったわけではない。ヒューズはブランド化に向けてはより「謙虚な」アプローチを示すと主張したが、それにもかかわらず、コンドリーザ・ライス国務長官がアメリカの対外政策に関して「誤報」をもって、またそれに「誤解」して理解していたことに対処するために、中東で「迅速に対処」するチームを要請したのだ。ライスが引き合いにした例は『ニューズウィーク』誌の記事で、そこにはグアンタナモ湾軍基地収容所のトイレにコーランが流されたという、論争となった事件が含まれるとされたのだ[107]。

106）Brian Knowlton, “Humility has its uses, new U.S. envoy signals,”

107）以下を参照。Steven R. Weisman, “Bush Confidante Begins Task of Repairing American Image Abroad,” *New York Times*, August 21, 2005. この『ニューズウィーク』誌の記事はよく知られるようになったが、それは証拠性があったためでなく、完全な取材記録ではなかったからだ。まず間違いないと思われることは、『ニューズウィーク』誌が少々苦しい立場にライスのコメントが示唆するのは、ブランド化の試みが内容よりもコミュニケーションを重んじるものであって、貧弱なイメージが常に貧弱な広告の帰結であることが想定される。民主党員やリベラル、また共和党員やリバタリアンでさえも、きちんと「伝達する」ことに焦点を向けてはいるが、それは立場を規定し、それを規定し直し、実はしばしば間違った立場にいることを述べる正しい言葉を見つけることである。民主党は、ブッシュ政権がウサマ・ビンラディンによって狂っているとのイメージにされていると非難する。「どのように、洞穴にいる人間は、世界の主要な伝達社会を非伝達化することができるのか？」と、失望するリチャード・ホルブルックは尋ねる[108]。民主党の指導教官を副業と自任している言語学者ジョージ・レイコフが信じているのは、投票に勝つこととは、人びとが実際にする“こと”についてよりも、むしろ人びとがすることを“つくる”ことにすべてがあることだ。彼が注意するには、共和党が「厳格な父」によるリーダーシップという、ある種のリーダーシップのブランド化を図り、そのために民主党が悪い親のように映るようになっていることだ[109]。民主党が為す必要のあることは、自己を養う能力のある両親として再ブランド化することである（より性差を無くし、それゆえに、政治的に「お父さん役は演じられている、だからお母さん役を演じよう！」というバージョンに修正する）。この

追い込まれた一方で、アメリカ人に悪感情を抱かせたグアンタナモ湾軍基地収容所とアブグレイブ刑務所についての真実が詳細に記録されたことでより苦しい立場を言い繕うことができなくなったことだ。

108）Brian Knowlton, “Humility has its uses, new U.S. envoy signals.”

109）George Lakoff, *Don't Think of An Elephant!: Know Your Values And Frame The Debate* (White River Junction, Vt.: Chelsea Green Publishing, 2004). レイコフの小冊子には、デモクラシー全米委員会理事長ハワード・ディーンよりの序文が著されている。

ゲームは厳格な父と養う能力のある親のイメージがデモクラシー政治を母性主義に代えることで有権者を幼稚化するのを注意喚起できず、活発な市民権の開拓者たちがその指導者たちの従順な子供ではなく、彼らが生活するコミュニティの主権たる市民であるという活動的市民権の概念を脇に追いやってしまう。大人びたデモクラシー政治による言語はブランド・ゲームからは必然的に立ち退いてしまい、そしてデモクラシー政治の理論と実行に後退してしまうのであり、そこではブランド化が今あるように現れるのであり、それは、デモクラシーの理想と実践の潜在的堕落なのである。

　アメリカ合衆国は、ブランド・マーケティングに関して世界共通イメージに近づこうとする唯一の存在ではない。アメリカの批判者と敵は、〔アラブのテレビ局〕アルジャジーラとインターネット上で彼ら自身のブランドイメージを配信する。さらに、彼らはブランドUSAが危機に瀕していることを、対外広報《パブリック・ディプロマシー》および対内広報《パブリック・アフェアーズ》部門と同等に明確に把握していたのであり、彼らは機会あるごとに彼らの目的に沿うようにそのイメージを乞い、借り、そして盗むのであり、可能なときはいつでも、彼ら自身の目的をもってそれをたたき潰し、操り、混ぜ込むのだ。アメリカ・ブランドの魅力的側面を市場価格で買い、その魅力的でない側面に引っ掛からなければ、たとえば、フランスのイスラム系ビジネスマンは、賢明なる付加広告《アドオン》と改良を施した上で再ブランド化する以外にも、コークの如きアメリカのブランドから見た目とロゴを借りて、ブランドを交雑させた素晴らしき新種の製造に熱中した。それはたとえばメッカ・コーラであり、フランス、北アフリカその他で、それまで売られていたコーク・コーラを公然と事実上の販売中止に追い込んだ[110)]。

同様に、アメリカにおけるファスト・フード天国は、別のフランス系イスラムのチェーン店によって、気持ちよいぐらいに略奪されてしまい、バーガーキングはブールガーキングの中に取り込まれ、それは成功した新たなフランス系ファスト・フードの組織で、ハラール牛と覆い物《ヒジャブ》をまとったウェイトレスに特徴づけられていて、全ブランドUSA協会によって損なわれることなく、アメリカ・ブランドのお祭り騒ぎを少し借用し、「ブール」という慣用句（アラブ系北アフリカのマグリブ出身の二世移民）を利用している。この部分的な寄生主義はまさにアメリカの否定的側面から距離を置きつつ、曖昧な状態にあるアメリカ・ブランドから前向きに取れる感覚だけを借用するのだ。それはブランド化構想に備わる権力に対するあてこすり的な賛辞でもある。

ブランド・アメリカの評判がぐらつき、世界中のその商業的イメージを強化するためにブランドUSAに賛同するのに慣れている本物の赤、白、青のアメリカに本拠を置くブランドさえ彼らのブランド・アメリカ語法を調整している。ジハード系ウェブサイトは、ペプシの語は「イスラエルを救うために、小銭（ペニー）をすべて払え（Pay every penny to save Israel: PEPSI）」の頭文字を取ったものと言及している。典型的アメリカ・ブランドのスパム社が海外での同社の広告において地元の訛りと文化を真似るよう修練する一方で、アメリカ・ブランドのハインツがこの頃は英国のブランドとし

110）コカ・コーラ社の世界的ブランド力はすでに、同社が事業をする地域の多種多様の文化のもつ嗜好に適合した、それぞれ異なった様式をもって成功を収めている。1930年代、コーラはナチス下のドイツで販売され、そのボトル・キャップは変更され、「アメリカの」ブランドから一定に手を引いていた。

てイギリスでそのケチャップを販売しようとするのも不思議ではない。その反応ともいえる動向だが、非米国企業、ネッスルはスイスの会社で、トール・ハウス・クッキーをアメリカで販売することによって「アメリカが信頼するブランド」というレベルでアメリカ合衆国で認められることに一生懸命に、そして、長く取り組んできたが、今やアメリカ合衆国から距離を置こうとしている[111]。2003年の（オンライン調査会社の）グローバル・マーケット・インサイト社の行った世論調査では[112]、ヨーロッパとアジアに居る世界の半数以上の消費者がアメリカのブランドに「不信感」を抱いていて、その20パーセント以上がそれを積極的に避けていることが示され、ブランド・アメリカは怪し気なマーケティング・ツールになったのである。

ブランド・アメリカと密に関連するマクドナルドは、苦難を味わいつつこのことを学んだ。アメリカ合衆国の敵方からしばしば標的となったのであり、その都度調整してきたのである。アテネでは、テロリストが地元のフランチャイズ店にロケットを撃ち込み、フランスでは反国際組織ATTACがアメリカ流の国際化による諸悪の根源としてマクドナルドに早くから焦点を当ててきた。その道義的なリーダー、ジョゼ・ボヴェというフランス人農夫（しかし、北アメリカでの教育も一部受けている）は、ミヨー（フランスのアヴェロン県）で工事中だったマクドナルドを実際に取り壊し、そのために（英雄となって）刑務所に入った。マーケティングに対するその最近

111）Clay Risen, "Remaindered: The Decline of Brand America," *The New Republic*, April 11, 2005. Simon Anholt and Jeremy Hildreth, *Brand America* (London: Cyan Commnications, 2005).

112）Risen, "Remaindered."

の反対運動では、世界的でありながら地域的である“グローカリズム”についてマクドナルドは、その世界同一のメニューとファスト・フードとしてのサービスを地元の嗜好、装飾、そして価格設定構造にその言うとおりに合わせて賢明にも受け入れた。ワインと（エメンタール・チーズ入り）「マックルーティス」バーガーがそのアステリクス・ブランドのフランス系フランチャイズ店で発売された以外にもヒンズー教のインドではラム肉でできている「マハラジャ・マック」が、韓国ではキャベツが国民的嗜好であるので、そこでは発酵キャベツでできたキムチ・バーガーが発売されているが、マクドナルドはかつてアメリカとアメリカの大衆文化たるマックワールドの代理人として精力的に勤めた、まさしくそのイメージを汚すことを今や切望している。自らを地元色でカモフラージュし、マクドナルドのイメージをちょうど地元の男の子のようにして、その世界的野望とアメリカ文化の拡張主義との関係性を上手に隠匿しているのだ。

当時のフランスは、マクドナルドが展開していた121の諸国のなかでおそらく最も扱いにくい国家であった。地元で行われた2002年のATTACの調査でマクドナルドがそう応えたのであるが、それはなにもマックルーティス・バーガーを発売したことだけが理由なのではない。その敵方たるボヴェ氏は、ボサボサの口ひげと強靱な体格をもつ不思議に象徴的なフランスの漫画雑誌にあるアステリクスに似たフランス民族の英雄に変えられてしまい、全世界のハンバーガーのフランチャイズ店は、アステリクスの肖像権を買った。アステリクス（ローマによるガリア占領を妨害した歴史的英雄）は、その助手のオベリックスを伴っていたが、道化ロナルド・マクドナルドによりアメリカで演じられるマーケティング役を引き受けたのだろう。このアイデアは、地元の文化的認可をマクドナルドという異国文化の“マルブップ”（ジャンク・フード）に与えることであった。この大胆な戦略は、〔南仏の極上ワイン〕シャトーヌフ・デュ・パプの同型物が、ロサンゼルスでそのボージョレーを市場に供給するためにミッキー・マウスを買うようなもので、自慢のスローガン「アメリカで誕生したマクドナルドは、フランスで作られる」を呼び物にしたマクドナルドの初期キャンペーンを利用したものだ。多くのフランスの消費者には、このことが「悪性食物の巨人が、不屈のガリアを買収した」と映ったが、マクドナルド・フランスのマーケティング責任者たるグレゴアール・シャンプチェにとっては、それはまさに「マクドナルドをフランス文化に溶け込ませる」[113]のに資することだった。

人類学者が提案したのは、マックワールドという帝国主義的経済が移殖した地元文化が移殖者に対して反撃する「クレオール化」のもう一つの形であるグローカリゼーションだった。私は、この抵抗に関して第7および8章で、この主張により大きな注意を向けるつもりだが、アステリクスに迎合したマクドナルドの経験から明らかになろうとしていることは、支配的な他国文化の成功を容認する風を装うことの裏に、地元文化が他国文化を受容し、合法化することと引き換えに表面的変更を強要するということである。

そして、21世紀のアイデンティティ政治は、幼稚エートスの要点である。それはアメリカ人をデモクラシー共和国の自由な住民としてよりも、むしろブランドUSAの消費者とみなす一方で、ブランドをアイデンティティと、また消費を資質と取り違えている。そ

113）Murray Cambell, “Asterix Promoting McBurgers in France,” *Globe & Mail* (Tronto), January 24, 2002. 私のここでの見方は、このキャンベルの最高のルポルタージュを後追いしたものだ。

れでも、これらの断固たる主張にもかかわらず、私が言わんとしたのは、そのアイデンティティ政治に作用し続ける市場と事業とがアイデンティティを形づくり、または、行動をコントロールすることに関して如何なる内因的かつ主導的な関心もないなどということではない。幼稚エートスと関連した他のあらゆるものを用いつつも、その目的は主体を支配し、もしくは市民を主体に転換することにはないのであり、それは市民を顧客として扱うことで商品を売ることに貢献する文化を作るだけなのであって、しかしながら、その顧客はもはや市場が生き残るために売らねばならないものを「自然」に欲し、あるいは必要とすることはないのである。その代わり、彼らは望んでいたライフスタイルを反映するブランド商品を買うことを強いられなければならない。最終的に大人としての自立性を減退させるのは、まさに幼稚な態度を促すマーケティング戦略である。しかし、アイデンティティ自体がマーケティングのニーズに適合し、全世界が消費社会のもつマーケティングの欲求に従う時に、マーケティングがすべてとなる。結果として、ただ社会が民営化、商業化、幼稚化、ブランド化に晒されるだけでなく、それにより我らの生活が商業的に包含されてますます全体化して、消費に専念する機関を支えるためにその他のあらゆる領域からその空気が吸い上げられてしまうのだ。

第6章

全体主義化する社会
多様性の終焉

芸術と科学は人びとを縛り付ける意味では、政府よりも専制的ではないものの、おそらく政府よりも強力なのであり、それはその鉄鎖に花々を飾り立てることで、人びとが好んでその隷属状態にいるよう仕向けるからだ。
（ジャン・ジャック・ルソー[1]）

新たな千年紀の最初の10年間で、消費者は自らが幼稚化の檻の中に嵌《は》められたことを悟ったが、その檻は民営化とアイデンティティ政治、つまりブランド化によるむしろアイデンティティ“反”政治とでも呼ぶべきものによって補強されているのだ。消費者の自由が危うくされかねないことを見て、初期の左翼批評家たちが表現した如き、ある種の穏健な全体主義の犠牲者というレッテルを消費者に貼る必要などない。そして、消費者が為した選択により、その望んだ社会的成果を得られぬことを表現するために、かつてマルクス主義者が好んで用いた「虚偽の意識」によって彼らが苦しめられて

1）私は本書初版改訂時のエピグラフを以下のようにしていた。「芸術、文学、そして科学は、おそらくより強力であるけれども、より専制的ではなく、人びとを縛り付ける鉄鎖に花々を飾り立てている。それらは人間が生まれながらにもつとされる原初的自由の意味を、人間の胸に押さえ込むのであって、それによって人間は自らが奴隷に甘んずるのを好み、いわゆる文明人と呼ばれるようになるのだ」(Jean-Jacques Rousseau, “A Discourse on the Arts and Sciences,” in *The Social Contract and the Discourses* [New York: Random House, 1993; first included in Everyman's Library, 1993], p. 5).［J・J・ルソー／桑原武夫ほか訳『社会契約論』岩波書店、1954年］

いるなどと主張する必要もない。“全体主義”という用語で明確に捉えられるのは、その悲惨な現実の歴史であり、それを踏まえて強く警戒されるべきはこの語を用いる場合に、今日のマーケット関係に特徴づけられる、そのより操作性の少ない形態を模写し、比喩することである。そして、自分たちが自発的に、何を考え、望み、行うかについてまずわかっていない人びというイメージを呼び起こす「虚偽の意識」について、今日の焦点とし、これらすべてをわかっている買い物客たちに適用することもないのだ。

それでも、幼稚エートスが巧妙に影響を与えた消費社会には、全体主義的ではないものの、総体化かつ均質化され、緩やかに平準化されていく何ものかがある。そして、消費選択には何らかの欠陥があり、その消費選択が個々の選択者によって決断されもせず、意図されもせずに全体的成果を繰り返し伴うときその欠陥が生じる。消費者は市民ではないが、そうであるようシステムが偽装する場合、独特でさらに歪んだ何ものかが意思決定やデモクラシー、そしてデモクラシーの多様性に介在するのである。

戦後期の資本主義の批判者たち、とりわけいわゆるフランクフルト学派に関わるドイツ新マルクス主義者たちが、先見の明があったからなのか少々ヒステリックに映るぐらいに懸念をすでに表明していたが、それは後期資本主義の成功が、それを制御し得る斬新かつ精緻な態様を市場内部に隠す手法によるものだったからである。市場がその隠された独占と、その見えざる強制により「自由に参加できる」ものなのならば、それはおそらくはフランスの哲学者ミシェル・フーコーが暗示したように、自由が制御のための煙幕になったのだろう。

啓蒙運動は、未開社会には未知だった自由、プライバシー、それに寛容性からなる世界をつくり出した。18世紀に人間を男女ともに解放する手助けをした新たなリベラル・イデオロギーはそれに敵対的だった（その標的は絶対君主制と権威主義的教会だった）。その野心は政治的かつ教会的な根強い専制形態を打倒することにあったので、そのレトリックは権力を懐疑し、政府を信用せず、それがデモクラシー制に移行しても、その否定的態度は変わらなかった。しかし、それが敵対的な局面では当然ながら煽動的だったはずが、リベラリズムはせいぜいのところ統治を肯定するための曖昧な根拠を提供したに過ぎなかった。その本来の政治的約束は、権力に対する啓蒙運動自体の両義性をある意味で反映した矛盾を突き続けたのである。結局のところ、合理的時代には合理性が支配するが、合理性は専ら道具として機能したのだ。ディヴィッド・ヒュームは合理性について、人間には自然法と神に接近する人間能力が与えられているとして、それを従来の立派な古典的砦から奪い取ったのであり、そして、合理性を再考し、それをいわば人間のもつ動物的資質と、動物的関心を満足するよう要求される権力とに付属する、情熱さの誠実な従僕と捉えたのである。合理性は衝動的欲求に結びつき、そしてそれゆえに権力に結びつくとき、操作性を合理化させることができ、それを容易にした強制の新たな、そして極端な形態を合法化し、隠匿さえした。

同様にジャン・ジャック・ルソーが皮肉交じりに表現したが、現代の文化的エートスのもついわゆるリベラル的制度は、実のところ「我らの鉄鎖を飾り立てている花輪」以上のものではなく、それが人間をして「好んで奴隷状態にいる」よう仕向けているのかもしれない。同様に、トクヴィルがアメリカのデモクラシーについて、それが両義的可能性を孕むとして賞賛かつ警告した名句があるが、それは世論という新たな独裁により「専制が人びとの肉体を自由にするものの、その精神に攻撃を加える」[2]と問題提起したのである。同じルソー式見立によってその後代のフーコーは、現代には権力が「少なくとも原則的には、過度に力や暴力に頼らずとも」[3]機能するようになったと主張する。自由主義の哲学者ジェレミー・ベンサムによって提起されたのは、このようなリベラル的であり、かつ制度装置を取り払った刑務所“パノプティコン”（囚人の私的空間に対して如何なる物理的侵害も為さずに、囚人たちがその中心部に24時間体制で配置される監視官の監視下にある間取りとなる円型刑務所）であり、これに対しフーコーはリベラル的強制の新しい形態を認め「権力の自動機能化を保証することでの、その権力の完成は、その実際の活動を不要にする傾向がなければならない」と述べた。その考えが保証され得るのは、刑務所収容者が「自分自身を運搬している権力の状況に巻き込まれている」[4]ことであった。

リベラリズムのもつ隠された強制性に関しては以前から疑念がもたれてきたことだが、ここに至って問題はさらに高じたのであり、

---

2) Alexis de Tocqueville, *De la démocratie en Amérique*, vol. 2 (Paris, 1864),p.151, quoted by Max Horkheimer and Theodor Adorno, *Dialectic of Enlightenment* (first published in German in 1944; New York: Continuum, 1993), p. 133.［ホルクハイマー，アドルノ／徳永恂訳『啓蒙の弁証法――哲学的断想』岩波文庫、2007年］

3) Michel Foucault, *Discipline and Punish: The Birth of the Prison* (New York: vintage Books, 1995; originally Published in London, 1977), p.177.［ミシェル・フーコー／田村俶訳『監獄の誕生――監視と処罰』新潮社、1977年］。フーコーは、権力が消極的意味ではもはや表されることができかねるため、それを除外し、抑圧し、検閲する。むしろ、それは「現実を生じ、それは真実の対象と儀式の領域を生じる」のである（p.194）。

4) Ibid., p.201. フーコーはマックス・ヴェーバーが支持したのと同じ比喩を用い、円型刑務所《パノプティコン》を、アフリカの猿罠という私が用いた比喩と同類の「容赦なき、独創的な檻」と呼んだ。

それは市場自体が消費資本主義の野心の原動力たることもあるが、市場自体がそのリベラルな資質の隠す穏健な操作性の形態自体を隠し立てしないか否かには関係がないことなのである。その問題は、市場の誇る多様性が非強制的な統一性によって、間違いと示されるか否か、それも、その実際の提供品、すなわち、たとえばこれら初期の批評家たちが「文化産業」と呼んだものの内にあることなのである。フランクフルト学派の批評家たちが、私的自由の内で明らかにされたと考えた啓蒙運動のいわゆる弁証は、その現代文化的な表現の内で明らかにされることはほとんどない。ブルジョワ文化の化身、つまり、従来の王政を転覆したリベラル・イデオロギーにとっては、私的自由が腐敗していないのならば、公共が腐敗しているのは明らかなのであって、それは平等を平凡さに平準化する根源に転換するようでもあり（ジョン・スチュアート・ミル、ニーチェ、そして後世のウォルター・リップマンが早くからこれに関して批評）、また、選択を制約の従僕に、それも“虚偽の意識”による制約ではなく想定外の結果による制約の従僕にするようでもあった。

マックス・ホルクハイマーとテオドール・アドルノによる古典的著作『啓蒙の弁証法』では「芸術」が標準型をもはや反映することはなく、その代わりに「すべての大衆文化は同一である」との条件下で、それが「独占」を引き起こした文化産業であると確認した。こうした状況の下に、彼らは以下のように論じた。

> 上層にいる人びとは、独占を隠すことにもはやそれほど関心をもっておらず、その暴力性がより公開されるようになり、それでもって権力は成長していく。映画とラジオはもはや芸術であるフリを要しない。映画等がまさしくビジネスであるという事実は、それらが故意に生み出す愚物を正当化するためのイデ

オロギーに転化する。そして、映画等は自らを産業と呼ぶのだ。

新たな文化産業は、私が消費者の権限拡大と呼んだ筋立てを具現化しており、以下を要請した。

> その基準は第一に消費者のニーズ、つまりシステムとしての単調さが従来よりも強くなった循環操作的かつ前例踏襲的なニーズに基づいているのだ[5)]。

1964年、その思想的背景に啓蒙運動の両義性をもつ戦後左翼たるヘルベルト・マルクーゼは、後期資本主義が「一次元的人間」を製造しつつあったとする論争的命題を提起した。一次元的人間とは「快適、流動的、合理的、デモクラシー的な非束縛性の勝利」の社会に包み込まれることで、「全体主義的となる傾向をもつ生産的装置」の鋳型に嵌められ、とりわけ「個々のニーズと抱負」[6)]を決定づけられてきた、という主張に基づいている。マルクーゼは、「既得権によるニーズの操作を通じて作用する、非テロ行為的で経済技術的な調整」と名付けたものを描写するために、全体主義を誇張する手段に訴えたのだ。このリベラル的強制の新たな形態は、「公私の主体間、そして個々のニーズと社会的ニーズとの間にある対立を消滅させる」[7)]ので、私が幼稚化の定義として確立した市民的精神分裂症を促すのだ。

---

5) Horkheimer and Adorno, *Dialectic of Enlightenment*, p.121.

6) Herbert Marcuse, *One-Dimensional Man: Studies in the Ideology of Advanced Industrial Society* (Boston: Beacon Press, 1964), p.xv.

7) Ibid., p.3.

消費者に資する全体主義的環境をつくる際、消費資本主義が提示するのはほとんど幻想としてしか通用しないほどの自由である。かつて支配的な政治制度だった共産主義が凋落して以後、我らのいるポストモダン的現代では、思い切った旧来的基準に従えばマルクーゼによる批評は故意に挑発的だった。結局のところ、“虚偽の意識”とは、労働者や通常の市民の欲求や願望を極左が非合法化したもので、長らく疑念の残る用語であった。それは労働者と通常の市民が欲しいと願うはずだと左派が考えるものを欲し、望むことがなかった時代だったからである[8)]。このように、中毒としか言いようのない何やら邪悪めいた順応主義《コンフォーミズム》に向かう市場の傾向を描くための有力な概念たる「全体主義」を用いる際にきわめて賢明に思えるのは、マルクーゼはファシストと共産主義の体制を規定し、区分した、その強烈な抑制をもって、マーケティングと広告とを関連付けて説明し、穏健な操作手法の意味を混乱させていたことだ[9)]。バーダー・マインホフのような過激集団と西ドイツの赤軍旅団が自らをリベラ

8) Ibid., p.xv. マルクーゼは明敏な思想家で、“虚偽の意識”という語の用法を制限した。彼は「虚偽のニーズ」というものは「リラックスし、楽しみ、広告に従って振る舞い、消費し、他人が好きか憎むかするものを好むか憎むかするための、多くの普遍的ニーズ」(p.5) という意味のみに用いた。しかし、マルクーゼは撞着語法、すなわち、いささかも本当に意識しない無意識と、「権力を相殺して、政党、新聞の『多元論』と互換性をもつだろう」(たとえ多元主義と全体主義が反意語であったとしても) 全体主義の形態 (p.3) に陥っているのだ。

9) マルクーゼは「抑圧的寛容」と呼ばれる挑発的エッセイの中で「一般的な寛容が疑わしくなるのはその合理性がもはや敷衍しないとき、つまり寛容がその主人の意見を自分の意見としてオウム返しに言う、操られ、教化された個人に為されるときであり、それは他律が自律になるときである」とさえ論じた。(Marcuse, “Repressive Tolerance,” in R. P. Wolf Barrington Moore, Jr., and Herbert Marcuse, A Critique of Pure Tolerance [Boston: Beacon press, 1965,] p.90).

リズムの敵役でなく、（ポール・バーマンが説明するように）「真のナチズム、ナチズムを生き残ったナチズム、西洋的生活の基盤を構築したナチズム」に当てはめたことは修辞的に過激だが、合理主義とリベラリズム、そして合理的暴力と非合法性との双方を裏切る言語トリックでもあった[10)]。

マルクーゼが表向き扱ったことは、ホロコースト規模による抑圧について、そこに隠し立てされているある種の代用品としての価値を商品化することであった。彼がその種の商品化を過剰化することに熱中するあまり、彼の根底にある批判を人びとは見過ごすこととなったのである。市場を全体主義と呼ぶことは、当時のニクソン大統領やシャルル・ド・ゴールを後から振り返って彼らをファシストと呼ぶようなものであり、それはある種のスローガンであって、政治家が目立たないながらも、確実に関与している実際上の、そして訴追されるべき罪で捕まることから解放しているのである。

しかし、『一次元的人間』の出版から 40 年が経ち、消費主義の遍在性、広告とマーケティングの普及、幼稚化している商業に関連する文化と価格の均質化がともに、全体主義でないけれども、自由からその市民的意味を奪い、多元性ある市民的活力を脅《おびや》かす文化的な精神をつくったことを示唆するに相当の証拠がある。民営化とブランド化が組み合わさったことで、この商業的均質化は我らが市民

10) Paul Berman, *Power and the Idealists; Or, The Passion of Joschka Fischer and Its Aftermath* (Brooklyn, N.Y.: Soft Skull Press, 2005), p.39. この種のレトリックは、特にフランスで人気の E・イヨネスコが 1960 年に以下のように述べたのがよく引用される。「この強制収容所の世界は、例外的なぐらい恐ろしい社会ではなかった。我らがそこで見たものは、我らが今日、突き落とされていく地獄社会という、ある意味での典型的なイメージだった」(Marcuse, *One-Dimensional Man*, p.80)。

として自由でないように、そして我らの社会がより多様でないように仕向けているのであり、それは伝統的リベラルが我らが自由であると思い、または、伝統的な資本主義的生産者や消費者が我らが自由であると考えるほどは自由でないということなのである。

1950年代には、エリック・ホッファーという港湾労働者は、自由市場のリベラリズムを脅かした全体主義的な「真の信者」について著述し、その特異な有名人としての地位を勝ち得た[11]。今日の自由市場のリベラル的マーケターは、消費者から真の信者をつくる必要性について著述する。ダグラス・アトキンは（先述した）カルト・ブランドを如何につくるか述べた著作で、「顧客が真の信者になる」ようにするマーケティングを褒めそやしている。熱狂者としてのそのアトキンの立ち位置については、どの批評家が為し得たよりもはるかに全能主義的消費主義と呼ぶに相応しいため、次の通り詳細に彼の文章を引用する意味がある。

> マーケターを持て囃す社会で、我らは独特の交差路に到達した。一方で、確立された道具は、意味とコミュニティにとっての源泉としてはいよいよ不十分であることが明らかになってきている。もう一方では、非常に洗練された種類の消費主義の成長があった。マーケティングは、その俊敏さと巧緻さにおいて成熟期に達している。数十億円が、複雑かつ精緻につくられたブランドにより観衆を満足させることに費やされている。これらの二つの傾向の合流によって、より満足がなく、よりしばし

11) Eric Hoffer, *The True Believer: Thoughts on the Nature of Mass Movements* (New York: Perennial Classics, 2002; originally published by Harper&Row, 1951).

ば信頼性に欠ける組織のために完全に幻滅を感じる人びとによって受け入れられる商業的創造物となっている。今やブランドは、他の宗教とともに、信条とコミュニティにとっての手厳しい競争相手なのである[12]。

アトキン独りではない。前章で我らはカルト・ブランドの権力を誇示しているマシュー・W・ラガスを引用した。他にもダグラス・B・ホールトのような人物は、ブランドがどのように「アイコンとなったのか」[13]について語る。

この新たな消費全体主義というエートスが発展したのは、資本主義者間に自由を徐々に蝕む謀議があったからでも、見えざる説得者の一団がその画一性に向けて突き進んだからでもない。そのエートスが生じたのは、一般的に幼稚化の進展と同じく、現代のエートスが我らの生活を私化し、常に完全なマーケティングと偏在する広告化の環境の中に我らを漬けているからであり、そこでは商品が至る所で、いつでも利用でき、文字通り我らはそこに顔まで浸っているのだ。新たな全能主義のもつ意図された結果として、豊饒な人間活動のうちの僅か一つでしかなかった買い物が伝統的な町の広場やアゴラで為されていた時分よりも、今日の消費者が必ずしも必要とし、欲していない消耗品やサービスを購買していることがある。このよ

12) Douglas Atkin, *The Culting of Brands: When Customers Become True Believers* (New York: Portfolio, 2004), p.202.

13) Matthew W. Ragas and Bolivar J. Bueno, *The Power of Cult Branding:How 9 Magnetic Brands Customers into Loyal Followers (and Yours Can, Too!)* (Roseville, Calif.: Prima Publishing, 2002); Douglas B. Holt, *How Brands Become Icons: The Principle of Cultural Branding* (Boston: Harvard Business School Press, 2004).

うな環境では、消費者は自分たちの市民権というものが、自分の所得を市場で如何に費消するかに終始するものと考えがちであるが、一方では、その企業にとっての良き行為（またはそれを自慢すること）とは自分たちが「市民ブランド、それも企業的使命の中心的な要素としての社会的責任に狙いを定めたもの」[14]に変換できると信じることができるものである。このような戦略は、デモクラシーそのものを民営化するのだ。

私が本書で主張したいことは、上述が生じた理由であり、それはユルゲン・ハーバーマスのような哲学者たちが我らの「生活世界」、すなわち我らを自由な存在と定義する活動、思案、目的の領域と呼ぶ各々を、幼稚エートスが包み込み、透過するからである。その証拠は至る所にある。“ユビキタス・テレビ”のもっともらしさを自ら語るメディア・セールスマンがいる。また、それは新聞、そしてテレビだけではない。かつての落ち着き払っていた『ニューヨークタイムズ・マガジン』誌は、情報コマーシャルに群がり、本書と同様に「消費《コンシュームド》」とタイトルをつけたロブ・ウォーカーの綴る買い物に関する定期コラムのみならず、ニュースや広告としてとうてい確認し得ない拡張した「雑誌記事」という情報コマーシャル式の体裁によって雑誌そのものを費消しており、その記事は10代《ティーン》、子供と10代の中間《トゥイーン》、女子、幼児、それにペット・ファッションで埋め尽くされている。同誌は特に滑稽《ファニー》さがあるわけでもないのに、読者に恩着せがましく「ファニー・ページ」とする別冊を付けることで、週に一度は忘れずに購入されるよう冊子を膨らませている。マックワールドというグローバル文化が拡充していくことは、それ

---

14) Marc Gobé, *Citizen Brand: 10 Commandments for Transforming Brands in a Consumer Democracy* (New York: Allworth Press, 2002), p.230.

に挑発的な西洋的市民文化（たとえばフランス）や、それに強い敵意を抱くイスラム文化（たとえばイラン）、あるいは実際に全体主義的な政治文化の圏内においてさえ、止めようがないようである。上海は一党制共産主義国のままでいるけれども、それが一世代前までの共産主義の宣伝スローガンと一党独裁国家の宣伝一色だった頃よりも、今日の方が広告スローガンと企業ロゴとでいっそう溢れかえっているのだ。

我らが均質化や平準化に気付くやり方で、生活上のあらゆる場面と我らの「生活世界」のあらゆる分野に商業が普遍的に接触していく余地を残すことで、幼稚エートスは合算されていく。自由を伴ったネオリベラル的イデオロギーは商業に関連しないのだろうか、そして、その商業の内容とは消費者製品や消費者ブランドよりもむしろ政治やイデオロギーあるいは宗教によって定義されるのだろうか、我らはマルクーゼさえもが我らの状態をある種の穏健な市場全体主義と見誤ることを黙認しているのかもしれない。結局、宗教が我らの多元的であるべき生活のあらゆる領域に移殖するとき、我らはその帰結を神政と呼び、政治が我らの多元的であるべき生活のあらゆる領域に移殖するとき、我らはその帰結を専制と呼ぶのだ。何故にと尋ねられるかもしれないが、一貫性ある消費のイデオロギーと、節を曲げぬ費消の通説《オーソドキシー》を旨とする市場が、我らの多元的であるべき生活のあらゆる領域に移殖するとき、我らはその帰結を自由と言い得るのだろうか？

市場は企業に働きかけて、時間や空間に対する掌握機能を包摂し、我らが目覚めている如何なる瞬間をも統御し、その心底にある最も遠隔的で私的な基盤に染み込んでいくことを意図的に目指している。このことは資本主義の成功のための必須条件であり、買い物をするか、買い物をすることを考えているかするすべての消費者たちは、年がら年中、消費したい欲求について想像を巡らせ、かつ働かせているのだ。消費主義は多元的であるよりもむしろ全体主義的なのであって、なぜなら多元主義は買い物と異なる他の何かに空間を与えているからであり、また、多義性とは人びとが買い物をしない時間があることを意味するからだ。今日、アメリカ人の半数以上が住む現代的郊外では、その殺風景な中に唯一ある共用空間たるショッピング・モールについて、伝統的な町の広場や村の入会地と比較してみるがいい。教室と裁判所、郵便局と図書館、村の劇場と教会地、デモクラシー的コミュニティの重要な性質を構成した豊かな人間の多様性を映した町の広場には、個人商店や大型店、そして総合店舗が混合し、かつてはそれを各々の地域で見ることができた。今や思い起こすのは、地元の複合施設《マルチプレックス》（我らのモール？）のテレビ・ゲーム・コーナーに設置されているソーントン・ワイルダー製作の〔ゲーム〕『我らがタウン』ぐらいだ。〔ミネソタ州にある〕“ザ・モール・オブ・アメリカ”は、これぞアメリカというモールとなったのであり、そして、そのモールは人びとが生活することを切望する可能性のあるアメリカ以外のあらゆる世界にも移殖すると脅すアメリカなのである。

1960 年代の対抗文化《カウンター・カルチャー》的スタイルにおいては、ハーバート・マルクーゼのレトリックは誇大に表現された。しかし、彼の本能は鋭かった。幼稚エートスとは、全面的に消費主義を支持する資本主義精神を生み、また、それによって生じたのであるが、それは嗜好の均一化を生み、その均質化を強化したように思われる。市民の自由について愚痴をこぼし、他のすべての人間の感情に勝る、気まぐれな「私は欲する」に貶めてしまう場合、幼稚エートスは多様性に宣戦布告したのだ。これを非合法化することはできないが、それが急速に噴き出し、側面から包み込み、買い物のためにならないあらゆる態度や振る舞いの優位に立つのだ。国家と異なり、つまり多様性を保証するための合法的権力に優越する独占を行使する国家と異なり、市場は商業的独占を実施するよう説得するのだ。そして、「私が欲する」ということが「私がブランドを欲し、また、それらについてマーケターが我らに説明するものと合致するように、マーケターが私に望むブランド・アイデンティティが私が本当に欲するもの」となる場合、消費者たちはある種の意識に本当に到達したのかもしれない。それが明らかに間違っていないものならば、公的市民として消費者が帰属することを切望する共和国に対しての彼らの最も深い願望と矛盾したものである。それは虚偽の意識というより分裂した意識、つまり、我らがかねてより仄めかしていた市民的精神分裂症とでもいうべきものなのだ。

エコノミストのデイビッド・ジョージは、訴求力のあるタイトル『選好という汚染――マーケットは如何にして我らが好まぬ望みをつくりだすのか』の著作で、マーケットが均一な「第一階欲求」（私が第4章の一節でとりあげたハリー・フランクファートが呼んだもの）を満たすようその能力を用いた方法を著述し、我らが本物の意志として理解するかもしれないものを構成する「第二階欲求」をまるで無視するようである。それは、「我らが欲する」もの（私が以前から用いている事例だが、ガソリンを大喰らいし、汚染物質を噴出する〔多目的スポーツ車〕SUV）を我らに与えるが、我らが欲すると“欲する”もの（エネルギー独立と清浄な空気）にはまるで注意を払わない。欲求が満たされることによって、第一階欲求に関する「無制限の説得」に従事することに自由が感得され、それによって自由意志が合法化されるように考えられる15)。

15) David George, *Preference Pollution: How Markets Create the Desires We*

著作『浪費するアメリカ人』でジュリエット・ショアは、その副題を「なぜ要らないものまで欲しがるのか」[16]として我らに問題提起している。しかしながら説明が要ることは“我らが欲するものを欲しがらない”ことが何故に頻繁にあるのかということだ。何故に我らが欲することは、現実には我らが欲する（我らの社会自体が欲する）ことを“欲する”ことではないのだろうか。もしもハリー・フランクファートが主張するように「自由意志をもつこととは、人が動かされたい欲求によって動かされること」だとするのならば、第一階欲求に向けられるマーケットの説得はまったくもって自由などでない[17]。これは、虚偽の意識の問題でなく、第一の意識（我らが欲するもの）に勝る第二の意識（我らが欲すると欲するもの）の問題なのである。私がさらにもう一杯のウォッカを欲し、それがアルコールの中毒者や依存者になりたくないとの第二の意識を斥けたものならば、それは結局、私がさらにもう一杯のウォッカを本当には欲していないということなのだ。そうなのだ、私は本当に飲料を欲していたとしても、私は本当は飲料など欲していないのだ。一つには市場全能主義がどのように機能するかといえば、第一階欲求の領域を選択の唯一の合法的な領域とすることである。時代遅れの道徳的な言い回しでは、衝動の主権は、意志の主権に勝ることを許されており、自由と呼ばれる王権として報いられている。しかし、古い道徳的な言語において、そして、デイビッド・ジョージのエコノミスト的著述において失念されていることは、第一階欲求が通常は私

Dislike (Ann Arbor: University of Michigan Press, 2001), p.13.

16) Juliet Schor, *The Overspent American: Why We Want We Don't Need* (New York: Harper Perennial, 1999).

17) Harry G. FrankFurt, "Freedom of the Will and the Concept of a Person," *Journal of Philosophy*, vol.68, no.1 (1971), pp. 5-20.

的な傾向があり、そして第二階欲求は公的な傾向があることだ。我らは最初に「私」として語り、それから初めて「我ら」を考えるのだ。

本章では以下、私は幼稚エートスが嗜好を均質化し、多様性を拡大するよりはむしろ、矮小化する傾向があることを示していきたい。より大きな社会の至る所に潜入し、その条件付けをしている消費主義で、市場は我らの生活を買収する。消費者に対するこの全能化の衝動は、その主題に対する政治的全体主義の衝動と、ほとんど比較しようがない。第一階欲求に特権を与えることは、専制と同等ではない。そして、消費全能主義に抵抗することが全体主義に抵抗するよりはるかに少ないコストでできることは自明だが（第8章参照）、判明するのは、それを治癒することは難しいということである。どうしてだろうか？　なぜならば、消費主義のもつ全能化的傾向が見えざる所で展開されており、また消費主義が選択という旗幟の下で時空に移殖するからである。なぜならば、均質化は競争的かつ多元的と映る市場選択から現れてくるからである。アフリカの猿罠を思い起こして欲しい、我らが必要とする行為すべてが、我らの鎖を「捨て去る」ことならば、その鎖を壊すことには如何なる必要性があるというのだろうか？

市場全能主義の形態

市場には5つの支配形態があり、それが私の議論の要旨、つまり、消費文化はその全能主義者たちが我らの生活に影響を及ぼさずとも、全能化することの根底にある。私が論じようとしているのは、消費市場が（至る所に）“遍在《ユビキタス》”していることであり、（「常に」あり、全時間を満たすことを望む）“全在《オムニプレゼント》”していることであり、（強化それ自体の方式を作成する）“中毒《アディクティブ》”をもつことであり、（ウイルス性をもって増殖する）“自己複製”することであり、（それは活発な自己合理化と自己正当化に従事し、それに抵抗する道徳的基盤を侵食する）“完全合法化”することである。これらの５つの特徴はともに、全体主義のより伝統的形態の同等物以外の敵対物である、市場における我らの生活や思考、肉体と精神に優越する権力を市場に与えるのである。しかし、これらが市場的自由という推定上の合法性の下で動き、その成功に向けて市民的精神分裂症に依存するために、あまり有害ではないが、それに抵抗したり、克ち勝つのはより難しいものである。この危険性は多元的であるけれども、意識を独占している市場の本物の多様性を損失したことのすべてよりは上位にあり、これらの特徴が念入りに造作され、文書化されて、明らかになる。

遍在性《ユビキティ》

社会に対する伝統的リベラルの見立てでは、生活は活動の多種多様な領域《スフィア》を、価値、文化と生活目的が歴史的に多元的で経験的に多様である人間に対して提供する（多元性は願望というよりもむしろ事実である）。正義なるものが一役担うかもしれぬその領域《スフィア》を探究する際、たとえば、政治理論学者のマイケル・ウォルツァーは我らにお金や商品によって定義される市場のみならず、ほかの領域《スフィア》をも考慮した典型的なる類型《タイポロジー》を示したが、それ自体の価値と商品は各々、価値（古代感覚での儀式）によって、仕事（職場）によって、余暇（レクリエーション）によって、教育（学校場所）によって、親類関係と愛情（家族や家庭）によって、神の気高さ（宗教）によって、尊厳と認知（友好）によって、そして政治（市民または市民的空間）によって定義された。他のリベラルな「ロック派」の思想家たちが「商品の多元的概念」を基本的に擁護する如く、ウォルツァーは

「社会的善が支配の手段として供与、もしくは供与され得ることのない社会」[18]を描写し、それを正当化しようとしている。すなわち、ウォルツァーは人間的多元性の事実に規範的攻撃を加えたのであり、そして「すべての道徳的かつ物理的な世界中にあると考えられる主要的もしくは基本的な商品はただ一セットだけあるわけではない」[19]と論じているのだ。

今や理論としての私的市場の哲学は、多元性と多様性への関与を共有する。特に国家が権力と法律の独占を定めることと比較して、市場の長所を提起する人びとは、（競争を優遇することでの）多元性としてのその開放性を強弁する。しかし、リベラル・デモクラシー国家は領域《スフィア》の多元主義と、個々の権利、そしてプライバシー権利の尊厳を保証するために合法的権力の独占を使用するのであり、一方で消費市場はその多元主義の虚偽性を維持してでも、あらゆるスフィアとセクターに移殖する傾向がある。消費市場はその遍在に対する道徳的な要求を最初はしないものの、あらゆる、そしてすべてのスペースの占有を切望することによって、同時代の人間活動の可能なスフィアを効果的に排除する。商業化する資本主義は、収益性を最大にするために、非商業的な領域の浸入と浸透性を強制する。それはまったく文字通り至る所にあり、我らが日常を営むあらゆる生活領域に移殖する。歩道、壁、バス、電車の表面に、教室、ベッドルーム、洗面所、路面電車の内面に、映画館のスクリーン、アイポッドの画面、テレビ画面、電話画面に、ヘアカットにデザイン化さ

18) Michael Walzer, *Spheres of Justice: A Defence of Pluralism and Equality* (New York: Basic Books, 1983), pp. xiv-xv.［マイケル・ウォルツァー／山口晃訳『正義の領分――多元性と平等の擁護』而立書房、1999年］

19) Ibid., p.8.

れ、肌に彫り込まれ、これらはトレードマーク、ブランドマーク、ラブマークとして成文化されたのであり、欲望により消費される人間のアイデンティティにとっての鍵である。この精神は欲望の哲学研究「我在り、ゆえに我は欲する」[20]という書評タイトルで『ニューヨークタイムズ』によって完全に捕捉されたのである。

“遍在性《ユビキティ》”は強力な用語であるが、本書で検討される非常に多くの概念と同様にそれは私の造語ではなく、マーケターによる造語である。あるジャーナリストは、データ通信複合企業を調査で、「私はユビキタス複合企業を欲している」[21]のタイトルの下で、MTVネットワーク上に物語を持ち出している。メディア界の巨象、ヴァイアコム社の子会社たるユビキタス複合企業は、アメリカでMTV、MTV2、ニコロデオン、コメディ・セントラル、TVランド、スパイク、そして世界中の111のネットワークを、加えてヨーロッパ、アジア、ラテンアメリカ、そしてアフリカの19の新規チャンネルを含む。この報道関係者の話で提起される課題は「ひとたび至る所に在るようになれば、次にどこに行くのだろうか？」ということである。一方では、『ニューズウィーク』誌は「ただ一つだけ明白なのは、競争はユビキタステレビに向かっていることだ」[22]と叫び、（携帯電話とアイポッドの）小画面テレビを獲得するための新しい競

20) Kathryn Harrison, "'On Desire': I am, Therefore I Want," review of *On Desire: Why We Want What We Want* by William B. Irvine (New York: Oxford University Press, 2005), *New York Times Book Review*, November 6, 2006.

21) David Carr, "I Want My Ubiquitous Conglomerate," *New York Times*, November 7, 2005.

22) Johnnie L. Roberts, "Small TV, Big War," *Newsweek*, October 24, 2005, commenting on the Apple-Disney deal that allows iPods to carry Disney/ABC content such as *Desperate Housewives and Lost*.

争を注視している。

サムスンの新たな携帯電話テレビの最新の広告キャンペーンでのスローガンは、ユビキタステレビを公共空間の民営化として描写することであり、我らはいろいろな人びとが手のひらサイズのサムスンの小画面によって自分の空間たる私有化された視聴部屋を名目上の「公共」の場に変換し、謳い文句として我らに「あなたのリビングルームで世界を想像せよ」と訴えかけるのを見る。公共の場の絶滅は、新技術における多くの特徴であるが、携帯電話と〔スマートフォン〕ブラックベリーからテレビゲームと（GPS）全地球測位自動地図（方向を尋ねるために「公共」に向かうことなどさらにない）に至るまで、私化された消費者の間での美徳となったのであり、彼らにとっての公共的他者は、消費する私的な振る舞いから注意を逸らす存在だった。ガジェットが公共的外皮を剝がした私化された聖域へと人びとを誘導する唯一の準公共的なものは商業そのものであり、よって、そこから脱出を図る際に通過せねばならぬワームホール〔時空の抜け道〕は必ず購入されねばならないのだ。公共的なもの、すなわち樹木、風、建築、音、他者は無料であり、商業により支えられる孤独は購入されねばならず、もちろんそれが要諦なのである。

電子画面とヘッドホンから成る聖域を求めている人びとは、ゲーム、映画、音楽で提供される中身に多様性を捜し出し、また、外界との同一性を避けることで多様性を想像し得るのかもしれないが、購入された電子情報は、たとえ一部の人びとにはそれが活き活きと「現実」のものと感じられたとしても、我らの生来的な生活世界にある実際の多元性よりもはるかに同種的で限定的である。最高度の出来映えの映画も、現実世界を躍起となって捉えようとはするものの、異種混合性かつ多様性では現実に劣るはずである。ハリウッドが総力を挙げた最高傑作でさえ、公共の公園での夏の日の散歩シーンの一つをとっても、多様性や創造性の面で現実には及ぶべくもない。

もちろん芸術はそれ自体でさまざまな世界を創始し、この公共的多様性についての議論は審美性に関する議論にまでは及んでいない。それは、私が関心をもつ文字通りの感覚における多種性であり、経験における実際上の変化であり、生活領域《スフィア》における多様性である。多元性とは、我らが考え、感じ、働き、生活する多くの部門の内部にではなく、その関係性において存在する。それは公共空間が保証し、市場が縮小するような多種性である。さもなくばそれは誰にとっても、テレビにたとえれば同一の経済市場を支配することに狙いを定めた同種の消費企業によって後援される同種の「遍在的複合企業」によって自分たちに提供された同じ選択の番組を見て終わることになる。

フランスで消費者が発見したことは、テレビ番組の中で文化的多様性を保証し、もしくはユビキタステレビの災厄から映画産業を救うのが市場ではないことだ。その代わりにそれをするのは国営的テレビのテレコミュニケーションによる準独占である。市場に取り憑かれたアメリカ人はそのような国家的干渉をジョージ・オーウェル風であると言い急ぐのだろうが、フランス人が認めるのは水曜日と土曜日の夕方（主要な映画が興行される夜）に公共テレビ放送上での映画放映を禁止する国家公認の規則が、映画興行とテレビ視聴とのバランスを確保することで、（そう、その強制を通して）フランスの文化的生活に一層の変化を生み出すことである。それはフランスの国家も同様であって、フランスの聴衆がアメリカの大衆文化に晒されるのを防ぐのではなく、アメリカによる市場的猛攻撃に直面して、フランス文化、それも大衆文化だけでなくその他の文化のために少しでも余地を空けておくために、アメリカ映画に輸入割当（まるでそれがつまらぬことであるかのように、ハリウッドは不満を言うが）を受け入れさせるが、もし、市場だけが勝利を収めるのならば、そのフランスの観衆はただアメリカ映画、テレビ、大衆文化にひたすら曝されていることを意味するのだろう。

イスラエルを除く西側諸国の中で唯一、アメリカ合衆国は文化多様性に関する2005年のユネスコ条約に反対したが、それは国境超越的な規則よりも世界的な文化多様性にとっては自由市場がよりよい伝達手段であることを理由としていた。しかし、世界市場はアメリカ（ハリウッド）支配下における文化権力の不均衡を容易にした。フランスの文化大臣ルノー・ドヌデュー・ド・ヴァーブルは、「ハリウッド映画は、世界中で売られる映画チケットの85パーセントを占めている。またアメリカは、公開される映画のわずか1パーセントだけをアメリカ以外から輸入してきている」[23]点に着目することで条約を擁護した。そうするとアメリカは、多様性を保証するために、あるいはアメリカ文化の支配とその商業製品の遍在を保証するために、市場原理を擁護するというのだろうか？

遍在《ユビキティ》が意味するのは至る場所にあるということである。まだ市場によって支配されていない如何なるスペースも、ブランド名はついてないが専門家には実現可能性のあるスペースであって、彼らによる商業的乗っ取りの標的になり得る、そうした場所が至る所にあることを意味する。すなわち、余白の粘板岩《スレート》、タブラ・ラサなどというものは、今日の遍在する市場にはない。あらゆる余剰空間は、ブランド・ロゴや広告スローガンを招き入れ、あらゆる皮膚の小片は、商業的タトゥーを招き入れ、あらゆる沈黙は、雑音を多くする

23) Alan Riding, "Unesco Adopts New Plan Against Cultural Invasion," *New York Times*, October 21, 2005.

誘惑を招き入れる[24)]。マーケターたちは、どのようにして製品とブランドを映画と歌に引っ掛けるべきかについて承知していて、全テレビ局を広告板にしている（VH1の如きMTVは音楽業界のための買い物ネットワークであって、世界中の111以上の数え得るチャンネルで、〔ロック・ソングの〕「ロック・アラウンド・ザ・クロック（休まずにロックしようぜ！）」は「ショップ・アラウンド・ザ・クロック（休まずに買い物しようぜ！）」にするのを目にしているのだ）。彼らは五感をあらゆるキャンペーンに参加させようとし、最近は包装に「香りを埋め込むことで、財布（支出）に至る道が鼻を通してもたらされることを望み、可能な限り全ての五感を標的とする」[25)]とのアイデアに飛びついた。

その最もありそうもない場所は、最近は広告会場に転換した。ニューヨークのオルフェルム劇場のミュージカル作品『ストンプ』では、ヴィジット・ロンドンと呼ばれる旅行者組織による3分間の“やらせ”広告を流している。ライブの劇場ならばライブのコマー

24) 一人の賢明な若者が、ブランド化という先鋭的な部分を逆手に取って売り込む「バムバータイジング」という語を造り出すことで、マーケティングで注目を集めた。彼が特殊なのは、ホームレス（バムズ）に他社の商品の“サクラ”をして、物乞いをするのをやめて協力するよう求め、クチコミ（下向きの）マーケティングの新たな形式として彼らが物乞いをすることにつけ込み、その代替手法を示したのである。以下を参照。Claudia Rowe, “‘Bumvertising’ stirs debate,” *Seattle Post-Intelligencer*, September 13, 2005.

25) Margaret Webb Pressler, “Coming to One's Senses,” *Washington Post National Weekly Edition*, February 27-March 5, 2006. プレスラーの報告によれば「アリゾナ飲料社は、消費製品の先端技術たる包装（アロマが、ボトル・キャップの中に漂う！）という流行の最前線にいる。人びとがますますコマーシャルを無視し、多様な形態のメディアに視線を広げたので、従来のテレビ、ラジオ、印刷広告は効果を失っており、マーケターは気がつく限りの新たな方法を探している。一つの有望な方法は、包装自体を通してできるだけ多くのものを売ることを目標としているように見える。

シャルが流れるのか？　いや現在は、このコマーシャルはマンハッタン同様にダブリンとハンブルグでも見ることができる。何故なのか？　ある広告主によると、「彼らは嫌でも聞かされる聴衆なのであり、広告が始まっても、彼らはチャンネルを変えることができないか、切り替えることができないか、あるいは出て行くことができないのだ」[26)]。そして、ライブの劇場が市場で機能するならば、生きたまま《ライブ》の羊は市場にとって役にたたないのだろうか？　そのメッセージをオランダに広めるために、ホテルＮＬ（オランダのオンライン予約会社）は羊一匹につき１ユーロで、羊用の空間を購入していた。怒れる地方自治体によって課される罰金にもかかわらず、それは羊毛に広告を付けるイージー・グリーン・プロダクションという英国資本の企業により実行に移され、同社は成長している[27)]。

企業が取引し、合併し、共同ブランド化し、そして取って換わるように、この頃は我らが夜明けから真夜中まで見る複数のスクリーンに映る内容を独占する状況を企業はつくり出せる。こうしたサムスンの携帯電話の画面は、一見すると多元的だが、共通の内容に対する導管となっていて、その内容を支配、もしくは後援する会社はその共通性の独占を求めるのである。ディズニー社（そして、そのABC 放送子会社）は、スティーブ・ジョブズのアップル・コンピュータ社と協力し、アップル社の最新のアイポッド・ビデオ・プレーヤーにディズニーの内容を添付している。たとえばグーグル・ビデオ（2006 年末に 16 億ドルでユーチューブを購入した）やリアルネ

---

26) Campbell Robertson, "It Had to Happen (or Did It?); Ads at the Theater," *New York Times*, May 24, 2006.

27) Doreen Carvajal, "Advertisers Count on Sheep to Pull Eyes Over the Wool," *New York Times*, April 24, 2006.

ットワークスといったライバル社は、内容よりも自社での独占、それも世界中の権利に対する独占を求めるために、同じ目玉となる内容やデジタル上の導管を奪い合うのだ。そして、『ニューズウィーク』誌が「競争は、ユビキティ・テレビの方に向かっている」という通り、そこでは仮想広告を駆り立て、視聴が増幅するメディア技術による丁重さを決して止めに掛からないのであり、それは腕時計、電話、アイポッド、コンピューター画面、ワイファイ接続、大小のテレビ・セット、時代遅れの映画画面に表れている。もちろん実物世界の広告は、一見すると永久的に至る所にあり、公衆便所の便器の上、気球や複葉機の旗の上、スクールバスの屋根とパーキングメーター前に立つポールの上、学校と大学キャンパス学生センターの中、スポーツ・アリーナの広告板に、「公共」の運輸機関のあらゆる所に、そして、さらに至る所の時代遅れの屋外の広告板にある。

仮想内容を伝達する多くの回路、多くの電線《ワイヤー》、多くの導管《パイプ》があればあるほど、だんだんと内容の多元性は低くなっていく。インターネットは、現実の代替となったワールド・ワイド・ウェブで、すでに我らを雁字搦めにしている。ジョージ・ギルダーの型を踏襲する未来学者たちは、遍在性の探求に一歩踏み出し、構築された電子ネットワークと、特定領域を誰もが極めて迅速に（！）、世界全域でワイファイを用いて接続できる「光速領域《イーサースフィア》」に近づけていくことを夢想するのだ。今日、商業的利用を越えたほぼ無限の帯域幅を用いることで、誰もが決してオフラインに陥ることなく、我ら全員が仮想の「遠隔宇宙《テレコスミック》」ネットワークにつながることができるものの、実際の公共への接続は消されてしまうのだ[28]。

28）以下を参照。George Guilder, *Telecom: The World After Bandwidth Abundance* (New York: Touchstone, 2002). ギルダーの「テクノロジー・レポー

ウェブ・ゲームは青年を対象とするが、プレーヤーたちには「持続的な」（永久に接続中でログオンするプレーヤーが利用できる）オンライン・ゲームに参加する、ありとあらゆる世代にわたる賭博師的な数百万のキッザルトがいる。スターウォーズ・ギャラクシーズの54歳のオンライン・ゲーム・プレーヤーは、メーカーがフォーマットやルールを変更した際に不平を口にするが、それはゲームや仲間のプレーヤーたちとともに築いてきた「素晴らしき二次的人生」を蹂躙し、そのストーリーを語る言語を台無しにし、「遊戯そのものよりもはるかに重要だった他のプレーヤーたちとの交流や友情、つまり『実生活』で複製するのが難しい関係」を破壊するからだった。別の狂気じみたプレーヤーは、フォーマット変更によって「冒瀆された」気持ちだと不満を言い、あるプレーヤーが言うには「それらが我らのコミュニティにやって来て破壊することで、多くの家族形態が消滅し、そのことは悲嘆に暮れさせた」[29)]。プレーヤーの仮想人生が大人の実際の人生に対して優位に立つ場合、我らの現実の市民的もしくは社会的なコミュニティが有意なものとなることを想定するのは難しい。

遍在的なテレコズム〔ブロードバンド世界〕に関するギルダーの展望は、未来学者のファンタジーではない。2005年10月に、フィラデルフィアは「市全域にわたる無線ネットワークを構築して、管理する」ためにアースリンク社を選んだ。シカゴ、マイアミビーチ、

ト」は、これらの傾向を後追いしている。

29）以下の引用。Seth Schiesel, "For Online Star Wars Game, It's Revenge of the Fan," *New York Times*, December 10, 2005. 第4章の初めに探求した仮想現実と日常生活との境界にボコボコと開いている穴をテストすると、この事例は時間自体が現実の代替として潜在性に対応するために変えられた方法を示唆する。

ミルウォーキー、ポートランド（オレゴン州）もまた地元の無線ネットワークを調査しており、そして、グーグル社は「サンフランシスコ全域に無料の無線を行きわたらせる」（しかし、正確には無料ではなく、ユーザー向け広告費によるものである）と最近になって申し出た[30]。世界中で、韓国、カナダ、イスラエル、そして日本を含む多くの国家がアメリカ合衆国（現在ブロードバンド・アクセスで世界第16位にランクする）より高い人口比によるブロードバンドのアクセス件数をすでにもち、公的な無線ネットワークはより誘惑的であることを証明しつつある。それが通信、売買、そして歓楽に接続する能力の強化に見えるために、消費者はそれを進展と考えることだろう。しかし、マーケターもそう考えるならば、彼らはテレコズムが自己に顧客との遍在的接続と終わりのなきマーケティングの可能性を提供することを理解するだろう。あちらこちらで、アーティストや反体制派は事件を出来させ、デモンストレーションを扇動するために通りに群衆を呼び込もうと普遍的アクセスを用いるものの、テレコズムの独占的使用と、その背後にある経済的目的は必然的に商業的である。その資金を拠出し、確立する人びとの狙いは、それを自分が使っていると思っている顧客たちを利用することである。新たなメディアは、個人が望むものを我らに伝え、個人に公的権限を与えるために我らがここにいると、その「牽引《プル》する」能力を広告

30) Adam L. Penenberg, “The Fight over Wirless: Will we get Internet access from big government or big business?” Slate magazine (www.slate.com), October 24, 2005. 都市の無線の影響を受ける多くの注目点は、ベライゾン、スプリント、そしてAT&Tのような携帯電話企業とそれらに置き換わるブロードバンド運営企業との間での競争に関するものだった。一般的な携帯電話の社会的影響は、たとえば警察やレスキューのサービスと情報提供者といったはっきりしたニーズに及ぼす影響に比べ、相対的に無視された。

するが、その生存能力はその「押付ける《プッシュ》」能力、つまり製品、サービス、エンターテイメント、知識、その他を売り付けることに成功する能力に依存する。

競争を生み、企業家精神に根ざすものとして、消費市場は今日には偏執的怪物になった。『すべてが販売中』（市場に関するロバート・カトナーの著作のタイトル）では、対抗領域からの攻撃を受け、そして「デモクラシー政治そのものとともに、政府は疑問視されて鈍《どん》している」[31]。そこには一つのみのパラダイム、つまり「自由な市場が、人間の自由の本質、繁栄に至る最も確実なルートにとって不可欠と映る」ものがあり、それゆえに、一つの価値（利益）、一つの活動（買い物）、一つのアイデンティティ（消費者）、一つの振る舞いのパラダイム（市場交換）、一つの合法的であるように資格を得る生活世界（商業）、があるのだ[32]。

おそらくアメリカで最も評判が高い雑誌『ニューヨーカー』に疑いをもたない購読者は困惑を膨らませつつ、その2005年8月22日号の記事を読んだに違いない。そこには何百もの紅白のペパーミントがありとあらゆるところに存在したからであり、それは表紙、記事の中、広告に挟まって、そして裏表紙にあるレイアウトやデザインの権利記載部分に至るまで織り込まれていた。『ニューヨーカー』は、共同ブランド化することを発見したのだが、裕福さに憧憬する層の市場に廉価参入するターゲット社（ふざけて、ターツァイとしてフランス流に発音した）が、隅から隅まで実際に高級志向の『ニューヨーカー』のこの記事を買ったのだった（1100万ドルで）。こ

31）Robert Kuttner, *Everything for Sale: The Virtues and Limits of Markets* (New York: Alfred A. Knopf, 1997), p.3.

32）Ibid.

の他に類のない独占は雑誌のレイアウトとデザインに立ち入って、広告と編集内容の間に引かれていた伝統的な境界線を覆い隠した。ミルトン・グレーザー、ルーベン・トレド、そしてロバート・リスコのような有名なイラストレーターは『ニューヨーカー』がその「プロジェクト」[33]と呼んだものの一部として図面を提供した。少なくともその週の間、ターゲット社は『ニューヨーカー』であり、『ニューヨーカー』はターゲット社であり、そのブランドは合体し、そのロゴは結婚し、その内容は絡み合っていた。やがては一瞬の間、デザインの独創性と広告の創造性のあるカバーの裏側で、少なくとも一冊の雑誌上で、小売会社は広告の遍在性を達成した。これまではただ、『プラウダ』だけが、ソビエト絶頂期における共産党の公式新聞で、同党との関係が常に完全に公認されていることを割り引いても、その勢力が隙間ないほど浸透していることを誇ることができたのである[34]。

---

33) 問題は広くマスコミで論じられ、全米雑誌編集者協会（ASME）によって批判された。1962年にミネソタで創立されたターゲット社は、当初より一風変わった、中堅どころのディスカウント・チェーンとして、自らを位置付けた。それはアイザック・ミズラヒやポストモダン的建築家ミシェル・グラーブのようなファッション・デザイナーに理解を示し、そのペパーミントの中心部をあしらったロゴをもつ中流階級向けディスカウント・ショップの同義として確立した。同社はそれを『ニューヨーカー』誌で試しに掲載する前に、人びとの買う雑誌の全号を買い込んだのであった。以下参照。Bryan Curtis, "Target: Discount retailer goes to *The New Yorker*," *Slate* magazine (www.slate.com), August 17, 2005.

34) マイクロソフトの最新版MSN（MSN 8）を広告するためにMTA地下鉄システムを通してステッカーを貼るためのキャンペーンがニューヨーク市であった。同市はそれをはがすことを命じた。詳細は以下を参照。Margaret Kane, "Microsoft decals don't stick in NYC," CNET News. com, October 25, 2002, available at http://www.com.conl/21001023-963330.html.

全在性

消費市場は至る所に存在することを切望するが、何時でも存在することをも望むのであり、つまりは空間を征服するのと同等の苛烈さをもって時間をも占有しようとしている。現代の消費社会では、店舗は決して閉められることはなく、客引きは決して沈黙することはなく、そして市場取引に血道を上げる機会は決して止むことはないのである。これは、信心深いのか政治的であるのかにせよ、あらゆる競争的社会部門の規範が、買い物を決定付けるための規範により上書きされているからであって、ある種のイスラム法の逆転である。安息日にイスラム法は、清教主義のように、その日曜日厳格法《ブルー・ロー》で、「安息日には買い物をしてはならない」、あるいは「アルコールやダンスは決して許されない！」との命令を発するかもしれない。「イスラム法」庇護下の市場は、「買い物をしない日があることは許されないし、店舗は永久にオープンせよ！」、そして「アルコールとダンス、そして購入し得る他のすべては、至る所でそして常に許し、促し、規定せよ！」と命ぜられるのだ。かつては週に5ないし6日しか開けていなかった多くの店舗やショッピング・モールは今や週に7日すべて開いていて、さらに特定日の夕方や休日には閉店時間を延長している。さらに、米国で全祝祭日の購入総額のほぼ10パーセントを占める日、つまり感謝祭直後の（「利益化」もしくは「黒字化」する）ブラック・フライデーの如き特別な買い物日には早朝5時や6時、深夜0時過ぎからすでに開店し、夜明け前の朝市で多くの品物が捌かれるのである（手に入れるべきものがセール中！というエレクトロニクス・マンデーは、そのシーズン中では最近ではブラック・フライデーに次ぐ、2番目に価値ある買い物日である）。クリスマスや復活祭から過越祭《ペサハ》やラマダンに至る「宗教的」な祭日は、ハロウィン、クワンザ祭、バレンタイン・デーといった他の祭日を付け加えたのであり、それは民族的かつ国家的な境界を越えて商的機会を広げるためであり、その“神聖さ”は消費の増強を目的として労働（生産）の中止だけを許すのである。

本書執筆時、『ニューヨーク・タイムズ』紙は感謝祭翌日の一面記事で、ハリケーン・カトリーナについての報道で用いたヒステリックな字句をもって、「国中で何百万ものアメリカ人たちが安売店に襲い掛かり、郊外のショッピング・モールへと先を争い、下町の商店街に群がったのであり、睡眠妨害の記録を作るが如き小売店祝典の真っ只中にある」と報じた。その記事で特集された、ブラック・フライデーの早朝に孤軍奮闘する店員は、まるで略奪する顧客の気紛れな行動に文明の事実上の崩壊を予見するかのように、安売りされているコンピュータ・ハードウェアの方に手を伸ばしている買い物客の集団を監督しようとする局面で、いく度もいく度も「市民化しよう！市民化しよう！」と叫んでいて、顧客たちも略奪品をより多く我が物とせんがために、連続的に「お互いに小突き合っている」[35)]。この殺気立った終夜の「打ちこわし」の市場の狙いは、商業の全在化であり、総買い物的な環境である。

商業主義のもつ現代的全在性を測定するには、アメリカ人やドイツ人や日本人が実際に毎日時に費やす時間の経路図《チャート》を作成すればよく、その四六時中、彼らは発信される商業的メディアのメッセージ

35）マイケル・バーバロは、感謝祭翌日にマンハッタンのアップル・コンピュータのショップ「CompUSA」がオープンしたことを、その午前0時5分に報道した。Michael Barbaro, “Dawn Rush Hints at Strong Start to Holiday Sales,” *New York Times*, November 26, 2005. 事業部門における同僚内のエッセイでは、早朝の買い物で競争するのが休暇の日課となったと強調されている。Malanie Warner, “The Doorbusters,” *New York Times*, November 26, 2005.

に晒され、買い、食べ、着るものに合わせて自身を特定するように誘惑されているのだ。若者に強い影響力を与えるその数値は、特に気を滅入らせる。商業主義における教育産業の競争者たち、すなわち教育、育児、それに教会や市民団体による社会教育に割り当てられる時間を測定すれば、それは、短時間という結果となる。教師たちは週に多くても20ないし30時間（年に約30週）、完全に自分たちで制御し切れない環境の下、そして人気メディアでしばしば嘲笑される施設で、学生の気を惹こうと奮闘している（映画『アニマル・ハウス』は、象牙の塔よりも現代の大学を象徴するものとして人気を博した）。牧師、ラビ、イマーム、そして聖職者たちは、実際に礼拝に出席する自分たちの信者のうちの、ごく少数と週に1ないし2時間を過ごすのみである。親たちはせいぜいが威容を整えた“番人”である。市場の彼らのライバルたちは親たちを、子供に近づくための障害としてしばしば敵視し、あるいは子供たちへの渡し手として搾取の対象としようとし、それによって親たちは日増しに自分たちが掌握する子供たちに妥協し、侵食され、包囲され、そして終には子供たちとの関係を疎かにさせられるのである。時間で測定される後期消費資本主義社会における本物の家庭教師は、メディア独占者、攻撃的内容提供者、遍在する画素《ピクセル》の図々しき支配者をコントロールする人びとであって、彼らは子供たちの時間と注意を集め、週に60ないし70時間（年に52週）を掌握しているのだ。

2005年のカイザー・ファミリー財団による8～18歳のアメリカの若者を対象にした調査で判明したのは、「若者が浴びるメディア・コンテンツの総量は、一日に8時間半に上る」[36]ことであった。

36) Cited by Nathan Dungan in “Media Habits May Lead to Over-Spending,” October 25, 2005, available at http://www.foxreno.com.

注意力欠乏症の現代社会では、これは想像され得る程度に抑圧的で一時的な全体主義であるが、商業上のブランド関係者とラブマーク宣伝活動家はそこで、その時間自体を支配することで我ら文明の商業的エートスを制御するのである。「米国の18歳以下の若者による直接および間接の出費総額は、年に約1兆ドルと見積もられる」として、幼児から10代、そして子供扱いされた大人に至るまで、マーケターたちは市場生存力を維持するという名目の下に、必然的に大人期を破壊する敵方となって、若きに宿る幼稚性を教え込むのである[37]。幼年期の文化は、ただ時計を所有することだけで、そのすべてを合法化する。

時計を所有するということは、いつも時間を表示するということではない。ショッピング・モールは時計に対する侮蔑心に囚われており、その規律外で活動することで自らの時間を管理しようとする。買い物客たちはもしも時間がわからなければ、買い物にあまりにも多くを割くことは決してできないだろう。公衆用の時計のあるモールは、時計が一つもない駅と同じくらい珍しいものだろう。現在悪名高い24時間無休のニュース・サイクルは、山ほどあるケーブル・チャンネル、インターネット・ステーション、そして衛星ラジオとテレビ放送に「常にずっとニュース」を放映し、ニュース時間がずっとあることを知らしめる。「常時」とは、時間をまったく成立させないもう一つの方法である。「ニュース」の原義は、時々「新しい」出来事について、何らかの「ニュース」報道に値する感覚を伝えることにある。常時いつでもあるニュースはもはやまったくニュースなどでなく、情報というよりもむしろ商業に対しての、商業的な情報エンターテイメントとして連動した。よって、CBSの次

37）Ibid.

期副社長が明確に認めることだが、「これほど多くの選択による超機能的な社会では、視聴者は毎分楽しむことに慣れ切っている」[38]ことである。コンテンツを最大化するため、その一方でますます多くの日数を費やして以下のことを重視し続けるのであり、それは、まだまだ注意力が足りない子供をいよいよ追い立てて、コンテンツの供給者は子供だまし、スピード・アップ、ファスト・カット、そしてジャンプ・カット、すなわちスピード（第3章参照）に優位を置き、反復を選好せざるを得なくなることである。こうした目的のためには24時間無休では不十分である。全体主義化された消費文化には一日では十分な時間が文字通り存在しないのであり、それはあり余る能力をもって精神的にもち得る限りの時間を数秒たりとも満たそうとするのだ。

マルチ・テクノロジーに反応するよう、若者はマルチ・トラック・メディアを収容し、その発達したマルチ・トラックの知性をもって、時計に時間を追加していく。成功したマーケティング戦略は、一日24時間より長きものと考えなければならない。〔メディア代理店〕OMDワールドワイド社からヤフー社に依頼された研究は、動きの速い若者に特有の複数業務《マルチ・タスキング》を利用することによって見出されたものだが、「自分の媒体《マイ・メディア》をもつ世代の若者に、まさにある日、最高44時間の活動をはめ込む」[39]ことは可能である。幼稚性文化には、

38）Kelly Kahl, quoted in Marc Peyser, "TV: Changing Their Tune," *Newsweek*, October 17, 2005.

39）Cavin O'Malley, "Yahoo!, OMD: Global Youth Get Music Fix on Web," Online Media Daily, September 27, 2005, available at http://pubhcations.mediapost.com/. この研究は11カ国の13～24歳を調査し、2005年9月に公開された。別のメディアマーク・リサーチ社の調査によると、「6～11歳の子供のほぼ60パーセントが最低でも月一度はオンラインにつながり、12歳になるとほぼ毎日オンラインにつながっている」ことが明らかにされた。

時間自体に弾力性があって、ティーボやアイポッドのような電子的機械道具類《ガジェット》にとっては消費者をしてその内容の消費を「時間異動」へと向かわせる。それゆえに、若者はテレビ画面（ホーム・ショッピングネットワーク）上で家具の広告に反応することができ、また、別のチャンネル（グーグル検索）上で設定価格の比較を研究するとき、さらに別の簡易メッセージ発信による友人への「クチコミマーケティング」を行うのであり、これは、20分間で1時間の消費労働をする1対3のマルチ・タスキングである。これは、アインシュタインの特殊相対性理論によるトリックなどではいささかもなく、マーケティングの加速器《サイクロトロン》に掛かれば、欲求は光速を超える速度になって推し進められ、そしてあらゆる欲求は成就するのだ。

その標的たる消費者がより若くなれば若くなるほど、時間刻みの攻撃はより効果的となる。大人がその調子を弱め、そのフィルターに掛かり、さもなければ広告を避けたり、無視したりする一方で、「メディアマーク・リサーチ社によるアメリカの子供たちに対する最初の調査で判明したのは、子供たちを大人から引き離す手法が、広告主の興味を間違いなく惹くことにあり、それは子供たちのほとんどがテレビ広告を飛ばすことがないことである」。子供たちは合間の広告にテレビの音量を小さくしないし、大人がするように商業空間の外部に時間異動することがない。6～11歳児の5400人の約60パーセントは、番組を視聴するのと同じ姿勢で、広告を視聴し

また以下の報告によると、若者の42.6パーセントが少なくとも月に一度はオンライン・ゲームをして、回答者のうちの84.2パーセントは毎月テレビゲームをし、それも全体では5分の1、男子では30パーセント、女子では11.1パーセントが毎日しているという。Shankar Cupta, "One in 12 Kids visits Web Daily," November 22, 2005, Online Media Daily November 22, 2005, available at http://pubhcations.mediapost.com.

ているはずである[40]。コマーシャル自体には時間を超越する資質があり、テレビ、ウェブ上、そしてビデオゲームの内容でつながり、子供の日常の予定をますます侵食している。今日のアメリカのテレビ広告は「ホームコメディのうちの8分とドラマのうちの16分を費消」[41] している。担当職員は、コマーシャル用にさらに多くの時間を作り出すために、番組導入のテーマソングと番組紹介《クレジット》の時間を切り詰めている。人口統計上のより若い人びとは商業と番組内容とをよく区別できないかもしれないため、この双方が子供向けの番組編成に組み込まれており、すでに述べたことだが、『ニューヨーカー』誌での対象特定広告《ターゲット・キャンペーン》は大人向けにも成し遂げられたのである。

ナイキのロゴマーク、スウッシュのような中身《コンテンツ》の唯一は、ナイキのスウッシュが編み込まれた縁なし帽《ヤムルカ》を被った子供が観戦するレースのマラソン・ランナーの汗に初めて表れるのであり、一方で子供はアイポッドに賢明なるナイキのコマーシャルをダウンロードするのである。商業的な時空連続体は拡張可能である。その目は我らに昼夜にわたり注がれる熱烈なダイオードであり、常に緑色または赤色の光線で、そのサインを送るガジェットが休止する時でさえ、商業時空連続体が決して「離れる」ことがないように、もしくは引きこもり、休止したりすることがないよう注意し、人びとのもつコンピューターのように、そのスイッチを切ったとしても、再びログオンしたときに、その消費者の仮想生活に乗っかるよう「リスタート」モードで、待機状態で準備しているのである。市場経済の他のすべてのシステムのように、販売体制の停止《デフォルト》モードは永久に

40）Nat Ives, "No Skipping: Children Still Watch TV Ads," http://www.MediaWorks.com, November 21, 2005.
41）Peyser, "TV: Changing Their Tune."

「事前承諾有《オプトイン》」のためにセットされる。「事前承諾無《オプトアウト》」とするまでは「オプトイン」のスイッチはないのである。「オプトアウト」のスイッチもなければ、人びとは永遠に取り込まれるのだ。これは「受動的消費」の一種であり、車のチャイルドシート規制とエアバッグのように、ユーザーの意思または入力がなくとも機能する、システム・モードである。市場経済は常にユーザー・モードにあるものの、消費者がまったく何かすることなくとも、商品とマーケティングを展開するのであり、これはある意味での完璧な販売機械《セーリング・マシーン》である。

新たなテクノロジーが導入されるとき、それらは同質の古き商業メッセージ、同質の古きメッセージ独占を新しい媒体で複製してから導入される。家計専門家のネーサン・ダンガンは、「それぞれ新たな媒体によって、広告主のもう一つのはけ口が人びと、それも特に感じやすい若者に達している」と述べている[42]。商業的であるのか、単に商業的に後援されるだけであるかどうかにかかわらず、技術的多様性に基づく多様性の幻想は内容の事実上の均一性をすっかり覆っている。1996年に新たな非規制的な連邦コミュニケーション法が可決され、それまでの1934年法に代わった。それは間違いなく技術的な「スペクトラム多量」の論理であって、規制緩和を動員し、市場活動重視を合理化することであるが、現実には、垂直的統一と世界的なメディア独占の世界では内容の制御範囲が狭まっていたのである。ますます多くの時間と空間とが、ますます満足の多様性を貶めている。

ブロードバンドは当初より大きな変化を約束した。あらゆるテレビ・チャンネルは伝達時間容量を6倍に増強した。しかし、1つの古いアナログ放送局が、6つのデジタル・チャンネルを供し得るよ

42) Dungan, “Media Habits May Lead to Over-Spending.”

う放送範囲をデジタル化することだけでは、コンテンツの可変的かつ文化的な多様性を増やすことにはならない。ローラー・チューブから自動ピアノ、78 回転や 45 回転のレコード、あるいは LP ビニール盤、テープ、ディスク（CD）、そしてアイポッドのダウンロードに至るまで、フォーマットの変化が音楽消費の多様性を増やすことなどほとんどない（より可変性があるのは、フォーマットの変化が激しくなかったものである）。同様に、デジタル化はコンテンツを多様化するためになることはほとんど何もしなかった。ケーブル・テレビと衛星ラジオは、異なる種類の多数の音楽を提供するが、レコーディングの経済的状況とテレコミュニケーション企業による独占所有は音楽の嗜好を縮小化し続けている。聞かし得ること（並外れた多様性）は、人びとが実際に聞くこと（狭いスペクトル）に影響を及ぼすことはほとんどなく、それは実際は技術的構造上の潜在的多元性が公共的な意味での聞く習慣に代表されることはないからである。同様に、携帯電話やアイポッドの画面上で映画を見せることは、ハリウッドがつくる漫画原作の超大作映画に視聴者が興味を寄せることから無縁にするわけではないし、かえってそれによって自作に対する視聴者を週 7 日 24 時間で確保することになる。メディア批評家ジョディ・カンターによると、従来型の大型テレビでは映画やスポーツ競技、あるいは一日の終わりのニュースを視聴する間に、「自分の一日のどこかにポッカリと穴が開くはず」なのが、「小画面テレビは、もともと日常にボコボコと開いている各瞬間の穴を埋めてしまうのであり、37 分間あった仕事の訓練が、スターバックスでは 6 分の作業ラインになり、さらに行き過ぎるとそれは洗面所で済まされるようなものとなる」[43]。彼女が気づいていないのは、こ

43） Jodi Kantor, “The Extra-Large, Ultra-Small Medium,” *New York Times,*

のボコボコと開いていた穴が塞がれてしまった各瞬間は、今までは商業メディア遍在を避けた瞬間であったことを表している。ボコボコと開いている各瞬間の穴を埋めることは、メディアの一時的独占を保証する。もはやどこにも隠れようがないほど、アイポッドや携帯電話、無線ネットワーク、テレコズムは、至る所で人びとの傍らにあり、もはや少しの瞬間をも自己の聖域として確保する余地はなくなり、時間は市場に従属するのだ。

中毒性

消費文化を総体化し、かつ均質化する資質に関するもう一つの指標として明瞭にあるのは中毒性である。中毒性のある行動は、その対抗する関心を打ち消すことができる方法で、意識と潜在意識の双方の最前線に中毒にさせる対象物を設定する。まず第一に、それは医学的かつ精神的な問題である。しかし、それには超消費社会における文化的かつ経済的な側面があり、テレビゲームに興じる 4 歳児についての当該テクノロジーの専門家のコメントにおいて明らかである。この子はゲームに向かう「アーケードで飾られた道、それも自分が病みつきとなった迷路で言葉を探すのに夢中になっていた」のだ[44]。“中毒”という用語に対する私の用法は隠喩ではなく、常

October, 2005. コンテンツ・プロバイダーが定期的プログラミングを缶詰にし、短縮したバージョンを提供して、これらの新しい現実にすでに反応した。テレビドラマ『デスパレートな妻たち』と『エイリアス』の 4 分間版は、映画の携帯用画面化に向けて調整する最初のシリーズに関し、「一度に数分間の動画を配信する“モビソード（モバイルとエピソードに掛けている）”」と呼んだ。

44）Warren Buckleitner, editor of *Children's Technology Review,* commenting on the new baby game V. Smile, quoted in Tamar Lewin, “See Baby Touch a Screen, But Does Baby Get It?” *New York Times,* December 15, 2005.

習は遍在性のもつ中核的心理であり、それゆえの市場的全在性を確保するための理想的な手段である。中毒にさせる対象物が何度も何度も同じ強迫観念に戻る反復的な振る舞いを先導するのだが、それは同様に時間をも含んでいる。消費社会が栄えるのは中毒的な振る舞い、つまりタバコ、アルコール、薬物（合法的薬物）の販売、そして、もちろん国家的後ろ盾と、カジノ、それと同様にオンライン上の賭博（推定年間100億ドルのビジネス）によるのであり、理論的には消費者がこれらの「商品」を「望む」からであり、しかし実際は、そうすることに利益があるからである。

きわめて同じことが、若者に砂糖飽和状のソーダやキャンディ、油脂まみれのファスト・フードを売ることにも当てはまる。もし実際は中毒性がなくとも、消費欲求を広告で補強された熱望に転換する、欲求と習慣を形づくることに手を貸すことで、消費資本主義は消費者がまさしくモノを欲するように、また中毒にするように為し、売り出すニーズがあるのだ。生後11カ月の赤ん坊が、“Vスマイル”という一体型テレビゲームか携帯端末の“リープスター”というゲーム・システムのような電子学習玩具を「必要とする」のだろうか？　赤ん坊が、『ベビー・アインシュタイン』や『聡明なベビー』といったビデオを「望む」のだろうか？　あるいは赤ん坊が生後6カ月を経れば、テレビ番組“ベビー・ファースト”で時間を過ごすのだろうか？　はっきりしていることは、これらの「学習玩具」と「教育的」番組をつくる企業がそれを販売する必要があり、マーケターたちが為すのは、「ゲームする時間を脳訓練の時間に変えるスマートリッジ」と呼ぶ教育用の交換用品《カートリッジ》を買わない限り、子供が人生を失敗するとその両親たちに思わせることである。“Vスマイル”は2005年の玩具産業品評会で、その年の最高玩具との称号を受け、「テレビゲームをしなければ、大学には決して入れない！」[45] との宣伝文句で市場に出荷された。

経済界は、「子供、10代、ヤングアダルトに対する広告攻勢」で、年間110億ドル以上を費消している。それには玩具を年間約200億ドル分販売するための金額も含まれており、驚くべきことに、マーケターは今やデジタル音楽プレーヤーとデジタル・カメラを3歳児に向けて紹介し、「ママ助けて、私のMP3プレーヤーに『(唱歌) 小さな谷の農夫』をダウンロードして」と、『ニューヨーク・タイムズ』紙の「ニュース」の見出しで宣言する！[46]　その広告費総額のうち相当の割合が、食物、飲料、キャンディ、そしてレストラン産業により費消され続けており、彼らの狙いは、相当の中毒性とまではいかないものの、ブランド志向だけでなく、糖分、塩分、油脂に対する依存性に向けられている。ファスト・フード・チェーンは超特大《スーパー》ハンバーガーの記録を争っていて、ハーディーの1400カロリーのモンスター・ティック・バーガーとウェンディの1000カロリーのトリプル・チーズバーガーはともに、〔高級ファミリーレストラン〕ルビー・チューズデーの1780カロリーの超巨大ハンバーガーに敗北した。一方、ピザハットは2240カロリーのフルハウスXLピザを誇る[47]。子供たちの健康を理由とした抵抗勢力に打ち勝

45）以下参照。Lewin, "See Baby Touch a Screen." ルゥーインは「電子メディアで飽和する家庭で育つ我らの幼児や小児の巨大な非制御の実験」にもかかわらず、「固定化し、現実化していることが常に相対的によきこととする概念に賛同しない活き活きとした教育家はそこにいない」ことに同意する専門家を引用する。しかし、このことは常に、利益を相対的にもたらすことはない。

46）Michael Barbaro, "Mommy, Help Me Download 'Farmer in the Dell' to My MP3 Player," *New York Times*, February 11, 2006.

47）数値も含め以下からの引用。Derrick Z. Jacson, "Why Obesity Is Winning," *Berkshire Eagle*, August 24, 2005.

つために、学校組織への賄賂として、取得利益の数パーセンテージを提供するコーラ会社と組んで、学校は糖分たっぷりのソーダを売る自動販売機を無償で配置している。それは、必ずしも危うき中毒性をもたらすものではないが、「アメリカ飲料協会は、糖分とともに塩分と油脂漬けになるようアメリカを組み込ませていることを知っている」[48)]。食料および飲料系産業は、子供たちを狙う新製品を繰り出し続ける。1994年は、たった50の食品だけが子供向けに新規に開発されたのが、10年後の2004年には、470の新規製品が紹介され、それは「市場全体の新規製品の増加率よりもはるかに大きいのである」[49)]。

生理的な中毒性を有するアルコールは、若者向けに相当数が市場に出されている。飲酒という不節制は世界中の大学キャンパスで危険な領域に達していて、そして、アメリカではその兆候は10代の嗜好（女の子、ギャグ、モノ言うカメたちに混じった“おたく”）に合わせた、拡大版のテレビ用ビール広告に記載されるコマーシャル後援権に見出せるが、そのような嗜好はビアポンという新たな流行のゲーム、つまり向かい合わせでビール・ジョッキにピンポン玉を投げ入れ合い、“敗者”がビールを一気飲みすることを「強要」される大学での酒飲みゲームと同じである。アンハイザー・ブッシュ社

48）Ibid. 公益科学センター（CSPI）は、全米で若者の肥満に手を貸すコークやペプシのような炭酸飲料を販売する、学校での飲料販売機の禁止を求め飲料業界に対する訴訟を提起している。しかし、アメリカの公立学校の半数（ハイスクールの70パーセントを含む）は、大きな収益を生む飲料企業と排他的契約を結んでいる。

49）Marian Bunrros, “Federal Advisory Group Calls for Change in Food Marketing to Children,” *New York Times*, December 7, 2005. 連邦顧問団、米国医学研究所（IOM）は、議会に「テレビでの食べ物の広告と子どもの肥満の増加が関連している動かぬ証拠」を提出した。

は2005年に「バド・ポン〔バドワイザー・ビールによるビアポン〕」のゲームを紹介し、「ニューヨーク州オスウィーゴのような大学町やクレムソン・ショッピングセンターを含む47の市場で、バド・ポンのテーブル、ボール、そしてコップを卸売業者に提供し、バド・ポン・トーナメントを促進」している[50)]。アウトレイジャス・ウェブサイト（ただ、後援するビール会社はない）は、「カレッジ・ドランク・フェスタ・ドットコム」の如き名義をもって「トイレで裸となった学生たちが戯れるという下卑なパーティのルール、商品、そして描画を特徴とする」[51)]のである。このサイトは、ポルノと下劣さで等分に占められ、ある種の果てなき仮想的春ボケの場であって、すべてが深酒ときわめて明確に関連がある。醸造所と卸売業者はより慎重であり、自社のマーケティングのために「責任をもって飲酒」と表面上はいうものの、裏では無責任にも10代の消費、飲酒での不節制、スポーツの受動的傍観者、そしてアルコールによって誘発された性交渉を煽るのである（「強制」された性交渉や仕組まれた強姦劇は、泥酔状態を演じる女性による、多数のオンライン上のポルノ・サイトに特徴づけられる）。

“中毒”は臨床用語であるが、多くの研究者たちは消費行動について語る際にこの語を用いる。しかし、この語に訴え掛けなくても、我らが消費市場にあらゆる人間の生理的ニーズを人工的商品に帰属

50) Jefferey Gettleman, “As Young Adults Drink to Win, Marketers Join In,” *New York Times*, October 16, 2005.

51) このホームページ（http://www.collegedrunkfest.com）は、「当ウェブサイトは、母親が決して見させない裸の暴力、露骨な言語、そしてありとあらゆることを含む」と告げている。ポルノ広告、特別なアルコール飲料（アルコール度数70パーセントのチェコ産の「エクストリーム・アブサン」）の販売広告には、何百もの酒飲みゲームのルールが見出せる。

させる野心をもった消費市場に従属し得るのであり、よって、ニーズを満たすために製品は購入されるはずなのだ。昼夜を問わず（全在性は中毒性の同義語である）、標的となるのは商品を基点とした中毒性であり、“睡眠薬《アンビエン》”なくして睡眠はなく、“眠気覚まし《ノードーズ》”なくして不眠はない。テレビなくして夕方に受身の態で茫とすることはなく、適切な用具一式なくして日中の競技での活躍はない。“医薬品《ナイキル》”なくして夜間に風邪は引けなく、“風邪薬《デイキル》”なくして昼間の鼻風邪は引けない。あらゆる精神的かつ感情的な状態は、商業的な支援者を求めているのであり、つまり依存が引き起こすことができるモノが理想とされるのである。地元のショッピング・モールのスポーツ観戦バーへ夕方から繰り出す青年の典型を考えてみよう。彼にとって“ラルフ・ローレン”なくして格好良さはなく、“ノキア”なくして携帯端末はなく、“バドワイザー”なくして享楽はなく、ニコチンなくしてガヤガヤとタムロすることはなく、ハイネケンなくして活気《ピックアップ》はなく、バーの頭上のテレビ画面なくしておしゃべりはなく、マツダのロードスター（ミアータ）なくして映画『逃走』はなく、ボーズなくしてBGM《ミューザック》はなく、マーサ・スチュアートなくして高度な刺繍糸による敷布はなく、バイアグラなくして性交渉はなく、そして“ベライゾン〔携帯電話〕”で捏造された親し気な呼び交わしなくしてオマエ呼ばわりはないのだ。第三世界における値の張る事項でさえ、高くつく商業的支援者を求めるのであり、〔軍事会社〕ブラックウォーターなくして戦争はなく、ハリバートンなくして民主化はなく、ベクテルなくして再建はない。結局、汎用品はブランドから区分されることはなく、その双方ともを言い立てる必要がなくなるほどであり、すなわちペプシは青春期を、コダックは記憶を、ハマーはマッチョを、ソニーはゲームを、アイポッドは音楽を、マイクロソフトはコンピューターを、グーグルは知識を、そしてナイキはスポーツを、それぞれ意味するのである。

子供たちはかつては縄跳び、家族ゴッコ、石蹴り、王様ゲーム《セッズ・サイモン》、草野球《スティック・ボール》、その他、だいたい彼らの適応力により用意された生活環境で提供されたものを何でも楽しんだ。今日、遊びとは促される商品であり、また消費者は、高価な道具《ギア》、電子テレビゲーム、インターネットのエンターテイメント、といった問題あるものを後押しするのである。これらすべての正規の器材は定期的に新規に、または改良されたバージョンで再設計され、またその都度、買い足されることで、中毒を誘発する可能性がある。若い消費者たちは、ゲームでなくとも、その用具《ギア》と周辺機器に夢中になっている。

中毒自体が基本の商品なのであって、中毒治療にはウェブ上の健康サイトと自助的ハウツー本と新種の薬物が欠かせず、これらは中毒と関係し得る憂鬱、または躁鬱または食欲不振または日曜になると消沈する“サザエさん症候群”を標的にしている。必要とすることと、買い物をすることは同義語となるのであり、『我《われ》は買い物をし、ゆえに我あり』と著作で主張した、デカルト学徒を自任する編集者エイプリル・レーン・ベンソンは、「強迫的な購買、そして自己の探究」[52]という副題で著作を上梓した。それで、アップル・コンピュータは「あなたはどのG4（パワー・マック）にするのだ？」とのスローガンをもって売られている。ポルシェでさえも、消費選択と中毒のような行為の境界をボヤかして、「突然だが、欲求とニーズの境界線は非常に任意的に映る」として、ポルシェの新ケイマンS（車はテレビ・シリーズ『哀愁のマフィア《ザ・ソプラノズ》』で登場もしていた）の謳い文句として流され、それに続き「純粋な欲求に対しては道を

52）April Lane Benson, ed., *I Shop, Therefore I Am* (Northvale, N.J.: Jason Aronson, 2000).

優先させる」と付け加えられた。

これが意味するところは、純粋的欲求のニーズに転換する任意的望みごとに1ドルがどこかで稼がれ、確認される中毒に転換するあらゆるニーズごとに2ドルが稼がれるのであり、中毒的買い物のために1ドル、そして中毒治療のためにもう1ドルが幾度も用いられる。この考えは市場経済的であり、それは彼らの楽しみのために他部門を消費に依存させることで、その他の人間的部門を支配するのであり、娯楽用道具、職場用道具、芸術用道具、教育用道具、宗教用道具さえもが、全網羅的市場を規定するのだ。アイポッドは安価なギターの演奏に費用を掛けるが、ギターの購入は生涯にわたり音楽製作を続けさせてくれる一度切りの出費で済むが、アイポッドの購入は買い物、アイポッドのアップグレード、音楽ダウンロード、ヘッドホンの機能強化、などの生涯にわたり買い物をさせ得る一度切りの支出なのである。人びとが常に消費者である世界を消費主義が切望するので、中毒は商業と親和的である。消費製品、用具および周辺機器、そしてゲームおよび商品に対する中毒はよいことであるが、消費主義そのもの、つまり買い物に対する中毒はよりよいことである。

衝動買いという語句は、修辞的フレーズや疲れた買い物客の冗談としてよりも確実により今日に適合している。スタンフォード大学の研究では「アメリカ人の最大8%、2360万人の人びとが衝動買い障害を患っている」と報告するが、それは「出費を制御できない」ことに関する苦悩なのであって、それによって「極度の負債をしょい込み、それによって破産に陥り、他人との関係を絶ち切られ、消費者として追い込まれる」[53]のである。“買い物中毒”や

53) Gregory Karp, “Shopping addiction no laughing matter,” *Chicago Tribune*,

“買い物至上主義《ショッパリズム》”のようなグーグルの検索条件は、何百ものヘルプ・サイト、数え切れないほどのハウツー本（大部分は自助的なもので多様）、そしてロシアや中国に向けてずっと広がり発達する医学文献を掘り起こすのである[54]。アメリカの2400万人もの衝動的な買い物客の教は、それが世界的流行病に近づいている何ものかを示唆する。しかし、消費主義のもつ医学的語彙からすると、中毒者は異常でなくマーケティング産業の製品である。中毒は治療が必要な病理ではなく、産業的熱望により強化が求められているのである。幼稚エートスは少なくともそれ自体が中毒エートスの一部なのであり、2400万の強力的かつ先鋭的な衝動的アメリカ人買い物客によって、比喩的のみならず臨床的にも、その野心が成功したかのように示されている。

イリノイ州に拠点を置くプロクター病院は中毒回復プログラム（IIAR：イリノイ州立中毒回復研究所）を実践し、また、それは、薬物依存やアルコール中毒のようなよりありふれた種類の中毒の中でも、衝動買いを扱う。「衝動買いや出費」について、プロクターのIIARはそのウェブサイトで以下のように忠告する。「それはある人

online edition, March 13, 2005.

54）以下の著作は最も示唆に富み重要である。Schor, *The Overspent American.* 他には女性を非常に焦点としたものに以下がある。Karen O'Connor, *Addicted to Shopping…and Other Issues Women Have With Money* (Eugene, Oreg.: Harvest House Publishers, 2005); Benson, ed., *I Shop, Therefore I Am;* Carolyn Wesson, *Women Who Shop Too Much: Overcoming the Urge to Splurge* (New York: St. Martin's Press, 1990), and Olivia Mellan, *Overcoming Overspending: A Winning Plan for Spenders and Their Partners* (New York: Walker & CO., 1995). 以下の二つの著作は、全体主義化する商業社会の買い物中毒の挑発的な虚構の報告である。William Gibson, *Pattern Recognition* (New York: G. P. Putnam's Sons, 2003) and Max Barry, *Jennifer Government: A Novel* (New York: Doubleday, 2003).

物の生活における個人同士のつきあい上、職業上、家計上の問題に帰結する場合がある。さまざまな点で、この行動の結果は、他のどの中毒の結果とも類似している。他人との関係性における障害は、負債または購入品をすっかり覆ってしまうほどの過度の出費と努力の結果として起こる場合がある。衝動買いまたはその出費に従事する人は、その振る舞いに心を奪われたようになりかねず、生涯における大切な人と過ごす時間もだんだん少なくなるかもしれない。仕事の業績や学校の成績に響くほどの出費や買い物を結果として為してしまい、それで焦燥や憂鬱に駆られるのかもしれない」[55)]。このことは消費経済の全体主義化が如何に意識を支配できるかを明快に定義している。

大部分の治療プログラムは、生理的な買い物中毒を心因性病気として扱う。IIAR プロクター病院が稀なのは、「社会的で文化的な要因」が作用中であると認める点であり、その要因が「買い物と出費の中毒性の可能性を増やす傾向があり」、そしてそれが「一般にクレジットの与信の安易な増大と、社会でのモノに対する注目」を含んでいることである。これらの要因は「人びとが今も資産を蓄えて、そして事後になってから財政的負担について心配するのを奨励する」。本書の前章で挙げたブランド・アイデンティティのテーマに焦点を当て、IIAR も注意するのは、「社会がある人物の外見を非常に強調して、多くのメディア関係者は幸福をもたらし得る見掛けを成就するために金を遣うよう推進している」ことだ。プロクター・ウェブサイトのIIAR もオンライン・ショッピングとケーブルテレビの買い物ショーについて、それらが「購入者が家から一歩も出ずに、あるいは個人的に他の誰とも交渉していなくとも、早く商品が

55) See http://www.proctor.org and http://www.addictionrecov.org/

着くように、速達で購売し、注文する」ことを可能にするアイテムを用意したことを取り上げている。

他のウェブ上の治療グループ（たとえば、プライオリ・ヘルスケア・ドットコム、メッドスケープによるウェブMD・ドットコムとヒプノシスダウンロード・ドットコム）もそれが精神的疾患であるように買い物中毒を見ている。そして、買い物中毒のためのヤフーのヘルス・ウェブサイトが提供するのは、商業的文化に関するどんな議論も避けるウェブ・チャットに根ざす、独特の自助支援グループである。通常の買い物行動から際立った中毒的誘発性を挫く兆しは、ヤフー上にもあるような健康志向団体にさえあり、それはそのサイトの「注意」を訪問客に喚起させるのであり、そこには「当団体は買い物好きで、その購入品についてチャットをしたりする人びとに賛同しません。これは問題がある人びとに対する警告です」[56]とある。おそらくこの点での意見の相違はあまりない。ロバート・D・マニングの著作『クレジットカード国家——クレジットに対するアメリカの中毒の帰結』の副題からして明白であるように、彼はアメリカのクレジットカードに対して厳しく学術的に批判する立場にあり、クレジットカードに対する依存そのものに中毒性があるとさえ提起した[57]。

ウェブが治療すべき源泉であるのならば、それが自身の中毒性の病理をも形成している。マイクロソフトの本拠のある、レドモンド

56）Look for addiction under Yahoo! Health.
57）Robert D. Manning, *Credit Card Nation: The Consequences of American Addiction to Credit* (New York: Basic Books, 2000). この「中毒」が若者に衝撃を与える方法は、以下の著作中で視覚的に描写されている。Tamara Draut, *Strapped: Why America's 20-and-30-Somethings Can't Get Ahead* (New York: Doubleday, 2006).

（ワシントン州）にあるインターネット（コンピューター）中毒サービスという会社は、「精神の健康管理と中毒の回復を支援する、成長著しい隙間産業《ニッチ》の先駆者である」[58)]。懐疑論者が信じているかもしれないのは、「強迫観念的なインターネット使用は、健康的または家庭的な生活上で従来まで認められた中毒症状とは同等の犠牲を強いるわけではない」ことである。しかし、「インターネット中毒の診断を支援」し、そして「大多数の強迫観念的なユーザーは、ギャンブルやポルノに一層傾斜してオンラインにつながれ、もしくはインターネットで普及したその悪癖にずっと依存するようになった」[59)]と主張する精神的な医療専門家もいる。

中毒はアメリカだけの現象ではなく、アメリカ的誇大広告の副産物であり、また、文化的問題を医療対象とし、それを自助プログラムで扱うアメリカ的嗜好の問題でもある。イギリスでは、1998年のミンテル社のマーケティング研究が、ウェブサイト「中毒ドットコム」を引用して、「男性よりも倍の女性たち」が「たとえ彼女らが買おうとするものを心に何もはっきりともたなかったとしても、しばしば買い物に出掛ける」とし、「英国人のほぼ4人に1人が、買い物に夢中になっていると認める」とのレポートを発表した[60)]。

---

58) Sarah Kershaw, "Hooked on the Web: Help Is on the Way," *New York Times*, December 1, 2005.

59) Ibid. インターネット（コンピューター）中毒サービス社は15の中毒の「徴候」もしくは危険水域について示し、どれほど多くの時間がコンピューターで過ごされるかは言えないものの、もっと多くの時間コンピューターに齧り付き、家族と友人を無視して、オンライン接続中は幸福感をもたらし、コンピューターと接していないと落ち着かずイライラ感をもたらすとしている。以下を参照。http://www.icaservices.com

60) http://www.addictions.co.uk によると、「市場分析会社のミンテル社による買い物習慣調査で、1000人以上に尋ねたのは、彼らがどのカテゴリー、つ

この支援サイトが言うには、買い物中毒自体がまさにある種の「治療の小売り」であり、そこでは人びとが他の障害を治し、また買い物のもたらすクチコミを伴った「不快な現実」を扱うのだ。しかし、本物の買い物中毒は「圧倒的羞恥心、後悔と絶望感と無力が付随する罪の意識」に終わって、「絶望に」だけでなくしばしば静かな「より同一の破壊的な感情に終わっているより中毒性のある振る舞い」にもつながる。これらはその次に以下を生み出す。「高レベルの負債、発覚の恐れと懲罰が、その振る舞いをすっかり覆ってしまうように、より多くの否定と必死さを導く。よって、苦しむ人の生活に密に関係がある人びとは、増幅する虚無感をもっと恐がらせ予期できないようにし、苦しむ人びとに混沌と自暴自棄の感覚を故意に引き起こすよう信念をもたせるのだ」[61]。

ロシアは15年にわたり消費資本主義という冷水シャワー（すべての消費主義は常に）を浴びて凍え、またデモクラシーについてはそれを沈静化させた意味でほとんど何も確立しなかったが、買い物至上主義《ショッパリズム》はよく喧伝された問題となった。ロシアの公式紙『プラウダ』のエッセイには、買い物中毒が現在は一般的に「大部分は女性」に占められ、彼女らによる「心情的かつ精神的な無秩序」の問題であって、最近は「流行となって進行」し続けてきたと

まり耽っているか、幸せであるか、意図的であるか、扱いにくいか、頑固であるか、に分類されるのかということだった。それによって、買い物中毒の数が上昇したと判明した。質問された人びとは22％が自分の中毒性を認め、それは1993年の同18％に対するものだった。しかし自分が中毒だと答えたのが男性ではわずか15％なのが、女性では29％だった」。科学的調査よりも明確さに欠けるこのような数値には疑問もあるが、英国では如何にこの問題が深刻に受け止められているかを示している。いまやこの調査は過去のものだが以下を参照。http://www.mintel.co.uk.

61）From www.addictions.co.uk

報告されている。その断片として引用されるのは心理学者ナジェージタ・ユグリナを含めた「研究者」の報告であって、彼女は「ドイツ人女性のおよそ20パーセントが、何かをずっと買いたいとする自分で制御できない願望を認めていることが」判明したとした。その小編が示唆するのは一般化されていない主張だが、「中毒はアメリカ女性の40パーセントを征服したが、英国女性の52パーセントは買い物が性行為よりも一層楽しいことがわかったと言った」ことである。著者は肝心のロシアについてはより慎重であり、「ロシア女性に関する限り、そのような統計データはないが、買い物に対する情熱は着実にロシアでも進展してきた」[62]と述べている。

よって、驚くべきことではないが、買い物中毒は、買い物そのものと同じくらい全世界的であるように見える。なぜならば、先進国の市場社会の病理として広く認められる一方で、実際に市場社会そのものが大書しているのはただ、その規定するエートスの完全なイメージであって、能力卑下（「中毒」はまだある程度、軽蔑語とされる）を薄っぺらい仕切りの背後にむしろ隠しているのである。買い物中毒による幼稚化の側面は、十分に明白なようである。セラピス

62) "Addiction to shopping becomes a serious mental disorder," *Pravda*, September 23, 2005, available at http://www.jsh.pravda.ru/. この領域の大部分のデータは確かめられることができず、せいぜいがジャーナリスティックにほのめかされたものであり、確実に決定的であるようにはとれない。ロシア発信のこの人気のある記事は、買い物の問題を「人間による世話と親切の不足」といった精神的要因が主だと考えている。しかし、「買い物への傾倒は、将来的な心理的疾病」である一方、それは「サービスの数とともに成長する」新しい市場社会の「購買能力」に関連付けられることを認める。「買い物中毒は安定した経済下にある国家で普通に見られることは公然たる秘密である。安定した経済がより多くの買い物客を生み出すと推測する人もいるのだ」。

トたちが以下の通り報告した。「コンピューター上で時間を費やし、ゲームをして、簡易メッセージを送りながら成長する、ますます多くの10代とヤングアダルトは患者とみなされる。これらの患者は、重大な発達上の問題（注意欠陥障害と社会的技能の欠如を含む）を抱えているように見える」[63]。

テレビゲーム、そしてオンライン・マルチプレーヤー・ゲームに対する中毒は、進行しているだけでなく、ゲーム・メーカーが潜在的に目標とすることでもある。私はソニーとルーカスアーツのオンライン・ゲームのスターウォーズ・ギャラクシーズについては以前にも触れた。そして、フォーマットとルールの変更により影響を受けるバーチャル・プレーヤーの間で一種の「仮想絶望」につながったというレポートにも言及した。この記事の他の部分には、より若きプレーヤーたちのためにあまりに複雑かつ文字的《テキスト・ベース》であると考えられるゲームを易しくするために、論争の的となった変更が明確になされたという指摘もある。ルーカスアーツ社のゲーム上級責任者たるナンシー・マッキンタイアは原作となったゲームについて不平を述べた。「このゲームには読むべきところが、あまりにも多くあり過ぎる。ゲームと異なる能力をもって何となく勉強らしきことをふんだんに為してでも、我らはより即興的な満足、つまり殺人や宝探しを繰り返すことを欲しているのだ」[64]。消費者を子供っぽくし、中毒を引き起こすことを請け合うこと間違いなしの処方、それが殺人や宝探しを繰り返すことなのだ。殺人や宝探しを繰り返すのだ。即興的満足は決してより満足なのではなく、そして、流血を伴って

63）Kershaw, "Hooked on the Web."
64）以下を引用。Schiesel, "For Online Star Wars Game, Its Revenge of the Fans."

病みつきとなるだけでなく、果てしなく、この嬉しくなどないことの繰り返しを命じるものなのである。

中毒性をもつ学生たちは、中毒者がしばしば「マルチ中毒」になり得ることに賛意を示し、買い物と同様にアルコールや薬物にも手を出す。このように、買い物中毒者は一般的に買い物に対してのみならず、その買い物という成果を促進し、あるいは公言するメディアに対してもしばしば中毒性をもつのであって、このメディアはテレビゲーム、テレビ・ショッピング・ネットワークと、そしてインターネットそのもの（ならびにインターネット上のポルノ）といった、商業化された幼稚エートスにとっての主要舞台なのである。『ニューヨーク・タイムズ』紙のリポーター、サラ・カーショウが匿名の専門家たちに責任を求めたのは、「この国では1億8900万のインターネット利用者のおよそ6～10パーセントが、アルコール中毒や薬物中毒と同じくらい破滅的であり得るほどの依存性をもつ」ことだった。この問題から多分に派生するのは、「インターネット中毒」との説明で診断される、「精神的健康の管理と中毒回復との隙間産業《ニッチ》の進展」[65]である。

セラピストはその障害のために15以上もの別々の症状を尋ね、一方ではその治療法を広告する会社はその障害に特別に対処する12段階のプログラムを提供する。アリゾナ州のシエラ・トゥーソン精神病院の附属施設に、ペンシルヴァニア州ブラッドフォードにあるオンライン中毒センターと、イリノイ州・ピオリアにあるプロクター病院附属イリノイ中毒回復研究所があり、コンピューター大好き人間は従来からのコカインやアルコールの中毒者たちに混じっている。マサチューセッツ州ベルモントにあるマクリーン病院は、

65）Kershaw, “Hooked on the Web.”

精神病患者向けのアメリカの最も古くて最も優れた収容療法センターの一つであって、現在はクリニックと連携したコンピューター中毒研究所をそこで1996年に設立した[66]。

オンライン・ビデオゲーム（上述のスターウォーズ・ギャラクシーズのゲームだけでなくエバークエスト、ドゥームスリー、ワールド・オブ・ウォークラフト）は世界中の他人と対戦され、明らかに特に中毒的である。おそらくは『ワールド・オブ・ウォークラフト』のようなゲームでは、ゲームの第一段階からレベルを上げていき、プレーヤーが目指す終盤で化け物や怪物と対戦してやっつけるまでには最高600時間は掛かり得る。世界中で約1億人が双方向コンピューターゲームに毎月ログオンし、年間36億ドルの会費収益が生み出されている[67]。特に若者によってオンラインに費やされる時間は急速に増えており、それはゲームのプレーヤーに供される常時の「持続」のお膳立てのお陰によるものだ。2005年のピュー研究所によるインターネットおよびアメリカ人の生活計画では、「ティーン・エイジャーがオンラインに費やす時間量を拡大させていることを見出し、毎日オンラインにつながる10代のインターネット利用者の51パーセントは､2000年の42パーセントから上昇しているが」、ピュー研究所は大部分の10代の若者が「友人による強力なネットワークを維持する」[68]と付け加えた。従来よりポルノはずっと潜在

66) Materials here are also from Kershaw, "Hooked on the Web."

67) David Barboza, "Ogre to Slay? Outsource It to Chinese," *New York Times*, December 9, 2005. このような数値には、繰り返しログオンする場合もしばしば含んでいて、そしてAPの記事によると、常時いる2000万人の博打師が、マッシブリー・マルチ・プレーヤー・オンライン・ロール・プレイング・ゲーム（MMORPGs：大規模多人数同時参加型ゲーム）というものに参加している。

68) Kershaw, "Hooked on the Web."

的中毒性をもっており、その媒体がどうあれ、ともかくインターネット上では広く普及していることもあり、インターネット中毒はポルノ中毒に非常によく収斂される。その中毒の単独性を請け合う媒体と結合されることで、ポルノは特に厄介である。すべてのインターネット通信量の最高3分の1がポルノの類にあるとも見積もられていて、この中毒は夫婦関係の崩壊、失職、そして自殺を含む自滅的な振る舞いにも関係していた。

中毒の治癒の果てには、治療法が中毒のためだけでなく、中毒が導いた麻痺的負荷のためにも提供され、そのためにデターズ・アノニマスのような組織は伝統的な「治癒と健康」に12段階の治療プログラムを提供する[69)]。治癒法が可能な限り機能するのは、「アイオワ医科大学精神医学部教授のドナルド・ブラック博士のいうように『衝動買いと出費が、不適当で、過剰で、制御外にあると定義される限りにおいてであって、他の中毒のように、それは衝動性とその人の衝動に対する制御の欠如に基本的に関係がある』」[70)]。言い換えれば、医学的アプローチで論じられるのは、もし我らが個人の病理に直面しているのならば、その中毒的出費も扱うことができるということだ。しかし、もしも我らが文化そのものの病理と向き合ったらどうだろうか？　病理学的強迫性の障害への反応を生み出す消費文化とそれらがもたらす（債務と破産）結果がそれ自体の周辺で組織されて、その治療法が申し出ようとする病理によって定義されることさえあるのならば、どうだろうか？　そのような状況下での

69）以下参照。Debtors Anonymous General Service Board, Inc., *A Currency of Hope* (Needham, Mass.: Debtors Anonymous, 1999).
70）Heather Hatfield, "Shopping Spree, or Addiction?" WebMD.com, November 23, 2004, available at www.webmd.com/

中毒は、買い物客病理学的というよりもむしろ消費を支援することはないのか？　ブラック博士の自身のフレーズにある「買い物は、我らの文化に埋め込められている」という意味で、文化は効果的に買い物に対処することはできそうにない。文化にとって、自身を脅すと推定される病理を飼育する意味でその病理と直接的に共謀する。それはそれ自体で病理であるからして、その目的に関しても異常であるとは本当は考えられないものである。それは異常を来す文化そのものである。

キャロリン・ウェッソンは、「大枚をはたきたいという衝動」を克服するには、あまりにたくさん買い物をしすぎる女性を助けようとする。そしてオリヴィア・メランは、衝動買いを患う人に対する自立支援を目的とした大著において、「浪費家とその協力者たちの勝利を得る計画」[71] を提供しようとする。しかし、衝動買いが本当に消費資本主義による強迫的販売の反射であり、そして負債がより有益な消費経済の望ましい条件よりも病気でないのならば、ウェッソンとメランのような著者とデターズ・アノニマスまたはイリノイ・プロクター・中毒回復研究所のような機関は多くの成功を望めそうにないし、幼稚エートスそのものが詳細な調査のもとでそれらにもち込まれるまでには至っていない。前に引用した『プラウダ』の記事ではそれを指して「安定した経済は、より多くの買い物客を生み出すので、買い物中毒が諸国で安定した経済に普通にみられる公然の秘密」と呼んでいる。この公然の秘密の後に、消費者主義の文化的な精神が衝動買いに強迫的に売ることのその必要を満たすよう命じる、汚いほとんど隠し事などない秘密がある。

71) Mellan, *Overcoming Overspending: A Winning Plan for Spenders and Their Partners.*

自己複製

中毒は、商業主義を全能化するための効果的装置であり、それが自己複製、つまり市場が実体的に自己増殖する能力がウイルス的に備わっているのであり、別の言い方をするならばそれは公共による監視と規制の枠外にある。それから、フランチャイズ化（ファスト・フードやコーヒー・チェーン・ショップ）に依存する世界的企業は、上陸拠点での確立を第一目標とし、次に支配し、着々と勢力を広げ、最終的には競争市場を独占する。如何なる場所でもコーヒーが飲めるというスターバックスにライバルはいないが、カフェ・アインシュタイン（かつてのユニークなベルリンの喫茶店）は最大限に出店し、ベルリン中、そしてドイツ全域に繁殖したし、マクドナルドの店舗は手っ取り早くハンバーガー（牛肉、ラム、豆腐の問題でない）が食べられるよう如何なる場所にもある。北京ではマクドナルドが一店舗のみだったが、多様なメニューが取り揃えられていて、中華料理法の別の可能性が、起業家的かつ多角的な足掛かりから確立された。都市にマクドナルドが10店舗あれば、近隣の別の都市は新たな多様性を帯びることができる。しかし、アウトレットは市内に100店舗、いまや中国全土で約350店舗あり、さらに増殖していくことで、多様性は減じ、多元性の代替でもあるフランチャイズの独占は発達に危機を迎える。フランチャイズ化には市場の自然的限界があるのだろうが（一部のファスト・フード・チェーンは、少なくともしばらくの間は壁にぶつかる）、北京または中国、あるいはアジア、そして世界のあらゆる場所で消費されるあらゆるサンドイッチが、すぐに食べられるビッグマックとなるまで、フランチャイズ化の野心に自然的限界はない。

フランチャイズ化は市場独占を切望するのみならず（コークはペプシに入り込む余地を与えぬし、紅茶に対しても同様である）、均質化と画一性をも生み出す[72]。ファスト・フードはフランチャイズ化を通して自己複製するだけでなく、フードサービス事業の競争者がファスト・フードを追求するのを奨励し、そして対抗する「スロー・フード」のサービスの入り込む余地をだんだん少なくしようとする。世界中の消費モールは、地元の中華料理やタイ料理のチェーン店と同様にピザハット、ウェンディーズ、バーガーキング、マクドナルド、ドミノ・ピザ、KFC、タコ・ベル、そしてスバーロのような民族固有の伝統から外れたファスト・フード・チェーン店で、ありとあらゆる種類の料理を世界中にいまも提供するが、ファスト・フード（買うために列に並び、早く食べようと突っ立ったまま、あるいは少しだけ椅子に腰掛ける客に慌てて出される、指でつまんで食べられる物）に代わるものを見つけることは一般的に難しい。伝統的なレストランは、時折開いているスポーツバーを除けば、大規模モールでほとんど見掛けることはないのであって、その買い物の現場での食事は貴重な時間を費すというよりむしろ、買い物増強剤（給油所）となるからである。結局のところ、ファスト・フードの要所はその速度にあって、そのレシピにはない。同じことはスポーツ・シューズ部門にも当てはまり、そこにはブランド間の競争はあるが、履物の代替手段としての競争はほとんどない。

今日、世界で販売される全ての靴のうちのほぼ3分の2がスポーツ用シューズであり、そのため、以前にも増して世界中で多様性がより失われている。ブルージーンズと運動用シューズだけでなくT

72）Benjamin R. Barber, *Jihad vs. McWorld* (rev. ed., New York: Random House, 2001). 本書で私はコカ・コーラ社の努力、つまり同社の1992の年次企業報告書に記載されているが、インドの茶の文化との「戦い」を経て、インドの飲料市場を支配したことを関連づけた。

シャツと野球帽は多くの競争をしていて（独占とは野心を抱くことならば）世界的企業の下で売られているが、総じて帰結としてはMTVとVH1が音楽的嗜好を押えたのと同様に、少量のものが嗜好を装う新進世界の「若者向けユニフォーム」となっている。

商品化とは消費社会がそれ自体を再生させる形式であり、嗜好と振る舞いの均一的な独占をつくり出すために時間を越えて機能する。対象を商品化することは、複数の意味を他に類のない市場的意味（すなわち、利益の可能性または売り買いされるサービス）に変えることである。このように、商品化することは、他に類のない意味を多次元商品に移殖し、強要することであり、「モノはこれまで考えられた商品ではまずない。消滅したか、無制限だったか、人間の商行為の範囲外であったかのものでも、今日には商品化されてしまった」と、ジェームズ・リッジウェイは述べる。「海洋は石油採掘により商品化されつつあり、沖合漁業権は競売にかけられている。地球の内外の大気からなる天空は、早くから商品となってバラバラに売りに出されている」[73)]。商品化の過程は進歩しており、他部門の異質性と自律性とに堕ちていく方に進歩している。「企業は効果的に大気中の空間を購買し、大気排出権の売買の連邦プログラムに参加することができる。いまや人体の各部位は血液から目、腎臓、髪に至るまで同様に商品である。商品化に注ぎ込まれる努力は生物のみならず生命そのものにまで至るのであり、バイオ企業は人間に、遺伝子的に工業化された生命体になるよう要求するのである」[74)]。

新たな電子デジタルのテクノロジーによって、コミュニケーショ

---

73) James Ridgeway, *It's All for Sale: The Control of Global Resources* (Durham, N.C.: Duke University press, 2004), p.xvii.

74) Ibid.

ン、そして知識そのものの商業化が進行している。知識とエンターテイメントを運用する主体、そしてコミュニケーションが通るべき「導管《パイプ》」は、自身の商品化を促す。イメージは無料であるが、それが再構築されて、送られることによる画素《ピクセル》は購入されなければならない商品である。思考は自律的であり、たとえばドイツ唱歌『思想は自由』は、年配のドイツの学生たちが自由の歌として祝杯を挙げて讃えたものである。けれどもこの思考がパッケージ化され、再生され、市場化される場合、ただの一つの商品以上のものではないのである。インターネットは、デジタル情報を再生するための技術力、つまり、永久にそのような情報を広め、保存する双方の能力をもつために、消費主義の特に強力な再生装置である。電子メールとその多くの不気味な陰影を「消す」か、もしくはコンピューターでウェブサイトの履歴を根絶しようとすれば、非商品化と非移殖化とは、その反応しようとする移殖化プロセスよりもはるかに気が重いことは明白になる。

コンピューター・ウイルスは、商品化における少なくとも一つの強力な特徴に関する暗喩であって、その特徴を中心に配置するだけでなく、その感染前の特徴とアイデンティティを取り除く方法である。人びとのコンピューター画面上の下層にある他の画像を目立たせて増殖するポップアップ広告の如く、商品化された商品は我らの景色を支配する。他のすべてのメッセージ内容を消去し、再三再四完全に無害なメッセージであるものを再生させかねず、また無害でない何かになりかねないウイルスの如く、商品化は多くの種類の商品とサービスを、その確信的意味が消費可能であって価格に応じて購入され得るという、販売可能な商品へと転換しようとするのである。マルクーゼは、このように文化部門における商品の意味合いを捉えようとし、「マスコミュニケーションが調和的に、そしてしばしば非顕著に、芸術、政治、宗教、そして哲学を商業にともに混ぜ合わせるならば、その文化的領域にその共通要素たる商品形態をもち込むことだろう」と述べた。ガンの如く、商品化は他の意味と価値を押し殺そうとするほどのことはなく、「価値を交換し、それも他の如何なる種類の本物の価値も数えられることなどない」[75] ようにするのだ。殺気だって動くただの変異細胞以外の腫瘍で、幾度も幾度も自身を再生させ、再生に成功する過程で破壊しているかもしれないことに気づかないようなものは何だろうか？　テレビは、我らのエンターテイメント分野を乗っ取り、劇場と映画を押し除ける。インターネットとブロードバンドは、テレビを外へ押し除ける。「ノーマル」な利用はアブノーマルに、そして強迫観念的に、最後には中毒的になる。消費資本主義は市場部門の穏健な動力に絶え間なく勝利しているようである。しかし、その自己増殖する果て無き能力は、最終的には変わり得る部門を破壊し、そして多様性を侵食するのだ[76]。

完全合法化 [77]

75) Marcuse, *One-Dimensional Man*, p.57.

76) クチコミのマーケティングは、複製に対する消費主義の好みを典型的に代表する。我らがすでに見てきたように、それは若者に新鮮さ、斬新さ、稀少さによるファッションを売る、しばしば隠れたピア・ツー・ピア・マーケティングであることを用い、このように市場に出されるとき、それは一般のファッションとなる。結果として、より多くよりもむしろより多様性に乏しいこととなる。

77) スローガンを広告するカナダのデパートメントについて以下を引用。Naomi Klein, *No Logo: Talking Aim at the Brand Bullies* (New York: Picador, 2000), p.119.［ナオミ・クライン／松島聖子訳『ブランドなんか、いらない――搾取で巨大化する大企業の非情』はまの出版、2001 年］

全体主義と全能化という用語は史上最も深刻な厄介荷であるため、これらの用語と私は格闘してきた。それでも、かつて私が消費全能主義、つまり遍在性《ユビキティ》、全在性、中毒性、そしてウィルス性自己複製と表現してきた相当に率直な用語が暗示するのは、危険過ぎる程の現実である。幼稚エートスの行為に代わるものは、これらの用語を合理化し、正当化するものであり、それは消費資本主義の繁栄にとっての許容できる条件を転換する。至る所で、そしてあらゆる時に、我らの自由を強化し、商売をせよ！　中毒は、単に我らが、結局、きっと権利がある何かがどれくらい熱烈に欲しいかという合図であるだけだ！　フランチャイズ化することと自己再生は、製品の成功を明らかにし、証明する。

いまやエートスの真の目的は明らかとなった。それは他の価値体系が（宗教的、政治的、市民的、芸術的に）追求されるならば、資本主義が依存する構造的特徴と性質を合法化するためのものであり、さもなければ妨害されるか、拒絶されるかもしれないものである。それが強制的であるためには、多元論を誇る市場社会は、実際には強制のそのボトムアップを不明瞭なものとするか、実際の多様性の欠如を合法化するかをせねばならない。合法化は、ホルクハイマーとアドルノのより抽象的な公式化に再び傾斜していくために、「巧みに操作する団体とシステムの統一がこれまでより強くなる意味での遡及効果のあるニーズ」[78)]の形をしばしばとる。

商業の遍在性は善きこと、すなわち我らの判断領域を広げることと思えるようにされなければならない。中毒は名称を変えられ、正式に認められなければならず、たとえば「ニーズ満足度」と関連した穏健な表現にされた。均一性は再び明確にされ、たとえば好まし

78) Horkheimer and Adorno, *Dialectic of Enlightenment*, p.121.

い価値的合意を得るに違いない。文化的エートスは、うまくその中核に消費することを置き、対抗する領域《スフィア》をシャットアウトするのであって、それは正当性をもつようでなければならず、まさに純粋に経済的であったり道具的であったりするだけの用語であってはならない。それは「OK」でなければならず、それもある特殊な商業的エートスを早い段階で合理化した愚かなタイトルとして「私はOK、あなたはOK」を設定するのだ[79)]。

もちろんこのことはマーケティングにとっての揺るぎなき目的であるが、それは良く感じることと適切な感情とによる完全合法性を、その施す製品やブランドに対して課すのみならず、その目的を達成することでマーケティング過程にも課すのだ。マーケティングそのものはその成功のためにも、ブランド合法化、そのブランド化の合法性を必要とする。支持と愛が単なる物質的な製品により高い精神性という長所を与えて商品とサービスに貢献している所で、マーケティング自体に、そしてマーケティングが合理化させる消費文化に適用されるとき、第５章で述べた論理は合法化の論理となる。

マルクーゼが一次元的人間について述べた際、彼は「自発的遵守」を通して自由を束縛した社会の性質にまで手が届いていたのであり、そこでは経済的秩序は「個人的ニーズと社会的に求められた欲求、目的、そして抱負の間の予定調和」という手を借りて、「恐怖の不在」に広まることができるとした[80)]。彼は「今日の新規の特色」を「より高い文化において敵対的、異様的、卓絶的な要素を削除することで文化と社会的現実の間の対立点を消去すること」と確

---

79) 心理学で最初に流行し、ベストセラーとなった本は、トーマス・A・ハリス博士により1969年に出版されたものである。

80) Marcuse, *One-Dimensional Man*, p. 75.

認し、そして彼は、「既存体制に対して、大規模にそれを再生、表示して全面的に取り込む」[81]方向に機能することで、敵対的価値を拒否するものとして、文化的エートスの作業を描写していた。根源的欲望《リビドー》に心を奪われたマルクーゼの分析は人民服について、中国における反西洋文化革命の頂点として、パリとローマにおけるオートクチュール風邸宅の装飾品となったことを説明したが、それはチェ・ゲバラや（黒人民族解放闘争の）ブラックパンサー党の過激嗜好を押しのけ、ビバリーヒルズや、マンハッタンのイースト・サイドでの高級市場志向の主婦たちを魅了し、その財産を革命の成功により明らかに消失させることだろう[82]。

30年ないし40年をかけて、文化エートスは対抗的価値（審美性、信心深さ、道徳性、または市民性の如何）を遊興に変えることで、また、攻勢を浴びて矮小化された嗜好で、大人を貪欲な子供たちに転換するよう取り扱うのだ。ブランド化された欲求、市場化された欲求を通じてともに市場文化をもつことは、共通ブランド化を通じた似非の共通性と同意性をまさに偽造した際、消費マーケティングに、民営化を通じてお互いから我らを切り離すことを許すのだ。消費者の原型となる受動的かつ、半ば中毒的な子供たちはゼロ次元的よりも低い一次元的であり、なぜなら、その所有するアイデンティティが完全に他律的（買われて、食べられて、獲得されて、吸収される製品）であるからだ。これは、本当にまったくアイデンティティではないのであって、単にコートは裸体に覆い着せるものである。“私”

81）Ibid., p.57.

82）以下の過激なオシャレ（ラディカル・シック）に関する古典的エッセイを参照。Tom Wolf, *Radical Chic & Mau-Mauing The Flak Catchers* (New York: Farrar, Straus and Giroux, 1970).

はメルセデスである。“私”はアップルである。“私”はビッグマックである。“私”はナイキである。“私”はMTVである。“我ら”は車であり、“我ら”はコンピューターであり、“我ら”は食べて、着て、見る人間なのだ。エートスの最終的効果は消費者（人びと）間の著しき差異の根絶であり、そしてその人びとは自らが消費者であることではクローン人間なのだ。

多様性？　もちろん、市場が言うそれは「あらゆるすべて」ということである。消費主義の成長を把握すれば、ホルクハイマーとアドルノがかつて「大衆文化」と呼んだものが、多様性をより減じるのである。彼らはずっと以前に以下のように述べている。「すべての大衆文化が同一的である独占の下で、その人工の枠組の線は、透けて見え始める。上層にいる人びとは、独占を隠すことにもはやそれほど関心をもっておらず、その暴力性がさらに公開されるようになり、それでもってその権力は成長する。映画とラジオは、もはや芸術であるフリを必要としない。映画等がまさにビジネスであるという事実は、それらが故意に生みだす愚物を正当化するためのイデオロギーに転化する。そして映画等は自らを産業と呼ぶのだ」[83)]。マルクス主義は社会経済システムとして、そして、重要な展望としてさえも（大部分の人びとにとっては）はるか以前に凋落した。しかし、ホルクハイマーとアドルノは、彼らが大衆文化を描写している抜け目ない社会学者であったことよりもマルクス主義者である面はあまりなかった。非マルクス主義者と反マルクス主義者は、異なる道を辿りながらも同じ結論に達したのである。

文化批評家のニール・ポストマンは、文化産業によって製造された大衆の画一性の真の危険を表そうとして、ジョージ・オーウェル

83）Horkheimer and Adorno, *Dialectic of Enlightenment*, p.121.

やオルダス・ハクスリーを対比する。「全知全能者《ビッグ・ブラザー》は、人びとからその自律性、成熟度、そして歴史を奪うことを要求されない。それを見たオルダス・ハクスリーのように、人びとは考える能力を元に戻すテクノロジーを崇拝しにやって来るのだ。オーウェルが恐れたのは、著作を発禁する人びとだった。ハクスリーが恐れたのは、本を発禁する理由がないということであり、それは本を読みたがる人間が誰もいないだろうからだ」[84]。幼稚エートスは、オーウェルに対してよりもハクスリーに対して調子を合わせた悪夢を引き起こし、「オーウェルは、情報を我らから奪う人びとを恐れた。ハクスリーは我らが受動的で利己主義になるほどに我らに情報を与える人びとを恐れた。さらに、オーウェルは真実が我らから隠されるのを恐れた。ハクスリーは、真実が不適切さという海に溺れるのを恐れたのだ」[85]。

幸いにも、我らはハクスリーの悪夢にまだ完全には駆り立てられていない。他の強力なアイデンティティの形態が、消費アイデンティティに対抗し続けているのだ。残念なことに、それらのアイデンティティの多くは、宗教的な原理主義と民族的な過激主義（私の著作『ジハード対マックワールド』の主題と同種のジハード的なアイデンティティ）から得られる非現代的な帰属性あるアイデンティティから生じている。全体主義は自らに対する反対者を生み出すのであり、まさに画一性が反乱を量産するのである。それにもかかわらず、マーケティングに掌握されている消費資本主義は、全体主義化と均一化の危険を冒し続ける。問題は以下が可能かどうかということで

84) Neil Postman, *Amusing Ourselves to Death: Public Discourse in the Age of Show Business* (New York: Penguin Books, 1986), p.vii.
85) Ibid.

ある。幼稚エートスが成功するのを防ぐことができるかどうか。さらなる全体主義化と民営化に向かうことを妨げるかどうか。そして、アイデンティティに対するマーケティングとブランド化による支配を緩めることができるかどうか。そして、消費者の単独行動をとる破壊的衝動に打ち勝つために、建設的市民がともに行動することを非常に困難にした市民的精神分裂症を克服できるかどうか、である。

全能主義、画一性、そして民営化に対する抵抗を求め、そして幼稚エートス自体への対抗に刺激を与えようとするならば、消費資本主義にとって最も重要なシステム的選択であったことがその自滅を促す助けとはならぬだろう。現実世界の社会として、そして文化的なパラダイムとして、社会主義、社会民主主義、共産主義、そして無政府主義は、ほとんど歴史を牽引し得なかった。しかしながら、これらのパラダイムは理論的には平等と正義に結合したので、リベラリズムへの近道ではあるが、革命、運動、そして実際の体制に確立された実践は無きに等しかった。革命が失敗や専制に帰す場合、偽善と独裁に基づく運動や政党は、一党による全体主義的独裁に成り果てる。これらの失敗は、ソビエト共産主義の崩壊以上のことであり、一方で、その支配下で生きてきた人びとにとって善きことと、自由の歴史にとってより善きこととは、ある重要な意味で資本主義にとっては悪いことだった。つまり、選択肢がない中での資本主義の大当たりは勝利主義を蔓延させ、有意な自己批判を侵食した。それは市場に固有の微かな危険を同様に抱えるネオリベラルとリベラルに目隠しをして、彼らにデモクラシー的な公共性の長所を攻撃させることで大きな政府の悪癖を直させようとした。共産主義の失敗は、資本主義の長所、そしてその無敵ささえも誤って判断したことだ。

幼稚エートスに対する抵抗は可能だろうか？　反抗と反対という

重要な形式は、すでに幼稚エートスとは無縁の場所に安んじているのだろうか？　これらは効果的であるのだろうか？　市場社会で自由を悩ます市民的精神分裂症を治癒できる市民力の治癒はあるのだろうか？　その抵抗による、強い矛盾から生じる弁証、敵対する力があり得ることを次に示唆しようと思う。

第Ⅲ部

市民の運命

第７章

消費主義に対する抵抗
資本主義は自力で治癒できるのか?

特定の状況下では、市場は如何に瞬間的な関与であっても、超長期的展望を約するのだ 。

（ジャクソン・リアーズ[1]）

マーケティングと生活との間の均衡は回復され得るのだろうか？ 資本主義が生き残り、それがますます買い物をする大人の文化にただ黙ってつき従う道があるのだろうか？ 資本主義は市場取引に参加する資質を欠いた人びとの真のニーズに見合うのだろうか？ 資本主義を覆すことは実現可能なことでも、あるいは望ましいことでもない選択なのであり、そのような選択は長い弁証法的歴史（共産主義者とマルクス主義者が、長くホロ苦い経験から学んだもの）の如何なる段階にもなかったことである。だから新たな挑戦は当然に資本主義に対してではなく、その資本主義がかつてはその成立に手を貸したものの、今や超消費に依拠してしまい、その破却を脅迫している、資本主義以外の生活世界との均衡を再び図ることに向けられるのだ。

禁欲的退行の戦略はそれなりの歴史をもつものの、あまり効果的には思えない。邪悪な文化に対しての伝統に基づく批判はしばしば、このような戦略に訴え掛けたが、その一端は1960年代のヒッピー

1) Jackson Lears, *Fables of Abundance: A Cultural History of Advertising in America* (New York: Basic Books, 1994), p.9.

族による社会からの落伍者《ドロップアウト》、そして「減速生活者《ダウンシフターズ》」による19世紀のクエーカー教徒やシェーカー教徒の模倣に見ることができ、彼らはより大きな社会から遮断された理想郷《ユートピア》たるコミュニティの設立を主唱したのだった（一部の原理主義的かつ家族主義的な教育家たちは今日も何らかの同様のことを切望している）。150年前、ヘンリー・デイヴィッド・ソローは当時の荒っぽい実利主義からの避難所たる聖域をウォールデン湖に求めた。その1世紀前には、ジャン・ジャック・ルソーが教育小説『エミール』において、読者に「子供の魂の周りに壁を構築する」よう指導し、それによって彼は邪悪な現代に対するあらゆる批判者の先駆者としての確固たる地位を築く一方で、孤独な散歩者だけが利用し得る官能的かつ知的な空想に夢中となった（『孤独な散歩者の夢想』）。彼は単純な手法を追求した最初の現代的禁欲主義者であって、もしも幸福というものが我らの欲求間にある不均衡と、我らが認識しなければならない権力とを減ずることから生じるのならば、権力を強化するより欲望を減らすことがより多くの意義をもたらすのであり、おそらくそれは仏教が競争的消費主義に疲れ果てた西洋人を魅了した合理性なのだとした[2]。

それでも、今日の全体主義的な文化的エートスと、押し付け《プッシュ》型消費資本主義のエートスが持続する局面では、真に物理的退行を選択する余地などほぼない。いったい何処に退行があるというのだろうか？　デジタルというタコのお化けがその触手を家庭の番人の周辺

2）ルソーはまるで修行者の如き一本気な知性をもって以下のように述べる。「我らを人間として不幸にするものは人間および市民の間にある、我らの立場と欲望、我らの義務と性向、それに我らの資質と社会制度、のそれぞれの双方間にある矛盾である。市民というものは人間を孤立させるものの、その人間には出来る限りの幸福が与えられることだろう」。Rousseau, *Fragments politiques* (Paris: Gallimard, 1964), vol.2, p.510.

に、そしてコンピューターやテレビ画面のある子供のベッドルームにまで伸ばしている仮想商業世界では、家庭の団欒《だんらん》はもはやその避難所ではない。また、17世紀の政治理論家のジョン・ロックが示唆した、所与の社会や社会契約から引き籠もろうとする人びとが更生できるような「真空地帯」もしくは余地ももはや存在しない。かつてマルコ・ポーロによって探査された如き（西欧人にとっての）「異国情緒」あふれる社会もまた、10年あるいは周回遅れかもしれないが、今日の西洋が辿った行路を同様に辿るだけのことだろう。近年、中国とインドは、AOL、グーグル、そしてマイクロソフトとの契約に調印したが、この両国は新たな資本主義の（トーマス・フリードマンのような専門家が我らに絶えず思い起こさせることだ）巨獣なのだ。世界の先進諸国でさえその戸口《ドアステップ》に陣取る世界的消費主義から例外であることができず、市場に確実にある〔触れるものを黄金に替える〕ミダス・タッチからただ独り遮断された辛苦を伴う貧困の根絶をじっと待つだけなのである[3)]。あるいは、そのエートスが自粛や自制と至る所で戦闘状態にある社会では、小さな少数集団を除けば禁欲主義が成功した選択肢となり得たためしもない。

そこで、本書に描写されるエートスとは、この後期消費主義の局面で資本主義が生き残るためには非常に強力で、非常に避けようがなく、非常に必要な権力を具現するのかもしれず、またこのエートスはもはや抵抗も変革もまったくされないのかもしれない。つまり

3）拙著『ジハード対マックワールド』で指摘するのは、マックワールドから、自らを救い出す唯一の方法を、その全体化する消費主義の士気を挫くことに求めるしかないという皮肉めいた事実である。Benjamin R. Barber, *Jihad vs. McWorld* (rev. ed., New York: Random House, 2001).［ベンジャミン・バーバー／鈴木主税訳『ジハード対マックワールド——市民社会の夢は終わったのか』三田出版会、1997年］

それは、抵抗や退行も、反乱や転覆も受けず、そして禁欲的ないしは多元的でもないことが可能なのである。それは我らが幼稚化の不可避たることを認めるよりほかほぼなく、鉄鎖が我らにとっての寛ぎや慰めとなるよう飾り立てられる花輪のその内容によるのである。要するに、多元論たるデモクラシー、連邦、そして自由が後退して歴史的地平線に消えていく一方で、「私的」な自由のより穏健な形態として、消費的奴隷状態にいる我らの新たな状況を合理化すること以外に代わるものはないのかもしれない。これが意味するのは現代資本主義という唯一にしてまさしく「成功した」敵に代わる現実的対案がないことであり、市場の絶滅を目論むジハード復古派にとっての敵とは、デモクラシーそのものとともにあるのだろう。

穏健的かつデモクラシー的な方針では超消費主義に抗することができないというその最大の危機の一つは、反デモクラシー的で、より暴力的、ジハード的、非現代的といった抵抗に特権を与えてきたことで幾度となくその抵抗にしくじってきた、という事実である。アルカイダの同盟者、アブ・ムサブ・アル・ザルカウィが（2005年のイラクの選挙期間中に）「デモクラシー原理と、その活用を望む者すべてとの壮絶な戦い」を宣言し、「投票する人びと」を「異教徒」と決めつけた急進的批判に応えることは簡単である[4)]。アメリカ内部にさえ、多元論を攻撃する積極的かつ非宗教的な実利主義やその現代的構造が機能することに対し拒否反応を示す人びとがいる。カトリック哲学者で論客のリチャード・ジョン・ノイハウスがデモクラシーの名目の下で語るのは、世俗主義的権力により公共空間を丸裸にすることに対してであり、また、信心深い大多数のアメリカ人

4）John Burns, “Al Qaeda Ally Declares All-Cut War on Iraqi Elections,” *New York Times*, January 23, 2005.

の見方に優越する司法官の「圧政」に対してであるが、「デモクラシーの終わり？」の題目での『ファースト・シングス』誌上の悪名高きシンポジウムでの彼の悪名高き放埒さは、アメリカのデモクラシーで想定される名目上の多元論のもつ驚くべき不寛容性を意味したのだ。その兆候はデイモン・リンカーという『ファースト・シングス』誌の元編集者が述べたことに示されており、それによれば政治活動《キャンペーン》では、「道徳的かつ神学的な絶対主義者が、国家の政治機関を悪魔に仕立て、神聖革命という暴力的脅威の下で、交渉の余地なき公共的要求を為し、さらに市民は自由に内在する義務から逃れ、その聖職者的権力下に身を寄せることを切望する」[5] のである。

しかし、デモクラシー的な多様性を腐食させる唯物論的消費主義に対しての、デモクラシー的かつ多元的な批判が存在しない場合、多くの人びとにはその抵抗の唯一の道を提供するのが絶対主義的かつ独善宗教的な批判だと思われよう。私はマックワールドとその一掃を目指す暴力的闘争によるジハードという、どちらも等しく非デモクラシー的な二つの現代的態様の両者間の闘争の意味を別の著作にて述べたが、それを本書でまた触れることはしない[6]。しかし、この研究の主要論点を思い起こすことは重要であり、それによると消費資本主義や均質的なマックワールドが存在しないのならば、デモクラシーとして包摂され、変更されるようつくられ得るはずが、

5）デイモン・リンカーによるノイハウスに対する書評。Richard John Neuhaus, *Catholic Matters: Confusion, Controversy, and the Splendor of Truth* (New York:Basic Books, 2005). ノイハウスの『ファースト・シングス』誌上のシンポジウムはロバート・H・ボーク、チャールズ・W・コルソン（「ある種の直接的、政治外の確執」を求めた人物）、そしてロバート・P・ジョージの協力による。

6）In *Jihad vs. McWorld.*

マックワールドに挑む人たちは、世界市場を幼稚化する消費社会の積極的道具主義者よりも、自由やデモクラシーに対してまったく共感しない狂信者またはニヒリストである可能性が高いのである。

しかしながら、歴史を自己修正する弁証法は、幼稚化、民営化、そして市民的精神分裂症に応え得る方法を示すかもしれず、それはこれらの論理を定めるまさにその外形から生じる方法である。プロテスタントのエートスをその時だけつくり出した権力のように、今日の幼稚エートスをつくる人びとは、自身を治療する戦略を生み出す可能性を幾分かはもっている。消費主義には、それ自体に治療をもたらす自己免疫機能があるのかもしれない。結局のところ、ジハードさえもが、自身が挑む現代的商業製品そのものであるところが相当程度にある。この論点を私事に照らして考えてみれば、おそらく私は自分の10代の娘よりも、消費主義に抗する方法を見つけられないとの見方もできる。それは彼女の方がはるかにより熟達した熱心な消費者であり、それゆえに、はるかにそれをより知悉し有能なる抵抗者となる潜在能力を秘めているからだ。このことが示唆するのは、ジハード的迫害者がたとえ今日のモールを吹き飛ばすことに成功するとしても、彼が明日の消費主義を包含することにはおそらくしくじるのであって、その一方でブランド中毒となった息子が、その中毒性を理解し、それと折り合うことができるのならば、彼は確実に消費主義を克服できるのだろう。弁証法が何ものかを為すものとすれば、その意義とは消費者が自身を消費主義から解放することができる鍵を自ら掌にすることにある。

しかし、消費に従事する人びとが消費に対する抵抗に自ら身を投じ得るには、大規模な社会的再強化の達成が長期にわたり求められることだろう。この治療が成功裏に為されるよう、変化は内側から外側へ、そしてまた外側から内側へも訪れることだろう。それは、抵抗する消費者によってのみなならず、再従事する市民によっての行動を必要とするのだろう。人間的価値とは複数あり、物質的消費は豊かな人間行動におけるその一つでしかないとする健全な多元性の回復は、我らが定義する市民的精神分裂症を扱う社会的治癒を実際に求めるはずのものだが、それは公私間の均衡を元に戻す市民的治癒であり、我ら私的消費者に優先する新たな主権を我らの公的かつ市民的自我に与え、市場的運命の前方に市民的命運を置くのだ。このことが含意するのは、供給型（あるいはプッシュ型）から需要型（あるいはプル型）に回帰して、真の経済的ニーズを満たす効率的かつ生産的な手法を役割として優先する資本主義の回復と、我らの多元的生活世界の主権を有する監査機関としてのデモクラシー的な公共性の回復であり、それは市場にもまさに同等に求められることである。しかし、このより幅広な社会的戦略に至る前に、調査する価値があるのは市場懐疑論と消費者意識のみならず、その抵抗、転覆そして反抗に関しての重要な形式である。すでに企業マーケティングと超消費主義にとっては、かねてより説明され、また多分にそれが補強された、実世界での重要な反応がすでに起きていた。その総体的影響は、必要とされる重大な政治的かつ市民的職務の基礎を創り出すのである。

こうした弁証法的反応は、消費主義そのものから生じる消費主義に対する三つのまったく特別な文化的反応を含んでいる。私が論じようとするのは題して“文化の混交化《クレオール》”、“文化の饗宴化《カーニバル》”、そして“文化の妨害化《ジャミング》”である。最終章で論じることだが、これらは私的な市場的手法のなかで公共財を求める市場面での二つの反応、すなわち、名付けるならば“企業的市民権”と“市民的消費主義”という二方向の戦略を含んでいる。これらは抵抗や転覆の重要な形式であって、その主張する病理から生じているところが多分にあり、また、これらが実際に転覆できる消費主義の文化的論理に「巻き込まれる」ように考えられた、消費者（しばしば若い消費者）や製作者（しばしば有力な製作者）による想像力に富む製品であり得ることにある。ジョージ・ソロス、ボーノ、ビルとメリンダのゲイツ夫妻、ジェフ・スコール、ジョージ・クルーニー、アニータ・ロディック、その他の多くの人びとがすべて第一次的製作者であり、同時に彼らは商業文化と消費資本主義に対する潜在的な礼節ある批判者であり、また、独創的な転覆者でもある。

文化の混交化《クレオール》

消費主義は外面をも全体主義化する積極性を有する。それは文化の多様性を規定する複数の部門に効果的に移殖し、それらをマーケティング、広告、そして買い物、すなわち偽物の感情と擬態の感覚によって等質的環境へと、また、文化多元主義を抑えつけて共通の大衆文化的商品へと入れ替えてしまうのだ。それにもかかわらず、時折、人類学者が主張するのは、移殖された方の文化がしばしば移殖されることに応じることであり、それはその文化的侵略者を変質させ、そのおそらく「支配的」文化の表面をつくり変えるように影響を及ぼすのだ。この移殖対抗理論は、嗜好にブランドを付して、等質化しようとする文化の及ぶ場所であてはまるだろう。この過程は混交化《クレオール》、あるいはよく交雑化《ハイブリッド》と呼ばれ、このことはアメリカ文化が彼岸を越えて戦後世界に相互交流を果たしたことで明らかである。

第二次世界大戦後、アメリカがまさに打ち破った大日本帝国を「西洋化」し、デモクラシー化した際に、日本文化は日本国民の深層に潜り込んだ。当初はブロードウェーでヒットした、隠微な嘲笑を混じえた戯曲『八月十五夜の茶屋』（その後に映画で大当たりした）

では、賢明でありつつも、表面上はアメリカに追従を装う日本人下僕が、占領下の日本の役人に再教育を施すための付け人にさせられたが、アメリカに対する抵抗を図る日本人の気質に屈折してしまい、それゆえに教え込まれている幸福志向型のアメリカのイデオロギーを最終的には拒んでいくよう、自分の立場を転換していく様が描かれた。日本は敗色濃い最中でも、課されようとしているアメリカ文化に条件を付した。1980年代までにポール・ケネディの如き歴史家は、日本がアメリカの覇権に取って代わると警鐘を鳴らし、実際に同国がより優位な大国としての地位を再び得たのだと主張したが[7]、その頃には日本はアメリカによってクレオール化されて、自動車と技術の供給元として優位に立っていたことを示したのだった。

より近時の映画『ミラクル・ワールド・ブッシュマン（原題：神は乱心召されたに違いない《ゴッド・マスト・ビー・クレージー》）』で描かれたのは、上空を通過する飛行機からコークの瓶がクンサン部族民に落下し、彼らがそれを拾い、解釈し、用いることで、新たな意味が自ずから生じたその在り様だった。人類学者のディヴィッド・ハウズが提示するのは、この二元化した過程がしばしば非可視的であることで、たとえばそれは「あるガラス張りの高層オフィスビルの20階にある企業の会議室が窓の外から見られる」場面であり、どの角度から見てもその世界を「『ただ一つの場所』であるようにしか見ないだろうし、ありふれた

7）以下を参照。Paul Kennedy, *The Rise and Fall of the Great Powers: Economic Change and Military Conflict from 1500 to 2000* (New York: Vintage Books, 1989).［ポール・ケネディ／鈴木主税訳『大国の興亡――1500年から2000年までの経済の変遷と軍事闘争』草思社、1988年］。クレオール化の議論の限界は以後で議論し事実として明らかにするが、ケネディによる日本の支配という評価は過大視されたものであったことが証明され、一方では彼が暗示するよりも、抜きん出た主導者としての地位にいるのがはるかに難しいことを米国は悟ったのである。

他者の経済活動空間としか見ない」[8] のだろう。しかしながら、いわばその「境界線上にいる原住民」として行動する人類学者のように理解し、また、「会議室にいる（外を見渡す）よりもむしろ（双方向を見る）境界線の位置から」観察することで、文化の受容は、それがどう見え、最終的に何を意味するのかという点で、その文化を製造するくらい重要であり得ることが明らかとなる。文化の非神聖化を目指す商品は、代わりにその文化を受容する人びとに神聖化され得るのであり、それは、いわば“積荷信仰《カーゴ・カルト》”にいみじくも生じたことであり、それはまた『ミラクル・ワールド・ブッシュマン』での空から落下したコークの瓶にも生じたことである[9]。マーケティングのスローガンでさえもが、自身の敵方に回り得るのだ。ペプシがその「万国共通」たるスローガン「活力をもて！　ペプシ世代だろ」を、英語から台湾語に変換した場合、それは「ペプシは先祖を死者から呼び戻す」となり、ペプシの求めていた真意とは意味が異なってくるだろう。

タイラー・コーウェンが文化的消費に関しての過激な報告書で述べたように、文化そのものが流動的な標的であり、実際には単なる移り気であることをその明白な等質化が隠し立てし得るのだ。コーウェンにとって、すべての文化は融合文化であり、文化は無垢で土着のものでなく、そして消費文化に確実に当てはまるものである。

---

8) David Howes, ed., *Cross-Cultural Consumption: Global Markets, Local Realities* (London: Routledge, 1996), p.7.

9) Constance Classen and David Howes, “Epilogue: The Dynamics and Ethics of Cross-Cultural Consumption,” in Howes, ed., *Cross-Cultural Consumption*, p.182. あるいは以下を参照。Ulf Hannerz, *Cultural Complexity: Studies in the Social Organization of Meaning* (New York: Columbia University Press, 1992).

たとえばコーウェンが紹介するのは、全体主義化する世界的音楽市場からの攻撃に晒されているだろうザイール（アフリカ）の「土着」の音楽である。現実にはそれは（とりわけ）エレキギター、サクソホン、トランペット、クラリネット、そしてフルートによる創作であって、「アフリカ土着のものでは決してない」のだが、それでもキューバなど諸外国の影響を受けて数十年かけて成立に至ったものなのだ[10)]。同様にトリニダードの打楽器団《スチール・バンド》は、その最たる「土着」の観光的目玉であるが、地元擁護者によるとMTVという世界市場的侵略からの攻撃に対して脆弱で、また、その現実は移殖してきた石油市場による20世紀の副産物であり、1930年代後期にその石油市場の導くままに元来の土着の竹製楽器を、新たに“伝統”となる石油計器《バレル》で仕切られた鉄鋼製ドラム缶に換えてしまったのである。同様に、歴史的に名高い〔アメリカン・インディアン〕ナバホ族の衣装と色彩、とりわけ「土着」のナバホ族の敷布として他とは区別されるギザギザのジグザク線をあしらった真紅の肩掛けの模様は、実際には「スペインでムーア人の影響を受けて次第にできたものが、メキシコにいるスペイン人の羊飼いのポンチョや衣類」[11)]を模倣したデザインを反映している。総じて、コンスタンス・クラッセンやジーン・コマロフと同様に、ディヴィッド・ハウズのような人類学

10) Tyler Cowen, *Creative Destruction: How Globalization Is Changing the World's Cultures* (Princeton, N.J.: Princeton University Press, 2002). ［タイラー・コーウェン／田中秀臣、浜野志保訳『創造的破壊――グローバル文化経済学とコンテンツ産業』作品社、2011年］。コーウェンの著作のタイトルは、古典的経済学者ヨーゼフ・シュムペーターの弁証的記述では資本主義は「創造性をもって」、進化するように横切るステージを破壊するものである。詳細はコーウェンを批判する拙論を参照。Benjamin R. Barber, "Brave New McWorld," *Los Angeles Times Book Review*, February 2, 2003.

11) Cowen, *Creative Destruction*, p.44.

者たちが述べた如く、文化とは創作によるのと同時に「消費によって構築される」のである。したがって、支配的文化の等質化とは、「消費による構築」を介し、移殖に抗して、文化的特色を引き戻し得るものなのだ。コンスタンス・クラッセンはシュールな芸術家レオノーラ・カリントンを紹介し、「未来のメキシコでは日本から輸入されたノルウェー風の〔メキシコ料理〕エンチラーダの缶詰や、『コカ・コーラと呼ばれている珍しい古きインディアンの飲料』の瓶は見つけ得るのだろうか」[12] との魅惑的で皮肉に満ちた冗談を引用するのだ。

そうして消費市場は徐々にブランド化し、等質化していくのかもしれないが、消費市場がブランド化し支配的となっていった分野に対する魅惑性は、新たな多様性の形態をも創造し得るのだ。一見すると縮小した地域文化は、それを複数化する方向を進むことで、支配的文化の内側で実際には復興するのかもしれない。その再ブランド化された文化は、その原型となるブランドを順次、再々ブランド化するのである。その文化をあらゆる部門に入れ込む場合、商業はその侵入した部門によっては少なくとも部分的には非商業化されることを悟る。テレビ信仰という宗教は商品化されるが、その商品化は半ば精神的に目的に適うことを強要され、物質主義的な非神聖主

12) Constance Classen, "Sugar Cane, Coca-Cola and Hypermarkets: Consumption and Surrealism in the Argentine Northwest," in Howes, ed., *Cross-Cultural Consumption*, p.39. クラッセンが注記するのは、アルゼンチンの田舎の地元民がコーク・コーラが地元生産であると思い込み、商業文化が共通的であるにもかかわらず、ラテン・アメリカが「非ラテン社会から遠く離れている」ために、「強く明快な地元アイデンティティを維持する一方で、グローバル市場の商品と技術を選択的に包括する」能力があることを示すことである。私がこれから以下で論じるように、このことは国家を超えるように見えて、少なくとも部分的には真実から乖離している。

義に向かうという過激な約束が妥結される。ハリウッドは顧客を楽しませたことで顧客を堕落させたが、その顧客はハリウッドを見違えさせる遠因をつくったのであって、それはハリウッドが立ち行くようにする慣例を逸脱した、独立系映画製作に対しての支援を惜しまなかったからである（第８章の「リール切替え」を参照）。

均質化という一つの手法で取り掛かることは、多様性に利することもある手法の交雑性を伴う第２の方向に向かうことがしばしばある。上述したように遍在するナイキのロゴがニューヨーク市にいる子供の腰巻《ヤムルカ》に縫い付けられているならば、エルサレムにいるヤムルカを着用したロック・シンガーは宗教転向者を獲得するために、自身の再ブランド化されたヒップ音楽を利用する。たとえば、人気の超保守的なユダヤ人歌手ギャド・エルバズという、自称20代の（スペイン・ポルトガル系のユダヤ人）セファルディ系の「ハシド・ロッカー」は、ハシド系の出自をもつ「世界に通用するイイ男」であり、「イスラエル初の正統ユダヤ《ハレーディ》教の素敵な男」である。幸福に結婚し、１日に４時間（旧約聖書の）トーラーを勉強し、エルバズは「このブリトニー・スピアーズ全盛の時代に旧世界的伝統を維持する手法として、バラード歌手の声、２日間剃らずにいるイカしたあごひげと偽善的な歌詞」[13)] を用いている。エルバズは自曲『トゥナイト・イズ・ザ・ナイト』のなかで、「彼は、私があなたと踊る力をくれた。あなたの心の扉を開けて、あらゆることを忘れよう。自信をもって、あなたが強いと信じよう」と謳った。エルバズのス

13）Scott Wilson, "Israeli Pop Singer Rocks Ultra-Orthodox Community," *Miami Herald International Edition*, January 2, 2006. イスラエル人口700万人のうち70万人は超正統派であるが、アルベール・エルバズが彼のベストセラーのアルバム『ミーニングス』を８万枚売ったことで、彼の影響は現実のものとなったのだろう。

タイルは混交化の真骨頂であって、「アラブ・リズム、ヒップホップ・ビート、バックストリート・ボーイズのハーモニー、そしてホイットニー・ヒューストンやセリーヌ・ディオンのバラード」を融合させているが、従来の10代によるチンドン屋の鳴らす爆音のようなポップスとともに市場化されている[14)]。

ハシド・ロックよりも広範によく知られているクリスチャン・ロックは、非常に成功していた交雑したキリスト教ゴスペルで、〔暴力性の強い〕ハードコア系ロック（自己宣伝では「キリスト教命」）を介して、広範かつ有益なキリスト教の対抗的文化に発展した。クリスチャン・ロックでストライパー、ブライド、ペトラ、そしてガーディアンのような名の通ったバンドは、あらゆる種類の音楽を提供し、クリスチャン・ロック・リリックのウェブサイトによるとそれは「メタルからパンク、ハードコア（キリスト教命）、オルタナティブ・ロックに至る」までである。華麗なるポップ・スターたちの融合は、大衆文化的体裁、つまり（クリスチャン・ロックのバンド、ヴィジュアル・クリフが誇示するように）「ロック、メタル＆ヘビー・フュージョンの混合音響」[15)]を含んでおり、キリスト教的歌詞がしばしば直接に聖書から引用されている。こうしたバンドはクールな市場からクールな子供を誘い込んでいて、非宗教的なメディアは彼らを四角四面の宗教的な反体制文化のようにしばしば描写して、そのようなイメージをもたせるが、実際にはキリスト教によるブっ飛んだサブカルチャーであるわけではない。『現代クリスチャン・ミュージック（CCM）』、『セブン・ボール・マガジン』、そして『ヘブンズ・メタル』といった雑誌から、クリスチャン・ミュージッ

14）Ibid.
15）以下からの引用。http://www.visualcliff.net.

ク・ドットコムや、クリスチャン・ロック・ネットといったウェブサイトに至るまで、市場のクールさに完全に屈服させるように求めたりなどしない熱き宗教的慰安の類を求めて、若者たちは2005年のクリスチャン・ソングの第1位だった『ザ・ウェイト・イズ・オーバー』（歌手グループ「ディサイプル」）のような楽曲に見出すことができるのは、その「今こそ我らが時代だ、待つのは終わりだ」というよき知らせ（新約聖書のペテロ第二の手紙、第三章2-12項の引用）を共有することなのだ。

対抗的宗教と同様に対抗的政治は、支配的文化を借用して、ロック・ミュージックの力に訴え掛けた。2002年のケニアの選挙では、反対陣営が英語とルオ語（多くの地元のナイル言語のうちの一つ）を混ぜ合わせたラップ・ソングを流したが、その曲は20余組のカップルによりルオ語でいう「bwogo（恐怖）」が歌われていて、〔ケニア大統領〕ダニエル・アラップ・モイによる腐敗した政府を一掃すべく、新体制では政治をデモクラシーに委ねる意味で「unbwogo（恐怖なき）」ことを証明しようと熱意を費やしている[16)]。大衆オペラ作家のスーパースターたるアンドリュー・ロイド・ウェバー卿は、英国保守党の作曲のために彼のもつ技能を捧げていることで知られていた。また英国では、若者の間から新たな党員を確保する目的でロックを用いたが、より害悪をもたらすと同時に逆に同程度に効果ももたらすというこの対抗的にロックを借用するやり方は、スキン

16）この歌は「Who Can Bwogo Me?」で、ラップ・デュオ・グループのギディ・ギディ・マジ・マジによる。以下を参照。Marc Lacey, “To the Beat of a Hit Song, the New Kenya Sends Spirits off the Charts,” *New York Times*, February 16, 2003. この曲の冒頭部分「私に恐怖はない／私は打ち負かされない／私は使役されない／だから、もし私の歌が好きなら／私からそれを奪え／誰が私に恐怖をもっているのか／私に恐怖はない」。

ヘッドやネオナチによる戦術でもあった。英国のスキンヘッドとドイツのネオナチの関係は、スチュアート・ドナルドソン（イアン・スチュアート）と他の市場に精通した英国の極右派によって1970年代と1980年代に音楽を通して作り上げられた。バンドでは“スツーカ（英語で第二次大戦時の急降下爆撃兵《ダイブ・ボンバー》）”と“ストロンゲビア（英語で嵐部隊）”のようなドイツ国防軍からその名称を明らかに借用した最悪の集団に加え、英国の“スクリュードライバー”や“スカルヘッド”、またはドイツの“ベーゼ・オンケルツ（英語で凶悪オヤジ）”や“エンドスタッフ（英語で最終段階）”といったバンドは、英国とドイツの若者たちを大衆文化から押し除《の》けてしまわずに極右運動に引き入れていったのであり、そのスマートな戦術が悪意ある政治目的に振り向けられたのである。

クールなロック・ミュージックによる対抗的文化（そして、この反デモクラシー的な場合）の力を証するものとして、ドイツの社会歴史家クラウス・ファリンが思い起こさせるのは、ストークラフトと呼ばれるネオナチ気質を伴った「三流のアマチュアのロック・バンド」であり、それは1980年代に世間の注目を浴びるために軌道修正を余儀なくされたが、「実際には、国中のあらゆる14歳児にもし総体的に反クールの気持ちがなかったならば、この“超ハード”なバンドのアルバムをこぞって求めたはずだった」[17]からである。

17）Klaus Farin, ed., *Die Skins: Mythos und Realität* (Berlin: Ch. Links, 1997). Cited in Timothy Scott Brown, "Subcultures, Pop Music and Politics: Skinheads and 'Nazi Rock' in England and Germany," *Journal of Social History*, vol. 38, no. 1 (2004), pp. 157-178. ロック・オー・ラマ、そしてホワイト・ノイズ・クラブのようなレーベルは、1970年代にこの音楽が始まるのを促した。右派の抵抗家スチュアート・ドナルドソンは英国のスキンヘッド、より政治的な意味でのドイツ超国家主義のネオナチの右派である。

これはある種の弁証法的な反マーケティングであって、過剰に市場化された主流のロック・ミュージックを、クールさなどない特定の政治的商品に引き戻すという、抽象的な「クール」を移行させることで、成功したマーケティングの実践手法とするのだ。音楽は若者市場の主流を語っているが、その歌詞が主流から外れていることも語る。マーケティングが冷めた商品を偽りの感情と結びつけることによって熱狂させることができるのならば、偽りの感情は歪んだ政治をクールにすることができるだろう。ベーゼ・オンケルツの最初のアルバムでは、ドイツの超国家主義に英国のスキンヘッド文化を加えた「シュトルツ（誇り）」という以下の楽曲が披露された。「剃った頭の大勢のうちの一人／恐怖はないから、尻込みしない／シャーマン、留め金、ブーツとジーンズ／ドイツ国旗、誇り高き証し」[18)]。同じバンドによる「トルコ人は出ていけ！」（1930年代のナチ・スローガン「ユダヤ人は出ていけ！」をコピーしている）という曲は後で演奏停止にされてしまったが、それはネオナチ主義にヨーロッパでより最近、広範に勢威を増している排外的偏見を加えたのであり、それと同等のことはたとえば、2005年のフランスとオランダでの、ユーロの新憲法に対する票決で明らかにされた。そのあらゆる薄汚れた意図を汲んだ、この種の粗っぽいクレオール化は、西洋の非宗教的な実利主義の内側にある大衆文化を対抗的文化として

18) Brown, "Subcultures, Pop Music and Politics." For more see Devin Burghart, ed., *Soundtracks to the White Revolution: White Supremacist Assaults on Youth Music Subcultures* (Chicago: Center for New Community, 1999). アメリカのつながりは以下で説明されている。"White-Power Rock 'n' Roll: A Growing Industry," in Jeffrey Kaplan and Tore Bjorgo, eds., *Nation and Race: The Developing Euro-American Racist Subculture* (Boston: Northeastern University Press, 1998).

用いる可能性を提起する。

その外野にいる抵抗勢力もまた、クレオール化戦略を利用する。コカ・コーラやマクドナルドといった最も積極的なブランドでさえ、西洋的覇権を帳消しにするために西洋的ブランドを用いることを望む反西欧的過激派による成果があって、世界市場で交雑を経たのである。コーク・コーラのフランス系イスラムによる模倣たるメッカ・コーラは、主にフランスとイスラム系北アフリカの飲料市場に強烈な印象を与えたが、一方でロンドンのファスト・フードのタンドゥーリはロンドンにあるインドやパキスタン・コミュニティの中でマクドナルドに対抗する[19]。「我らは西側と競争する、それもアメリカのブランド商品を受け入れることをせずに、コーラとファスト・フードを供するのだ」との文句は、新たなイスラム系バービー人形（アラビア語で「中和」を意味する「ラザンヌ」）のような交雑物《ハイブリッド》を製造する人びとの象徴であるようだ。

しかし、これらの事例が示すのも、ブランド対抗戦術としての交雑には限界があることだ。アジアでは、クレオール化の主唱者が注目するのは「K ポップス」（韓国のポップス）のスーパースターたる歌手の“ピ（RAIN）”（本名：チョン・ジフン）であり、彼は同時代の世界的な音楽文化を身に付けずに、地元のタレントであり続けた例である。しかし、彼は「アメリカ支配の音楽市場」に合わせて自

19）メッカ・コーラはフランスで 2002 年にタウフィーク・マトルウティにより発売されたが、彼による広告キャンペーンは、実際のニュース映画の映像（ある広告が見せるのは、パレスチナの父子の感動的映像で、その父は自分の息子が十字砲火で殺される前に、その権利を守ろうとする）、そしてパレスチナ救援の利益の 10 パーセントの寄付から構成される。サウジアラビアは 500 万本のボトルを注文したが、ほかにも注文は、中東、パキスタン、中国、ロシア、そしてアメリカからも来ている。以下を参照。Gretel C. Kovach, “Cola: Pepsi for Palestine,” *Newsweek*, December 16, 2002.

己を「韓国のジャスティン・ティンバーレーク」や「韓国のアッシャー」とするのをやめ、また2005～2006年にハリウッド・ボウルとマディソン・スクェア・ガーデンで公演を行うまでは、その真の問題は“ピ”が実際に民族衣装を着ている地元の韓国人なのか、それとは別の世界に同化した（西洋通の）ロッカーであったか否かということであった[20]。韓国人が主張するのは、彼が「ハルリュ（韓流）」の人格をある程度もっていて、世界大衆文化の代替となり得る地域ブランドを提供する韓国発の抵抗運動たることだ。しかし、彼がアメリカのラップ製作者P・ディディーと協同作曲したことは、アジアというアイデンティティを維持したことになるのか、はたまた、単にアメリカ市場を征服しようとして、その途上で消えていった多くのアジアのスターたちの一人になるのかどうか、との問題を提起する。同様の問題はテレビ番組『アメリカン・アイドル』のアジア版、『インディアン・アイドル』に求めることができるし、それは混交化《クレオール》としての意匠を纏《まと》うのかもしれないが、生煮えのコピー商品に過ぎないようでもある。

類似の問題は、ファスト・フード、コーラ、コーヒー店会社をグローカル化、土着化させ、さらにこのようにマックワールドとして定義された製品をクレオール化してきた多くの試みに求められ得る。クレオール化の事例は、ハンバーガーや揚げ物《フライ》のような特定の製品をしばしば混乱させている。それはカスタマイズされ、地域化され得るはずが、製品を規定する本質によってそうはなり得ないためである。ファスト・フードのブランドは、ハンバーガーと揚げ物にく

20）Deborah Sontag, “The Ambassador,” *Newsweek*, January 29, 2006. 多くの韓国人スターがそうであるように、“ピ（RAIN）”は平日昼間のテレビドラマに出演している。

っついているのではなく、迅速性やかつてはスロー・フードの文化だった消費破壊にくっついているのである。ファスト・フードの中毒的かつ文化的影響は、その速度に所以した、走りながらでも食べられるという事実であり、自宅で家族が集まる食事や、ゆったりと居座るレストランでの食事を貶めることでもある。よって食事を社会的に絶滅させ、食事というものを繁忙な資本主義の買い物客にとっての燃料整備《ピットストップ》に実質上してしまうことであり、また消費されるものがハンバーガー、タコス、タンドゥーリ・チキン、あるいは寿司であることに構わず、これらを食べに行くのかどうかにもかかわらないのである。タンドゥーリのファスト・フードは、マクドナルドと同等のレッテルを貼られるのを避けているが、マクドナルドの哲学は吸収して、それによって事業を拡張している。メッカ・コーラはコーク・コーラを混交化《クレオール》しているのかもしれないが、コーク・コーラ社の野望は帝国主義的かつグローバル的であり、その意図は同製品の拡販にとって障壁となる如何なる土着文化をも徐々に蝕むことにあり、メッカ・コーラはこの問題をおそらくは食い止めるのだろう。このことをコーク・コーラ社は1992年の企業レポートにおいて、インドの“お茶文化”がインドでのコーク・コーラの拡販の障壁となり、それに対処せねばならないことに注意を喚起した[21]。しかし、偽物のコーラは、その「本物」と同等なぐらい効果的に、無理矢理に“お茶文化”を徐々に蝕むことができることだろう。

如何にしてクレオール化されたブランドが、その抵抗しようとする元の支配的ブランドにより為される文化的毀損に、実際には手を貸し得るかの顕著な例は、インドのスターバックスもどきのバリスタ・カフェのチェーン店に見ることができる。スターバックスは

21）拙著の議論を参照。Barber, *Jihad vs. McWorld.*

2004年内に、中国で100店以上を、そして世界で8000の店を構えた。また、今後5年にわたり、インドだけで最高で5000店を、そして世界で3万店のカフェを構える可能性がある。バリスタのチェーン店はインドですでに130店以上のカフェ（2004年11月現在）を稼働することによって、また地元で競争を繰り広げてきたことで、スターバックスによる侵略を食い止めることができた。他方でバリスタ・カフェは、スターバックスによる雰囲気と経営哲学を明らかに模倣している。同カフェが標的にするのは若く裕福なインド人であり、彼らにスターバックスの精神にある「家から離れた家」を提供するのだ[22)]。バリスタ・カフェがスターバックスを寄せつけないか否かは問題でなく、インドのお茶文化とその文化様式の特殊性は、たとえどの国の出自だろうとスターバックス式の喫茶店が、広範化することで強化される見込みはない。スターバックスやバリスタがあることで、〔インドの都市〕ムンバイがサン・フランシスコやベルリン（カフェ・アインシュタインという喫茶店チェーンがスターバックスに対抗する地元ライバルである）のようになることはないだろう。

この論理によって説明できるのは、何故に韓国のポップ・スターたる“ピ（RAIN）”がアメリカのポップスをクレオール化できて、それも〔音楽プロデューサー〕パフ・ディディー（ショーン・コムズ）が「ハルリュ（韓流）」をアメリカ化せぬよう構えずに済んだのか

22）これについて、バリスタ社のマーケティング担当の副社長ブロティン・バネルジーによると、その広告には「経済の自由化をもってすれば、多くの若きインド人が、良き仕事や魅力的な収入に恵まれる。その多くは両親たちと生活している。よって、彼らの収入は可処分性が高く、何かにそれを使う必要がある。それなのに何故に高級コーヒーが費消されないのだろうか」とある。Parija Bhatnagar, “Starbucks: A passage to India,” CNN/Money, November 1, available at http://money.cnn.com.

ということである。マクドナルドがフランスの漫画雑誌の図案にあるアステリクスの肖像権を買った事例（第5章で引用）に注視すると、それはビッグマックを本当にフランス風にすることでなく、むしろ土着の漫画雑誌の神話に出てくるフランス産馬の内側にそれを隠すことである。それから、世界最大の寺院でユネスコの世界遺産でもある、ジャワ島中心部のボロブドゥール仏教寺院にある有名な彫石のテラスにくっつくように建てられるショッピング・モールの出店計画が持ち上がっている。それは地元の政治家が「ジャワ・ワールド」と名付けたモールを提案したもので、宗教組織に商業的肌合いを縫い付けた、いわば仏教徒によるディズニーワールドの如きものである。敵方は宗教護持という主義を無視して、それを交雑化の魅力的事例というよりむしろ西洋式商業主義による“トロイの木馬”と考えているのだ[23)]。

このような事例は、クレオール化の議論に欠落したところがあることを最も示しており、それは文化的衝突による相対的「力」をただ無視することである。人類学者並びに、多様性に傾斜して資本主義式マーケティングを擁護する人たちは、昔からの自由放任主義《レッセ・フェール》を完全競争市場という神話的枠組み内での「自由な交換」と仮想するのであり、そこでは二つの等しく自由に、等しく強力に相互作用する代理人たちが居座り、取引するのである。我らはグローバル市場の商品と万国共通のブランドを売りつけ、売りつけられた方はそれを同化させ、変化させ、そして混交化するのであり、それによって土着性を継続的に反映した多様性、もしくはそれと連携したアイデンティティをもった新たな文化を生み出しているのである。より取引せよ。さすれば、相手はより我らのように見え、我らはより相手

23）Jamie James, “Battle of Borobudur,” *Time Asia*, January 27, 2003.

のように見え、そして、我らと相手双方ともに最後には他の誰かのように見えることになる。取引せよ。相手は我らを商業化し、我らは相手を非商業化する。取引せよ。それも交差する文明や、国内のサブカルチャーのもつ相対的経済と文化的権力が内部で一度因数分解されると、文化的な交雑における適切な相互関係は支配的文化のもつ不幸なる優越性によって勝利を収める。メキシコ、インド、香港に土着の映画産業はまだ栄えているのかもしれず、きわめて称賛された「独立系」映画（スタジオ製作の場合でさえ）は注目を集めているが、アメリカ製映画が世界中の映画館等の画面上で提供される割合と、アメリカ国内で優良映画を劣化させる漫画原作の超大作が売られるチケットの割合は上昇し続けていて、ハリウッドによる世界的強制力がアメリカ国内、あるいは海外での文化的多様性に確実に寄与すると信じることが困難になっている。

クレオール化によって、あるいは他の方法によってかどうかにはかかわらず、西洋の消費物質主義が自分たちの価値と文化に深刻な侮蔑を与えていると見てとる人びとでさえも、これまでは抵抗を試みることができなかった。マレーシアの評論家フェリッシュ・ノアは「世界中の青年と同じく、マレーシアのイスラム系青年は、世界的消費主義の魅力にどうしようもないほど惹き付けられていて、加えて、それに対する如何なる抵抗を打ち出すにもまったくその資質を欠いている」と述べている。ノアが注目するのは、「イスラムのエリートや知識人がイスラム式銀行取引やイスラム式教育における重大な問題を考える一方で、彼らは大衆文化に関する論壇を捨て去りつつ、それに代わる他の文化的なパラダイムをまったく提供しなかった」ように映ることであり、青年にとって困難なのは「西洋の消費文化に対する依存症の状態から自分で脱する」ことである。ノアは西洋の侵略に対してマレー文化を維持する地元の挑戦を「化粧品」と表現したが、それはグローバルに広がる摩天楼を伝統的なマレー風外観をもって、「“イスラム風”の緑色のムーア調のドーム屋根やサンシェードを義務付け」てモノを装飾することだ。しかし、ノアの見るところによる現実では、「MTVとマクドナルドのもつ強力な重厚さに対し、イスラム・エリートが西洋式の文化とライフスタイルの地位に代わる何か他のものを提供することなく、ただその害悪について、不断に痛烈な非難を浴びせるぐらいが可能なことだった」[24]。

ノアの洞察により示されるのは、人類学者と優勢文化の擁護者とが市場交雑について語り合い始める場面であり、そこではニシキヘビとウサギとで交渉される、ある種の「等価交換」が考えられるかもしれない。身づくろいするウサギたちが「おお、そうだ」と、「我らの同胞がニシキヘビに食われたとしても、それで膨張したヘビは、ニシキヘビの形よりもまさにウサギの形に見えるのかもしれない。真実はウサギがヘビに変わり、ヘビがウサギに変わったのと同程度のことだ！」と叫ぶ。しかし、1、2週間も経てば、それはニシキヘビたちが自得するところとなり、ウサギはいなくなり、ヘビは這い進むにつれてこの交雑の長所にシューッと音をたてて喜び、新しい餌食を捜して這いずり回ることになるだろう。

文化的交換はシュムペーターのいう「創造的破壊」の形である場合があるが、時間とともに、弁証法は権力により淘汰され、破壊は

24) Farish A. Noor, “Youth culture & Islamic intelligentsia: Ignoring the popular cultural discourse,” *Musilmedia*, April-August 1996. ノアが結論するのは、以下の弁明をもってである。「未来のあるとき、敵方のウラマー（イスラム組織）、イスラム系大学の博士たち、シンクタンクが覚醒し、悟ることは、そのイデオロギーに満ちた壮大な計画がバービー人形と同等に無害でも、何物かによって貶められることだ」。

単に破壊するだけのこととなり、常により均質化された、モノ文化的な市場がその後に残るのだ。混交化《クレオール》は多くを創造することなく、均質化のペースを時折は減速させるのかもしれないものの、その進行を食い止めることはまったくできない。なぜなら、すべてのクリスチャン・ロッカーはポップスを用いて、それを宗旨変えを伴った大衆文化的世俗主義に置き換えようとしたものの、この場合にはクリスチャンの懐疑論者がいて、彼らが（相当の理由をもって）、クールさが常に意味するのが「自身を褒めて、他者を窮地に陥れる痛烈な冗談を含む軽薄さ、不敬さ、素早さ」たることを懸念したからである。それはイカしたクリスチャンたちが企図したこと、つまり宗教上の決心を強化することから乖離していったのであり、「クリスチャン・ロックは、より多くのロック・ミュージックを売る方法を探していた、利益に動機づけされた大手レコード会社による発明であった。クリスチャン的な形態に変えることをもって、両親が反対するモノをその子供たちに売り付けたのだ」[25)]。それは上記で示す如き自由のもつ現実的資質に関する議論に支持を求め、それを引用するための一風変わった源泉なのかもしれず、ウェブサイト『モーリングス』にある洞察には、悪魔と「そのメディアというスポークスマンが人びとに自由を約束するが、実は彼らは人びとを束縛しておきたいのだ」という真実めいた響きがあり、それは「娯楽産業は、人びとを短慮で、何ら他からの手助けもない、その製品に中毒とな

25) “Bible Studies at The Moorings: Three Crises in Growing Up,” from the Christian website http://www.themoorings.org. ファンダメンタリストの誇張とは別に、このサイトは正義をもって以下のように主張する。「若者文化の背後にはその駆動力たる貪欲さがあり、それは娯楽産業があくどく金を欲しがることをもたらすのであり、それは罪には利益があると理解するからである」。

る消費者に仕立てたがっている」と主張しているのである。クリスチャン的抵抗者には消費文化に懐疑的な者もいるが、彼らはクレオール化に含まれるものが、彼らの言葉を借りれば、せいぜいが大安売り《デビル・バーゲン》であることも知っているようだ。これは非宗教的な抵抗者が真剣に為したはずの洞察なのである。

文化の饗宴化《カーニバル》

しかし、もし幼稚化する消費主義の進展が有害であるよりもむしろ利益をもたらすものであって、それによって消費者はヴェーバーの言う檻に監禁されるというよりもむしろその檻から解放されるものだとしたら如何だろうか？　もし消費主義が公共空間を支配しても、モールが幸福に包まれ、市民の居場所でさえあり、さらに市民がそこでゆっくり買い物をすることで、清々しい気晴らしにさえなる場所だとしたら如何だろうか？　もし消費主義の規定する産業、マーケティング、そして広告が、支配層の護持の役に立たずに、むしろ、消費者の反乱の舞台となり変革の進行をもたらすことに効果があるとしたら如何だろうか？　もしこの拙著の如き批評が非難する現代的エートスの元凶たる幼児性というものが、実はその救いとなる美徳であり、資本主義の動脈硬化を抑制し、瑞々しさ溢れる真の美徳を遊び盛りの子供たちに加えるのだとしたら如何だろうか？　おそらく、消費主義はその遊び盛りの生来的資質を呼び込み、また、そのカーニバルに馴染む生来的心情に依拠することをもって、消費主義自体の硬直化に抵抗することができるのである。この場合、肝心なことは消費主義のもつ真の解放的資質を認め、それを賛美することであろう。

幾人かの著名な建築家やデザイナーをはじめ現代の文化批評家たちはこうした見方を共有するが、これらを含む驚くほど広範にわたる反応は、文化の「カーニバル化」という用語に集約され得る。この語句は確立化されたキリスト教的価値のヒエラルキー、および固定化された封建政治的権威から解放され、さらにはそれらを超越する役割を演ずると考えられた村祭りに関連した中世の異教的祝典から借用されたものだ。哲学者ミハイル・バフチンのレトリックによると、カーニバル化とは言説と行動における逆転、抵抗、そして逸脱という最新形態を確認するために借用されたものである[26)]。「既存体制における普遍的真実からの一時的な解放が祝賀されると、それは階層的な地位、特権、基準、そして禁止令の中止を意図するのだ」[27)]。文化史学者のジャクソン・リアーズにとって、市場交換は長い間、「カーニバル風で、空想的かつ感覚的経験と関連していて、さらにおそらくは流動的かつ匿名的な社会状況における異国風の人工物の購入を通した、相当に不可思議な自己変革の可能性さえにもおそらくは関連していた。特定の状況の下では、市場は如何に瞬間的な関与であろうと、超越的展望を約するのだ」[28)]。

カーニバル化の軌跡は、資本主義のもつ進化的エートスが歩んできた進路をそのまま辿っている。プロテスタンティズムは禁欲という類の名目により中世的遊興を抑制し、生産的資本主義による精勤が要請する抑圧的エートスとして稼働した。19世紀の（そして特に

26) ミハイル・バフチンによるカーニバルに対する見方について参照したいならば以下。Lauren Langman and Katie Cangemi, "Transgression as Identity," available on-line at http://www.angelfire.com.

27) M. M. Bakhtin, *Rabelais and His World*, trans. Hélène Iswolsky (Bloomington: Indiana University Press, 1984), p.10.

28) Lears, *Fables of Abundance*, p.9.

リアーズによると19世紀の広告において）消費資本主義がいま一度、新しい大量消費文化の必要条件に合わせて、それによる陽気さとエロチシズムを奨励した[29]。そのより近時の化身たる資本主義が支配や規律にも関心を抱く一方で、カーニバル化がその通奏低音として持続し、再び現れるのは、テーマパークやモールの陽気さをもってであり、また、都市部の建築物が奇観を呈していることにおいてであり（〔建築家〕フランク・ゲーリーの作品を参照）、独創的広告のもつ急進主義においてであり、そして、瑞々しい自発性と反抗に取りついた妄想においてである。これらすべては新たな消費主義を援け、それに根本的転位を与えることだろう。この幼稚エートスは自らの違法性の核心を呑み込み、しかもこの違法性は同化されるのであり、それはまさに特定の心象的解放を成し遂げるかの如き商業的利益を生み出すからである。文化批評家のジョン・フィスクは「反乱」を可能にする「敵対的文化の実践」を大量生産文化のもつ搾取的抑圧の中に読み取ったのであり、彼が容認するのは大衆文化的な消費が「回避」に至る「カーニバル」を成し、そして文化が支配を切望することで実際には自らを解放し「喜び」を作りだすことだった[30]。

道化のロナルド・マクドナルドはマクドナルドの企業イメージの格好の象徴であり、また、その見えざる破壊者でもある。よって最

29）この理由によって、ジョージ・ギルダーは現代資本主義を祝う一方で、彼の称賛するプロテスタント的美徳をその最近の美徳と混同して祝うのであるが、それらはともに相違するのである。George Gilder, *Wealth and Poverty* (New York: Basic Books, 1981).［ジョージ・ギルダー／斎藤精一郎訳『富と貧困——供給重視の経済学』日本放送出版協会、1981年］

30）John Fiske, *Reading the Popular* (Boston: Unwin Hyman, 1989), pp.17-19. See Thomas Frank, *The Conquest of Cool: Business Culture, Counterculture, and the Rise of Hip Consumerism* (Chicago: University of Chicago Press, 1997), pp. 17-18.

近のテレビ・キャンペーンは、ロナルドに少年らしいイメージをもたせるという皮肉に満ちた広告を敢えて打つという意図の道具として彼を用いたのだ。現代消費主義は何よりも、その標的であり、そのエージェントでもある若者にとっては一種のカーニバルである。それは自らを貶めることで自らを売るのであり、自身や自身の嗜好を真剣に扱おうとはしない消費者に対して商品で見せつけ、それで喜ぶように仕向けるのだ。ジョン・K・ガルブレイスはかつて気難し気《げ》に「我らは、未熟、虚言、そして底抜けの人の好さに付け込むことをまさに文字通り広告するのだ」[31]と述べた。しかし、ジェームズ・トゥイッチェルはガルブレイスを引用し、カーニバル的消費主義の精神は無意識的でも強制的でもなかったとして、「我らはより良い判断に対抗する、この物質的な親密世界へと導き通されることはなかったのだ。我らの多くにとっては、特に若いとき、消費主義は我らにとってのより良き判断“そのもの”なのである」[32]と述べている。トゥイッチェルにとっては、我らが「モノをもつのを好む」ことは、「人間性に基づく自明の事実」であって、そのために「獲得し、費消する」ことは、「現代生活で最も熱の込もった、そしてしばしば最も想像にふける努力」[33]となった。おそらく私のような者を含め批評家たちは、消費主義の「陰惨で重苦しい」面を（私がするように）見てとるのだろうが、「それはより多くにとっては解

31）John Kenneth Galbraith, *A Contemporary Guide to Economics, Peace, and Laughter* (1971), cited in Twitchell, James B., *Lead Us into Temptation: The Triumph of American Materialism* (New York: Columbia University Press, 1999), p.58.

32）Twitchell, *Lead Us into Temptation*, p.286.

33）Ibid., p.286.

放的かつデモクラシー的」[34]なのである。トマス・フランクは大衆消費文化にとってはまず親和的でないのだが、『クールの征服』には骨を折ったのであり、そこで示したのは、産業に対しての対抗文化的「ヒッピー」に影響を与えた1960年代のカーニバル的精神と反乱は広告業界を含む実業界の重要な要素に、マーケティング上で極めて、重大な影響を与えたことである。「若き反乱軍のように」として、フランクは以下の如く論じる。

> アメリカの企業世界のより先進的領域にいる人びとは、同調を遺憾とし、ルーチンを疑い、確立した権力に対する抵抗を奨励した。彼らは青春期主導の文化革命を歓迎したのであり、それは後で秘かにその革命を引っくり返せたからではなく、あるいはその革命によって巨大な若者市場が活性化されると彼らが思っていたのでさえもなく、彼らがそれをアメリカの産業を甦らせるのにあたり彼ら自身がかつて苦労したことの同志と認めたからであった。もしもアメリカ資本主義が同調と消費偽造者を仲間に入れることに1950年代を費やしたと言うことができるならば、それに続く10年の間に、公共の確実性、個性、相違、そして反乱が提供されたと言えるのだろう[35]。

ただ解放すること以上に、資本主義のもつカーニバル的精神はデモクラシー化するのと同様に誇示される。よって、欲求そのものが、

34) Ibid., p.58. 個人的な証言として、トゥイッチェルは所有するスポーツカーのロードスター（ミアータ）への愛着を引き合いにしているが、同型車の広告が現代ブランドのアイデンティティを規定することを第6章で引用した。
35) Frank, *The Conquest of Cool*, p.9.

経験主義（すべての我らの知識は感覚的経験にのみ由来する）とその同系の連合心理学（我らの心は経験がその歴史を書く空白のスレートである）の原理を通じ、現代の資本主義社会の創立期にデモクラシー化された。この初期の社会契約論と関連した、哲学と心理学は女も男も欲求と嫌悪、関心と感情に縛られる移ろいやすい生き物であると仮定し、そのすべてを多かれ少なかれ同一とみなす手法であり、よって互いに同一視できるがゆえに同等とする手法でもある。こうして考案され、想像され、創造された尺度によると、人びとは異なったものと考えられるのかもしれない。プラトンやニーチェといった階層は、この不平等に立った前提から出発した。しかし、新しい経験的哲学においては、欲求のすべては同一視された。市場が現代の男女にとっての主要な生活世界そのものとなったとき、ウィリアム・リーチが述べたように、如何にして「欲求のデモクラシー化が、新しく展開された消費パラダイスとともに出現してきた」[36)]のかを見ることはまったく簡単なことだった。

建築と意匠とは、カーニバル化の命題にとって格好の実演場であった。ロバート・ベンチューリやレム・コールハースといった建築家は、消費環境を新鮮な目で眺め、他の人にはテーマパークの品のなさとケバケバしいモールの商業主義のようにしか映らないだろうものに賛辞を贈ることで、デモクラシー的な解放精神を実行に移す。弛緩《リラックス》には幾ばくかの楽しむ要素がある！　ニューヨーク・タイムズ・スクエアやラスベガス、あるいは「かつては買い物に抵抗しよ

36）William Leach, *Land of Desire: Merchants, Power, and the Rise of a New American Culture* (New York: Vintage Books, 1994), p.5. このフレーズは、商売人でデパート開拓者たるジョン・ワナメーカーによって初めて用いられた。

うとした伝統的なヨーロッパの都市へ移住しても、それらの場所は今やアメリカン・スタイルの消費主義の伝導体」[37] なのであり、人は買い物客たちによる享楽の宮殿が中世のカーニバルに実際には如何に酷似しているかを見て取ることができよう。私は買い物が原始的に“私的”な活動であると主張したが、都市に関するハーヴァード・プロジェクトにおいて、レム・コールハースはむしろそれを違うように見る。宣言体裁の散文で彼は、買い物が「おそらく公的活動の最後の残滓」であるとして、たとえば以下のように論じる。

> なぜなら、それは都市生活のあらゆる面に移殖され、都市生活に置き換わることさえも可能だろう。歴史的に存在した町の中心地、郊外、街路、そして今や列車の駅、博物館、病院、学校のすべてにあり得ることだ。インターネットや軍隊でさえ、いよいよ買い物のメカニズムや空間によって形づくられている。教会は支持者を引きつけるため、ショッピング・モールに擬態している。空港は旅行者を消費者に変えて、広範な利益を得るようになった。博物館はその生き残りを掛けて買い物に目を向けている。病んでいる都市は、よりモールのように設計されることで復興されるのだ[38]。

もちろんコールハースは、建築や意匠の計画策定に資する傾向を歓迎する活動家よりは、公平なる観察者とはいえない。彼の見方に

---

37) Rem Koolhaas et al., *Mutations*, Koolhaas, “Project on the City,” Bordeaux, France, ACTAR, arc en reve, centre d'architecture, no date, p.125. Michael Sorkin, *Variations on a Theme Park: The New American City and the End of Public Space* (New York: Hill and Wang, 1992).

38) Koolhaas et al., *Mutations*, pp.125-126.

反映されるのは、消費主義とその嗜好文化に内在する大いなる享楽であり、それが郊外だろうがテーマパークの自然だろうが同じことで、このことはゲイリー・クロスのような批評家からさえ広く認知されてきた。クロスはモールのファンではないが、ミネソタ州にあるモール・オブ・アメリカが、「テーマ性をもった」クラブ的要素と、消費主義に対して「買い物三昧」や「小売り三昧」で近似する要素を付随させてきたことで、如何に効果があったかを理解している。彼は「モール・オブ・アメリカは、買い物、エンターテイメント、そして快楽を、脅威とは無縁の集団的経験に結合させたのであって、それは買い物が、余暇（休暇にさえ）になったためだ」[39]と述べた。

“邪悪な夢見る天使”たる語義をもつ都市、ロサンゼルスでさえ、第二次世界大戦中に『啓蒙の弁証法』を著したアドルノとホルクハイマーによって、落日にある「資本主義の将来たる水晶球」の「反都市」と決めつけられたが、「歓楽と魔法」[40]の都市のままでいる。戦争を経験したドイツの文化批評家の多くが追い出される一方で、政治的転覆と文化的罪悪の温床を南カリフォルニアに見たヘルベルト・マルクーゼのような他者が誘い込まれた（彼はボストンのブランダイス大学の教授から1960年代にやって来た）。マルクーゼが半ば望んだのは、西海岸のソウル音楽とジャズの中に、あるいは共産主義者のアンジェラ・デイヴィスとブラック・パンサーのような危険分子による政治の中に、『一次元的人間』のもつ均質的文化への反

39) Gary S. Cross, *An All-Consuming Century: Why Commercialism Won in Modern America* (New York: Colombia University Press, 2000).

40) この用語は以下より引用。Mike Davis, *City of Quartz: Excavating the Future in Los Angeles* (New York: Verso, 1990), p. 47. ［マイク・デイヴィス／村山敏勝・日比野啓訳『要塞都市LA』青土社、2001年］。

応を見出すことであった。ジャン・ボードリヤールは、資本主義の俗物主義的なところに対する厳しい批判者であるが、それゆえにハリウッドにあるヒエロニムス・ボスの地獄絵図に「ひねくれた興奮」を見つけたとされた[41]。サーカスの如き実生活を模倣した映画《セルロイド》のカーニバルとしてロサンゼルス自身を神話化する方法を確実にロサンゼルスは知っていたのであり、ロサンゼルスが本当に資本主義の未来図であるのならば、その将来には消費の対抗的文化が含まれることをも暗示したのである。その対抗的文化は「支配的な社会的価値を拒絶し」、その代わりに「現代後期の若者のうち最も重要な表明者、つまりさまざまな暴走族、ヘビーメタル、ヒップ・ホップ、グランジ・ロック、パンク・ロック、野蛮人と放蕩児」[42]に自らの姿を重ね合わせるのだろう。バフチン門下の学者、ローラ・ラングマンとケイティ・カンジェミによれば、「これらのグループは互いと異なる一方で、彼らは特定の重要な特徴を共有していて、日常生活のカーニバル化を体現し、それを謳歌している。こうした反体制といえるかどうかの境界は、そのメンバーにとっては意味のある、彼らに満足のいくアイデンティティや相互交流《インタラクション》を提供する、私有化された快楽主義に耽る特権を与えたのである」[43]。

ジェームズ・B・トゥイッチェルは皮肉に満ちた自虐的地位を確立したタイトルの『カーニバル文化――アメリカにおける嗜好のガ

41）Mike Davis, *City of Quartz.* マイク・デイヴィスはマルクーゼを引用し、「1940年代にマルクーゼのように亡命した共産党員の大多数を匿ってきたカリフォルニア固有の過激主義には有機的つながりがある」としている。デイヴィスはジャン・ボードリヤールによる洞察を紹介し、それが述べられた有名なインタビューを引用している。

42）Langman and Cangemi, "Transgression as Identity."

43）Ibid.

ラクタ』(1992年)を著したが、彼以上にそのカーニバル的解釈を歓迎する者は他にいなかった。彼はより近時の著作にて、カーニバル化の局面の核心を突くのであり、軽蔑を込めて以下の通り述べる。「通例のアカデミックな批評家は、消費者を口の利けない雄牛に見立てる。製作者は計画的な農場主で、雄牛をして畝を耕し、その作業に対する相場並の牧草という報酬を費消するよう強いるのである。他方で私は消費者のことを、小太りの地主を先導しながら、小動物の後を雄々しく追い回す狡猾なキツネと見なすのだ」[44]。消費者の権限拡大に関するマーケティングとしての筋立てを受け入れることで、トゥイッチェルは消費主義に対する称賛を、作られたか捏造されたかしたニーズに対する議論を拒むことと結びつけ、もしくは実利主義を強要したのだった。彼は「間違ったニーズなどない」と保証し、「我らがいったん食物を与えられて、美しく装わされて、性的に機能したならば、ニーズは文化的となる。何がしかの気質をもってそうなるのだとすれば、我らはまるで唯物論的ではない」[45]と述べるのだ。

私はすでに「すべてを消費する世紀」の敵対者たるゲイリー・クロスを引用したが、彼は消費主義がデモクラシーを基本的に害したと信じている政治批評家と同様、消費主義を痛烈に非難する。それにもかかわらず、彼が認めるのは「個人が変化や不確実性に直面するのを手助けするのに、消費主義よりも効果的な手法を見つけた者

44) Twitchell, *Lead Us into Temptation*, pp.14-15.

45) Ibid., p.38. オスカー・ワイルドの警句「ある気質を取り除く唯一の道は、むしろそれを養育することだ」に、トゥイッチェルは以下を付け加えた。「前世紀の間、ずっと我らはその気質を多量にもっていたのだ、トホホ」(p.15)。

が他に誰もいなかった」[46]ことである。彼は「消費が社会的緊張を高めるよりはむしろそれをしばしば緩和した」[47]だけでなく、クレジットカードの導入で、それが「消費者信用を円滑にし、それを民主化した」[48]ことをも認める。彼の提起するようにブランド名を付けることさえも「支配的企業をつくる以上のことだった。社会格差が極限に達した場合でも、このブランドがアメリカ生活をデモクラシー化するのに役立った」[49]のである。クロスが注記したのは、1939年にアメリカ広告協会が広告を「自由企業制の代弁者」と呼び、広告の敵を集団主義や専制政治を望むものとして非難したことだ。

しかし、広告はアメリカのための代弁者以上の存在であった。それは、社会転覆のための広告塔《ポスター・ボーイ》でもあった。その自認する役割はアメリカ消費資本主義というカーニバル風の悪童《バッド・ボーイ》であり、まるで消費に対し、資本主義的に支配する欲望を働かせるかのようであり、それが、文化史家のジャクソン・リアーズによって異論の余地無き

46）Cross, *An All-Consuming Century*, p.248.

47）Ibid., p.236.

48）Ibid., p.175. クロスは曖昧なところのある批評家であって、消費主義が何故にそれほど強固に取り込まれたかを理解しようと努めている。「20世紀初頭の多くのアメリカの知識人たちにとって、あらゆる形態の消費主義は欲望の枯渇、刺激の代用、快感、真の喜びの表現、社会的孤立、個人的満足を反映している」。しかし、クロスが述べるには、同書ではカーニバル風に語り始めている。「消費主義もまた欲望に対する応答であり、ジェームズ・トゥイッチェルが注記するに、消費文化は今も昔も『幼稚症、未熟さ、反制御への回帰』であり、それは教会、教室、晩餐の儀礼で課される『市民化の過程』への抵抗であり、またファッション、娯楽、ジャンク・フードに解放されることを意味した」。

49）Ibid., p.31.

ほどに上手く描写された[50)]。リアーズによると「広告は20世紀に至るまでそのカーニバル風である見通しをずっと維持した」。というのも「広告自体が、異国風イメージのカーニバルになった」ために、快楽さえもがまた「個人の効率という、より大きな課題の下に置かれた」[51)]のであった。リアーズによる見事な描写によると、「魔法とカーニバルのような語は、不思議な力をもつ重要性を得たが、それは経営的価値に対する不断の対抗的要素としてのものであった」。「ファンタジー性のある刺激は、消費市場の拡大にとっての核心部であった」ために、広告がある種のセンセーショナリズムに耽溺したが、それは「感受性というカルトをデモクラシー化して、再組織化した消費パターンを助けるものであり、実際に所有することの満足感も、あるいはこれから購入しようとする興奮に至るまでにも注意を払ったのだ」。遠回しに「成果品に対する称賛」[52)]を与えることでもって、広告が耽っているのは「自己が不可思議に変形することに対する欲求であり、それがカーニバル風の広告を伝統として継続していく活力の主要素」[53)]である。この有力な伝統は百貨店オーナーを主導し、「その商品を東洋風の異国情緒で取り包むのである。商品のいくつかは初期の現代市場フェアで不思議なる対価性を保持した。P・T・バーナムはこの世界の興業主であり、その共通語《リンガ・フランカ》を広告し事業の糸口にしようとした。さまざまな点で、こ

50）リアーズは「信用詐欺師によるペテン」（私が第２章で描写したビル・ロックフェラーのようだ）と「自力での叩き上げの人物によるわかりやすい言い方」を対比させるが、それは「消費的欲望に対する一時的力、そして予期と支配に対する駆動装置」（ビルの息子、ジョン・ロックフェラーのようだ）の間にある。Lears, *Fables of Abundance*, p.9.

51）Lears, *Fables of Abundance*, p.10.

52）Ibid., p.51.

53）Ibid., p.43. これは「多量という叙情詩」と呼ぶに相応しい章である。

の世界は〔思想家〕ミハイル・バフチンによって記述、想像されたカーニバルという、〔作家〕フランソワ・ラブレー的な領域に似ていた」のであって、そこは我らがそれを幼い頃の健全な側面、つまり、その陽気さ、自発性、そして無邪気さが保たれると想像できる所である[54]。

そこでは消費主義のもつ弁証法的能力によって、快楽、エロチシズム、そしてまさに明白な楽しみから構成され、超越的文化を生むとされる多量のモノがあり、それが解放の精神において用いられるならば、幼年期を多様性と解放の道具に変えるのかもしれない。遊興一色の社会は、本当の遊び心を育てるのかもしれない。このことを事実として認めることはあまり望まれないはずだが、スティーブン・ジョンソンの非常に楽観的著作『ダメなものは、タメになる《エブリシング・バッド・イズ・グッド・フォー・ユー》』という自己パロディに対しては、我らは消費主義を現代的な良きこととして称賛するレベルにまで堕してしまっているのだ。打ち上げ花火の如き情熱をもって幼稚化に迎合してジョンソンが主張するのは、大衆文化が「一種の明確な洗脳」であり、ウディ・アレンによる初期のＳＦ風刺作品『スリーパー』での冗談を我らが真剣に取り上げるべきであり、「その舞台では、2173年からやって来た科学者チームが、20世紀の社会がクリーム・パイや〔甘菓子の〕ホット・ファッジの栄養上の長所を捉えることができないことに驚いた」のである。ジョンソンがクリーム・パイの栄養上の長所をまったく支持しない一方で、彼はチョコレートが我らにとって（結局のところ）

54) Ibid., p.39. リアーズの歴史的「カーニバルの封じ込め」に狙いを定めた「マジックの現代化」や「魔術の安定性」を描いている。よって、彼の見方では「1900年以後、圧倒的量の果肉、減少の提示、グロテスクなカーニバルの肉体は実際には消滅する」。

よきことを示唆する近時の研究に喜んで没頭しなければならないし、ハワード・スターンが非常に上手に示すもの、たとえば破滅的であり、それゆえに進歩的な感じを与える場合にのみ売れるＧ－ショックを、ジョンソンは明らかに捉えている。ジョンソンは熱を込めて以下のように述べる。「多くの批評家は、ジョージ・ウィルの言葉にある『ますます幼稚化された社会』という、ドン底に向かう競争や、単純化したモノの見方をどの場所で仮想するのか。私は進歩的な筋立てを想定する。それは大衆文化がより洗練されて成長し、年を追うごとにより知見を吸収するよう求めていることだ」[55)]。ジョンソンは、多分に微妙な違いや複雑性を解さない「幼稚」エートスという概念に含意された、ある種の文化的な批判に対して堂々と対峙したのである。消費主義による「ドン底に向かう文化的競争は神話であって、我らは昨日までの知的な富者を関係なしに陥れる安易な享楽に堕落していく状況に居るわけではない。そして、我らは生来の怠け者として、最も攻撃性や複雑性に欠けた、利用可能な娯楽に容赦なく引き寄せられるわけではない。我らのあらゆる周囲で、大衆娯楽の世界はより多くを要求し、洗練されたようになり、そして、我らの頭脳はその新たに発見された複雑性に手際よく引きつけ

---

55) Steven Johnson, *Everything Bad Is Good for You: How Today's Popular Culture Is Actually Making Us Smarter* (New York: Riverhead Books, 2005).［スティーブン・ジョンソン／乙部一郎・山形浩生・守岡桜訳『ダメなものは、タメになる――テレビやゲームは頭を良くしている』翔泳社、2006年］。ジョンソンが着目するのは、ビデオゲーム等であり、その知性に与える影響であるが、彼の主張は貴重であるとは言い難い。タイラー・コーエンは、同様に一途に消費主義を祝賀しており、以下の著作では特に重要な文化を維持するための推定上の能力について触れている。Cowen, *Creative* 。また同書で論じられる以前に以下の著作で論じられている。Tyler Cowen, *In Praise of Commercial Culture* (Cambridge, Mass.: W. W. Norton, 1996).

られるのであり、単純化した説明とは、大衆文化が自然状態になるということではなく、その正反対なのである」[56)]。

消費資本主義によってもはや不要とされ、あるいは求められることもないプロテスタントの美徳に対しての、ジョージ・ギルダーにより誤って与えられた熱狂主義のような回路があるが、カーニバル化の命題のより賢明で面白い支持者と向き合う主要な危険をこれらの回路は示すのであり、それをスラム化と呼んでいる。消費文化のロマン化と魅力化は、文化批評家にとって楽しい選択である場合があり、それは現代の資本主義の文化的な陽気さの面を捕らえている。しかし、多くの人びとにとっては、消費主義は永久的で、不可避的であり、そしてほぼ選択する余地のない"ライフスタイル"である。村祭りは封建的権力によって檻に入れられていた封建的な農民に脱出する機会を与えたのかもしれないが、彼らがカーニバルに参加していたときでも、中世的生活を規定する階層という網の中に捕らえられていた者にとってはその生活はまるでカーニバル的ではなかった。ニューヨークの教養人たちはチェルシーの高級食堂で食事し、そこではタキシードを着込んだウェイターが居て、小エビの前菜を出す古風なメニューが供され、そのはるか後方では古風なカクテル・ピアノが鳴っているが、それは親切ごかしの批評家たちが保護するところの、カップ１杯の苦いコーヒーを飲むために州間連絡道路の脇で停車する長距離トラックの運転手や、自宅にキッチンがなく、本格的レストランに通う余裕などなく、簡易食堂《ダイナー》で夕食を済ま

56) Johnson, *Everything Bad Is Good for You*, pp.198-199. 誰にも分かり易い論争は以下を参照。Katharine Washburn and John F. Thornton, eds., *Dumbing Down: Essays on the Strip Mining of American Culture* (New York: W. W. Norton, 1996)

せる不法就労者にとってはまず無縁の場所である。教養あるジャーナリストは深夜食堂《ダイナー》のカーニバル的雰囲気とモールにある遊び心をもった空間を評価し、『建築ダイジェスト』にその一端を記しているが、より選択の余地がないその空間には、肥満と糖尿病とクレジットカード負債、それに商品やガジェットで溢れた家庭に付随する買い物中毒のさまざまな形態だけがあてはまり得るのであって、なぜならその商品等は不要物で、その価格ほどの価値がほとんどないからである。そのモールは批評家にとっては解放的空間であり得るが、それは10代にとっての土曜日夜の監獄であり（大通りの徘徊がなくなる）、公共広場が消失した地域において歩道もない郊外での年老いたカップルがぶらつく刑務所構内の如き場所でもあり得る[57]。

カーニバルの如きモールは、制御された解放の形式とみなされ得る。それには、テーマパークやディズニーランドと同種の目的がある。建築家マイケル・ソーキンにとって、ディズニーランドはサーカスの亜流の如きものであって、「ディズニーはいわばクールな〔興行師〕P・T・バーナムとして、ディズニーランドという（サーカスの）大テント《ビッグ・トップ》」を作り上げたのだ。それが実際にはカーニバル風でないというのならば、「サーカスやディズニーのエンターテイメントはともに反カーニバル風」だからであって、より「核爆発したようなお祭り騒ぎ、諸事における既成秩序からの見掛け上の脱出による祝賀、多量消費主義者《フォーディスト》の楽しみ」[58]のようなカーニバルでは

57）私はモールについて、郊外における公共空間の喪失と論じた。Benjamin R. Barber, "Malled, Mauled, and Overhauled: Arresting Suburban Sprawl by Transforming Suburban Malls into Usable Civic Space," in Marcel Hénaff and Tracy B. Strong, eds., *Public Space and Democracy* (Minneapolis: University of Minnesota Press, 2001).

58）Sorkin, "See You in Disneyland," p.208.

ない。しかし、ソーキンなどが問う問題とは、カーニバルが誰のために、そして誰によって興行されるのかということだ。テーマパークやディズニーランドのように、モールは支払いをする消費者のために、そしてその利益を享受する製作者とマーケターによって興行されるのである。建築家と文化批評家は別々に独立しているが、彼らは常に知的荒廃化《スラミング》の危険に晒されている。荒廃化《スラミング》は彼らの権力の系譜上の環境を赤裸々にすると、他者に対してボランティア的（トゥイッチェルの立場）かつ強制的と感じられるものと解釈されるが、それは任意のユーザーたる知的荒廃者《スラマー》が実際に強力とはいわないまでも自立的で、それゆえ自由と感じるからである。文化をクレオール化することと同様に、文化をカーニバル化することはまるで権力が何をも意味しないように読み取れる。権力に対する視点でもう一度コールハースの宣言を読んでみればよい、さすれば彼が述べたことは、第6章で描写し、批判を加えた市場全体主義化のまさにプロセスであることは明白である。

ジャクソン・リアーズは、カーニバルのイメージを消費主義に近づけて用いる数少ない論者の一人であり、この消費主義者たちはそのための課題が最終的には支配と、その源泉となる権力にあることを明瞭に見て取ったのである。社会学者のジェームス・C・スコットが完全に権力を理解したうえで明らかにするのは、カーニバルを祝福するバフチンのような人びとの困った点として挙げるのは、彼らが以下を見逃していることである。「権力の一つの領域で特有の話法《スピーチ》が占める程度によっては、権力の別の領域で妨害、もしくは抑制される話法《スピーチ》の成果でもある。そして、カーニバルのもつグロテスク性、冒瀆性、嘲笑性、攻撃性、そして人身攻撃性は、権力という効果の及ぼす範囲内でしか、この一年であとに何が残るか理解できないのである」[59]。スコットが我らに思い起こさせるのは、収穫祭《マーディ・グラス》の後に聖灰水曜日（四旬節の初日）がやってくることだ。それから、幼稚エートスは抑制された子供を解放して、遊びに出ていくようカーニバル性を訴え掛けることで、いささかの破壊性を呼び起こすものの、最後には支配の道具として、買い物の誘引として、そして、中毒の誘因として、生じたその権力を破壊し得ないのである。

さらに、カーニバルの原始的考えと、現代消費主義により呼び起こされるカーニバルとの間には相違がある。古代のカーニバルは、生涯にわたる規律的な単純労働に囚われた人びとに束の間の解放を提供した。それは、中世の王が道化師に与えた、永遠の忠誠との引き換えたる、牙を欠いた反抗であった。しかし現代のモールは、リクリエーションを仕事に、またレジャーを目的や実際の約束、おそらく競争にさえ変えることによって快楽を鍛練してでも、終わりなき享楽と永久の解放を与えるのだろう。そのデザイナーは、カーニバルの名に絡められた、まるで“クルーズ・ライン〔春秋ファッションの前の端境期のコレクション〕”のように、長き一年を通じてカーニバルの雰囲気を継続する顧客たちを必要とする。それをもって、中毒から逃れられないよう促すのである。休息と厳粛は決してディズニーランドに訪れないし、それは容赦なしに、そして四旬節など関係なしに、遊び楽しむ分の対価を永久に追い求めるのである。規律からの瞬間的休息よりもむしろ、解放こそが規律なのである。

---

59) James C. Scott, *Domination and the Arts of Resistance: Hidden Transcripts* (New Haven, Conn.: Yale University Press, 1990), p.176. 多くのカーニバル儀式では本当に、「カーニバルの精神を代表する姿は、四旬節を表す姿に儀式的に殺される。いわば『我らが戻るべき飲酒しない敬虔深い生活に、いまや楽しみをもっている』」。(p.177.)

ハワード・スターンのもつ排出物的《スカトロジー》思春期と退廃的な性的関心は、四六時中放送されている衛星ラジオの二つのチャンネルで流れている。それは責任をもった大人への移行期に突き当たる壁というよりむしろピーター・パンという脱落行為なのであり、それは今後もずっと続く幸福なのである。

同様にトマス・フランクのいう 1960 年代の若者向き広告の専門家は反抗者であったが、彼らは根拠をもつ反抗者であって、その根拠とは彼らが慣例化された広告機関を倒すことを主張した根拠とまったく同じであり、資本主義が生き残る基盤として消費主義を確保することにあったのだ。消費主義はその構成員がもはや必要としなかったものを相当多く生み出していたので、たとえ内部で共同する穏健な反乱を意味したとしても、それは新しいマーケティング技術のニーズの上では苦境に立たされていた。限界に挑み、反抗性を取り入れることで文化は引き起こされたが、そこでは狂暴性、汚辱性、そしてポルノ性がメディア支配へと組み入れられ得るのである。数度か革命があり、それで今日では、仮想暴力とデジタル・ポルノを取り込んだ双方向テレビゲームが、『ニューヨーク・タイムズ』紙のスポーツ欄で評価され、称賛されている[60)]。

60）『ニューヨーク・タイムズ』紙のスポーツ面でのビデオゲームの連載コラムでは、〔オンラインゲーム〕『ワールド・オブ・ウォークラフト』について記述しており、このゲームは 550 万人以上の参加者がいる、世界規模の双方向ビデオゲームである。シュゼールが述べるには、熱狂するゲームに含まれるのは、「叙情詩に求められるのが、ブラックウィング・レアとその主人、黒翼竜ニファリアンを征服すること」である。Seth Schiesel, "Kill the Big, Bad Dragon [Teamwork Required]," *New York Times,* January 28, 2006. チャールズ・エロルドは子供の視点をもって、ゲームを見直した。「猿は四散するが、それはまるで休息する低い屋根から敵対者を追い落とすようなものだ。祝祭日のラスベガスのネオン輝く街路で、歩行者たちが困乱気味にそして、明らかなことは、放縦さと幼稚さとがそのエートスから許された休息であるよりむしろ、そのエートスが狙いとし、意図したものであることだ。番人にとっては、その彼の仕事がピーター・パンを自由に飛び回らせ、ウェンディをその注意力散漫な視線の下で動き回らせることの方が、ナルシシズムを抑え、子供たちの成長を手助けすることよりも如何に安易であることか。よって、番人は子供たちの成長を助けることに伴い迫り来る危険、つまり、彼らが必ずしも消費者になるわけではないことを知っているのだ。彼らは時として市民になるのだ。

文化の妨害化《ジャミング》

文化の交雑化と文化のカーニバル化は、その弁証法的抵抗によっていささかの希望を与えてくれるものの、これらは、消費文化やそれを支えるエートスにある権力化やその目的に対して無頓着である場合に限定されてしまっている。これに対し「文化の妨害者《カルチャー・ジャマー》」は、意識的にそれに抵抗するのであり、それは自分たちの敵の力を知り、それを破壊する名分をもった権力を活性化させ寝技を仕掛けようと試みるのだ。その弁証法的な逆転と破壊的な転換のためだけだが、この妨害者たちもまた快楽は好む。証券取引所の床に金を投げ散ら

見るのは、路上のケンカ騒ぎにスピードを出している車が衝突して地上に放り上げられるのを常に遮ることである。よって人びとは大恐竜の聖域でさえ戦い、敵対者を怒れる小恐竜の只中に放り込むことができる」。Charles Herold, "Mayhem With a Beautiful View," *New York Times*, January 21, 2006. Jonathan Dee, "Joystick Nation: How and why video game conquered music, TV and the movies to become America's popular pop culture," *New York Time Magazine*, December 21, 2003.

かし、『この本を盗め』[61]のようなタイトルで著作を書いた反体制文化のイッピー〔反体制派青年集団〕のように、彼らが把握したのは、頑強な世界的権力をもたない因習打破主義者がその想像力に防塞を構築するに違いないことであり、その構図を弄り、その合図や信号を出す人びとととともに意味を巡る闘争を遂行することである。彼らは、初期資本主義のもつ無法性を僅かながら共有している。彼らは野心旺盛なビル・ロックフェラーのような詐欺師であるが、詐欺師たちは資本主義自体の最新のマーケティング手法を用いて資本主義を元に戻す狙いをもっている。妨害者たちは〔五月革命の〕1968年を思い起こすが、それは彼らの好むギー・ドゥボールによって解釈される、パリっ子の想像力の所産たる『68年』である。不可解であるが明らかなのは、反抗的なドゥボールが1957年にパリでいわゆる〔前衛集団〕「アンテルナシオナル・シチュアシオニスト」を創設し、そして、その影響はナンテール大学とソルボンヌ大学では1968年の学生による革命騒ぎにまで発展したことだが、その彼は以下のように述べた。「文化の真の否定だけが、文化の意味を受け継ぐことができるのであり、もはや文化的でないものとして残るのであって、それはまったく異なる意味ということでなく、ある意味での文化なのである」[62]。

記号論的抵抗において、この訴え掛け行為のバイブルたる『カルチャー・ジャム』を著したカレ・ラースンは、いくらか平易な言語で、文化の妨害化の定義を「既存の権力側を倒し、我らが21世紀

61）この洒落にもかかわらず、アビー・ホフマンはイッピーを主題とした著作で数ドル以上を稼いだが、それはペーパーバックの増刷でも可能である。

62）Guy Debord, *The Society of the Spectacle* (1967; New York: Zone Books, 1995), p.146.［ギー・ドゥボール／木下誠訳『スペクタクルの社会』ちくま学芸文庫、2003年］

に生きる手法を大きく調整するよう操作する」ことを目標に据えることとし、それも力づくや暴動によってでなく、「我らがマスメディアと相互作用する手法、また、意味が我らの社会に生み出される手法」[63] を変えることによって為されるものとした。「〔文化遺伝子〕ミーム論争」（記号的意味の闘争）により、ラースンは『想像力が権力を奪う！』を歴然と示す忘れがたき 1968 年のスローガンに現実的重要性を与えることを欲している。ラースンが「存在するすべてについての冷酷な批判」を訴え掛けるが、彼が述べることは「禁ずるよう禁止させる」、「退屈は、敵対的革命である」、そして、「私はグルーチョ（諧謔）傾向のあるマルクス主義者である」というような柔軟で自虐的な 1968 年のスローガンの線に沿い、皮相的な卑下を加えている。〔喜劇俳優〕グルーチョ・マルクスはラースンの延長線上にいるが、その種族は以下のように定義される。

> アーティスト、活動家、環境保護主義者、緑化推進《グリーン》企業家、メディアリテラシー教師、ダウンシフター、左翼の生まれ変わり、暴力高校生、煽動家的大学生、落伍者、更正不能者、詩人、哲学者、エコ・フェミニスト、等による弛み切った世界的ネットワーク。我らはクールで知的な主流派から狂暴で過激な少数派に至るまでを、また、抗議のために単調にスローガンを繰り返す活動家たちから道端で集会を開く都市ゲリラに至るまでをその範疇とするのだ[64]。

63）Kalle Lasn, *Culture Jam: The Uncooling of America* (New York: Harper Collins [Quill], 1999), p.xi.［カレ・ラースン／加藤あきら訳『さよなら、消費社会——カルチャー・ジャマーの挑戦』大月書店、2006 年］

64）Ibid., p. 111.

ラースンの報告によれば妨害者たちが為すことは、「街路の返還を要求し、その自分たちの自転車通路に“ドクロ柄”のカルヴァン・クラインの広告を吹き付けて、マクドナルドのレストランにあるテーブルとトレイに、グリースの塗料を塗りたくることである。我らは不用品交換会《スワップミート》を組織し、スーパーマーケットの棚の品目を再編成し、我らのソフトウェアをネットワーク上で無料で利用できるようにする」。一般的に、彼らは消費文化について「その消費文化自体の尾を踏む」ことで得ようとする。彼らは「理想主義者、無政府主義者、ゲリラ戦術家、悪ふざけの過ぎる者、悪戯者、ネオ・ラッダイト、不平家、そしてパンク・ロッカー」のように自分を誇示し、「対抗的文化の寄せ集めの残滓」として振る舞うのである[65]。

文化を妨害する活動家たちは、「非マーケティング・キャンペーン」を代表しており、それは日常生活での「状況構築主義者《シチュアシオニスト》のいう『転換』(ギー・ドゥボールの模倣)、つまり展望できる耳障りな転換」を目指す。ラースンのいう妨害者たちはキリスト教的懐疑論者に賛意を示すものの、その彼らはクールの征服が消費に対する反乱の勝利となり得ることを否定する。それはクールが単に「我らの時間の鎮痛剤」でしかないためである。また、そこでは文化妨害化が「企業によるクール計画に対抗する動きを要求し、スウッシュによらないアメリカを打ち砕く」であろう[66]。

カレ・ラースンは抵抗の実践方法について最初の頃に述べた時は、ある純真さを滲ませて、「銀行で長蛇の列に並ぶ羽目に陥ったなら、次回からは『別の出納窓口はどうしたら開くんだ、オイ！』と狂お

65) Ibid., pp. 111, 113.
66) Ibid., pp. 113, xvi.

しく叫ぶことだろう」と類似した、ハリウッド様式の「私はもはやそれを用いる気はない」との戦術を提示した。あるいは「少し罪のある、少し病気掛かった、少し馬鹿げた」と感じさせるマクドナルドの戦術を応援する人びとの力を得て「広告破壊」的企業の戦術を用いた[67]。他に好ましい戦略としては、可愛いらしく大人しいものならば、相手のプリンターのインクを使い果たすまで迷惑メールのブラックリストをファックスで送り続けることや、また電話市場調査者《テレマーケター》に今晩以後に相手の家庭の電話に電話し直すよう頼むこと、などがある。

そして、机上ではラースンの提案は抵抗の域にほとんど達しておらず、その存在する冷徹な批評精神を孤立させてしまっている。しかし、妨害者たちはギー・ドゥボールや彼の使嗾《しそう》する状況構築主義者《シチュアシオニスト》が居座れなかった立場に確実に居座るようになる。形而上学的なドゥボールの場合、理論はよくできているものの不明瞭であって、実践に移すには甚だ不十分だった。それどころか、文化の妨害化は飼い馴らされたもののようにも映るが、それがつくり出したのは、興味を引き、知識に溢れ、少なくとも微々たるものながら有効である実践であり、それはラースンの著作にある如き気儘《まま》な提案などではなく、マーケティング自体、つまり心に響くレトリック、強く訴え掛ける映像、そして従来型の想像力溢れる「映像転用」による最大級の実践に付き従うのを止めることであり、それが広告主、マーケター、それに彼らを雇用する企業を破壊することになるのである。

バンクーバー（カナダ）を拠点として、ラースンとニコラス・クラッセンといった仲間たちは活気があり人目を惹く月刊誌『精神的環境ジャーナル』、通称『広告撲滅《アドバスターズ》』を開始するなど一連の雑誌を

67） Ibid., pp. 135, 113.

創刊し、そしてウェブ上のキャンペーンでは消費主義のもつ最も誘惑的特徴を破壊することを目指した。それらのヒステリックに売買される買物休日の後を狙って、妨害者たちは「無購買日」を毎年の感謝祭後の月曜日に開始した（「参加しないことによって参加する」）。また、マーケティングが抵抗できないテレビという巨大怪物《キング・コング》に立ち向かい、毎年４月に「テレビ消灯」週間を開始した。そして商業メディア（アドバスターズという反商業主義を放映することを時々は拒否する）に乗っかり、メディアにアクセスする権利を含む消費者権利の「メディア憲章」の宣言を広めた。さらに彼らは潜在的知己とも接触したのであり、毎年１月の「スローダウン週間」とともに、また著作『スロー・フードとスローの勝利』[68] の類本の市場化とともに、ファスト・フードに対抗する「スロー・フード」として数年前にイタリアで開始された「スロー」運動を受け入れたのだ。彼らが流通させたのは、企業ロゴとアメリカ国旗を含む、反消費のロゴのデザインだが、それは星があって（アンブランド・アメリカ・ドットコムを参照）、灰色のスモッグのシミ（剝がしてから貼り付ける）がある企業ロゴのあるアメリカ国旗を含む、反消費の意匠であり、それを特定の広告の上に貼り付け、企業ロゴを消滅させる街路ゲリラに用いることのできる自社発明のいわば「黒い点《ブラック・スポット》」である。

拡大したこの運動は、ラースンが自慢するように無政府主義者《アナーキスト》、民衆煽動家、左翼、そしてさまざまな政治的過激派に及び、妨害者

68) Carlo Petrini, *Slow Food: Collected Thoughts on Taste, Tradition, and the Honest Pleasures of Food* (White river). Carl Honoré, *In Praise of Slow: How a Worldwide Movement Is Challenging the Cult of Speed* (Toronto: A. A. Knopf Canada, 2004). アドバスターズのウェブサイト http://www.adbusters.org. また市場については以下を参照。Peter C. Whybrow, *American Mania: When More Is Not Enough* (New York: W.W.Norton, 2005).

たちは不可避的に幅広い分野で政治に関与していった。しかし、これは時として消費主義的観点からの転換を導くこととなったのであり、それはイラクとパレスチナの如き地点でのアメリカの外交政策に対する過激な非難であり、それはたとえばブランドUSAが完全に悪者を挫く善人だとする薄っぺらな理論に対抗したものであった。しかし、おそらくブッシュ前大統領やイスラエルのシャロン元首相をテロリスト呼ばわりすることは、妨害者にとっての焦眉の主要問題たる反消費主義を助けはしないのだ[69]。

それでも、ラースンはおそらく妨害者たちにとっての最も大胆で論争の的となる計画、その反マーケティングの直接的に関連がある中心的テーマに最近になって乗り出してきたが、それは、世界中のアイデンティティの象徴となった〔ロゴマーク〕スウッシュを擁する巨象たる大企業ナイキを標的とした、新しいスニーカー会社を興すことである。ラースンが「反起業」の創設者かつCEOとして君臨する、反トレードマークたるブラック・スポット（ロゴを消すシミの戯画化）をもつこの新たな「反企業」会社は、ブラック・スポットを付して、スウッシュを取り除いたハイトップシューズと、「古典」となったブラック・スポットを付したスニーカーを製造し、販売している。妨害者たちは、反商品的な商品をマーケティングに拠らない方法で市場化する独自の計画を進めている。このシューズは12カ国で販売され、2005年の『倫理的ファッション・サロン』

69）最近の『アドバスターズ』誌は、現代世界における「テロリスト」のランク付けしたリストを第1位から3位まで掲載した。ロシアのプーチン大統領は第1位を得て、それに続きアリエル・シャロンが第2位、ブッシュ前大統領が第3位になっている。一面では、このような下らなさは戦う消費主義には助けにならないように見える。でも、それはあらゆる意味において、左派が夢中になっているだけではない。

（ファッション・ショーから飛び出したパリの反消費運動）に登場し、消費者を基盤とする反消費主義をとった別の事例である。予期されていたことかもしれないが、世界消費のメッカたるカリフォルニア、そしてアメリカ全土でいうと、ブラック・スポットを提供する店が最多で30店舗となった[70]。

ラースンと彼のシンパたる妨害者たちは、製造物に対するある視点をもって他にも反商品的な商品を開発しており、それにはエコで安全な自転車、バイオディーゼル、地元物産店、食料協同組合《コープ》、そして環境保護や幼児労働に資する一連の法令の基準に製品が適合しているか消費者が確認できるようにする携帯用バーコード読取機がある。そうなのだ、そこにはスターバックスに反対する喫茶店に関する議論があり、重々しいロゴの付いたあらゆる商業ブランドと争う妨害者を酔わせるウォッカがあるのだ。この構想は、「起業家精神を利用した」活動家のためのものである。一方では、「巨大企業は我らの生活を踏み荒らし、それに対して我らは愚痴や不平を言い、抗議やボイコットをする。しかし、その我らがこれまで決して踏み込まなかったことは、その企業に真っ向から戦いを挑むことである」ことが、アドバスターズのウェブサイトから読み取れる。「あまりにも長き間、我らは市場を無視し、それが敵地のものとして自らには不適とみなしてきた。だが、ウォルマートやコークといった

70）破壊者による皮肉に満ちた典型的アプローチは、アドバスターズによるポストカードが広範に送られたことである。それは伝統たる「クールの再考」として灰色のシミを前面に打ち出している。そして黒色のメッセージは「親愛なるナイキCEOのフィルへ。私は反ブランドのブラック・スポットを反ブランドとして構築し、我らはスウッシュでなく非スウッシュに進むことに手を貸している」と読める。そして、そのポストカードには人びとが署名できる余白を設け、それをオレゴン州ビーバートンにあるナイキの世界本部にすぐに送れるようにしているのだ！

メガ企業は、何を最も恐れるというのだろうか？　それは競争である。我らは、物事を間違って為す新興企業について語っているのであって、そうした企業は利益上の倫理、イメージ上の価値、宣伝上の理想主義を推し進めているのだ。ある草の根資本主義は我らが実際に必要とし、また、必要だと信じている製品を扱う。搾取的な商店などはない。心に食い込む広告などもない。まさに持続可能で、説明可能な企業のみが存在するのであり、それらは我らによって経営されるべきなのだ」。

文化破壊活動を意義ある抵抗として評価することには慎重を要する。その活動は想像力溢れる反マーケティングの手法による市場化について、外交政策に対する反米姿勢と単純な左翼的批判とを混ぜ合わせたものである。それは集団活動に資する個々の創造力を引き出すものの、それを変革する現実を伴うことなく、広告化する風景を転覆するように見え得るのみなのだ。誰もが破壊者になり得るのであり、それは美徳である。実例を問うならば、インターネット検索エンジンはポップアップを許可するようプログラムされ、クリックして選んだキーワードが入力された場合、「検索連動広告《サーチ・アド》」が現れることを挙げておこう。「マイアミ旅行」を検索すると、フロリダへの飛行便を手配する航空会社の広告が飛び出すことだろう。ここに破壊者の着眼点があって、ヤフーやグーグルといった検索エンジン会社は、誰かが広告をクリックするたびに、その広告主からその一押打につき10ドルを課金して儲ける。今やインターネット・サイトにあるあらゆるポップアップ広告に対して破壊者的ネット・ユーザーのクリックがいくつもあれば、広告主たちは自社商品に関心がない人びとのための経費を際限なく押しつけられていることに気づくだろう。彼らは商品が意図した顧客を捕捉することもできないのにその手間賃を支払う羽目に陥るのであり、すべてのポップアップ広告という詐欺行為が、おそらく検索エンジン自体もだが、貶められることにもなるのだろうが、それは『ワイアード』誌の記事によると（望ましい結果ではないのかもしれないが）、検索エンジン社が生き残るための広告収益に依存することにもなる[71]。彼らの活動を妨害せよ。何千もの破壊者たちが、このゲームに参加するのを煩わしいと思うのでない限りは。

しかし、まだ心底に残る疑念は、反消費の活動家がその転覆を目指す規則的ゲームを為さなくとも、実際に起業家的精神を動員できるか否かということである（その運動はその反抗的な変容的ミームたる「反起業的」なところを用いるためにまったく目立たなくなる！）。「良き商品」で資本主義を買収することは商品化を転覆することと同じではないし、本当にそれが以下に描く「企業的責任」モデルの形式以上のものにはまず見えないのである。結局のところ、ブラック・スポットのシューズは非商品であるように装うものの、ある非商品はまさに別の意味での商品なのであり、少なくともシューズの場合はそうだ。ブラック・スポットは、安全、環境保護、そして労働基準に合わせた競技用衣類製品であることを保証し、一定の価値ある物を追い求めるのだ。しかし、このシューズに関する利潤その他のデータを開示することは拒んだ[72]。さらに申せば、批評家のロ

71）Charles C. Mann, "How Click Fraud Could Swallow the Internet," *Wired*, January 2006. マンがより懸念するのは、競争者のサイト（1クリックで10ドル）で、クリックを繰り返し、そのサイトから弾き飛ばす類の、ライヴァルによる悪質な虚偽の行為であるが、数十万の妨害者たちは、「インターネットを鵜呑みにする」ことができるのだ。

72）このシューズの商業的成功に関する情報を求めると、ブラック・スポットのマーケティング・マネージャーは、財務状況を開示するのを拒み、コメントを打ち切った。相対的にみれば、このような企業をガラス張りで経営することは難しい。

ブ・ウォーカーの見立てによれば（アドバスターズ自身が、自らのサイトで立派過ぎるぐらいだとコメントを付していたが）、「黒い点《ブラック・スポット》は、ロゴの消去自体を象徴化するのかもしれず、そのことは不可避的にロゴ自体でもある」。アドバスターズ（広告撲滅団）は実際に「この印が靴に貼り付けられることで生じる反ロゴを売ろうとしており、その点《スポット》とその想定された意味はキャンペーンの副産物ではなく、それがすべてなのである。しかし、隠されたロゴ支持に対する最も合理的批判の一つは、それが我らが売っているものについては心配するな、ただ我らがそれに烙印したシンボルを買うように、というロゴのアイテム自体を矮小化していることである」[73]と言っているのだ。ナオミ・クラインは批評家でもあり、反マーケティングの名目において市場化のゲームをすることが、市場化が引き起こす猥雑で均質化した空間を拡大すると主張した。クラインが言うには「我らの生活の商業化を分析する出版物には、我らが絶えず放り出されることのない空間を保護するよう機能する義務がある。これらが異なる『反企業』ブランドを売る小銭《シリング》に過ぎぬとみなされるのならば、このことは徐々に蝕まれ得る」[74]のだ。

ラースンは、偽りの抵抗の危険性に間違いなく気づいている。彼が『文化妨害《カルチャー・ジャム》』で述べたのは、「自分は反抗していないと思う人びとが如何に多いのか」ということであり、そうした「通過する車に

---

73) Rob Walker, "What's Wrong With Adbusters' New Anti-Nike Campaign?" at www.adbusters.org. 最後にウォーカーが述べるのは、ブラック・スポットの販促は、「如何に反企業的かとのメッセージを手軽に広める」ことはほとんどない。スウッシュのイデオロギーに空虚なものはなく、我らが選ぶロゴを通じてよりも、我ら自身を表現するよい方法はないように思える。

74) ナオミ・クラインは以下を引用する。William MacDougall, "Just Screw It!: Adbusters takes on the might of Nike," *Seven Oaks* magazine, March 29, 2004.

雪玉を投げつける幼児のレベルになり下がった」左翼活動家を蔑視する。彼は『ハーパーズ・マガジン』誌の元編集者ルイス・ラッファムに対してと同等に、ラルフ・ネーダーや、彼が設立を助けた公益調査団体ネットワーク（PIRG）のような改革派に対してあまり触れようとしない[75]。しかし、世界の悪ガキのブランド・リーダーたるナイキに「素晴らしき」ブランドのブラック・スポットのスニーカーをぶつけにいくことは、通過する車両に雪玉を投げつけることとそれほど異ならない。あり得ないことだが、もしも実際にブラック・スポットが勝利を手に入れるのならば、それはマーケティング業界が間違いなく自社利益目的での模倣や盗用を為した、優秀なるマーケティングによる勝利であるのだろう。このことは疑いなく、トマス・フランクが見立てたように、1960年代の広告業界が狙いを定めた反文化的批評を扱うことである。ブラック・スポットは新しいナイキであり、そしてクールな競技者たちはその反文化的メッセージに署名（提携）するのであり、それは今日のナイキに署名（提携）する方法でもあるのだろう。それで何が変わったのだろうか？　実際に、ナイキの広告作家は「人びとを暴動に駆り立てずして、何故にこのような広告ができるのか？」と1966年に叫んだのだった。トマス・フランクは『クールの征服』でこの課題に応え、「現在に至るまで、広告のまさに起源から始まっていることは、数百万ものテレビ視聴者と自国の企業後援者による心地よき刺激に常に覚える感興を真似るような商業的複製による偽りの反抗的文化、すなわちビジネスに直結した反抗的文化である」[76]とした。昔のカンザス民主党が現在なぜ共和党に投票するのか理解しようとする最

75）Lasn, *Culture Jam*, p.119.
76）Frank, *The Conquest of Cool*, p.7.

近のベストセラー作家のフランクは、如何にして「企業的世界では、違法行為を厭わず、転覆する勢いを見せる文化的体制をもつ国家を隠してしまう。このことを、〔シューズ店〕スケッチャーズにいる小生意気な10代が人間をバカにし、『FCUK』と入った人びとを嘲笑するロゴをあしらったTシャツの上に、普通では手に入らないスーツを着込んでオシャレして流行に敏感である」[77]ことを挙げて解説するのだ。

反マーケティングにおける課題は、それが機能しないことではなく、それがマーケティングの確立自体によって発明される戦術であることだ。それによって、マーケターや広告人は如何にして自らの商品を売るために自分自身を嘲るべきかを理解し、そしてその違法性を受け入れることで、批評家や、ヒッピー、イッピー、そして毛沢東信者のような、掟破りの批評家やあらゆる手立を使う敵を同化し、そして浄化することを学んだのだ。フォルクスワーゲンには、自虐的で皮肉に富む広告をもって、長らく成功してきた歴史があるのだ。

マーケティング業は破壊の達人《マスター・ジャマー》であり、道具仕立ての転覆ほどには、「偽りの転覆」に関与するものではないが、転覆や違法性は彼らが関係をもち得ない商品と相関する熱き感情とクールな理念としての手立てであって、それは愛情や母性、そして伝統的なマーケティングにある信頼を引き起こすものだ。しかし、転覆と破壊とは利益を生み出すものだ。ブラック・スポットがスニーカーに反消費主義のロゴを付けることができるなら、〔携帯電話〕シンギュラー社も（「人間」を嘲笑する）反消費主義のロゴ的スローガンを携帯電話

77) Thomas Frank, *What's the Matter with Kansas?: How Conservatives Won the Heart of America* (New York: Henry Holt, 2005), pp.248-249.

に付けることで、まさに製品を売るのと同等にクールによる利益を得ることができるだろう[78]。

マーケティングのスローガンや販売ロゴとして効果的に消化され、また再設計されることがなくなった抵抗や破壊の象徴はもはや存在しなくなった。ゼネラルモーターズ（GM）に買収されたオールズモビルの部門が「ヤングモビル」を売る間、1970年製の（GMのブランド）ビュイックは「心に火を灯す」と約束する対抗文化的用語を借用した。毛沢東《マオカラー》の立襟ジャケットは1970年代のファッション業界の流行となり、チェ・ゲバラ肖像（生前も死後も）もそうだが、エドヴァルド・ムンクの『叫び』を象《かたど》ったTシャツ（そして装飾され続ける）が、そのイメージがただ「クール」というだけで、それに対していささかの信念ももたない世界中の若者により着用されるために永遠に再生産されているのも同様のことである。ベネトンは赤裸々な描写をもって意表をつくものの、意図的に無批評なイメージ、すなわち子供兵士や、エイズに感染した子供や、瀕死の子供の肖像を起用してアパレル業界の評判をとった。何故それが可能だったのだろうか？　不正義に抗議する過程なのだろうか？　あるいはマーチャンダイジングが死に絶えたのだろうか？　もしくは今後の飛躍に向けたものなのか？　その意味の重要性については曖昧だが、描写は残酷で、ヒップで、厳然たるもので、クールである。何はともあれ何かがあるのだとしても、ともかくベネトンは利益を上

78)「人間を嘲笑する」との皮肉は、〔携帯電話〕シンギュラー社のテレビ広告のタイトルであり、そこでは自虐的な会社役員がやって来て「人間」を嘲笑する一日の作業に取り掛かるのである。「しかしあなたは人間だ」という彼のとってつけた言葉は抵抗を助けるのだ。「そうだ」と抑揚なく応じ、超イカした企業の自嘲する従業員たちは、ビンゴ、そのクールの電話を買え、と叫ぶのだ。

げたのである。

これらの事例が引き起こす問題とは、製造者側の製品意図に付いて回る限り、“人びとの”意図が受け入れる気持ちがある人びとに対して、「ミーム」戦争が勝利を収めることができるか否かということだ。マイケル・ジャクソンがビートルズのソング・ライブラリーに対する版権を買い、そして、ナイキにジョン・レノンのヒットソング『革命』（1968年の『ホワイト・アルバム』収録）を売却したとき、その破壊的な意味（それを一つでももっていたならば）は消えた。ナイキの前CEOのフィル・ナイトが思い起こしたのは、「ナイキが『エアマックス・シューズ』の宣伝歌としてビートルズの『革命』を用いたために『多くの批判を招いた』ことである」が、それで同社がその批判の声から見出したのは、リーボックからブランド第1位の座を取り戻し再び手に入れたことだった。「我らが取り掛かった時は、どのような広告をしたいのかを決断することができなかった。我らは異なる集団に対しての異なるメッセージをもっていたが、そこにはすべてに関わるテーマはなかった。ただ、『革命』は我らが為したかったことのすべてを捉えた」[79]。ポール・マッカートニーはその「歌は革命についての歌であり、血塗れのテニスシューズの歌ではない」[80]と思い悩んだが、意味はその作詞者に

79）Micheal McCarthy, “Fond Memories of Past Nike Ads,” *USA Today*, June 16, 2003.『革命』の入った同じ『ホワイト・アルバム』より、その曲「ヘルター・スケルター」（カルト指導者）チャールズ・マンソンによる殺人者の饗宴におけるモチーフ。以下は『革命』の歌詞。あなた方が革命を望むと言うのか／そうだあなた方は知っている／我らはみな世界を変えたがっている／でもあなた方は破壊はごめんだ／そんなのには付き合えない。

80）Quoted in John Bickerton, “You Say You Want a Sneaker Revolution,” *Underscore*, vol. 1, no.3 (August 2004), available at http://www.uniquetracks.com.

よってさえ、所有するのが難しい。それがマーケティングの成功の秘訣でもある。

朝から挑発的話題を振り撒く元ラジオジョッキーのハワード・スターン、彼は2004年にシリウス・サテライト・ラジオと50万ドルで、しかも何百万ものリスナーを彼の有料ラジオの会員にすることができた場合は数億ドルのボーナス付き（2005年に衛星放送を開始したとき彼はそれを為した）で契約したが、彼ほど違法性を取り込み、それを売り上げに転換する果てなき能力をもって現代市場的精神を同化した司会進行者《パーソナリティ》は他にいない。演劇、著作、そして映画におけるマーケティングの巨人、スターンが示したのは、如何に思春期の排泄物《スカトロジー》や子供じみたものを主流にするかということであり、それはまったく邪気がないとすれば、ポルノや性的逸脱をも含むことであった。彼はタブーを冒すことを正直さの証明に転換し、そして（衛星ラジオを含む）商品の価値を高めることで自己の信用力を強化した。スターン現象に非常に驚いている『ニューヨーク・タイムズ』紙のコラムによっても彼の成功は明らかで、そこではリポーターで批評家のヴァージニア・ヘファナンが見掛けだけは軽蔑を装って彼を描写している。「彼は洗練されていない地下室の如き容姿をもち、ほとんど女性と共演することはないために、奇形で自暴自棄な男性たちと時間を過ごさねばならないやつれたナルシシズムをもつ、病的に人間嫌いの人間であり、その姿を巧妙に隠しているのだ。彼が自虐的に秘密を暴露することで、薄汚れたレインコートに包まれたリスナーを光り輝かせた場合、同時にグロテスクなナルシシズムを作動しただけで自己嫌悪的態度を覆すポルノ麻薬中毒の気が多少ある」。しかし、やがて明らかになるのは、ヘファナンがスターンを非難するのでなく称賛していることであり、それはスターンの衛星ラジオがデイビッド・リー・ロス（〔ハード・ロック・バンド〕ヴァン・ヘイレンの元ボーカリスト）を後継者にする過程で判明したことで、ロスが早朝のラジオの時間帯では「非常に四角四面」で、「彼の話し方が驚くほど滑舌が悪く、凡庸」なためであった。ヘファナンは、リスナーたちが「スターン氏の低音かつ的確で、抑揚をつけたニューヨーク訛りの声と、それが常に伝達する奇異な響きのある奥深さを聞き逃している」[81]と結んでいる。

それから文化妨害者たちはある難問に直面する。彼らは、戦闘を志向する人びととその違反者の所有する舞台を共有せねばならない。ナイキやコーク・コーラのような偶像的《アイコニック》企業はそれだけで文化妨害者であり、その意味で印象的かつ効果的存在なのだが、彼らにとってはそのことが競争で生き残るための課題なのだ。妨害者の破壊行為に際立つ点があったとしても、その妨害行為によって妨害が排斥される危険があるのみならず、たとえそれが成功しても、その文化を徐々に蝕むよりむしろ、マーケティングのイメージに生気を加えることになるだろう。ブラック・スポットがナイキに対していささかでも侵犯することがあるならば、非競技用の世界市場に向けた高価な「競技用」シューズのマーケティングは逆戻りすることになるのだろうか？　あるいは前進するのだろうか？　妨害者にとっての危険とは、自分たちが勝っているようでも実は負けていることなのだ。

そして、消費主義的文化の内側に、それに抵抗するための重要な

---

81) Virginia Heffernan, "Earnestly Pursuing the Gentle Art of Nastiness Behind a Radio Microphone," *New York Times*, January 12, 2006. なお、私が『ニューヨーク・タイムズ』紙から引用することが多い理由は、それが『ローリング・ストーン』誌や、ほかのいくつかの対抗文化的タブロイド紙と違って、国家主導による一般家庭向けの新聞であり、ジャーナリズムの権威だからである。

機会がある。消費製品は混交化することが可能であり、消費はカーニバル化することが可能であり、そして、消費者団体とその繁忙なマーケターたちは邪魔され、妨害され得るのだ。よって、画一化され等質化された消費者の嗜好は多元化されるのかもしれないが、抑圧的な消費市場はより多くの快楽を作らされ、表現力あるよう用いられることができるのであり、マーケターの武器は、反マーケティングのメッセージを広げ、反マーケティングの資質を誘発するのを助ける反マーケティングの目的に向けられ得るのだ。それでも最終的な障害は、資本主義の現在の窮状であって、このために生き残りを掛けたキャンペーンに囚われて、生気をもち続けるよう強迫観念的消費主義と中毒的物質主義を求めてしまうのだ。結果として、超消費主義と市民的精神分裂症の病気を治療するための、いわば抵抗のようなことを為しても、その抵抗が活用されるよりもむしろ悪用される世界の半数でしか求められない真のニーズに資本主義がいま一度訴え掛けるのを手助けしなければならない。これは、ニーズ満足型の経済機構《エコノミック・マシーン》へと引き戻すように資本主義を変革すると同時に、市場的領域を含めた全私的領域の主権を有する保証人へと引き戻すようデモクラシーを変革することを求めることなのである。これが如何に達成されるかが最終章の主題である。

第8章

市民的精神分裂症の克服
相互依存的世界における市民権の回復

啓蒙とは自ら招いた未成年状態から抜け出ることである。
（イマヌエル・カント『啓蒙とは何か』[1)]）

この拙文で示す、すべての主張が直接的に収斂していく最大かつ最高の原則は、多様性を最大限にして人間を成長させることが、絶対かつ不可欠な重要性をもつことである。
（ウィルヘルム・フォン・フンボルト[2)]）

市場のもつあらゆる力に対し、消費者は進んでそれに操作される側に回っていることが多く、それが目に余るほどである。それに抵抗することが相当に厄介であるということは、広告の効果によるものではなく、消費者の意志薄弱によるものである。実際上の欲求や真のニーズがない場合でも、消費者は自分たちが何を欲しているのか、商品やサービスの提供者に話してしまうことが多いようである。派手で安っぽく、有害で見かけ倒しのモノを扱うのに執心する商人の背後にある皮肉なスローガンは、「我らに不平を言わないでくだ

1) Immanuel Kant, "What Is Enlightenment?" in *Kant's Political Writings*, ed. Hans Reiss, trans. H. B. Nisbet (Cambridge: Cambridge University Press, 1970), p.54.［カント／篠田英雄訳『啓蒙とは何か』岩波文庫、1974 年］

2) ミル『自由論』（1859 年）の扉頁には、以下が引用されている。Karl Wilhelm von Humboldt, *The Sphere and Duties of Government*, translated into English in 1854 (London: John Chapman).

さい。我らは消費者の皆様が欲しがるものをただ売っているだけなのです」とある。それでも疑い深い人たちは、「しかし人びとが欲しがっていると言ったのは、あなたの方ではないか」と言い返すが、すぐさま商人は「ええ、確かにそうですが、皆様は自分が何を欲しているのか教えてほしいと言っているのですよ。欲しいものを見せてくれと言っているのですよ」とあっけらかんとして答えるのであるが、この言辞には真実の根源が含まれているのだ。

約80年前の1926年に『ライフ』誌に有名な広告（全米広告協会が出した）が掲載されたが、アンディ・コンシューマーという小男が会社という大男に「どうぞ好きなようにしてください」と哀願する標題で、それに続く巧みな表現の散りばめられた本文には大仰かつ哀れっぽく、「時々は私も広告に大変頭に来ることがあるが、それでもいつも惹きつけられてしまう。だから、私を放っておいてほしい。広告がなければ何が欲しいのかわからないのだから」と、文句を垂れている。アンディ・コンシューマーは広告の企図を端から承知しており、広告を見た瞬間にそれがペテンであることにも気づいているように見える。彼の発するメッセージからその重複しているところを省くと、彼は「米国を景気づけているのは広告であることを私は悟りつつある。広告は、自分のような男にも目指すものを与えてくれる。何かを我らに欲するよう仕向けるのだ」との告白を続けている。言いかえれば、広告は彼を放ってはおかないのだが、それはそれでよいことであって、さもないと彼が自分では何が欲しいか本当にわからないのに、勝手にするよう放ったらかしにされてしまうことになる。彼にとっては、自分のような人間に教えてくれるとは素晴らしいではないか、ということだろう。「それで世の中はずっと良くなる」ともアンディは結んでいる。「米国が非常に景気がよい理由の一つは欲しいもの、働いて得ようとするものの広告が非常に沢山あることであろう」[3)]。この100年を通じてずっと聞こえてきた「もっともっと！　それ行け！」という歓喜の響きは、トーマス・L・フリードマンが『フラット化する世界』で示した消費技術の売り込み論が世間をアッと言わせる直前まで続いたのである。

それでもアンディ・コンシューマーは重要なことを指摘している。それは世論調査によると多くの人が買い物リストをもたずに、また特定の物を買うことを決めずに、買い物に出かけることである。フリードマンは『フラット化する世界』（国際的に“商品競争場”が同一舞台となった）と推定される新たなデジタル技術への讃歌について、それがすべて「我らが眠っている間に」（同書第1章のタイトル）起こったことを認めることから始めている。飢餓やホームレスや非飲料水が原因で求められる秩序のニーズはほとんどないはずだが、一方でふんだんにあるニーズをもって買い物をし、楽しむことには心地よく溺れてしまう状況では、消費者たちは欲求をつくり、そして、どこか他所からもち込まれる買い物のアイデアを歓迎することだろう。このアイデアとは、「ホーム・ショッピング・ニュース」の“サクラ”、ウェブ検索を妨げるポップ・アップ広告、毎週郵便箱に滝のように流入してくるカタログ類、新聞や週刊誌の消費広告欄、生活に「革命を起こす」とする新技術を紹介し、それを有名人や専門家が囃し立てる『ワイヤード』誌、などのことである。

そこで消費者としては、我らが何を望んでいるか知り得るのか、また、我らが必要とするもののみを我らが望み得るのかを示すこと

3）1926年『ライフ』誌掲載の全米広告協会の広告からの引用。Jackson Lears, *Fables of Abundance: A Cultural History of Advertising in America* (New York: Basic Books, 1994), p.228.

が課題となる。それは何らかの役割を果たす必要性のない、ふんだんにある生活世界において、恋人、芸術家、学生、市民として、生涯を過ごす意思をもつことで可能である。それが、我らが多様な欲求をもった複雑な人間としての人生をいったん再開すれば、物質的消費で満たされ得るほんの一部の欲求でしかない資本主義は、人間の真のニーズに十分に応えてその役割を再開せねばならぬようになるだろう。たとえそのことで、（市場の初期にはしばしば起こったように）真正なるニーズをもつ多くの人がそのニーズを満たすに十分な金を払えないために、資本主義の利潤が減る一方だとしてもである。この種の根本的変化が訪れるのは、市民がそのデモクラシー的主権を経済の上位に立つよう回復させ、資本主義が歴史的に見て最も成功した状況とそっくりの状況になる革命を迫る場合のみであるようだ。しかし、必要とされる一層の根本的治療にとっての健全なる出発点は、市場内部での変化であることを認識し得ることが、まず重要である。

市民的消費主義と企業的市民権

文化の妨害化《ジャミング》とは、市場に内在しつつもそれに挑戦する策略を為そうとするものである。しかし、真摯に市民側に立つ人にとっては、たとえ市場というものが町で行われる唯一の遊戯《ゲーム》に思えたとしても、そこには需要と供給の双方の市場を市民化、すなわち「公民化」する手法がある。この手法によって勝ち取る改革とは、経済が公共財を支配することを目指して、需要および供給と絶縁することではなく、市場交換を利用して市民的成果と公的利益をつくりだそうとするものである。これら市場側に立つ改革者は、たとえばボイコットの如き、需要側の威力行使手段を、全米広告協会の広告にあったアンディ・コンシューマーの如き消費者の内に見出し、また「何事も善行によって上手くいく」とする責任感のある、かつ、組織化された市民という供給側の手段を企業の内に見出している。彼らは市場がビジネスを行う方法を変えるべく市場の範囲内で活動しているのである。需要側に立てば、「市民的消費主義」は消費者を分別ある責任をもった買い手に仕立て、また何が売られていて、それが如何にして売られるのかを決定付ける消費者集団として利用し、これらをもって消費者に真の“力”を与えることを望んでいる。彼ら改革者は、虚偽のニーズをつくり出し、またそれを売り出す積極的な「押し売り《プッシュ》型マーケティング」経済が、真っ当な人間のニーズ、あるいは少なくとも理性的な人間の欲求に見合うだけの真の商品とサービスに掛かる牽引《プル》型経済に帰すことを望んでいる。供給側に立っても、同じ論理が「企業責任」の理念を産み出すのであり、それは生産者が市民の帽子をかぶり、企業という船を指揮し、エンロンの如き種々のあからさまな悪業や、利益を我が物にする行為から企業を引き離し、社会と株主の双方を利する責任の方に向けさせるという戦略を創り出すのである。

双方の趨勢は歓迎されるところであるが、双方ともに幼稚エートスの影響を逆進させるには決定力を欠いている。それは市民精神をもった市場アプローチといえども、それが変えようとする市場の欠点をも併せもつからである。市場はある事情によって市民的ではないのである。その事情とは国家主義的解決や固定化された集団的計画が課されるのを拒否するという長所であるが、それは同時に欠点ともなり、デモクラシー的監督や集団的決定を拒否し、そのため市場活動者に公共善を理解させることを難しくさせているのだ。それにもかかわらず、多分に米国人がその果実《アップルパイ》を得ることと、またそれを食すことを常に望んできたために、市民的消費主義の名目で行われる不安定な公私混同が、米国では長い歴史をもっている。一方、欧州やラテン・アメリカでは総じて国家がほとんどすべての公共的義務を託されているため、そういうことはない。米国は草創期より市民に対する権限付与のレトリックの上に乗っており、それは広告が成就させようとすることを満足する同意語と見られることが多かった。そのため、1930年の『コリエ』誌の論説は、「古き王と貴族は去った。新しき秩序では集団がご主人様である。よって少数の人間ではなく、何百あるいは何億の人びとを納得させねばならない。平時にも戦時にも、あらゆる目的について、広告は新しき王たる民衆にメッセージを運ぶのである。広告は今日の経済的デモクラシーにおける王様へのメッセンジャーなのである」[4] と読者に念押ししたのである。

市民と消費者は混同さるべきではなく、またそれはできないということが、本書での論議の重要な点であり、クリストファー・ラッシュやマイケル・サンデルのような文化評論家が常に繰り返すところでもある。それでもこの混同が為されてきたことは極めて明白である。歴史家リザベス・コーヘンは、彼女の名付けた「“消費者共和国”では、市民権利と消費者権利が一世紀にも及ぶ長きにわたり絡み合い、それが傾向として続いてきた」のが現実であることを示し、話の筋道を立てている。彼女にとっては、この現実を「逆転させることができると想定するのが非現実的ゆえに」[5]、この傾向を

4) Lears, *Fables of Abundance*, p.229.

5) Lizabeth Cohen, *A Consumers' Republic: The Politics of Mass Consumption in Postwar America* (New York: Alfred A. Knopf, 2003), p.411. コーヘンは批評家たちを非現実的だと見なし、以下の如く示唆している。「我らの門前にガードを立て掛けるこのヤヌス面の市民的消費者を投棄ことを夢想などせねば、我らは、利益を最大化し、費用を最小化し、使用できる伝統を確立する

受け入れて、多分にそれを活用する以外に道がないことを示唆している。コーヘンが詳述するのは、ニューディールの時代までに消費者運動が始まっていることであり、それはケネス・ダマロンが1939年に「商品とサービスとその流通に関する市場慣習についての不満が一般化し、さらに市場における情報と保安に対する要求とが重なって行く一連の経過」[6]として描写したことに示されている。しかしながら、この「運動」は消費者を保護するよう彼らに権限を与えるというよりも、政府が消費者に代わって介入することを促した。その目的は、価格統制（戦時にはどうしても必要）、適正な広告、消費製品安全規則であって、すべての政策が立法行動を必要とした。

1960年代に起こったアメリカの社会的活動《ソーシャル・アクション》がその後に盛り上がった時に、消費者運動は権利獲得運動の一部として再び興隆したが、その主要な目的は依然として政府に行動を取るよう迫ることに置かれていた。ヴァンス・パッカードが著作『隠れた説得者』（1957年）、『浪費をつくり出す人びと』（1960年）の如き暴露本を発表したのに続き、ジョン・F・ケネディは「消費者権利請願」を議会で演説し、その可決を迫った。その10年足らずの後、リンドン・ジョンソンによる「偉大な社会」政権の間に拡充された消費者保護法案が可決された後、リチャード・ニクソンは彼自身の手による「買い手権利法案」[7]を発表した。これらの消費者権利法案はいずれも法規としては制定されなかったが、1960年から1977年までには33以上の消費者権利を保護する主要法案が可決され、大気や水質の清浄化か

ことでより賢明になり得るだろう」（p.412）。

6）Cohen, *A Consumers' Republic*, p.32. これは『ハーヴァード・ビジネス・レヴュー』誌（1939年）からの引用。

7）詳細は以下。Cohen, *A Consumers' Republic*, pp.347-349.

ら食肉衛生、難燃性繊維、ガス・パイプライン保安、公正な信用情報保護、防毒包装、貸付適正化に至るまですべての事案がその対象とされた[8]。

コーヘンによって述べられた消費者運動の物語で、その最も際立っていることは、それが消費者として、また市民としての利益保護のために、議会を通じて行動した市民的活動としてのというよりも、市場活動としての物語であることだ。彼女が「消費者共和国」に帰属するものとして描いたものの大半は、実際に純粋かつ単純に共和国に帰属していて、そこでは消費者の代理として行動する共和国（市民）は自分たち市民の利益を気に掛けるのである。市民的消費主義とはその主要目的により定義されるのであって、それは市民の消費に対する主権を回復する実例（積極的な実例）なのである。このことが理由となって、1980年代のレーガン政権、サッチャー政権に始まり、2代目ブッシュ政権やカナダ、欧州、アジアの市場志向政権にまで至る、民営化を望むネオ・リベラルが行う主要プロジェクトが、1930年代と1960年代の市民的消費者運動における規律ある市民行動を破滅させたのである。もしデモクラシー主義者が市民の正当な主権を回復しようと奮闘するのならば、ネオ・リベラルは彼らを追い出し、広告業者や販売業者により用意された工程表を備えた市場に対し、消費者が純粋で単純でいるよう奮闘するであろう。

しかし、市民消費主義には第二の要素があり、それは政府を巻き

8）主要な法令には以下がある。1962年の空気汚染制御法、1965年の水質汚染制御法、1966年の子供保護法、1966年の全米交通および自動車安全法、1969年の全米環境保護法、1974年の平等信用機会法、1976年の有害物質規制法。完全なリストは以下を参照。Cohen, *A Consumers' Republic,* p.360.

込もうとはせず、限定的な社会目標を達成するために、消費者に付与された権限を用いることに甘んずることである。「消費者共和国」においてこの要素は消費者のデモやボイコットとなって、消費者の直接行動として現れる。公民権運動は座り込み《ランチカウンター》によって差別廃止を抗議するテネシー州ウールワースでの効き目ある抗議行動《ボイコット》を始めたが、一方で全米福祉権協会（NWRO）は福祉を求める顧客からの公正なる信用を確保するため〔百貨店〕シアーズ・ローバックでの不買運動《ボイコット》を組織した。その目的は政府を引き込むことにはなく、必ずしも施行されるとは限らない立法に依存することにもない。その目的は、製作者が顧客を失うことを恐れて、その製品とは無関係な政策を変える立場になるよう製作者を誘導することであった。この考えは市場に取って代わるものではなく、それを利用するものであった。

セサール・チャベスによる農業労働者組合は、非組合員の葡萄畑のブドウを全米で買入拒否《ボイコット》する組織を作り、意義の大きい成功を収めた。純粋な市場圧力もまた国際的分野で効果を上げており、この分野では不法または不正義とみなされる政権に加担した企業の製品や株式を消費者がボイコットすることで、南アフリカでのアパルトヘイト打倒に一役買った。また、非常に議論が多いところでもあるが、それはイスラエル国家の孤立と破壊を仕掛けるアラブ諸国の企図にも一役買っているし、もっと最近では預言者モハメッドを貶める漫画を描いたデンマークの新聞を後援したデンマーク製品に対する不買運動《ボイコット》による、デンマークの孤立化、その懲罰を図るイスラム諸国の取り組みにも一役買っている。ボイコットは事実上、その資金力により政治的主張を通そうとする過激な少数者すべてに利用可能であり、それはその目的がデモクラシー制選挙により合法化されているか、あるいはそれより大きい共同社会により認められているかには関係がない。2005年に英国の学者団体がイスラエルの学者たちに対して、彼らがではなくリクード政府が犯したとされる罪を理由とする懲罰を試みた（同様のボイコットが上級教員組合により1年後に提起された）。最初のボイコットは長くは続かなかったが、ボイコットは特定のイデオロギーに偏向することなく、リベラルでも反リベラルでも、その理想の追求に用い得ることが再度証明された[9)]。

企業は消費者によるボイコットにさまざまに反応した。それは企業が国家あるいは政策の単なる象徴的代理人であるのか（何も悪事を働いていなかったイスラエルの学者たちやデンマーク企業に対するボイコットのような）、あるいはボイコットが変えようと意図している政策の事実上の生みの親に対してであるのか（葡萄畑の所有者やタバコ産業のような）、に懸かっている。

概して、いったん企業が消費者の圧力に屈すると、企業は政府に介入されるよりも、自己規制する方を選択する。2000年の選挙に先立ち、1999年に娯楽品に喫煙の警告ラベル貼付を求めるマケイン＝リーバーマン法案に対する活発な論議では、市場が確保しようとする「自主」規制と、議員が想定しているよりも厳格な政府規則

9) このボイコットは、マンチェスターの全米高等教員組合（NATFHE）で組織され、海外からも約700人の支援者を呼び集めた。それはたちまち大衆による誹謗や、ブレア首相による干渉に屈服した。以下を参照。Francis Elliott and Catherine Milner, “Blair vows to end dons’ boycott of Israeli scholars,” *London Telegraph*, November 17, 2002. 別のボイコットが、NATFHEにより1年後に提起され、再び議論を呼んだ。このボイコットの正当性については以下を参照。http://www.academicsforjustice.org. デモクラシーが不義で不正に思えるボイコットに加担することとなっても、そのデモクラシーは少なくとも最低限の適法性を保つのであり、またそれは私的な決定よりもむしろ“公的”な決定を代表するのだ。

との間の相違が際立つことになった。たとえば娯楽産業には信用に値しない自主規制が広がっている。連邦公正取引委員会によれば、「三つの関連産業が子供に不適なコンテンツを見分けるための手段を採ったが、これら産業は彼ら自身の格付けにより、あるいは貼付ラベルが暴力的な内容を含むために子供に不適とか、両親の注意を要するとかを示した映画、音楽、ゲームについて、17 歳以下の少年を視聴者にすることを日常のこととしていた」。結果的に、「暴力的な映画、音楽、ゲームの少年に対する広範にわたる積極的な販売が当該産業の格付け、貼付ラベルの信用を毀損している。このような販売は同時に少年が暴力的映画の危険に晒されることに関して、その両親が適切な情報を得て決定しようとする努力を水泡に帰せしめる」[10]。

2004 年、電気通信業界の巨獣たるヒューレット・パッカード、デル、IBM は、贈収賄、未成年労働、非安全材質、汚染物質を禁止しようとする同業界の行動規則を作成することに合意した。しかし、多くのアパレル製造業者により承認されたアパレル規則はその執行が非常な問題となったままである。国家と市場の相違点は、国

---

10) Federal Trade Commission, "Marketing Violent Entertainment to Children," September 2000. 評価別でのほぼ一律の法遵守にかかわらず、「3 つの業界すべての広告の実践例にはほとんど変化がなく、それには R 指定の暴力映画、M 指定のゲーム、10 代に人気のメディアで評価された露骨な内容のもの」がある。この報告書および連邦取引委員会（FTC）による 2002 年 6 月の追跡調査で示されたのは、国内の映画館総数の半分が 18 歳以下の子供が R 指定映画を観ることを時に認めることであり、また、音楽やビデオゲームの製作者たちがしばしば標的とするのは、マーケティング計画段階で商品の主要な視聴者として自身がレッテル付けした年齢層よりも幼い若者である。以下の批判的言説を参照。Joe Gross, "Senators Equate Hazards of Music, Film, Video Games with Tobacco," *Addicted to Noise*, June 17, 1999.

家が法定執行力を独占し、その法を執行し得るのに対し、自主規則は紙に書いた紳士協定に過ぎず、その署名した業界とその顧客が遵守しようとする限りにおいて有効（あるいは無効）なだけなのである。米国の学生が米国企業の運動用アパレルの海外製造部門における未成年低賃金労働と、非安全または危険環境の労働基準に抗議すると、このような自主規則のジレンマに遭遇することとなる。

このような規則の一つは、政府が効果的に行動できない領域では比較的成功している。1990年代後半に、多くのキャンパスの学生たち（デューク大学が先頭に立って）は全米低賃金企業反対学生連合（USAS）を結成し、今や全国の数百のキャンパスで運営される組織となっている。同組織は米国のキャンパスで売られているアパレル製品をアウトソーシングしているナイキ、リーボック、チャンピオン、ラッセルの如き大手ブランドを標的にしている。不十分な自主規則の執行を撥ねつけて、全米低賃金企業反対学生連合は、規則を守らない製造業者をボイコットするため単科大学《カレッジ》や総合大学《ユニヴァーシティ》のキャンパスを組織して、その実力行使を担った。彼らは同時に大学キャンパスにおける「コーラ」の独占（とてつもない大金の寄付により独占販売権と大学のロゴマークの使用販売専有権を得ている）に対する反対運動《ボイコット》を起こし、彼らの消費者としての威力によって再び打撃を与えた。

ラベルを張るキャンペーンはまちまちな成果を上げてきたが、二つの「消費者認可シール」のキャンペーンが傑出している。「イルカ保護条件付きマグロ漁」は、漁獲が危険に瀕した哺乳類の軽率なる殺戮につながらぬように、マグロ漁師にイルカ保護網の使用を強制する運動である。また「ラグマーク」は世界中の、特にインド亜大陸の、絨毯製造で少年や契約労働者の雇用を監視する組織であり、その認可シールは絨毯が許容された労働基準で製造されたことを保証する意味を成し、絨毯製造諸国の政策にも影響を与えている。

イルカ保護条件付きマグロ漁は当該漁業が東太平洋その他でイルカをマグロと同一の捕捉用網を使ってきたことに対して長い間戦ってきた。その成果として多数の協定の締結が積み上がり、その中には1992年のイルカ保護に関するラ・ホーラ協定（メキシコと米国を含む）、1995年のパナマ宣言、環境保護に親和的なクリントン政権の時代の1997年に米国議会で可決された国際イルカ保護法がある。このキャンペーンはイルカの死を失くす目標には至らなかったが、イルカ保護の活動にとっては有効で、それに拍車を掛けた[11)]。ラグマーク財団によれば、この世界的NPOは「インド、ネパール、パキスタンにおいて非合法な少年労働を止めさせ、少年たちに教育の機会を提供すべく」活動している。このため、ラグマークのラベルは絨毯製造業界では「少年に不法就労をさせていないという最高の保証となっている」[12)]。

ボイコットはまた地域レベルでも有効に活用されている。1960年代には至る所で、不当な高値を要求する食料品店に対するボイコットを家庭の主婦たちが組織したが、それは消費者が実際に代金を払わされる販売促進の競争に加担する部分があると、主婦たちが信じたがためである。ボイコットは地域市場に対する圧力手段となっている。カレ・ラースンによる興味をそそる構想には、潜在的買い手に対して商品の社会的影響を表示した情報を与えるためのバーコードを読み取るようプログラムされた携帯スキャナーがあるが、それは文化的妨害者による罠を詰め込んだバッグと同じで、市民的

11）以下を参照。Michael Scott, "The Tuna-Dolphin Controversy," *Whale-watcher Magazine*, vol.30, no.1, August 1988.

12）以下を参照。www.rugmark.org.

消費主義の範疇に入れることができるのだ。それらの役割がどんなに市場にとって妨害的であっても、（第７章にて述べた）ブラック・スポットの靴は市民的消費主義の肯定的な例でもある。

消費者によるボイコットが政府行動と示し合わせて行われた場合、総じて最大限の効果を上げる。イルカ保護条件付きマグロ漁や喫煙を警告するラベルの如く、企業の商品とその製造法が注意の的となる場合、市民としての消費者は議員たちに力強くものを言えるし（「新たな法律が欲しい」）、消費者としての市民は彼らが買う商品の製造者にも力強くものが言える（「欲しいものを、希望する方法でつくれ、さもなくば買うのを止める」）。ボイコット戦術の長所でもあり欠点でもあることは、製品やサービス自体に注意を向ける必要がなく、ただそれらを監視下に置くということである。ボイコットとはサービスの提供が如何にして、あるいは何処で行われるかに向けられることなのだろう。黒人客を分け隔てるランチカウンターに座り込むボイコットは、連邦政府による反人種差別法案の骨子に肉付けすることになったが、その法案の内容には抗議しなかった。アパレル製造者に対するボイコットは衣料の品質を変えることが目的なのではなく、その製造法に基づきアパレル輸入を規制する政府行動に拍車を掛けさせることが、最終の目的である。それ故に、たとえ政府の協力がなくとも、たとえボイコットが決定力をもたずとも、まずまずの成功を収めることが多い。

リザベス・コーヘンにとっては、“消費者共和国”は少なくとも幾つかの目標へと向かい、とりわけ社会的包摂に向かい大きく前進した。それは繁栄を通じて平等が前進し得るという観念を魅惑的に包み込むことによって、福祉権を求める活動家や影響力のある批評家を含む「広範囲の米国人に対して、真のインスピレーションを与え」、その上で「適切な住まいと学校」[13]の提供をも実現した。しかしコーヘンは慎重な姿勢を崩さない。なぜならば「"消費者共和国"が規制のない民間市場に依拠していることは、その繁栄の生地の中に不平等を深く織り込み、そのため、意図的か否かにかかわらず、高潔な目標に優先する利益の追求と市場の必要性を許すこととなり、それが故に大衆市場を利用し、より一層利他的でデモクラシー的な米国人をつくろうとする既定の目標からは劇的に離れ去る結果となった」[14]ためである。市場は最終的には私有財のための装置であり、よって公共財をその下位に置くことは必定である。両者の要求に折り合いをつけられればその混合は可能であるが、両者が対立している場合、またそうなることが多いのだが、プライベートがパブリックに勝利することは必定で、それによって国家主権は事実上否定され、権力が私的領域に移行され、その中で個々の生産者や消費者が行動することになるのだ。

近年、資本主義によるネオ・リベラリズムが勝利し、デモクラシーによる監視と規制という支援を市場から奪ってしまった。国際分野では、WTOやIMFの如き金融組織が自由貿易の理想を実際に用いて、市民的消費主義に戦闘を仕掛けている。下層から盛り上がってきた消費ボイコットは、これらの機関を運営するグローバルな官僚たちには、公式な保護主義を目的とした、上層から押し付けられた「国家的ボイコット」と映ることが多く、WTOやIMFの如き国際金融貿易機関により執行される多くの国際貿易金融取引規則の下では事実上不法行為とみなされてしまう。このことは無政府状態のグローバル市場の資本主義による略奪に対する頼みの綱を市

13) Cohen, *A Consumers' Republic*, p.405.
14) Ibid., p.406.

民から（また国家全体から）事実上奪ってしまうこととなる。米国の州政府は安全性やその他の市民的判断に基づき、これらの基準に違反した諸国からの輸入に制限を課そうとするが、こうした州政府は自由貿易条項の下で訴追される羽目に陥り、市民との約束事は放棄のやむなきに至ってしまった[15)]。

市民的消費主義は市民的消費者にも、挫折した市民にも、重要な意義のある成果をもたらした。それでも規制のない市場にて専らコトを運ばねばならない人たちが直面している問題は、彼らが影響を与えようとしている企業に懲罰を与えるものではなく、却ってその企業を支援する方策を、挫折した消費者が捜し出すよう仕向けることである。自分もまたそれに恩恵を与えることができるのにどうしてボイコットをするのか。企業の政策や製品が狡猾で陰謀めいているとみなされるのに、その企業を懲罰するのを止めて、政策と製品が称賛に値するとみなして企業を贔屓することはできる。この政策は市場に基づく市民的消費主義の別の一面、すなわち市民による企業主義あるいは企業的責任を強化する。企業が市民的消費者のもつ関心に注意を払い、それに報いた場合、善行による成功は四半期ごとの決算書に反映され、また株価や債券の指数にも反映される。積極的な市場強化は多数の新しい事業を呼び起こし、その中には株式上場を目指す顧客の支援に特化する「社会投資会社」があり、彼らは社会責任のあるポートフォリオをもっている企業を見つけ出し投資する。その代表的なものはパックス・ワールド・ファンドの市場運営者であり、そのウェブサイトに載せられたスローガンは「原則

15）ボイコットを禁止する皮肉とは、ボイコット自体が「国家的ボイコット」を目指しているのに、それが州に支援されていない消費者の不買運動《ボイコット》だとイメージできるわけがない国際貿易機関の官僚の手によることだ。

と実行」となっている。元々はベトナム戦争中にナパーム弾を製造していた会社に投資するのを拒んだ聖職者たちによって設立されたパックス・ワールド社は、その標的とする購買客に対して、率直な政治的レトリック、すなわち「私たちが超大手小売会社に対する投資を拒んだのは、年端もいかぬ子供たちが作った絨毯を売っていたからである。私たちがシリコン・バレーから抜け出したのは、彼らが国防省との取引を拡大したためである」と訴える投資戦略を展開している。彼らの如き社会的責任投資会社（SRI）は近年急増していて、それは米国における社会的責任投資会社の同業者団体、「社会的責任投資フォーラム（SIF）」の会員数が拡大していることからも明らかである。さらに社会的責任投資は国際化してきており、英国では「英国社会投資フォーラム（UKSIF）」が立ち上がった。

この分野は、自分自身で雑誌類を刊行し（『ビジネス・エシックス』誌、『グリーン・マネー・ジャーナル』誌がその好例）、「調査選別、株主行動、コミュニティ投資」を約束するドミニ社会的責任投資社のような企業で溢れている。会員に対し、広範囲の投資ポートフォリオ（高リスク、低リスク、国内、海外）からの選択を許している大学教職員退職年金基金（TIAA-CREF）の如き大規模年金ファンドは特別大きな利益をもたらすのではなく、社会的責任を条件付ける投資を約す社会的、市民的基準によるポートフォリオを今では所有している。ジェフ・スコールは後に述べる自分の会社、パーティシパント・プロダクションにて進歩的な映画製作に励んでいるが、スコール社会的起業家賞、シリコンバレー技術革新賞、また社会的責任をもったNGOに対する基盤整備を助けるためのスコール社会活動奨励金、の三つの奨励金制度を通じて、社会的起業家に投資する財団を設立した。ゲイツ・ファミリー財団（ウォーレン・バフェットの財産も管理している）、クリントン（元大統領）財団といったより新しい財団の大半の仕事は単に善い仕事をするだけではなく、他の社会的責任を志向する制度や機関に投資して、他者にも同様な仕事をさせることが求められている。

結局、消費製品関連会社にはその製品に善行を関連付けようとする会社が多数存在するが、それはその製品自体を示すことを手段にする場合もあるが、それ以上に多いのは、その会社のオーナーや役員会がそうと決めているブランドと善行との結びつきを単純に作り上げることを手段にすることである（ファッション販売がその代表)。ベネトンは（カラフルだが）普通にアパレル製品をつくっているだけだが、自社が世界中の政治的変化に何らかの形で関与していることを、政治的に的を得た広告をうまく使い、示唆して、普通でないマーケティングを遂行している。ただし、それはアパレルにあまり関係のない、暴力、貧困、性的虐待、ドラッグ中毒に非常に関連した衝撃的な、生々しい描写を供しているだけなのかもしれないが。スターバックスは世界中でカフェ、ランチ専門店、競合する小規模なコーヒー店を閉店に追い込み、厳密には善き行いをしているとは言い難い。しかし、2006年に次の二つのキャンペーンを立ち上げた。最初のものは、「10パーセントの使用済み木材を利用したカップを開発し、それも米国食品医薬品局（FDA）から適正な安全検査を受けた製法による使用済み木材を含む世界初のホット用カップだった」ことである。このカップを用いて、スターバックスは誇らしげに「翌年には500万ポンド分の新規木材を節約する」と宣言した。スターバックスはさらに、「パートナー、顧客、同業者仲間との共同作業により、我らの事業に維持継続可能な環境施策を追加し、取り入れる」というスターバックスの誓約を発足させると付け加えた。第二のキャンペーンにて、スターバックスは（2005年に併合した）エトス・ウォーターのミネラル・ウォーターのペットボトルを一瓶販売するごとに５セントを、渇水に悩む第三世界の水源開発プロジェクトに寄付すると約束した。しかし、スターバックスは次の５年間で計1000万ドルの寄付を発展途上の第三世界に対して為すことを約束したとはいえ、それは第一世界でのこのブランド水の販売に依拠しており、水危機に対処するには奇妙な方法と言わねばならず、とりわけ、それに用いるすべてのプラスチック製ペットボトルの処理が環境破壊をもたらすことを考えればなおさらのことである。

油脂やデンプン、糖分、そして塩分に塗れたファスト・フードのチェーン店の商売もまた、今はまだ数が少ないものの「健康」食品を提供せざるを得ないようになったが、それは消費者が自分の子供が太り過ぎや糖尿病になるのを警戒し、消費者自身が遂には関心をもつにいたった肥満に対する戦いに参加する可能性が高まったからである。コーラ会社は学校食堂での存在感を高めようとしているのか否かに関係なく、無糖製品を提供している。コーラのような飲料は今やフランスの学校では法律により禁止されており、米国でも一層厳格な審査を受けている。これは消費主義に対するポートフォリオ・アプローチと名付けられているものを象徴しており、その枠内で消費者は広範な商品とサービスを提供されていて、それらには消費者が支持できる市民的目標と結びついているものもある。

公共善との結びつきは必ずしも鮮明ではないからこそ、多分にそれは偽善行為と告発される結果になりやすい。アニータ・ロディックのボディショップは長きにわたって、地球環境保護政治《グリーン・ポリティクス》の志向を装ってきた。ベン・アンド・ジェリー〔アイスクリーム〕、（ポール）ニューマンズ・オウン〔食品〕、ストニーフィルド・ファーム〔ヨーグルト〕、ホール・フード・マーケット（風力使用を公約する食料品店チェーン）、インターフェイス・インク（再使用《リユース》か資源再生《リサイクル》の資材のみの使用を公約する世界第１位の絨毯製造社）、スターバックスの如き企業はすべて慈善行為による販売機会に加えて、市民に対する販売機会をもつかんでいる。

企業が理解しているのは、善き市民精神が利益を生むことと、その企業の製品や取り組みを忌避し、あるいはライヴァル社の商品を求めるような顧客を引き付けるために自社の製品や取り組みを修正することとは賢明なる市民的取り組みであるばかりでなく、儲けにつながる取引でもあることだ。企業の動機は貪欲さであるかもしれないが、これは重要な点である。貪欲はこの領域では善であり、それは貪欲が映画『ウォール・ストリート』でのマイケル・ダグラス主演の役どころのようにナルシシストを気取っているためではなく、貪欲が責任ある社会奉仕のエンジンとなり得て、顧客の社会的責任の要求に応えられ得るためである。ボトル詰めの水を買うことで渇水に悩むアフリカの子供たちを救うことができる。クレジットカードを使うことで社会責任をもった貯金ができる（1ドル使うごとに数セントを貯金に回す）。たとえ奇妙であり、自己矛盾的な方法でも、こういう方針は利益を生むのである。

市民的消費主義に関して、この種の企業責任には市場の制限がある。利益を生むのを手助けするだけなら、簡単である。利益を控え目にすることは、儲けを生む二次的なマーケティングを作り出し、それでさらに価値あるものとすることになる。しかし、公的利益に売上の大半を回してしまうことで利益確保を阻害することとなれば、問題が生じることになる。社会的に穏便に済ます方法で事業を行うには、消費者が支払う価格に上乗せするか、自己の利益を減らすかをせねばならない。株主か、消費者か、誰かがそれを支払っているのである。社会的動機をもった消費者は、社会的に望ましい貢献をする商品にはおそらく5ないし6パーセントのプレミアムを支払うが、それ以上は支払わないと推定される。同様にして、社会的責任投資は利益目的のみの投資よりは僅かながら少額の支払いを上乗せすることで済むが、その相当額を別に支払わねばならない。人びとは慈善事業に寄付をするが、金を失う社会的信託には“投資”することなどないのであって、売上の1パーセントが渇水に悩むスーダンに寄付されるとの理由のみでエトス・ウォーターのペットボトルを買うこともないのだ。それを率直に伝える事例として、カルバート・インベストメント社（「高収益と高倫理基準」の投資機関）が、若い美人の口から言わせている次の広告がある。「私を貪欲と呼んでもらっていいわ。でも私のところの投資ファンドは私の値打ちと同等なぐらい堅実なものだと思っているの」[16)]。これはグルーチョ・マルクスによるドン・キホーテ式の戯言「俺には原則がある。しかしそれが嫌ならほかの原則もあるよ」には及ばないが、それに近い域にまで達している。実際、市民的消費主義と企業責任とのジレンマは、強弱が同程度という意味で、聞いて驚愕するほどの事例ではない。それはハリウッドが自称米国映画の発明者や美徳保守主義者として、自ら課した原則による道徳的ジレンマと如何に格闘してこなかったか、ということと同等なのである。そしてハリウッドがそうした名目を掲げても米国人が実際に信じ込んでいたその名目がその大半を腐敗させ、毀損させる習性をもつことでハリウッドの利益が失われたこととも同等なのである[17)]。

16）以下の雑誌のカルバート・インベストメント投資社の広告を引用。*Kiplinger's*, March 2006.

17）Neal Gabler, *An Empire of Their Own: How the Jews Invented Hollywood* (New York: Crown, 1988). ニール・ガルバーは、我らがかつて居住していた地にあったアメリカ神話を、ハリウッドが創造したという筋立てを語っている。皮肉なことに、このハリウッド神話は、いまやハリウッドによって危険に晒されているのだ！

リール切替え

市民的消費主義と企業的市民権の交差地点では、市場が頽廃させてしまうことの多い文化的かつ市民的な目標の代わりに、市場内部の作業過程に興味を抱かせる活動がある。これらの中でも目立っているのは、映画が中心だがビデオゲームやＴＶをも含む娯楽産業内の活動であり、それは「リール切替え」と名付けられよう。リール切替えは産業そのものと同じくらい齢を重ねたハリウッドの能力に語りかけ、利益が上がるか、人気を博すかにかかわらず（事例によっては双方ともにいえるかにかかわらず）、いっそう意欲的で、また社会あるいは道徳に関与した映画をつくる要求に応えることである。

ハリウッドに対し企業資本主義上の大罪の多くをもって、つまり駄作の販売、下劣な趣味、毒味人としてのティーン・エイジャーを乗っとること、「観客」に力を与えるように見せかけること、暴力を賛美すること、ポルノを垢抜けたものに仕立てること、などの罪状で告発することはもちろん容易なことである。結局のところ、批評家は永遠に苦情を申し立てるのであり、それも少なくとも直近の四半世紀間では騒々しいほどの熱意をもってであり、それは『ニューズ・ウイーク』誌のデーヴィッド・アンセンが「大衆文化という広範にわたる幼稚化と、ハリウッドが自らの身を食らう傾向を増大させていること」[18]と名付けたことに対しての苦情であった。『ニュー・リパブリック』誌の文化評論家、レオン・ウィーゼルティアーは「ハリウッドは米国の幼稚化に大いに責任がある。子供に不

18）David Ansen, “Cliffhanger Classic,” *Newsweek*, June 15, 1981.

向きな映画のほとんどすべてが救い難いほどに子供っぽい」[19] と攻撃した。またモーリン・ダウドが軽侮交じりに問い掛けるのは、「スティーブン・スピルバーグ監督は、現在のハリウッドの映画製作に蔓延する強制的青年期を飛び超えても成長できるのか？」[20] ということだった。我らがすでに認識しているのは、2001 年から 2005 年までに最高収益を上げた映画が漫画本のヒット作であったことだ。

一般にメディアの如く、ハリウッドはコングロマリット所有の階級制に従属するのであって、それは、つまりこれまでになく寡占状態にある電子通信業界の巨人《ゴリアテ》へと向かうイメージ世界を制御することを常に請け負うのだ。独立系スタジオがまず生き残れないのは本当のことである。ワインシュタインのミラマックス・スタジオは今やディズニーの所有になり、ワインシュタイン自身は新会社を創立するために同社を退いた。ディズニー自身はスティーブ・ジョブズのもつ、かつては誇り高き独立系だった映画製作社ピクサーと合併し、然る後に、2006 年にピクサーを完全買収した（これは本書を書いている時点のこと、事態は急速に変化する）。ジェネラル・エレクトリックは NBC とユニバーサル・スタジオの両方を所有している。タイム・ワーナー・AOL はワーナー・ブラザーズ・エンターテイ

---

19) Leon Wieseltier は以下を引用。Maureen Dowd, "Leave It to Hollywood," *New York Times*, August 16, 1997.

20) モーリン・ダウドは、以下の論説にて、映画『がんばれ！ビーバー』について新解釈を述べた。Maureen Dowd, "Leave It to Hollywood," *New York Times*, August 16, 1997. ダウドが他に取り上げるのは、「スピルバーグ、ルーカス、『原始家族フリントストーン』、『ゆかいなブレディー家』、ケヴィン・コスナーによるおとぎ話、スタローンやシュワルツネッガー、PG-13（13 歳以下は保護者同伴）や NC-17（17 歳以下は視聴禁止）、聴衆を子供のように取り扱うあらゆるもの」である。

ンメントばかりでなくかつての独立系ニュー・ライン・シネマ(『ロード・オブ・ザ・リング』を製作した)、HBOケーブルTV（『ザ・ソプラノズ』を放送している)、テッド・ターナーのCNNとTNTのケーブルTV網を支配している。ヴァイアコムはパラマウントとCBS（最近独立した運営部門に分割されたが）をニコルデオン、MTV、ブラック・エンターテインメント・ネットワークとともに支配している。ルパート・マードック率いるニューズ・コーポレーションはフォックスTV、フォックスの映画スタジオ20世紀フォックス、フォックス・サーチライト・ピクチャーズ、新しく発表されたジャンル（ビデオゲーム、新しいコンテンツが可能な携帯電話、その他の革新的プラット・フォームで若者市場向けサービスを行う意向)、欧州のスカイTV、中国（香港）のスターTV、数多くの新聞と雑誌を傘下に収めている。よって、先年のサンダンス映画祭では新規に立ち上げられた「インディーズ」(独立系スタジオ）で溢れ返ったが、本書を執筆している2006年時点ではハリウッドに残っている真の独立系スタジオはただ一つ、ジョン・フェルトハイマーのライオンズ・ゲート・フィルムだけである。そして、ライオンズ・ゲート・フィルム社は『チョコレート（原題：怪物の舞踏会)』、『グリズリーマン』、『クラッシュ』(2006年のアカデミー最優秀映画賞を獲得）のような良質の独立系映画の製作事業に留まるためには、映画製作におけるグローバルな経済原理により、たとえば『ソウ（Ⅰ部からⅢ部まで)』『キャビン・フィーバー』の如き大手スタジオによる駄作を自社版として製作することを余儀なくされた。

しかし、スタジオの共同支配によるハリウッドさえも、その歴史を通じて、その象徴するものに対して抵抗する手段を見出してきた。1930年代の古き昔、1919年に（映画スタジオ）ユナイテッド・アーティスツを創設したチャールス・チャップリン、ダグラス・フェアバンクス、メアリー・ピックフォード、監督のD・W・グリフィスらとともにハリウッドの住人たちが立ち上がり、施設を接収していった[21)]。当初の半世紀間、同スタジオは『嵐が丘』、『駅馬車』、『白い恐怖』、『アパートの鍵貸します』、アーサー・ミラー原作による『荒馬と女』、『カッコーの巣の上で』、『ネットワーク』、『地獄の黙示録』のような有名映画を製作しており、近時の『ブロークバック・マウンテン』〔カウボーイが題材〕よりはるか以前には、ニューヨークのハスラーになる夢をもった少年の映画『真夜中のカウボーイ』もある。これらすべての映画によって、ハリウッドの映画製作は優秀性や娯楽性の点で、また同時にタブーを破り、社会的命題を取り扱った点でも、最高との定評を得た。その他のスタジオは「核の冬」の悪夢を描いた『渚にて』(5人の生存者が核戦争の結果を凝視する)のような政治的リスクを冒した映画、ピーター・セラーズ主演の『博士の異常な愛情(原題：ストレンジラブ博士)』(スタンリー・キューブリック監督)のようなアルマゲドンによる冷笑的ブラック・コメディーをつくった。ロバート・レッドフォードやウォーレン・ベイティなどの一握りのドル箱スターたちはその演技から得た名声と資産を用いて映画プロジェクトを発展させたが、それはハリウッドの寛容さに与《あずか》って、政治的にも、道徳的にも規範を逸脱した映画を配給できたのであり、その有名なものにはウォーレン・ベイティ監督兼主演の『レッズ』(初期共産主義の準記録的歴史叙述)

21)「ハリウッド住人」なる表現は、リチャード・ローランド率いるメトロ・ピクチャーズ・スタジオに由来する。最近ではソニー、〔ケーブルテレビ〕コムキャストがユナイテッド・アーティスツを買収した(親会社MGMの意向)。ハリウッドの所有形態についての詳細は以下の『コロンビア・ジャーナリズム・レビュー』の過去および最新の記事を参照。“Who Owns What” essays, available at http://www.cjr.org.

や、より新しいもので同じく彼による監督兼主演の『ブルワース』という議会の偽善を風刺した作品がある。ポール・ワイツ監督による、テロ行為、テレビ番組『アメリカン・アイドル』、そして米国大統領制を扱ったやや度を過ぎた風刺劇で、ヒュー・グラント主演の映画『アメリカン・ドリームズ』もこの範疇に入る。

最近の映画製作の経済性を鑑みると、大規模予算の映画製作では販売コストがその総額の三分の一を占め（消費者が欲するものにつき何を欲しているのか教えてもらわねばならないとまた製作者も信じていることの表れ）、駄作映画が幼稚化した観客を世界中の視聴者とするアニメ化された子供映画であることが多いので、かつてないほどリスクを冒すことを回避しているのは間違いない。それにもかかわらず、ハリウッドのシステムは多数の映画をつくり続けており、共同支配のハリウッド自身が文化の退廃をたとえ完全に克服できなくとも、依然としてそれに対処できる能力があるか否かを示しているのであり、ハリウッドの限界（ほどほどにだが）には挑戦し続けている。これに当てはまる数少ない映画は一風変わっていて、著名なスターが自己資金を映画製作に真摯に投じた結果である。これにはメル・ギブソン監督による驚くべき作品（興行的にも驚くべき成功を収めた）『パッション（原題：キリストの情熱）』がある。ギブソン扮するキリストに鞭を打ち、暴力を振るう描写、あるいは映画に反ユダヤ主義が底流に見られることに共感を抱かない人びとさえ、この映画が、ハリウッドの常日頃の愚かな世俗性と唯物性によって映画製作を利益獲得と、ティーン・エイジャーを小馬鹿にする愚昧さを取り込んだものとは正反対の作品であることを理解するに違いなかろう。

しかし『パッション』やマイケル・ムーアの嘲笑的急進主義による異端作を脇においても、ハリウッドはここ数年、非常に明確な社会的題材を提供し始めており、これは映画チケットの販売が下降を辿り（2003 年から 3 年連続下落）、独立系スタジオが消え去りつつあるときに起こった現象であるが故に、一層注目に値する。こうした新しき出物は自主映画《インディーズ》部門からのみ出されているのではなく、それらは芸術映画や、ロバート・レッドフォード主催のサンダンス映画祭の初日すぐに審査に合格して、今では国際映画祭で上演されているといった類の映画である。ある程度は、それはスピルバーグのような超有名監督《スーパースター》による『シンドラーのリスト』、『プライベート・ライアン』、『ミュンヘン』などの作品、そして『ナイロビの蜂（原題：コンスタント・ガーデナー）』、『シリアナ』の如く新興大手スタジオにより支援され、配給されたプロダクション作品に言えることだが、それらはハリウッドが常に自慢するものの、その稀にしか実行されない標準レベルを堅持しようとの願いを示しているのだ。これは重要な点であって、この傾向は「駄作」を利益至上主義の考え方に染まった娯楽大手産業《コングロマリット》が排除されない限り、主流とはならないのである。

したがって、ハリウッドに最も興味をそそられる点は、その多くの共同的で市場志向的部門から反乱、転覆を起こそうとする、自力での弁証的能力が示されたことである。ユナイテッド・アーティスツ（ソニーの MGM の傘下）、ドリームワークス（いまやバイアコム・パラマウントの傘下）、ミラマックス（ディズニーの傘下）、ニューライン（タイム・ワーナーが吸収合併）の如きかつての独立系スタジオはハリウッド自身に対する小規模で煽情的な反乱をもって評判を得てきたが、その実際の火の手はいまの所有形態を見ればわかることだが窮地に追い込まれて初めて挙がるものなのだ。批評家がまさしく痛罵する他愛なき駄作をつくる大手スタジオは、ハリウッドで開催されたいくつかのミレニアム・フェアでの興味深い上映作品の出資、製作、配給にも携わっている。2005年の一層政治的かつ根源的な（また想定内の常套句でもあるが）二つの映画、『ナイロビの蜂』（アフリカの製薬業界における政治的陰謀めいた腐敗に侵された企業に関する作品）、『ブロークバック・マウンテン』（ゲイ・カウボーイ映画とも評されたが、心を打つ秀作）はともにジェームス・シェイマスとデヴィッド・リンド経営のフォーカス・フィーチャーズ社により製作され、監督は最高レベルのアン・リー（2006年のアカデミー賞受賞者）、およびフェルナンド・マイレーユが起用され、ユニヴァーサルにより出資され、配給されたが、その背後にはグローバルな巨大企業ジェネラル・エレクトリック社が存在している。

一方、二つの挑戦的な政治的映画、『グッドナイト&グッドラック』（マッカーシズムに立ち向かうニュース・キャスターのエドワード・マーローを扱った映画）、および『シリアナ』（中東における石油とCIAを巡る政治的スリラー）は、セクション・エイト（映画芸術家スティーブン・ソダーバーグとジョージ・クルーニーが2006年末に共同関係を解消するまで共同していた映画製作会社）にて製作され、その一部はパーティシパント・プロダクション（大手イーベイ社の元共同経営者《パートナー》たるジェフ・スコールが重要な資金的役割を果たしている新組織）から資金を得たが、実際に製作および配給したのは、多角経営企業《コングロマリット》のタイム・ワーナー／AOLの所有による衰微したスタジオ、ワーナー・ブラザーズであった。同様に、保守的なメディア王のルパート・マードック主宰のニューズ・コーポレーションは、フォックス・サーチライト・ピクチャーズ製作の一風変わった2004年製作の映画『サイドウェイ』および、同じく2004年製作の映画『(アイ・ラブ) ハッカビーズ』と『愛についてのキンゼイ・レポート』を後押しし、一方で、ソニー所有の旧MGMの巨大スタジオは、『カポーティ』（小説『冷血』の著者の横顔を描いたフィリップ・シーモア・ホフマン主演のアカデミー賞受賞作品）を、その高級専門スタジオ（ユナイテッド・アーティスツのブランドを使用するが、同スタジオは『ホテル・ルワンダ』をも製作した）で製作した。この小規模スタジアムが製作し、政治的話柄を盛り込んで、論争を巻き起こした映画が2005年および2006年のゴールデン・グローブ賞とアカデミー賞の受賞作の大半を占め、『キング・コング』や『SAYURI（芸者の記憶）』といった駄作を蹴落としたという現実を、疑い深き人はしっかりと見ねばならない。またそれは、投資家が回避する傾向のあるリスクを積極的に取りに行くことに、市場が肯定的に反応していることをも示している[22)]。

これらの映画は生真面目な観客から種々の批判的なる反応を不断に受けているが、このうち原作から最も逸脱していない作品でさえ、月並みな筋書き、スター依存、世界中の若い観客を惹きつけねばならぬという要求（それは結局最低限の儲けを確保できるか、それにも失敗するのかということ）に妥協している。ケロッグ社のような大企業の如く、ハリウッドはいわゆる市場へのポートフォリオ・アプローチを仕上げること以外に、ほとんど何もしていないも同然で、それは標準となる対価をさらに合理化するため、健康により悪影響を及ぼすクズのような商品に、少量の健康食品を組み合わせることで大金を稼ぐことだと、皮肉屋ならば正確に認識することだろう。

22）それほど驚くべきことではないが、これは〔アカデミー賞主催団体〕映画芸術科学アカデミー（AMPAS）が好ましい（因習打破的でさえある）選択をした現れであり、このことについては、米国の主要新聞が2006年初頭に揃って署名入りの論説に書き立てたが、それらが、当惑や皮肉交じりに問うのは、ハリウッドが「低予算と重々しい主題をもった独立系映画」を最高の映画としてノミネートしたことの説明を何故に「E メールを送信するのみ」でできるのかということであった。“Oh, Oscar!” *New York Times*, February 2, 2006.

それ故に、ペプシやマクドナルドは糖分や脂肪分がたっぷりと詰まった凄まじい商品のメニューを合理化するために、無糖、低脂肪の選択を提示するのであり、それはテレビ・チャンネル「ニコロデオン」が、一般に少年少女向けに販売するクズに等しい作品と相殺するために、僅かな責任感ある教育番組を提供するのとまったく同じことである。作品全体のポートフォリオは、実際にはそれを決定付けるクズ作品よりは見掛けが良くなるのだ。

それにもかかわらず、はっきりしているように思えるのは、ハリウッドが企業体としては最悪でありながら、時折、最高の創造者としてのハリウッドを映し出す作品を産み落とすことであり、それは米国に巣喰うただ穏健なだけで、固定観念的で月並みな見方や、観客をバカにする行為に挑戦する作品なのである。おそらく最悪が最善を（ポートフォリオ・アプローチによって）合理化するものとして必要とすることが本当ならば、最善が最悪を資金提供者として必要とすることも本当であろう。ジョージ・クルーニーの『オーシャンズ12』がなければ、ジョージ・クルーニーの『グッド・ナイト＆グッド・ラック』はなかったろうし、メル・ギブソンの『リーサル・ウェポン』シリーズがなければ、メル・ギブソンの『パッション』はなかったろうし、フェリシティ・ハフマンが『トランスアメリカ』というクズのようなＴＶシリーズの中で４人の必死の主婦の１人として大衆文化的役柄を演じなければ、同名映画『トランスアメリカ』での性倒錯者の役でアカデミー賞候補となる演技はなかっただろう。スタジオのシステムは時折、スティーブン・ソダーバーグ、コーエン兄弟、ポール・ワイツ（テロリスト風刺映画『アメリカン・ドリームズ』の監督兼脚本家）の如き映画革新者に対して寛容で、彼らを支援することさえあるが、それは彼らの才能を最も商業的に実入りのある駄作の製作に利用でき、搾取できることが理由の一つとなっている（革新者たるソダーバーグは同時に、『オーシャンズ11』、『同12』、『同13』を製作したし、ワイツは魅惑的な『アバウト・ア・ボーイ』で経験を積んだ）[23]。2006年の想定外のヒット作は、元副大統領アル・ゴアの『不都合な真実』というタイトルの全地球に警告する、哀悼を表した映画であった。これは思いもよらぬところから出現した、控え目ながらも希望の芽であった。

リール切替えは、商業的に予測のつきやすい一連のビデオゲーム作品にややもすれば相当な愚劣さとなって明白に表れていて、子供の感性による愚劣な暴力が支配する領域、文化の破壊が、歴史上のあらゆる時代から引き出されている。『グランド・セフト・オート』（プログラム中に性行為を密かに組み込んだことで最近悪名を馳せた）のような人気のゲーム、『ワールド・オブ・ウォークラフト』、『エヴァー・クエスト』のように世界中で何百万ものプレイヤーを引き込むマッシブリー・マルチプレイヤー・オンライン・ロール・プレイング・ゲーム（MMORPGs）、『キング・コング』や『ロード・オブ・ザ・リング』の如き映画作品の世界を模造したゲーム、中世から第二次世界大戦、さらに現代の中東、空想の未来へと至る各時代に設定された戦争ゲームを問わず、ビデオゲームは青少年世界ではお気に入りの娯楽の常用薬となり、自主規制《セルフ・レイティング》にもかかわらず、怒れる教育家や道徳家をしてメディアの愚かさに仰天する象徴ともなっている。これらのゲームのジャンルは、商業主義で一貫していて、劇中広告《プロダクト・プレイスメント》の形態や、映画その他の商品との抱き合わせ《タイアップ》が為され

23）詳述すると、ワイツは監督した映画『イン・グッド・カンパニー』で企業のヒエラルキー的倫理を激しく攻撃したが、その哲学的背景として拙著『ジハード対マックワールド』を引用している。また、反テロリズムをコメディにしたワイツ監督の映画『アメリカン・ドリームズ』では、そのキャラクターたるステイトン大統領がその手に同書を見えるように抱えていた。

る。それは最近バーチャルと実経済との間の境界線を越えてしまった。たとえばオンライン・ロール・プレイング・ゲーム（既述）は、『ワールド・オブ・ウォークラフト』の如きオンライン・ゲームで、次の場面に進み、最後に勝つには仮想資源を実際の世界通貨をもって（たとえば〔インターネット通信社〕イーベイを通じて）売買することで現実世界に飛び出るのだ。映画と相違して、この領域には合理性に合致するものはほとんど何もない。ここにあるものは暴力の代行、時間が長く掛かるもの、知覚を麻痺させるもの、戦闘が非常に激しいもの、その多くが殺人劇に至るもの、これらに興味を抱く成人男子と少年に向けた過激《ハードコア》なビデオだけなのである。

しかし、このような露骨に青少年を食い物にする消費圏域《スフィア》においてさえも、有害な効果に反撃し、価値のある目標を成就しようとして、同圏域内の型式《ジャンル》を用いる興味深い試みがなされてきた。平和を守ろうとする者はB-1爆撃機でバンカーバスター爆弾を投下するのではなく、C-130ハーキュリス貨物機を操縦し、コメの入った袋を投下する『フードフォース（食料部隊）』で遊べる。またそれが多くにあてはまるのは、『アメリカズ・アーミー』（軍の新兵募集のビデオゲーム）に次いで『フードフォース』が、今日の市場で二番目にダウンロードされることの多い、無料のインターネット・ゲームであることから明らかである[24)]。このような平和的ゲームはふんだ

24) Tina Rosenberg, “Editorial Observer: What Lara Croft Would Look Like if She Carried Rice Bags,” *New York Times*, December 30, 2005. そのゲームは開発コストがたった35万ドル（対して軍隊ゲームでは700万ドル）であり、その協力者たる全米フットボール協会の関心を引いた。現実世界では飢餓により5秒ごとに1人の人間が死んでいて、その多くは子供である。また、平和維持軍では相当数の兵士が実際に戦場で死んでいる。よって、こういうことはあまりないことだが、ゲームの方が現実よりもずっと過酷さに欠けるのである。

んにあり、1994年にルワンダで起きた大量殺戮に関する国連平和維持部隊をシミュレーションしている『平和の戦士』（ゲームのプレイヤーは国連の現実の記録を破ることがさほど難しくないゲーム）という初期の（またタイトルが示すように幾分矛盾することを含む）例と余り変わらない。ほかのゲームにはイスラエルとパレスチナの紛争の解決を図ることに挑戦するもの、あるいは西側の急進的な敵対者を宥めながら、イスラム戦争に根差したまったく逆の解決を提案するゲームもあり、それは『ウマー・デフェンスⅠ』、『運命の迷路』などであり、『ウォール・ストリート・ジャーナル』誌によればプレイヤーの目的は、「不信心者を探し出し、撲滅することである」。事実、ゲームは相当に教育的で総合的であり、宇宙船やロボットがイスラム言語に合わせて名付けられた伝統的ゲームがあり、また少数ながらプレイヤーがバーチャルのイスラム戦士を銃撃する一層毒性の強い形式のゲームの例もある（たとえば『特別部隊』『籠城』など）[25)]。

そのうえゲーマーたちを夢中にさせたゲームには、都市と文化をデザインするという、非常に創造的でまったく平和な性質のシミュレーション・ゲーム『シムシティ』という古典があり、これをベースにしたゲームは長寿ゲームとなり非常に多くの人びとにプレイされた。このようなゲームは「終わりのない型《オープン・エンド》」として知られるが、プレイヤーが何かの勝利を得ることを目的とせず、その過程で創意と創造力を最大限に駆使することを目的とするのである。ウィル・

25）Chris Suellentrop, “The Evildoers Do Super Mario Bros.: The War on Terror's leastfrightening video games,” *Slate* magazine (http://www.slate.com), August 12, 2005. スーレントロップはイスラム式ゲームについてテストし、記述しており、それは彼の才能や影響を最小限に押し込めた面白いエッセイにて実際に行ったものである。

ライトという設計者により作成された『シムシティ』の原型は、地図作成のシミュレーションであり、それから発展した。それは『ザ・シムス』を生んだが、このゲームはプレイヤーが緩やかなプログラムの規則に従って、家族が自分の運命を切り開くのをシミュレーションするものである。『ザ・シムス』は市場開闢《かいびゃく》以来のベストセラーの独りでできる《シングル・プレイヤー》ゲームとなっていて、パロデイー（たとえば『シム・ブリック』という、蟻が目的もなく徘徊して、遂には落ちてきたレンガで押しつぶされるゲーム）や、右翼や左翼からの政治批判のバージョンも生み、ゲームの限界領域を押し広げることを示した。一面においては、このシム・ゲームは基本的に消費主義的であり、モノを買うことが基本的行動であり、ゲームの登場人物はおおよそ人種も階級ももたない買い物客と捉えられている。その他の面においては、このシミュレーションはネオ・リベラリズム陣営による大きな政府に反対する論説によってプログラムされておらず、それ故にシミュレーションされた社会改良の過程で国家の介入を招来することに反対しないものとなっている。

ゲームのもつ社会的重要性はビデオゲームの製作が専門家にも広がったことで証明され、それは「エレクトリック・アーツ」の如き第一級のゲーム・デザイン会社の影響力によることが少なくない。南カリフォルニア大学、セントラル・フロリダ大学、ジョージア工科大学、ニュースクール大学傘下のパーソンズ美術大学は（ほかにもあるが）今やビデオゲームに焦点を置いたデザイン技術（いくつかの事例では人間性プログラム）の提供を開始した。MMORPG 自体のプレイの場となっている「ワールド・ワイド・ウェブ」は、政府と市場の両者の覇権を巡る、主張と反論を提供する場としてますますもち上げられるようになった。ウェブ・ログ（ブログ）を例にとれば、それは個人にデジタル式のメガフォンを与えて、個々の私人をして批評家や醜聞の暴き手に仕立てている。最近の非常に多くの政治のスッパ抜き情報のように、ジェームズ・フライの作品『百万もの小さい出来事《ア・ミリオン・リトル・ピーシーズ》』が作り話であったことはブロガーにより暴かれたものであった。EメールやIメッセージとともに、ブログは世界中で点と点とを結ぶ「水平」のコミュニケーションを可能にしている。旧来のエンターテイメント、放送、情報サービスが垂直構造で階層的に組織され、そこでは少数者が多数者に話をしているが、ウェブによる新しい横方向の組織化と、グーグルの如きウェブ検索機関によって可能になった「情報のデモクラシー化」とは、多くの人間の間の直接的コミュニケーションを可能にさせ、階層やトップダウン型の権威に対する反抗の可能性を促した。

新しいテクノロジーが第6章に述べた類《たぐい》の消費全体主義を民営化することに対して、それが限定的であるものの反抗する役目を果たし得ることについてはほとんど異論がない。20年以上昔に、私は著作『ストロング・デモクラシー』において、米国のTVのケーブル化、双方向ケーブル・サービスの如き当時の技術革新（ワーナー・アメックスが「QUBE」を開発し実験を始めた）が、「近隣地区集会と個人とを結びつけ、ストロング・デモクラシーのプログラムに個人を参加させることに寄与する」[26]ことで、デモクラシーを進歩させると示唆した。それ以来、新たなデジタル・テクノロジーのデモクラシー的かつ水平的な関係の可能性は、広く認識され称賛されているが、『ワイヤード』誌のような雑誌が国家や企業による支

26) Benjamin R. Barber, *Strong Democracy:Participatory Politics for a New Age*, Twentieth Anniversary Edition (Berkeley: University of California Press, 2003), p.274.(The original edition appeared in 1984.) ［ベンジャミン・R・バーバー／竹井隆人訳『ストロング・デモクラシー――新時代のための参加政治』日本経済評論社、2009年］

配を乗り越えて結ばれるグローバルな「ネティズン〔ネットワーク住人〕」の存在を説き、さらにその可能性は高まっている。ペリー・バーロウからスティーブ・ジョブズに至るその熱狂的信者は新しきテクノロジーによるデモクラシー的（アナーキー的でさえある）な可能性のために反抗者の烙印を押されつつもその経験《キャリア》を積んできた。作家のニール・ゲイブラーがウォルト・ディズニーの世界を精査していく過程で主張しているように、スティーブ・ジョブズ（アップル・コンピュータの最重要人物であり、また後にピクサー・アニメーション・スタジオの重要人物にもなった）はディズニーとピクサーの合併時に、ディズニーの「旧来のビジネス慣習に対する、称賛と軽侮」にデモクラシー的要素をもち込んだ[27)]。この称賛はウェブを稼働させる多くの人びとに典型のものであり、それは彼らがハワード・ディーンの選挙参謀でウェブの熱狂的支持者たるジョー・トリッピーの如き、ブロガーやプログラム開発者だろうが、あるいは新たなデジタル式政治屋だろうが同じである。結局のところ、ウェブの構造様式は水平であり、多くのほかの特徴も平準化し、また、権威に反抗的にするよう尽力する点にある。それでは、この新しいテクノロジーはヨーゼフ・シュムペーターが創造的破壊と名付けた力の証明となり得るであろうか。つまり、それは資本主義の治癒能力であるが、同時にその能力自身がつくり出した騒々しき発展を介

27）Neal Gabler, "When You Wish Upon a Merger," *New York Times*, February 2, 2006. Neal Gabler, *Walt Disney: The Triumph of the American Imagination* (New York: Knopf, 2006). 同論文はトマス・フランクの議論の線に沿った場面を設け、1960年代の広告業界における原型的事業形態を指して、伝統的事業文化に対する革新であり反抗と扱い、紹介している。ここにいう資本主義とは、ヨーゼフ・シュムペーターの述べる創造的破壊を通じ、その疾病を自力で治癒すべく作業しているようなものである。

しての持病ではないのか。いや、おそらくそうに違いないのだ。

しかし、テクノロジーの構造様式がデモクラシー的で適度にアナーキー的でもあり、新しき電子テクノロジーが（すべてのテクノロジーのように）それを産み落とす文化を反映する傾向を最終的にはもっと認識することが重要である。ルネサンス期の欧州の戦争の文化においては、中国発明の火薬は銃の弾丸となって大量殺戮の目的に供された。内燃機関は公私双方の輸送機関を動かす可能性をもっていた。その自動車における利用（および自動車が移動性のある郊外文化を産み出すことに演じた役割）は米国の個人主義、持ち家への強いこだわり、大陸の拡大、および米国政府の鉄道に代替するハイウエーに対する堅固な公的約束（およびハイウエーが利益をもたらす自動車、石油、鉄鋼、ゴム産業への約束）の如き既存の文化に対する適応に決定的ではないものの、その必然の帰結をもたらした。新たなテレコミュニケーション・テクノロジーにおける横方向の構造とデモクラシーに対する可能性は、それが何であれ、それらの登場を生むことを促した社会、幼稚エートスにより支配された社会の共同的構造と消費的偏見を事実上反映し、商業と消費者の用に供されるのである。

その約束がどうであれ、ウェブはまず第一に電子製ショッピング・モールとして登場する。その促進する道義的犯罪の最初の形態は、政治や市民に関するものではなくポルノであり、それはポルノならその要する経費を十分に支払えるのに対し、市民関連情報ではその経費負担が相対的に利益と見合わないためである。それが生来的に適していると思える政治的利用の類に用いられる場合でさえも（ハワード・ディーンの大統領予備選挙におけるが如く）、少なくとも最初のうちは資金集めや世論調査のような旧来の政治機能を見直すとか、改良するとか以外には何も機能を果たさないようなものである[28)]。

応用できるテクノロジーは最終的には、構造様式でなくその用途によって定義される。余計な製品の生産者たちが新たな「デモクラシー的」なハードウェアとソフトウェアを望むのならば、それにより非デモクラシー的な消費主義の新しい発生源となるものが開発されもするし、もし彼らが消費者の嗜好を探り、食い物にしようとする「押し付け型《プッシュ》」メディアとしてその販売能力を強調しようと望むならば（アマゾンの効果的手法の如く)、彼らはそのハードウェアとソフトウェアをそうした目的に合致させるであろう。デモクラシー制社会における児童ポルノの検閲官、あるいは独裁制社会におけるデモクラシーの検査官がコンテンツを食い止め《ブロック》、濾過《フィルター》し、またはほかの方法で管理統制しようとするとなれば、たとえプログラムがテクノロジーの精神や構造様式に反することになっても、それを行うプログラムを見つけ出し、つくり出すであろう。グーグルは検索エンジンが政治的反体制者により、あるいは自由思想家によってさえ、利用されないことを請け合うようにとの中国の要求に屈するだけではなく、視聴禁止情報に対するアクセスをブロックできるメカ

28) しかしながら、ハワード・ディーンの選挙中、市民から市民へのコミュニケーションの調査や利用を試みられたが、この場合、エリートやリーダーたちは、市民のコミュニティ建設よりもその主題になることはなかった。ここから判明するのは、ディーンがアイオワ州党集会で見つけたことだが、政治的用語には美徳以外の何かがあることだ。そこでは、ウェブによってまとめられるディーン博士の「ディーン支持者《ディーニアクス》」が政治的結果よりも彼らのつくるコミュニティにより興味をもっているように一部の批評家には思われた。ウェブの多くの味方を、遊説、党集会、あるいは投票に取り込むことができなかった。政治家ディーンのウェブに関心のある選挙参謀の説明については以下を参照。Joe Trippi, *The Revolution Will Not Be Televised: Democracy, the Internet, and the Overthrow of Everything* (New York: Regan Books, 2004).

ニズムさえも供与した。知識の無限の紐（グーグルの名称はこれに由来する）に対するアクセスは、ウェブの最も大切な美点であるが、この美点は顧客の居る地元政府が禁止しようとするものが何であれ、ブロックし、フィルターすることを望むプログラマーには何の障害もなくなることになってしまう。ウェブの開放的でデモクラシー的な構造様式は破壊活動分子や反逆者に対するアクセスを保証できるわけではないし、また、そのようなことはしない。グーグル中国にアクセスして「天安門広場」とか「デモクラシー」とか「権利」の如き反逆のキーワードの類型を打ち込めばリンク先につながるはずの、またフリーの情報による果てなきはずの世界は、グーグルが地元の規則やそれを押し付ける地元政府を尊重して調整合理化する何らかの人為的な水平性によって、突如目隠しをさせられ、目を閉ざされてしまっている[29]。

したがって、企業的責任と市民的消費主義には明らかに限界がある。最も市民精神を備えた企業といえども、株主利益と同様に市民目標を提供できるのはせいぜい5ないし6パーセントのプレミアムの負担のみである。消費者が市民精神に沿った方法でつくられた商

29) 偽善にはそのような問題がたくさんある。グーグルが主張するのはそのような検閲が単に良い商習慣であるとし、まただ中国側《ホスト》の規約や規制を守っただけだとしている。それがアメリカの自国側《ホスト》に協力することを明確に拒むことを除けば、そこではグーグルが児童ポルノを遮断し、ユーザーを探し求める政府の企てには非協力的であった。中国では、それは地元ホストの権利になりかけていて、アメリカでは、それはプライバシーと自由の権利になりかけている。（相手に対する）信用という信条を好む者も居るが、ここで唯一、一貫して明らかなことは肝心なことだが、中国と提携し、米国政府の侵略に抵抗することは、太平洋の両岸で事業を手助けすることになる。その背景については以下を参照。Arshad Mohammed, “Google Refuses Demand for Search Information,” *Washington Post*, January 20, 2006.

品（環境と安全基準に注意し、あるいは未成年労働に注意する）に対し追加の税金をいくら支払えるかに消費者が同じように制約されているという検討結果をすでに引用した。肝心な点は、ドン底に向かう競争を、トップを目指す競争よりも容易にするグローバル市場にてあらゆる会社が競争せねばならない現実である。商取引のビジネスは最終的にもビジネスであり、市民のビジネスとはデモクラシー制政府によるビジネスなのであり、ビジネスは決して満足できる代替とはなり得ない。リー・ドルトマンとチャーリー・クレーは責任あるビジネス慣行の強力な擁護者であるが、最終的に二人は、革新が「市民主権制デモクラシーの強化」の必要に依存しており、それが自主規制を為す企業の問題ではなく実行力のある政府の問題であると認めている。彼らによる七つの署名入り提案は、腐敗を抑えること、政治的影響の下で企業統治を行うこと、独占と対決すること、企業犯罪に対処するに革新あるいは創造的破壊に基づく市場の解決に委ねることなく、民衆の主権の復活に全面的に委ねることを含んでいる[30)]。消費者の味方、ラルフ・ネーダーもまた継続的に促している消費者基準の実行を政府に突き付けている。内部から不道徳の循環を打ち破ることは非常に厳しい仕事である。メディアと文化の研究のプログラムおよび芸術そのものは、独占的市場慣行という恐ろしい可能性を秘めた敵がいる中、大抵それらと同じ市場の力に従っていて、真の自律を難しくしている。

宗教は幼稚エートスと消費文化に対して、その外部から抵抗できる最大の可能性をもった領域であるように見える。米国式消費主義とそれに伴う唯物論的エートスに深く嵌まり込んでいるにもかかわ

30) Lee Drutman and Charlie Cray, *The People's Business: Controlling Corporations and Restoring Democracy* (San Francisco: Berrett-Koehler, 2004).

らず、米国人は先進諸国の間では最も宗教性が強いままである。幼稚エートスにもかかわらず、残存するプロテスタント的エートスは米国人の意識を捉え続けている。ハロルド・ブルーンが著しているように、「米国人の宗教は、目に見えないものの普く及んでおり、また圧倒的な強さをもっている。われわれは宗教を狂信する文化をもつ、宗教にとりつかれた国民である」[31)]。1989年のギャロップ調査では、調査対象者の88パーセントが「神は人を愛し給う」と信じている。総じて40パーセントの米国人が週一回は宗教行事に参加し、同60パーセントが宗教集会に出席しているという数値が示されていて、これは欧州の数値に比して極めて高い。宗教の慣習には個人主義と福音派の強い要素が入り込んでいるが、トマス・ジェファーソンは「私自身が宗派を為している」と言い、トム・ペインは「私の心は私の教会である」と信ずることを選び、米国人はまた「宗教は公的分野で重要な役を演じねばならない」[32)]とも主張する。

しかし、宗教といえどもまた、消費主義と幼稚エートスに汚染されていて、TVによる福音伝道と利益獲得に対する救済が特別に制度化され個人主義化された宗教の領域にガッチリと食い込み、それが米国人が最も理想とする姿になっている。宗教的温情主義は、「顧客」を世話と愛情が必要な子供として扱う市場的温情主義と一致すると非難する人さえいる。さらに消費主義の邪悪な点に焦点を

31) Harold Bloom, *The American Religion: The Emergence of the Post-Christian Nation* (New York: Simon & Schuster, 1992), p.22.

32) Robert N. Bellah, Richard Madsen, William M. Sullivan and Ann Swidler, *Habits of the Heart: Individualism and Commitment in American Life* (Berkeley: University of California Press, 1985), p.219.［ロバート・N・ベラー、ウィリアム・M・サリヴァン、スティーヴン・M・ティプトン、リチャード・マドセン／島薗進、中村圭志訳『心の習慣――アメリカ個人主義のゆくえ』みすず書房、1991年］

合わせれば、米国の宗教は世俗的な唯物論に対する他の原理主義的批判と同様に、反現代主義、反デモクラシー、さらに反消費主義となる危険がある。このことは第７章に述べたリチャード・ジョン・ノイハウスが先導する宗教右派による多元論に対する激しい攻撃からも明らかであった。攻撃的な世俗的唯物論によって脇に追いやられた宗教は、直ちに反動に変貌し、非常に危険なものになり得る。反消費主義のジハードは唯物論を抑え込めるだろうが、たとえその戦士が米国人であったとしても、デモクラシーをよくするとは思えない。そのため幼稚エートスに対する宗教の抵抗を求める余地は確かにあるが、それには多くの障害があり、長期的に見れば、解決は現代資本主義が生み出したジレンマと妥協する必要があり、現代性そのものに背を向けることはないのである。

資本主義の回復

我らに対する消費資本主義の支配力は、需要面では「市民消費者」の抵抗によって和らげられ、また、供給面では企業の善意によって多少は抑制される。しかし、市場は自らが制御し難い資本主義の生存をかえって必要とするため、結局は柔軟性を欠くのである。資本主義の生存と同時にその繁栄を援けるには、虚偽のニーズではなく真のニーズにより、つまり、消費中毒人間でなくまだ消費者に成りきってない人間に対するサービス提供による方法が見出されない限り、市場内部からの抵抗は成功しそうにない。

当初から消費資本主義のパラドクスは、真のニーズをもった人が市場に参入する手段を用意しておらず、生産者たちはすでに供給過剰になった市場に欲求をもつ人びとのニーズを捏造する以外に方法をもち得なかったことにある。その内側から先進社会を分裂させ、またこの地球上にまるで異なった地球が存在するかのように二つの半球を緯度で南北に切り分け続けている根本的不平等は、資本主義によって現代消費主義としての「勝利」を食い潰したことの帰結なのだ。しかし、真のニーズがある場所には、永遠に利益を追い求める資本主義など存在し得ない。このことはグローバル資本主義を危うくさせるが、それはジェフ・フォークスの極めて劇的な言辞たる「グローバル階級戦争」の危険に陥れるばかりでなく、デモクラシーによる有効なリーダーシップが存在しなければ、グローバル資本主義の生産性と繁栄性を刺激する成功までもが危険に晒される[33)]。しからば、市場はこれに如何に応えるよう突き動かされ得るのだろうか。

発展途上世界の特別かつ真のニーズに応え、また効率性をも満たす十分な商品が世界には溢れている。それらの商品は潜在的消費者の居るこの巨大なる世界のあらゆる欲求に対し、豊富な商品を揃え、子供の安全と健康を確保し、女性の経済的進出の可能性を促進し、社会全体の長期的市場活力を支持するにも足るものだろう。ごく最近、“ロタテック”という名の胃腸炎ワクチンが認可されたが、これは第三世界諸国で年間50万人もの子供を救うとされる。これに何か問題があるのだろうか。それは1回分3錠の服用に187.5ドル

---

33) 以下を参照。Jeff Faux, *The Global Class War: How America's Bipartisan Elite Lost Our Future - and What It Will Take to Win It Back* (Hoboken, N.J.: John Wiley & Sons, 2006). フォークスは、左翼系の経済政策研究所（EPI）の設立時の理事長であった。より中立的なアナリストでハーヴァード大学の経済学者ジェフリー・A・フリードマンは、グローバル資本主義の歴史について記述し、その成功が何よりも明らかなのは、19世紀の英国、20世紀の米国の如き、大国の主権に部分的に依拠することだとしている。Jeffry A. Frieden, *Global Capitalism: Its Fall and Rise in the Twentieth Century* (New York: W.W. Norton, 2006).

も費用が掛かることであり、アフリカの如き、それを最も必要とする市場では完全に人びとの蚊帳の外となってしまうことだ。同じことはジェフリー・サックスの如き第三世界に対する熱心な支援者が推進する、あらゆる種類の商品についても当てはまるのであり、それには窒素固定植物（土壌改良用）、水再循環設備（過剰塩分の水道用）、小児病ワクチン、そして飢餓が恒常的となり死に至る危険のある何百万もの子供に対する栄養補助剤などがある[34)]。これらすべての商品は、第三世界の市民たちが自力で苦境を脱するのに役立つであろう。しかしながら、働くにはまずブーツを履く必要があるように、まずは先立つものが必要となる。このことは消費市場においては、これらの人びとが必死になって求める消耗品について、まずその価格を彼らが払えるレベルにまで抑えるべきことを意味する。

最近、小児栄養失調に的を絞った特別の有望な商品がアフリカ市場に紹介された。栄養失調は青少年を苦しめ死に至らしめる病気の主因であることから、この飢餓に対処することは同時に病気に対処することになる。ニジェールには深刻な栄養失調に罹っている5歳以下の子供が15万人も居り、そのほかに平均程度の栄養失調の子供も65万人いる。その4分の1の子供が5歳に達するまでに死に至る。“国境なき医師団”の支援者たちは、フランスの科学者アンドレ・ブリアンにより開発された500カロリーの「プランピー・ナッツ」というピーナッツ・ペーストの棒状食品の配布を始めたが、それはアルミ箔で包装して腐食を防ぎ、生命を救うビタミンとミネラルの混合液を体内に注入することができる加工食品である。1日に2個の、このアルミ製の袋に入った棒状食品が飢餓に対する奇跡

34) Jeffrey Sachs, *The End of Poverty: Economic Possibilities for Our Time* (New York: Penguin Press, 2005).

的な治療薬となっており（これを食すれば１、２週間でほぼ常態に回復する)、小人（および大人）の栄養摂取にとり、あまり費用の掛からぬ長期的基金となっている[35]。これこそが子供を死から救い出す消費製品なのである。

さらに簡便なものには蚊帳があり、これはジェフリー・サックスにより最近になって支持された古くからある医薬品である。彼は以前までは民営化と市場戦略に対する熱心な支持者であったが、最近はまったく異なった仕事に転向している[36]。サックスは資本主義が世界中の真のニーズを満たすために製造できる類の商品事例として、簡便な製品に焦点を合わせている。その彼が最も気に入った事例が蚊帳である。マラリヤその他の伝染病がアフリカや世界の貧困地域を荒廃に追い込み続けているが、それは蚊からの病気の伝染が主因である。ベッドに蚊帳を備えることで危険に晒される人びとを保護することは、これらの病気を予防するだけでなく、マラリヤのような蚊によって罹る疫病ですでに免疫が低下し、耗弱している人びとを襲う、さらに危険な（HIV/AIDSの如き）伝染病をも予防するのであり、そのために蚊帳は効果的かつ安価な予防器具である。しかし蚊帳のようにごく安価なものでさえ、それを最も必要としている人びとにとっては身分不相応なものに過ぎない。それは危険を顧みない企業にとっては市場の隙間《ニッチ》を埋める非常に儲かるものなのかもしれないが、その危険負担は相当なものであり、その利益は市場で予測した限界最低線よりもはるかに下回り、すでに先延払いをまず了承できないレベルにある。それ故に、サックスは蚊帳の啓蒙《キャンペーン》活動

35）Michael Wines, “Hope for Hungry Children, Arriving in a Foil Packet,” *New York Times*, August 8, 2005.

36）Sachs, *The End of Poverty*.

について、ゲイツ財団やクリントン財団のお蔭で利用可能となった国際援助機関や慈善事業団体に依存せねばならなかったが、資本主義の効率的な市場メカニズムはそこからは多かれ少なかれ締め出されているのである。

ワクチンから蚊帳に至るまでのこれらすべての製品における重大な問題は、如何にしてそれらを利益源にするか、さらには資本主義という大きな動力《エンジン》源をして、如何にしてこれらの製品を必要とする市場に進んで提供するように仕向けることができるのか、にある。現在、その注意を向けさせせようとする主張は、心理学者T・ベリー・ブラゼルトンとスタンレー・I・グリーンスパンが「子供による単純化できないニーズ」と呼び、それに応え得る「中核的権利」を実質的に創造する、倫理的含意に依拠しているのである。しかし、道徳的主張は民間市場を活気づけるには十分でないのが現実であり、市場は必要なる正義に乗っかっているのではなく、潜在的な顧客の支払い能力によって突き動かされるのである。資本主義は、依然として真のニーズをもっている世界中の何十億もの人による巨大な手付かずの市場に向かう「必要があり」、また欲求がほとんど満たされてしまった人びとによる虚偽のニーズをつくる義務から立ち去る「必要がある」。さらには、この資本主義に求められる必要性は、世界の貧困に悩む人びとが自身の真のニーズを満たさねばならぬ必要性とも完全に一致している。しかし、それでも市場のメカニズム自体がこの二つの必要性が交差することを禁じているのだ。

億万長者ウォーレン・バフェットが、自分の財産の大半をビル＆メリンダのゲイツ財団へ寄付したことに関する議論で認めたのは、「私は当時の社会の95パーセントを占めている市場システムの大いなるその信者であって、そのことは私自身にとっても、世の中にとってもよいことだったが、市場システムでは解決できない問題もある」[37] ことだった。したがって、ブラゼルトン、グリーンスパン、また同じく心理学者のアブラハム・マズローによって例に挙げられた少数の中核的もしくは削減不能な必要品は、栄養、住居、健康、保安を目的とするにふさわしい資材であるが[38]、これらのうち重要なものは市場や世界貿易にほとんど影響を与えないままである一方で、富める者による虚偽のニーズを人為的に引き起こすと定義される脆弱な市場に集中し続けるのが現実であろう。ブラゼルトンとグリーンスパンが「われわれの社会が多くの家族と小さな子供を現在失望させ続けている」と主張するのは正しいことだが、単純化できないニーズに資本主義を向けさせる方法が見つかるだけで、この不正な行為は正すことができよう[39]。

資本主義が現代消費市場の制約内でその役割を改良することは可能なのだろうか。この実験に携わっている人びとはそれを疑わしく思っている。ジェフリー・サックスはかつて擁護していた市場効率性に、もはや信を置いておらず、市場に貢献するよう促す政府と

37) On PBS's *Charlie Rose* television show, June 26, 2006. バフェットはビル・ゲイツに次ぐ世界第2位の富豪で、ゲイツ財団に自分の資産300億ドルの大半を提供した。

38) アブラハム・マズローによるニーズの階級性が含むのは、自己実現、審美性、認知性、尊敬、愛情や帰属性、安全性、そして生理性（原料性）である。ブラゼルトンとグリーンスパンの著作は以下を内容としている。「継続した養育関係；身体の保護、安全や調節；個人差に合わせた経験；発達段階に適した経験のニーズ；制限の設定、構造化、期待のニーズ；安定した支持的な共同体、文化の継続性のニーズ；将来の保障」。Brazelton and Greenspan, *The Irreducible Needs of Children: What Every Child Must Have to Grow, Learn, and Flourish* (Cambridge, Mass.: Perseus, 2000). ［T・ベリー・ブラゼルトン、スタンレー・I・グリーンスパン／倉八順子訳『こころとからだを育む新育児書』明石書店、2004年］

39) Brazelton and Greenspan, *The Irreducible Needs of Children*, p.x.

NGOの参加にもそれほど意義があるように見ていないようである。彼は私的な慈善行為を求めており、また世界銀行、IMF、WHOその他の国際機関に対して、自己が行っているアフリカの疾病、貧困、栄養失調に取り組む促進運動《キャンペーン》にもっと積極的になるよう求めている。彼が非常に頼りにしていることは、いまだに満たされていない国連ミレニアム開発目標の順守を達成することであって、それは先進諸国に国際援助基金をGNPの0.7パーセントに引き上げるよう求めること、それも「気前のよい」欧州諸国に対してはその支出を（現在の約0.4パーセントから）倍にすること、米国にはその支援を（現在の0.2パーセントから）約4倍に増やすことを求める目標を設けることである[40]。かくの如き手の届きそうにない政府援助の増大がなければ、彼は真の変化が起こり得そうにないことを心配している。

それにもかかわらず、市場自体に依存して、変化に対する柔軟な可能性を利用して資本主義の方向性を変えることを目的とする三つの実験がある。これらには三人の想像力に富んだ新進の経済学者による次の実験が含まれている。C・K・プラハラードによる「（消費者）ピラミッドの底辺にある富」を掘り起こし、世界の貧困者を支払いのできる消費者に変える戦略。ムハンマド・ユヌスによる貧困により市場参加を禁じられている貧者に対し、共同社会での市場開

40）OECD（経済開発協力機構）によれば、2004年、米国の対外援助はGNPの約0.17パーセントだったが、その数値は同GNPの0.15パーセントのイタリアについで2番目に低い。たったひと握りの諸国のみがミレニアム開発目標で設定されたベンチマークの同0.7パーセントに合致している。OECDの加盟22カ国のうち、ルクセンブルグ、オランダ、ノルウェー、スウェーデンが、同0.7パーセントを超えており、一方でそのうちの14カ国は同0.4パーセントを下回っている。以下のOECDのウェブを参照。http://www.oecd.org. 完全なデータは以下の“持続可能な発展”に関するウェブサイトを参照。http://www.globalissues.org.

発を刺激する小口融資《マイクロ・ファイナンス》や少額貸付を通じて、女性やその家族を貧困から救い出すアイデア。エルナンド・デ・ソトによる、実質ではなく名目だけで貧者となっている人びとの不可視の財産が開き出されたならば、その人たちの現実にあるが大部分が実用化されていない資産を示す私的経済の非公式、闇市場の要素を合法化することで貧困に対処するという創意に富むアイデア。私がここで簡単に触れるだけのこれら提案の各々は市場自体に依拠することで、グローバルな不平等に市場が対処できないように見えることを矯正し、また資本主義の可能性を利用して世界の貧困を治療しグローバルな不平等を克服する長所をもつものであろう。私が示すように、各々が結局のところ、本書で検討したほかのすべての改善手法と同様に、何らかの形の政府介入に依存することになるが、資本主義が縛られてきた優勢な文化的エートスから解放され、真のニーズに向かうことで、正義と繁栄を受け入れられるシステムに貢献できる場合、それらは資本主義のダイナミズムに気づかせてくれる。

ミシガン大学の経済学者C・K・プラハラードは、『ピラミッドの底辺の富』という自明なタイトルの、人気を博した著作において、自身が共同的に貢献することが重要とされる、資本主義の「成長の機会」として貧困を扱うことにより、「包括的資本主義」と名付ける駆動体《エンジン》に貧困減少という負荷を再度結びつけようとしている。プラハラードは、今日まで「大規模な民間機関が人間生活の80パーセントを占める問題の処理に、ほんのわずかしか関与していない」と認識し、その上で、貧困を「国家の病巣」と定型的に見なすことを否定している。むしろ、彼は「大企業の資源、規模、活動範囲を、ピラミッドの底辺にある問題、1日に2ドル以下で生活する人びとの問題の解決に協力させる」[41]ように如何に動かし得るのかを問うているのだ。

プラハラードの提案の長所は、資本主義がすべての市場のニーズにアプローチするのとまったく同様に、貧困の根絶にアプローチする、資本主義の新しくはないが古典的な定義から始めていることである。これは投資家と製造者が利益を稼げる方法で、市場の需要として表されているニーズに実際的に応える方法を描くことによるのである。ピラミッドの底辺にある極貧層で、そこにあるどうしても要るニーズを幾人かが満たそうとする背後で資本主義を稼働させようとする挑戦をして、その長所に転換するのである。結局のところ、今日の地球上に取り残された、満たされない消費者たちの最大数は、世界の人びとの半数以上に及ぶと捉えることができるが、そのピラミッドの底辺に市場的機会を招くことはできるのであろうか。彼らは必要なものに支払う必要な手段はもたないが、プラハラードはそのニーズに対処できる新たな市場の創造に貧者を参入させようとしている。彼が理解するのは、市場はまだないものの、今からは少数の企業が投資することである。課題は「本質的な開発活動」であることを通じて新しい市場を創造することであり、貧者を潜在的消費者に変えることである。このことは「貧困をすべての人に関係する機会」に変換することであり、政府、NGO、企業、そして貧者自

41）C.K.Prahalad, *The Fortune at the Bottom of the Pyramid: Eradicating Poverty Through Profits* (Upper Saddle River, N.J.: Wharton School Publishing, 2004), pp. xi-xii. The publication of two articles, "The Fortune at the Bottom of the Pyramid" in *Strategy + Business* (January 2002), with Stuart L. Hart, and "Serve the World's Poor, Profitably" in the *Harvard Business Review* (September 2002) with Allen Hammond. これらは、プラハラードにとって事業団体が自身のアイデアをもって変わり、彼の成功につながる切り口となったのである。

身が共同活動に従事することである。プラハラードは貧者が如何に自己を見ているかに焦点を置き、そして会話と自己イメージの変化が彼らの行動の変化につながると信じている。「貧者」と「貧困の緩和」に中心をおいた論説では、低利潤の新たな市場に投資家や製造者を惹きつけることができない。「貧困」は憐みを引き出すだけで、投資を引き出せはしない。ただ一方では、その「協力者」は潜在的顧客なのである。

プラハラードの戦略はその成功のためにつくりださねばならぬ、まさにその変化に直面することを想定しているとして批判され得る。しかし、貧者がその犠牲者たる環境から自力で抜け出し起業家になる方法を知っていたならば、彼らは貧しくはならなかったであろう。しかし同時に真実であることは、文化的エートスというものが我ら自身を省《かえりみ》て確認する方法そのものならば、消費者の要求という言葉を何が何でも必要なものという言葉に代替しようとすることには相違が生じるのである。プラハラードはまた自己の研究をインドとラテン・アメリカ（ペルー、メキシコ、ブラジル、ニカラグア）に限定したことで批判されており、実際これら諸国では、貧困に対する態度がすでに変わりつつあり、開発はすでに十分進んできており、したがって貧困に対する挑戦は、アフリカや中東に比べると問題はまだ少ない方である。プラハラードはまた〔家庭雑貨社〕ユニリーバのインドの子会社ヒンダスタン・リーバ社の業務を引用しているが、インドは恒久的な不平等にもかかわらず、消費部門を活性化し、世界貿易市場で競争相手に先んずることをうまく進めている。実際に今日のインドは、米国のような怠惰な古くからの工業国が競争していかねばならない新しい競争相手の好例としてたびたび引用され（これはブッシュ元大統領の2006年の一般教書のトピックであり、博学なトーマス・フリードマンの永年のテーマでもある）、市場がいまだ反応し切れていない旧来の貧困国の類例として引用されることはまずない。アフリカこそが、いかなる市場修正論にとっても真のテストの場となるはずなのだ。

ムハマド・ユヌスのグラミン銀行は（当時、究極の発展途上の代表的地域であった）バングラデシュで1976年に創業されたが、それは資本主義の自己修正能力を示す第二の事例である[42]。ユヌスは、プラハラードのいうピラミッドの底辺を掘り起こすこととは、貧者に活力を与えて自力更生に立ち上がらせることだとすぐさま解釈した。いうなればそれは、プラハラードが実行できなかったことを行うことであり、貧者にはまずブーツを与えてから、それで自力で歩かせる（更生させる）のである。それには心構えの切り替えだけでは十分ではなかろう。非常に少額の貸付、その多くは50ドルくらいの貸付が人びとに何かを行うに十分な資本を与えることになる。このようなごく僅かな切り替えが重要なのである。発展途上国では、家庭の働き頭とホームレスの浮浪者との間には1カ月分の家賃相当額の差があるかないかの違いがあるのみだということはよく知られている。ユヌスは発展途上国では我が子の必要に応えてやれない貧しい母親と、村全体を貧困から立ち上がらせようとする村の活動家との違いは、数ドルの小口ローンだけであり、この数ドルで母親は（たとえば）籠を作る家内制手工業を起こせるのである。少額クレジットは貧者を自営業者に変え、貧者をグローバル市場の活力ある消費者に変えることができるのである。

ユヌスもまたプラハラードと同様の理解を示したのは、この理論

42）背景については以下を参照。David Bornstein, *The Price of a Dream: The Story of the Grameen Bank and the Idea That Is Helping the Poor to Change Their Lives* (Chicago: University of Chicago Press, 1997).

とエートスにはまだ課題があることだった。したがって、彼のいう最も急進的な革新とは、与信を権利として扱い、銀行にその信用に乗ることを勧め、銀行の業務自体を顧客の投資金貸付の担保とすることであった。貸付とは労働集約化であるため（銀行は出資金が利益を生むものにすることにこだわる）、銀行は高金利で運用し、金利は当初貸付額の50パーセントか60パーセント以上にも上ることが多い。しかし、50ドルの貸し付けが1年後に80ドルになって返済されれば、一家を貧困から抜け出させる真っ当な事業を立ち上げたことになり、貸付人にも借入人にも同様に至極よい商売をしたことになる[43)]。ユヌスは与信を権利と主張したが、彼は同時に融資機関が長期的に経営を維持できるようすべきで、すなわち僅かな少額でも利益を上げねばならないことも理解していた[44)]。これは単なる慈善行為ではなく、慎重な市場投資であり、投資した市場の創造にも役立つものであった。

先導者としてユヌスが業績を上げてから10年後に、小口クレジットは国際援助開発機構の重要なツールとなり、グラミン銀行は利益をなおざりにせずに如何に金融資本を開発に貢献させるかのモデ

43）実際の小口クレジットの問題の一つは、初動期にローンを実行するグラミン銀行の如き機構が、初期リスクを取ることに消極的な大銀行に辛うじて勝るものの、次回もしくは次々回にその借入主がまたローンで現金を欲した場合、同機構はすでに与信を証明しているために大銀行の草刈り場になることだ。

44）故にユヌスが論じるのは、「金利を固定化すると、市場金利は貸主の決める利率よりもむしろ基準金利に左右される。貧困に至ることは売買できぬ修行《ミッション》である。持続可能性に向けて努めることは指向性をもった目標である。可能な限り持続可能性に向けて努めることは、資金的制約のない状態で支援活動を拡大し得る」ことだ。ユヌスもまた、ソーシャル・キャピタルの形成に高い優先度を置き、それが新たな努力によって個人を支えとなるとしている。http://www.grameen-info.org/mcredit/.

ルとなった。2005年はIMF、世界銀行、国連により広く支持された国際マイクロ・クレジット（小口融資）年であった。マイクロ・クレジットの戦略は第三世界全域で利用され、第一世界の内部にある第三世界の飛び地、たとえばロサンゼルスで実験材料にされた。それは市場の論理に基づいてはいるが、市場というものを富者と同等に貧者が責任をもつことに、価値と規範から成る、より大きな世界の一部と想定するのである。

市場資本主義の自己改革と呼び得ることの第三の例は、ペルーの経済学者、自由民主主義研究所（ILD）の会長、エルナンド・デ・ソトが貧困世界の隠れた財産を捕捉する方法を発見し、はっきり見える貧困に対決する提案をして広く注目を集めたことである。マーガレット・サッチャーやミルトン・フリードマンのような市場信奉者、および元国務長官マデレーン・オルブライト、前国連事務総長ハビエル・ペレス・デ・クエヤルのような正義を求める平等主義者は同様に、所有権のない資産に所有権を与えて、「眠っている資本」を実体経済にもち込み、資産を所有している貧者をその経済の主役として権限を与えるというデ・ソトの努力を歓迎した。

デ・ソトの洞察力は、大半のグローバルな所有権法体系の適用外たる現実を乗り越えられ、それで持てる人がそれを使うことができ、それに投資することができ、またそれを担保に金を借りることができる、すなわち法的意味で所有することができるならば、貧困として認められていたものの大半が世界中の多くの場所で消え失せるだろうとの認識に基づいていた。貧困に同情的な批評家が言うように、「貧困国の問題は貯蓄がないことではなく、法的所有権を確定する所有権法体系を欠いていることで、そのために金銭を借りられないことである」[45)]。デ・ソトが為そうとしたことは、（彼の著作のタイトルの如く）「資本主義の謎」を解くことだけではなく、もっと重要なことは、「貧困の謎」を解くことの手助けとなることである。法的所有権をもたない家族が所有している「家に閉じ込められている」潜在的エネルギーと経済的価値が、もし解放されるならば、「一般に公示される生きた資本に変わり得る」。それは「資本が生まれるのは書き留められるからであり、所有権、担保、契約、その他この種の記録簿に示されることであり、資産の最も経済的な、最も社会的に有用な性質をもつのである」[46)]。自宅を資本に変えられるならば、貸付の、あるいは事業資金の担保とすることができる。与信は銀行により外付けで与えられる必要はなく、すでに潜在的経済の担い手の掌中にある隠れた資本の価値を換金することでつくり出せることを意味している。

デ・ソトは著作のサブタイトルで、資本主義が西洋で成功し、その他の地域では失敗していると述べているが、彼の分析は反対の主張を証明する傾向があり、その主張は本書が一貫して述べてきたことと通じるのである。すなわち資本主義はほとんど真のニーズをもっていない人びとに商品を生産している西洋では失敗するようになっているが、少なくともどこかの地域では成功する可能性を秘めており、それによって第一世界の資本主義が自力で維持されると彼は述べている。それによって試みられるのは第三世界の所有権のない資産に所有権を与えることができるか否か、また、それが貧者の真

45）Alan Budd, "A Mystery Solved," *Times Literary Supplement*, December 15, 2000.

46）Hernando de Soto, *The Mystery of Capital: Why Capitalism Triumphs in the West and Fails Everywhere Else* (New York: Basic Books, 2000), p.49.

正なるニーズに応える時、第一世界の資本主義にも報いる必要手段を貧者に与えることができるのか否かということである。

それにもかかわらず、ここに述べた責任ある資本主義と市民的消費主義に関するほかの例すべてについては、隠れた資本を明るみに出すことはまったく経済的な仕事ではなく、政治的かつ法的な仕事であることを示している。それは政治の役目であり、デモクラシー的立法の役目である。事実、新たに明示された資本を搾取と悪用から保護する政治的戦略がなければ、デ・ソトの独創的アイデアは、従前は法の外にあり、彼が8兆ドルに上ると見込む資産をかつての通俗的経済が、公開し、法制化し、捕捉する危険性をもつ。これら新たに法制化された資産は、新たに正当性をもつ、長期的に利用する占有者に取り上げられる危険があり、また、すでに市場にいる有力者、たとえば「合法的」市場の両側に陣取り、そのため新たに発見された財産権を主張することができる独占企業と腐敗した政府官僚により、実質的に強奪されてしまう危険があるものである。

デ・ソトは市場信奉者であるため、彼は「合法的」経済が中立的だと想定する誤謬を犯している。このため彼は「合法化」によって、新たに認められた資産が認められると同時に、市場と法体系の両方を決定できる権力陣営によって、危険にも晒されることを見落としている。19世紀における米国の小作農が耕す土地の所有権を正式なものとすることは、確かに彼らの所有権を担保とすることを許したが、それは同時に、銀行や大企業がその所有権について、農夫が高金利の支払いを怠ったり、不作の犠牲になったりしたときには、取り上げてしまうことをも許したのである。相手方の所有に属さないものは（何世代にもわたり法の適用外で使用していても）、相手方からそれを取り上げることはできない（したがって相手方は次の何世代もの間使用を続けられる）。権利を確保して資産を所有するということは、腐敗し歪められた権力をもつ政治家や市場商人がもち出すことのできるあらゆる言い掛かりにより危険に晒されることになる。抵当買戻権喪失、破産、買戻し、その他の戦略は、隠れた資産が公開され法的所有権が付与される場合、貧者の仕事を一層効果的に食い尽くそうとするものである。このことが理由の一つとなって、合法化の利益を享受できなくなることになっても、時として貧者が法の適用外に自己の資産を隠すことを選択することがあるのだろう。たとえば就労許可のない労働者が非許可のままでいるのは、その所得税を納める必要がないという利益を得られること、あるいは何かしらの不都合、たとえば、その身分を公示することでかえって起こり得る、母国への強制送還の危険を回避できるのが理由の一部にある。

これは法の適用外を主張することでも、資産に所有権を付さずに放置するよう主張することでもない。所有を公示せず、またその権利を付さないままの資本を法制度内に組み込むことに意味があると主張し得るのは、当該法制度が富者に有利に働かない場合のみ、政治制度が富者により支配されない場合のみ、市場が真の平等と非支配的権力により定義されている場合のみ、なのである。貧者は堂々と政治制度を自分のものにし得る時のみ、その隠れた資産を堂々と自分のものにできるのである。デ・ソトの調査では、ラテン・アメリカの最貧国であるハイチにおいて、貧者の隠れた資産の総計は、ハイチがフランスから独立を勝ち取った 1804 年以後に同国に為された外国投資の総計の 150 倍以上に上ることが示されている。エジプトの所有権を付されていない資産は、過去から記録されている直接的外国投資の総計の 55 倍以上にもなる。それでも大規模な政治改革がなく、腐敗も止むことがないため、この巨大な資産の全面的洗い出しは、すでに法の適用外でそういう資産を支配している人に対する利益の方が、資産を私物化しようとする永遠の搾取者に与える利益よりも、少なくなるように思える。人びとは不可視的な経済の中で潜在的資産の合法化により利益を得るためには法制度を信用し、あるいは一層生活を良くするにはその法制度を支配しなければならない。

デ・ソトは素晴らしい革新的な経済学者ではあるが、資本を可視化することで、権力を非可視化してしまった。彼のスキームを実行するには、資本と権力は合法化されると同時に捕捉されなければならない。それは真にデモクラシー的で平等主義的な社会においてのみ実行されよう。前二章にて吟味した市場の革新に関する他の実験のほとんどすべてについて、デ・ソトはデモクラシーの性質、すなわち市場自体では決して保証のできない、また市場の消費面では常に傷つけてきた何ものかに依存しているのだ。

グローバリゼーションのデモクラシー化による市民的精神分裂症の克服

権力は本書で検証した資本主義の自己改革に関するほとんどすべての提案において常に欠けているものである。はるか以前に、国家的市民に真なる権利を与えたデモクラシー化というものは、個人の力を公的なものとし、また責任あるものとした。今やグローバリゼーションは現実の権力と、それを悪用した多くをその国家の政府のほぼ範囲外に追いやってしまっている。問題はグローバルなのだが、デモクラシーは地域内に留まっているのだ。自主規則は執行を必要とし、この規則に付する基準の提示はデモクラシー的審議の役割であるものの、国家主権の枠内のみでは実効性のある解決はあり得ないのであり、それはトーマス・フリードマンが“フラット化する世界”と名付けた相互依存が致命的なほど主権に譲歩させてしまっているためである。子供達を商業的搾取から保護するには、政府に対する規制と監督が求められるが、それは単独の国家内では達成できないことであり、それというのも市場は子供達を保護しないまま放置しようとする国内市場を非情にも求め、ドン底に向かう競争を促すほかないからである。マイクロソフトやグーグルが自然と向かっている消費独占のような事態は、真の民間の競争と公共に対する信頼との両方の名目でなされる実行力旺盛な独占禁止法と政府介入によってのみ防御できるが、信頼を与えるべきグローバルな公共機関はなく、法律規則を制定するグローバルな立法機関もない。

換言すれば、市民的精神分裂症はグローバル的にも地域的にも手当てされる必要があるが、そこには国家に対する忠誠を義務付けられた地域的市民しか見当たらず、そういう市民には自由奔放なグローバルな消費者による激しい欲望を抑制することはできない。タバコやアルコールなど、有害品やドラッグ類が国家的監督による鉄鎖網を非常に簡単に潜り抜けられるのに、どうして効果のある規制などできようか。米国の「石油中毒」の批判者には、ブッシュ前大統領自身と、その彼に対する批判者も同時に含まれていて、なぜなら彼らは米国の港湾の保安を、UAEの如き「外国」政府の支配下にある会社に外部委託するからであり、両者ともに共通の幻想を抱いている。すなわち石油の生産と供給に対する支配、あるいは国家の港湾という重要拠点に対する支配が一つの主権国家によってどこでも現実に実行できるものとされ、その国家が覇権国家であり、またデモクラシー制に基づくのならば、さらにその国家がそれを実行することを明確に選択する場合でさえできる、と思い込んでいるのだ。

おそらくこの教義が最も鮮明となるのはグローバルな不平等、グローバルな権利、グローバルな正義、の問題に対処する場合であろう。すでに述べたユヌス、プラハラード、デ・ソトの革新的計画を採用すること、あるいはグローバル市場にて排出汚染物質を売買すること、ミレニアム開発計画目標2000にて想定された第三世界の債務免除、ウガンダ、サラエボ、スーダンのような大量殺戮の現場から人びとを救出することなどに関係なく、今日の市場改革は超国家的市民と政治的協力を求めているのであり、さらには主権を逸脱し、かつさらなる主権の強要の構えをみせる国々の主権を打ち破る類の国際的執行を求めているのである。

相互依存の世界においては、我らが再確保しようとしている主権は、もはやデモクラシー制国家の意思装置としては効果をもたない。市民は国家の隷従者のままであり、消費者は地球の放浪者である。デモクラシーは地域主義的であり、市場は世界主義的である。市場がグローバル化されることにより、消費者はコスモポリタンという新たなブランドを付けて、国家独立を呼び掛けるサイレンにも、デモクラシーによる治療の訴え掛けにも耳を貸さなくなっている。買い物に依存している資本主義は我らを子供に変換するのみでなく、「グローバル」な子供に変換するのである。心理学者、アレン・D・カンナーの叡智に富む言辞には、「経済的グローバリゼーションの隆盛に伴い、幼児期の商業化は世界的現象となっており、そのために子供を標的とするものを含め、シャレた販促キャンペーンが世界の隅々にまで行き渡っている」[47]とある。

我ら「子供のような大人《キッザルト》」には世界中にたくさんの仲間がいる。中国には14歳以下の子供が3億人もおり、インドには3.5億人近くの子供がいて、潜在的な「ジッピー族」と呼ばれる活動的な若者

47) Allen D. Kanner, "Globalization and the Commercialization of Childhood," *Tikkun*, vol. 20, no. 5 (2005), p.49.

たちが永遠の消費主義に雪崩《なだれ》込もうとしている。中東やアフリカを含む世界の大多数の国々では、その人口の半数以上が16歳以下である。これら子供たちは三つの運命に面する可能性をもっていて、その内の一つだけが自由や幸福を約束するに過ぎない。まず貧困により奴隷化され、飢餓に晒され、あるいは殺されてしまう所にいる子供兵士、子供性奴隷、子供犠牲者の残酷な人生がある[48]。それよりはずっとマシだが、最後には一面的で、満たされない、自由のない人生となる、幼児化された買い物客として[49]、世界で育ちゆく消費者としての人生がある。そして最後に、グローバルな市民社会とデモクラシーの市民として権利を与えられた自治権と尊厳をもった人生がある。グローバルな犠牲者、グローバルな買い物客、あるいはグローバルな市民という選択肢のうちの第三のそれは、与えられる権限がますます縮減される主権国家の内部にデモクラシーが閉じ

48）以下を参照。Peter W. Singer, *Children at War* (New York: Pantheon, 2005).［P・W・シンガー／小林由香利訳『子ども兵の戦争』日本放送出版協会、2006年］子供兵士は、かつては珍奇であったものの、今やシンガーが示すように、アフリカや東南アジアの大部分では普遍的である。高校卒業したての若者を引き抜き軍隊に入れる米国軍の活動でさえ、彼らが兵役を果たすことはそれと同時に、彼らが将来的に消費者になれるよう経歴や収入を手に入れることを事実上約束するのである。

49）新千年紀初頭、インドには子供向けのテレビ・チャンネルは「カートゥーン・ネットワーク」一つしかなかった。今日ではその数は9ないし10にものぼり、ニコルデオン、ディズニー、ソニー、そしてターナーといったグローバル企業がよりそのマーケット・シェアを拡大すべくインドに押し掛けている。マクドナルドのような世界的ブランドは、フランチャイズを介すのみならず、さまざまなブランドとの連携を介して世界中に拡張している。たとえば〔R&B音楽グループ〕デスティニーズ・チャイルドをマクドナルドは後援するが、同グループは2005年のワールド・ツアーで、英国、フランス、ドイツ、スペインのみならず、日本、オーストラリア、ブラジルをも訪問したのである。

込められていくために、非常に縁遠きものとなる。

グローバル市場にある無政府状態と不法な権力は、グローバル・デモクラシーの合法性と権力によってのみ制御することができる。かつての国民国家の時代に、トマス・ジェファーソン（そして彼の後代のジョン・デューイ）は「デモクラシーの病の薬は、デモクラシーを強化することだ」と強調した。今日、国家の“内部”に潜むデモクラシーの病に対する薬は、諸国の“間”にあるデモクラシーを強化することである。それは、相互依存という冷酷な現実によりデモクラシー諸国から取り上げられた主権の残余分を守ろうとして、諸国の“間”にあるデモクラシーに対して最も声を上げる敵とならねばならないという逆説となるのであり、それはかつての米国建国時、諸州の主権の支持者たちが、一層効果的な国家連合をつくろうとした連邦主義《フェデラリスト》の敵になったとのとまさに同じなのである。この逆説は、デモクラシー国家の意思の行使について、主権を通じることとすることで、権力を蓄えた超主権の行く手を遮るが、この超主権だけが直接にデモクラシーを、国境を超えて働く市民にその共同の運命を支配する機会を提供できるのである。デモクラシーが市民を解放する場合に限り、市民の力は国境を超えて集積することができるのである。かつてトロツキーが社会民主主義者に対して、一国のみの社会主義はあり得ないと警告したように、今日の現実主義者たちはデモクラシーの国内同志たちに一国だけのデモクラシーがあり得ないことを警告せねばならない。また、いわゆるネオコンの夢が実現して、すべての国で奇跡的にデモクラシーが実行される一つの世界を実現することもできないのであって、国家間の関係は規制がなきままで残るのだ。

諸国間あるいは二国間でデモクラシーがなきままでは、主権をもつデモクラシー制国家同士が反目、競争し合い、またグローバル市場では国家としての優位を獲得するために小っぽけな領土を発掘し、またそれを取り込もうとするであろう（現在と同じ）。沿岸警護、エネルギー政策、隠し資産、児童ポルノ、未登録労働者、公衆衛生は、いずれの国でも、一国の国家主権をもつ市民権の裁量のみで統制され、規制されることは決してないのであり、それはまたこれからもないであろう。世界は相互に依存し合っているが、それは主権国家が望んだためではなく、単にその国家の望みを無視して、エコロジーとテクノロジー、資本と労働力の移動、犯罪と病気、テロリズムと戦争の侵犯がまったく簡単に国家の統制を超えてしまったためである。相互依存は嘱望されたものではなく、単なる現実の姿なのである。

しかしながら、個々の国家は何かを成し遂げるのと同時に、それを阻害する存在としても、依然として重要な役割を演ずるままでいる。この国々は依然として国際主義を挫折させ得るのであり、米国政府が地球温暖化防止のための京都議定書への批准を拒否したように、超国家的デモクラシー機関の発展を阻害することもできる。この事実は 1990 年代に開発された「二酸化炭素排出権取引《カーボン・トレード》」なる有望なる市場概念（グローバル市場で国際的に決定された割り当ての中で各国が「排出権」の権利を売買する）を挫折させたことに表されるが、それにもかかわらず今日の欧州という地域単位では、このトレードが部分的には実行に移されている。また、インドが核拡散防止条約に対する加盟を拒否したが、ごく最近は同国は米国と歩調を合わせて行動している。しかし、たとえ環境保護議定書がすべての国家により署名されても肝心の効力がなければ効果は上がらないのであり、そうした問題はある国家でその領土を適用外とするとか、その領土に実効力が及ぶことを拒否するといった決定を各国家に委ねているためである（このジレンマは核拡散防止条約のみならず、国際刑事裁判や地雷禁止条約にも及ぶ)。遥か昔、トマス・ホッブスが著したように、剣を欠いた約定は人びとの安全を守るにはまったく役に立たない。非服従者、ただ乗り者《フリー・ライダー》、その他の無法者は、強力な法執行を欠いた環境でやりたい放題できる限りにおいては、他人だけがそれを守ることを期待して、喜び勇んでその約定に署名するのが常である。

市場は利益のみで動くのであり、市場の契約は守らねばならない時のみ守られる。契約の履行とは、その不履行による被害額が上昇し、同時にその履行の方が被契約者の利益になる事態の出現にのみ委ねられている。このことは有効な執行手段がある時にのみ効力があることを示している。市場と市場独占者により行使される力が超国家的であり、デモクラシーが各国内に留まるままのグローバルな相互依存世界においては、市民的精神分裂症に対しても、それは社会の不正義に対してもその治療薬になり得ない。たとえば、貧困は最終的には政治の問題であり、その軽減はデモクラシーの力を展開せずには起こり得ない。しかし飢餓と疫病は、地震や津波と同様に国境を越えて起こるので、効き目のあるデモクラシーの薬は、個々の国家の国境を次々と跨《また》ぎ、また乗り越えて追い駆けねばならないのである。

アマルティア・センは「政治的自由と、経済的ニーズに対する理解や充足との間には、広範にわたる相互関連性がある」[50] と提起している。つまり、「貧者が市民的かつ政治的権利を気に掛けること」についてはこうした権利の達成が発展の成功に重要なカギを握って

50) Amartya Sen, *Development as Freedom* (New York: Alfred A. Knopf.1999), p.147.［アマルティア・セン／石塚雅彦訳『自由と経済開発』日本経済新聞社、2000 年］。

いることの証拠があるとする[51]。その証拠としてセンは、「デモクラシー制政体と相対的に自由な報道機関をもつあらゆる独立国では深刻な飢餓が起こった例《ため》しがない」[52] ことを挙げ、疑い深き人びとに注意喚起している。しかし、グローバルな統治能力を欠いているのに、どうしてグローバルな環境問題にこの公式を適用できようか。デモクラシーがまず先にもたらされて、それから正義と権利の実現がこれに続かねばならないが、究極的にはグローバル・デモクラシーが成立すればそれのみで事足りる。同様にして幼稚化はデモクラシーのみにしか屈服しないが、国境や消費者を凌駕できるグローバル・デモクラシーこそがあれば、グローバルな文化的エートスと同様に、幼稚化も克服され得るのである。

遠き昔、ジャン・ジャック・ルソーは「我らを人間として不幸にするものは人間および市民の間にある、我らの立場と欲望、我らの義務と性向、それに我らの資質と社会制度、のそれぞれの双方間にある矛盾である。市民というものは人間を孤立させるものの、その人間には出来る限りの幸福が与えられることだろう。その人間を完全に国家の手に渡してしまうか、もしくは完全に自己の思うままにさせてみよ。しかし、それは人間の心を分裂させ、バラバラにしてしまうことだろう」[53] と述べた。しかしながら、人びとは地元国家にも、地元市場のどちらにも排他的に帰属することはあり得ず、それは人間の行動を決定する領域がグローバルなためである。何ら曇りなきような幸福は、諸国家やブランドが許容する以上に広範囲に

51）Ibid., p.151.
52）Ibid., p.152.
53）Jean-Jacques Rousseau, *Fragments politiques* (Paris: Gallimard, 1964), vol.2, p.510.

わたるアイデンティティであるように見える。幼稚エートスは、消費者対市民、一方の国家対他方の国家のように、我らを分裂させるのであり、そのアイデンティティを紡ぎ出すはずの現実の状況は、デモクラシーやそれに組み込まれた規範を導くことなどないグローバルな市場なのである。

地球規模による富や共同財産をもってしても、経済的繁栄と市場的起業家精神とは、社会の多様性と人間の目標に貢献することはできなかった。文化妨害者は反乱者としての見栄えを整えるものの、彼らは市民とはなり得ず、かつては意義のあった主権と結びつく唯一の権力めいたものは国家の方にではなく、支配を強める市場内で闘争に勝った者の方に行ってしまう。すなわちロシア国民にではなく〔ガス会社〕ガスポールに、英国民にではなくルパート・マードックのニューズ・コーポレーションに、インド国民にではなく〔ITコンサルタント〕インフォシス・テクノロジーに、米国民にではなくモービル、マイクロソフト、ABC／ディズニーに行くのである。ルソーは我らが自己を完全に、自然人か市民かのいずれか一方として見るよう提起した。しかし、実際にはいくらロビンソン・クルーソーやルソーその人自身の如き世捨て人でも、今日の相互依存の現代世界どころか、18世紀に現実となっていた複雑な相互依存社会では独りで暮らすことができなかったことだろう。いまだ存在しない全地球規模での市民共同社会が求められるものの、市民権はそのような社会のアイデンティティの避難所にはなり得ないのである。

確かに、消費主義に根差しているブランドのアイデンティティは地球全体を取り巻き、そして消費者、なかんずく子供の消費者を真っ先に、ただ独りの世界の放浪者として扱うのであり、これによる孤独なアナーキストたちは何処ででも自由に買い物ができるのである。ただし、彼らは市民として何処かに安住することはできない。

ナイキは世界中を駆けずり回ってオリンピックを制覇しているのであって、ドイツ人、フィンランド人、ロシア人、日本人がそこでメダルを「獲得」しても、今日、ほとんどすべての運動選手がナイキのスウッシュを身につけていることからすれば、そこに内在するグローバルな現実からはただ隔世遺伝的に絶縁されていることだけが証明されるのだ[54)]。宗教のアイデンティティもまたそこに大きく立ちはだかってはいるが、諸国の国境を越えて、諸国を争いある各宗派に分裂させているも同然である。宗教はイラクをまとめるには大きすぎ、はたまた小さすぎるが、常に市民教や市民のアイデンティティには打ち勝っているのだ。

しかし、市場のアイデンティティが世界的であり、宗教のアイデンティティがグローバルな拡張を熱望する場合でも、市民のアイデンティティは小さく地域的なままでいる。市民権にはたとえそれが民間市場において支配力を回復できる場合でさえ、市民権自体の間に深い非通約性があり、またこれがグローバリゼーションの現実なのである。したがって、今日のデモクラシーに対する課題は諸国の内部ではなく、諸国の間でデモクラシーをグローバル化する方法を発見することにあるのである。それはデモクラシーをグローバル化することを意味する、究極の難問である。

見通しはあまり芳《かんば》しくない。NGOの如き民間機関や、IMF、WTO、国連の如き国際機関を問わず、現在存在する機構は利用さ

54) ナイキは、多くの押し付けがましいオリンピック後援企業の一つである。ジェンキンスが述べるに「ここ（2006年トリノ冬季五輪）に競技者は2500人いる。そしてビザ、コーク・コーラ、マクドナルドといったオリンピック後援企業の上位11社は、その後援権ごとに5000万ドルを支払っている」。Sally Jenkins, "A Fiat Caveat: Don't Urbanize the Olimpics," *Washington Post*, February 27, 2006.

れ得るものの、これらは一義的には決して真の超国家機関ではなく、主権のある国民国家制度によりつくり出された機構であり、また決して市民的でもデモクラシー的でもなく、利益を追い求めるエリートによりつくられた機構である[55]。グローバルな市民社会は広範かつ熱心に討議されてきてはいるが、相対的に弱い「『政府機関とまったく異なった』、多くの違いはあるが相互に関連のある社会経済生活形態の間にある、非暴力的で、権力の分割共有が法的に認可された合意」[56]と一般に定義されている。しかしこの権力の切り離しは、グローバル市民社会が、不法な暴力（スーダンで現在発生している大量殺戮の戦争など）を封じ込めるのに合法な権力を使用することも、何らかの形で蓄積しているグローバルな支配権の圧力を無政府状態の市場に掛けることもできない。集積した支配権と真の超国家的な法的かつ政治的権力をもったグローバルな統治は、他面、よく言えて純粋なロマンある理想をもち、環境保護的で、（ラッシュ・リンボーが名付けたように）一つの世界主義的であり、悪く言え

55) デヴィッド・チャンドラーは、グローバル市民社会を批判して自らが「想像上の概念」と呼ぶものに迫り、それがメアリー・カルドー、デイヴィッド・ヘルド、その他グローバル市民社会に対する熱烈な主導者たちが記述する、国際的ガバナンスによる規範的権益に対してよりも、国家権力、突出した経済的権益に対して、より追随していくものと論じている。David Chandler, *Constructing Global Civil Society: Morality and Power in International Relations* (Basingstoke, U.K.: Palgrave Macmillan, 2004). この問題に関するアカデミックな論議を継続させていくことが有望視されているのは、英国タイン川上流のニューキャッスルに本部を置く、新たな雑誌『グローバリゼーションズ』である。

56) ここに強調される『政府機関とまったく異なった』点について追記すると、これは以下の政治学者による定義である。Anne-Marie Slaughter, *A New World Order* (Princeton, N.J.: Princeton University Press, 2004), p.18. また以下の熱の込もった主張も参照。John Keane, *Global Civil Society?* (Cambridge: Cambridge University Press, 2003).

ば、米国（あるいはイラン、中国、フランス）の誇る国家主権を転覆させようとする反逆を意図するコスモポリタンによる急進的陰謀であると見られ続けている。

国連事務総長職には自律的でグローバルな影響力保持が嘱望されていても、総長自身は、主権国家により構成された機関として設立され、またそうであり続けている国連に報告しなければならない。その決定機関たる総会は諸国家で形成される議会であり、決して世界の立法機関ではないし、その安全保障理事会は現在の超大国の権力をより強化、増大するのみにとどまっている。同様にして、IMFやWTOの如き国際金融インフラの一部たる機関もまた諸国家を代表し、グローバルな共同の価値を代表するものではない。実際に、これらは市場経済における強国の立場を過分に代表しており、それ故に政府に対する民間市場企業の影響力を時には削ぐどころかむしろ助長しているようにも見受けられる。企業と銀行は実際に二重の面で儲けている。すなわら、彼らは民間市場が政治を押さえつけている“国家の内部”で影響力を用いて、デモクラシーによる監督の牙を抜いている。“その上”、彼らはその役割を“グロ－バル”にも行使して、世界における唯一の国際的プレイヤーとして専ら彼らの利益のためだけにグローバルな金融資本投資を利用できるのである。彼らはグローバルに、IMF、WTO（彼らはその影響力を行使できるG8の政府によりこれら機関を支配している）の如き国際金融機関を通じて、他の貧困国が福祉を優先することから逸れて、窮余の策として投資を求めるよう働き掛けることができる。開発の名目で提供された投資資本は、それを受け取る政府が支出と社会投資を削減することを「条件」としている。市場経済は国内と海外の飽くなき消費主義に向けた民間資本の支配を強化している。

欠けているものは、グローバル市場の趨勢に抵抗するであろう超国家的市民である。欠けているものは、この市民の基盤となる真に超国家的市民の実在である。この欠如は、デモクラシー的な市民制度を構築しようと願う誰もが直面する合意のパラドクスにより、一層困難なものにされている。宗教および文化のアイデンティティは地域市民のアイデンティティよりも、昔から「より厚みがある」ものであり、時にはより大きな排他性を表してでも、より強い感情、血縁関係、合意を与えるのである。市民権をグローバルにする場合、それは明らかに薄弱なものとなり、そのアイデンティティに対する寄与もさらに乏しくなる。「グローバル市民」の支持者とワッハーブ派のジハード的熱烈な戦士とを比較してみよう。〔デモクラシー的な市民運動〕「コモン・コーズ」の支持者は北アイルランドの熱狂的なプロテスタントと張り合えるだろうか。市民のアイデンティティが地域的で、長きにわたる市民的伝統、それに市民的宗教がもつ愛国的虚飾（たとえば独立宣言、憲法、ゲティスバーグ宣言、奴隷解放宣言、マーティン・キング・ルーサーの「私には夢がある」のスピーチ）に埋め込まれている場合、市民を結ぶ一種の社会的な接着剤に似たものぐらいは提供し始めることができる。同じことは水増しされたグローバルな形式でできるのだろうか。ある社会哲学者やグローバル市民の専門家たちは市民的職務なる構想をグローバルな範囲で促進しようと試みている。これは単に賢明なる関心以上の何ものかを産み出す見方であり、哲学者ヴァージニア・ヘルドがグローバルな“ケアの倫理”と呼んだものである[57)]。グローバルなメディアの報

57)「ケアの倫理は、個人的およびより広い社会のレベルで必要とされる、関心や相互責任を構築」し、グローバル市場に対する構想を支配し、社会に対して権威主義的なホッブズ的見方を緩和するフェミニスト的関心につながり得るものである。(Virginia Held, *The Ethics of Care: Personal, Political, and Global* [Oxford: Oxford University Press, 2006], p.28).

道は我らに共感を与え、今日、〔スーダン西部〕ダルフールの大量殺戮の犠牲者やリビアの虐待されている子供兵士、さらにはインドネシアの津波の被害者に対して、市民としての同情を示すことはいつの世にも増して容易になっている。

文化的アイデンティティや伝統的愛国主義から生起するいわゆる社会資本《ソーシャル・キャピタル》は、（ロバート・パットナムによる区分を用いれば）通例は他人を排除することで人びとを結束させる「結合型」の資本を指すが、国境を越えた市民の共同作業や市民の自発的活動により産み出され、市民の職務と合体した種類の社会資本が人びとを一緒にさせる「架橋型」の資本もある[58)]。架橋型の資本は、グローバルなテレコミュニケーションによって一層容易に作り出されるようになり、グローバルな“ケアの倫理”として登場する。しかし、その実効性を上げるために、グローバルな市民権にはアンソニー・アピアーが「不完全なコスモポリタン主義」と哀れみをもって呼んだもの、すなわち、「血縁関係と共同社会の不公平性」[59)]に基づいた人間共同社会に対する忠誠に似たものが必要である。市民に対する簡潔な言い回しとして、多くの人が新語たる「グローバル市民」を用いてきているが、それは近隣地区より始まるものの、市民的多様性と文化的相違性を含む広大な範囲をその中に取り込むべく螺旋状に広がっていくアイデンティティなのである。グローバル市民はほかのアイデンティティに対しての市民の優先性を主張しているが、それはまさ

58）以下参照。Robert D. Putnam, *Bowling Alone: The Collapse and Revival of American Community* (New York: Simon & Schuster, 2000), chapter 20.［ロバート・D・パットナム／柴内康文訳『孤独なボウリング――米国コミュニティの崩壊と再生』柏書房、2006年］。

59）Kwame Anthony Appiah, *Cosmopolitanism: Ethics in a World of Strangers* (New York: W. W. Norton, 2006), p.xviii.

に市民のアイデンティティが他のアイデンティティを促進し、また保護するものであり、一方で、他の一層分厚いアイデンティティは多様性を邪魔し、また競合するアイデンティティを抑圧するものであることに基づいている。

すでに述べた如く、デモクラシーによる公共的な権威、すなわち抑圧を超越する独占に向かう公共の権利は、多くの価値をもつ、多元的な市場秩序が確立され、また強化されることを実際に許可するのである。したがって、公共の独占は民間の多元的共存を強化するのに必要な条件である。自由で競争的な市場において発見されるであろう類の民間の権限は、理論的には多様性にとって決定的なものだが、実際面においては現実の多様性を抑制する傾向がある。米国の市民宗教は、単一の市民的職務に基づく単一の市民アイデンティティを提供し、多くの異なった人びと、文化、国家、宗教に米国を本拠にすることを許している。単一文化（単一宗教、単一民族）の世界は他方で、文化、宗教、民族の大きな違いには耐えられない。

このことは多分、米国の市民宗教の傘下にある米国の多文化主義が非常に成功してきた一方、フランス、オランダ、ドイツの多文化主義が、善意に満ちているにもかかわらず、移民と本国出生の人を単一の市民的職務にともに引き入れる強制的な市民宗教がないために、非常に問題があることの一つの理由である。「自由市場」（デモクラシー的統制からの自由）は市民的自由と争い、デモクラシーと自由を全体的に危うくする方法で市民権と市民的職務を軽く扱い、ビジネスと民族的宗教の双方を生来的に独占し、その支配のための独占形態《トラスト》を規制しないままにすることを許しているのはまさに皮肉である。その一方、主権をもつデモクラシー制国家による権力に対する公共の独占は、自由と多様性の真の保証人である。このことはジョン・スチュアート・ミルが比類稀なエッセイ『自由論』の導入部に、ウィルヘルム・フォン・フンボルトの熱烈な宣言「この拙文で示す、すべての主張が直接に収斂していく最大かつ最高の原則は、多様性を最大限にして人間を成長させることが、絶対かつ不可欠な重要性をもつことである」[60] を用いた理由である。ミルが理解したように、リベラリズムとは無数の些細な選択に関する自由にではなく、人間の条件の多元的共存と人間的成長の開放に関するただ一種類の自由に注目しているのである。これはデモクラシーが条件としている自由であり、それにとって幼稚エートスは邪魔なのである。

しかしながら、市場がグローバルになり、デモクラシーが依然国内にとどまっているこのときに、国家社会内のデモクラシーの力が国境を越えて協力し合うことは非常に困難である。リベラルな多様性は、グローバルな背景のもとでは、公共の自由も市民の多元的共存もまったくないため、見えないままである。市民は理論上では共同を望むであろうが、制度構成上の地域性により抑えつけられることを知るようになろう。グローバルな生産者とグローバルな消費者は友達であり盟友であって、この〔世界経済フォーラムが開催される〕ダボス（スイス）の申し子たちは自由貿易、規制されていないアクセス、資本の自由な流動、そして、いわゆる“条件付き”で投資している国家に対して彼らの基準を課す権利に、大きく投資している。投資者、生産者、販売者、買い主は民営化とブランド付けに対し、また国境を超えて協力させ得る幼稚化のエートスに対しての堅い約束を共有している。

他方、市民は競争相手や敵対者という同じ国境をもつ人びとと互

60）ミル『自由論』の扉面には以下の著作が引用されている。Karl Wilhelm von Humboldt, *The Sphere and Duties of Government*, translated into English in 1854.

いに対峙し、民間市場もグローバルな公益も共有しない、競争の渦中にある国家経済を代表している。市民は相互依存による悪意ある支配と、規制なき市場による略奪の影響から自分たちを守ってくれるであろう壁の存在をいまだに想定している。ベルリンの壁の崩壊とそれに伴う鉄のカーテンの崩落からわずか15年後に、その崩落を祝った多くのデモクラシー下の人びとが新しい防壁、防波堤を築くのに忙しく、その防壁はグローバルな無政府状態と市場の不正義との進展を邪魔し、またその主権を守ることを意味するものの、それは長期的にはいずれにせよ良き結果をもたらさない。不法移民やテロリストの暴徒を排除する現実の壁のみならず、政府が助成金を拠出することによる貿易障壁やメディアが煽る偏見の壁もまた存在する。保護貿易の障壁を越えて、フランスの農民はニジェールの農民と敵対しているが、フランスの農業補助金はニジェールの農業との競争力については、自国内での外国産品との競争力をも衰退させているのである。これらの障壁を越えて、米国産業が暗黙の内に招来している移民労働者を、テロの恐怖に囚《とら》われた米国人は、睨み付けている。これらの固められた境界を越えて、ドイツの鉄鋼労働者はインドの鉄鋼労働者と敵対しており、一方の市場での勝利は他の一方の市場での敗北となり、トルコの移民労働者たちはその狭間に立たされた。これらの障壁を越えて、常に恐れおののくイスラエル人は絶体絶命の窮地にいるパレスチナ人と膠着状態で対峙しているが、これはそのいずれにも長期的安全をもたらすものではない。

しかしその代替となるものの存在は、恒久的な主権国家がせめぎ合う世界の中では、不確実である。人びとはお互いのグローバルな資質を信用してはいない。グローバルな意味での安全基準や少年労働の禁止、あるいは環境保全の如き、先進諸国によりその「共通」によって進められた良きことは、（基準がすでにある）先進国の利益に味方し、それに適うものになってしまっている。それら良きことは、発展途上国の利益に損害を与える方法で保護されているのであってその発展途上国が先進国に対する競争上の強みを失うために新基準を受け入れられないわけではないのである。西洋側は、今日の先進国が自身のかつての急速な発展を成し遂げた手段であった放埒、環境破壊、児童放置といった手法を発展途上国に止めるよう偽善的に求めている。あたかも、今日の発展途上諸国が、先進国のかつての悪行の対価を全面的に支払わねばならないようでもある。これらの信用ならぬ力の中では、容易に入手できる公共福祉はあり得ぬし、またグローバルな共通利益がお互いを警戒し、また同様に労働者、農民を一層の危機に陥れる自由市場を恐れることも、地域的デモクラシーの共通基盤としてあり得ぬわけでもないのである[61)]。

グローバリゼーションをデモクラシー化することはその団円を完全にすることになる。それは市民的精神分裂症を克服することで、資本主義を再活性化し、市民と消費者の間の均衡を回復することになる。それは今や世界中で差し出されている大衆の手にとっておきの切り札を返し、大人の声に力を再注入して文化の幼稚化による国際的影響に強く抗議することである。ジョン・アップダイクの小説『クーデタ』では、〔主人公〕エレルーという名のアフリカ人は、「米国にいる大人の男は機能障害の少年と思っていた」と述べている。消費者はどこにいても機能障害の人間にされ、幼年者に変えら

61）2005 年の欧州憲法が挫折した状況、進歩主義者間の欧米諸国での議論を精緻に検証したものについては以下を参照。Benjamin R. Berbar, "Dreamers Without Borders," *The American Prospect*, August 2005, pp. 39-42. 私が主宰する新規組織、パラダイム計画とも称される「CivWorld」は、国境を越えて協力を促す手法を探し、国際主義者たちにグローバルな思考をもたらすことを意図している。http://www.civworld.org.

れ、成長することを阻む幼児化の文化にしっかり捕捉されてしまう。市民的職務は少年少女を説得して成熟させ、そして市民にすることにある。それは、イマヌエル・カントの概念では「人が自らが招いた未成年状態から抜け出ることである」と定義される啓蒙の文化に共鳴する。それは協同するための規範と、「ケアの倫理」を指し示しているが、それは「個人の権利や個人の選択ではなく、人間の間の関係が第一の焦点となっていて」、この関係は市場を広げることも、制限することも可能であり、グローバルな市民社会に情報を与え、強化することを示唆している[62)]。市民的職務という構想は、新しいテクノロジーに基づく共同体を含む、伝統的な共同体の革新的な形に依拠している。この新しい共同体は幼児化に貢献するいくつかのテクノロジーを反映して、「ソフト・ウェア共同体」、「ライセンス共同体」、「オープン・アクセス共同体」、「デジタル保管、制度共同体」、「題材共同体」などとして、織物から音楽、農業、最高裁の論争に至るまでの範囲のデモクラシーの改定版となるものであり、このような共同体をつくることは「決して容易なものではなく、また金のかからないものでもない」[63)]。

共同体の育成は大人の仕事であるというのが私の主張であった。しかしながら、カントが200年前に述べた未成年状態は今日では単に自らが招いた以上のものになっている。それは成熟を阻み公共福祉の邪魔をする外部文化の力により煽動され、また強化されている。

---

62) Held, *The Ethics of Care*, p.119.

63) Nancy Kranich, “The Informatin Commons: A Public Policy Report,” Free Expression Policy Project, Brennan Center for Justice at NYU School of Law, 2004, p.1. また、以下も参照。John Willinsky, *The Access Principle: The Case for Open Access to Research and Scholarship* (Cambridge, Mass.: MIT Press, 2006).

これらの力に抵抗することは市民的職務を新たにすることから生まれ出る。市民的職務は社会をして、成人を子供に変えてしまうことなく、また空虚な権限を与える名目で子供を消費主義に引きずり込むことなく、世界中の子供のもつ「単純化されることなきニーズ」に寛く応えられようにすることである。市民的職務とは幾世代にわたりウェンディとピーター・パンとの間に繰り返される昔からの争いにおいて、ウェンディの役を務めることである。それは子供の真の悦びを認め、暴力や搾取のある大人の世界の重圧から保護することによって、子供が子供らしさを取り戻すことを助けるのである。それは、子供たちから人形やブロックや玩具の自動車を取り上げ、彼らを携帯電話やビデオゲームやその支払いに充てるクレジットカードに引きずり込み、それらと交換可能な「権限を付与すること」を拒否することである。それは、子供を両親やその他の番人から「解放し」、商売上の危機を乗り越えるために子供を商店街へと導く、市場に狂った笛吹き商人の手に子供を引き渡すことを拒否することである。子供は金を使うのではなく遊ぶべきであり、（テレビを）見るのではなく行動すべきであり、買い物するのではなく勉強すべきである。資本主義が可能な範囲においては、資本主義は子供の境界線を守り、両親と市民による守護を保全するのに手を貸すべきである。さもなくば、資本主義は立ち去るべきである。すべてのモノが儲ける必要はなく、すべての人が買い物客になる必要はない。とりわけ常にそうであるべき必要などないのである。

＊　　　＊

我らは資本主義が疑いようのない勝利を収めた時代に生きている。しかしデモクラシーや多様性を生き永らえさせるには、資本主義はその勝利の度合いを低く見積もる必要があり、市民は自らの職務についてグローバル的にも、また一国家内的にも再考する必要がある。

我らは市場の無政府状態と市場の独占度を和らげるためにデモクラシー的主権を必要としている。しかし、国家主権はもはや一国家内だけでは実行不可能である。その最も熱心な支持者が認めているように、逆説的には、資本主義自体がその繁栄のために上記の緩和を求めているのである。しかし、ここで述べた文化のエートスの現実を考えれば、資本主義の強さを和らげ、市民的職務を刷新することは非常に厄介な仕事であり、それがグローバルでも、また一国内でも完遂されなければならないことが、ことを一層厄介にしている。厄介な仕事だが可能な仕事でもあろう。デモクラシーは常に、すでに為した仕事ではなく、将来に向かう発展性のある仕事であり、目的地をすでに見つけた旅ではなく、依然として続いている旅である。市民はまた1650年の英国で（革命後に）独裁制に臣従したことや、あるいは1940年に欧州が全体主義の犠牲になることといった、予測できなかった運命に見舞われることも想定せねばならない。しかし1689年までには英国では議会政治が確立され、1950年代までには過去300年にわたって戦争を繰り返してきた欧州の敵国同士が国家主権を統合し、欧州市民を創始することを学んだ。

今日、本書で検討してきたように超消費主義の下で、市民的職務とは多くの人びとにとっては虚ろな言葉に、グローバル市民にとってはユートピアの夢のように響くであろう。私はその実現に向けての何らかの方程式をもっているわけではない。しかし相互依存の冷酷な現実はそれを必要とし、また長期的には（もし長期的にあり得るならば）それを不可避のものにしている。唯一の問題は、幼稚エートスの犠牲者が願い求め、また消費資本主義の危機によって強制されるグローバルな市民統治の新しい形態を、我らが発見し、創造し、あるいは取り込むことができるか否かということである。さもなくば、我らがまず幼稚性、市場のカオス、報いのない私的自由に対して恐ろしく高額な報酬を支払うことができるか否かである。そうした報酬はすでに支払われているとしても、それは最も支払う余裕のない人によって支払われているのであり、それは子供によって支払われるのであり、それは我らの幼稚症文化に対する愚劣な中毒症状に倣い、また、その中毒症状に力を得たものと思うのである。これが資本主義とその独創性と不断に変化する正当性を証明するエートスの歴史が我らにもたらしてきた重大な点である。しかし、いつものことながら、それは我らがつくってきた歴史でもある。したがって、いつものことながら、資本主義の勝利によるその苛酷だが魅惑的に映る支配の下でさえ、市民の運命は我ら自身の掌中にあるのだ。

謝　辞

本書『消費が社会を滅ぼす?!』の執筆には、私にとっての多くの時間を費やしたばかりではない。大勢の仲間が、かなりの時間や労力を掛けてこの作業を手伝ってくれた。それについて、まず私が感謝を申し上げたいのはゲーリー・スミスで、彼が理事長を務めるベルリン・アメリカン・アカデミーからは、本書執筆のためのベルリン・フェローシップ2001-02による研究助成金を授かった。また、私が執筆に取り掛かっていた4年間、メリーランド大学のジョシュ・ゴールドシュタイン、トム・エリントン、レーン・パダッグスの諸君からは、研究の要所で支援をいただいた。さらに、ラトガース大学およびメリーランド大学での私の同僚たる若手研究者のジョシュ・カラントは関連調査を手伝ってくれたし、彼との対話を通じて私の知的好奇心と研究関心はより研ぎ澄まされたものとなった。そして、私の姪のケイト・バーバーは雑誌社に勤務しているが、子供向けマーケティング機関にとって強みとなる、そのマーケティングおよび広告の特集記事の担当であり、それは私の情報源でもあった。また、ケイトの父は私の兄弟のウィルソン・バーバーで、彼は鋭い視点から、本書の論述の精査と、最終校正をしてくれた。

本書の執筆作業のうち実質的な最後の2年間、パトリック・イングリスは私の第一研究助手として、研究の整理や最終チェックをしてくれたばかりか、本書の構成段階において私の構想を遍く伝えるための助言、あるいはその不備な箇所を指摘してくれた。それも、彼がこの作業を引き受けてた時期には、自分の博士論文を仕上げていたのであり、かつ、私の構想するインターディペンデンス・デイ（相互依存記念日）・プロジェクトについて、あらん限りの誠意を尽くしてくれたのはもちろんのこと、学問上の、そして学者としての使命に燃えて献身的に協力してくれていたことに、なおさら感謝したい。

本書の出版社たるノートン社のアラン・メゾンは、拙著の担当となるのがこれで3冊目である。私の論述の構成や要旨に対して、編集者として適格な意見をくれた。万一、本書に不備があってもそれは彼女が責められるべきではないし、彼女は本書の論理性や連関性について過不足なきよう十分に尽力してくれたことに謝意を表したい。

最後に、本書を書き上げたとき弱冠15歳だった私の末娘コーネリアは、本書の調査に協力してくれたのはもちろんのこと、それまでの彼女の人生で積み重ねた知見をもって、私の依拠する資料の当否についても意見をくれた。また、コーネリアぐらいの年格好や、その買い物のノウハウは、マーケティング業界からすれば格好の標的であるはずなのに、それに彼女が服従するものでもないことに私はある種の希望を見出すのであり、それは彼女が如何なるように買い物をし、そして如何なる買い物に喜びを感じるかを熟知していて、しかもその買い物の短所も弁えたうえで、大勢の同世代の若者とともにこの超消費主義の席巻する社会に抗すべく強固な意志や洞察を有しているからである。彼女には如何にして自分がマーケットに適応させられるのか、また、何故にマーケティングが彼女の求めている自由や尊厳に寄与するよりむしろ、それらを阻害するのかを完全に認識するほどの資質が備わっているのである。よって、彼女は自分の両親や知人たちからはいつも好意をもって迎え入れられるのであり、このような麗々しい心をもった、我らの“ネリー”に対して本書を捧げたく思う。

2007年1月　ニューヨークにて

ベンジャミン・R・バーバー

訳者解説

本書は米国政治学者ベンジャミン・R・バーバー（Benjamin R. Barber）による、*Consumed: How Markets Corrupt Children, Infantilize Adults, and Swallow Citizens Whole*（W.W. Norton, 2007）の全訳である。

バーバーには世界中で評判になった著作『*Jihad vs. McWorld*（ジハード対マックワールド）』（1995年。邦訳は1997年）があり、その政治学者としての盛名はつとに知られている。この『ジハード対マックワールド』は、イスラム原理主義に代表される部族中心主義《トライバリズム》（ジハード）と、ファストフードのマクドナルドに代表されるグローバリズム（マックワールド）との対立を描き出したため、その数年後に勃発した2001年の同時多発テロ「9・11」に象徴される、地域主義とグローバリゼーションとの衝突を予見したものとして注目を集めた。

しかし、バーバーの真意は単に民族主義（ジハード）とグローバリズム（マックワールド）との対立を抽出することにあったのではない。ジハードは人びとを偏狭な狂信者に仕立て、一方のグローバリズムは人びとを単なる消費者に貶めるがため、それぞれがともに人びとを「政治」の世界から遠ざけ、人びとの（政治的人間としての）「市民」たる資質を削いでいることを問題にしたのである。

その彼の思想的根幹を表すのは、政治理論もしくは政治哲学の大家としての古典的主著『*Strong Democracy*（ストロング・デモクラシー）』（1984年。邦訳は2009年）である。この多岐にわたる難解な理論を駆使した本書の邦訳版の訳出は私が担ったが、本書は代議制デモクラシーの脆弱さを批判しつつ、人びとの政治参加を見据えた直接制デモクラシーの実践と、それによる「市民」の創出を論じている。

今回の『*Consumed*（消費が社会を滅ぼす?!）』は、以上のバーバーによる政治理論の系譜を継承、発展させたものと位置づけられるが、米国で多くの評者が本書の明快かつ、説得力に富む論旨に賛辞を送っている。本書の示唆するところは、第一世界（先進諸国）には生活必需品が十分過ぎるほど人びとに行き渡っているものの、消費主義はその進撃を止めるどころか、モノが溢れかえる状況にかえって拍車を掛けていること、つまり、人びとに生活必需品を求める「真のニーズ」がなくとも、奢侈品や嗜好品を次々に繰り出して広告し、それらに対する「偽りのニーズ」による消費欲を掻き立てるよう人びとを幼稚化することに主眼を置いていることにある。第三世界（発展途上諸国）には確実に存在するはずの「真のニーズ」が放って置かれ、過剰生産された商品を捌くための幼稚化した第一世界における私的な「偽りのニーズ」が跋扈し、「真のニーズ」とも架橋するはずの公的な意味合いの「我らのニーズ」が阻害されている。本書はこうした「市民＝消費者」の矛盾を分析し、それを解消したうえでの「市民」による社会創造を論じているのである。

私は政治学者の端くれとして、バーバーと同じく「市民」の創造を探求してきたが、彼とほぼ同様のことを拙著『社会をつくる自由』（ちくま新書、2009年）にて「自由」をキーワードにして論じたことがある。すなわち、気ままに消費する放恣としての「自由」が幅を利かせれば利かせるほど、幼稚化した大人による消費主義が進展するが、一方で「政治」の本義でもある「他者との共同」を担っていく「社会をつくる自由」は大きく後退するのである、と。

そして、バーバーとはおそらく異なるところであろうが、私が研究のみならず実務でも対象とする〈まち〉で必ず求められる「コミュニティ」なるコンセプトを交えた解釈を論じておこう。すなわち、「コミュニティ」という語は多義的だが、共同体（社会）そのものを指す意味合いのほか、その共同体内での人びと同士の人間関係を指す意味合いでよく用いられるように思う。とくに後者の人間関係については、人びとの生活における相互扶助というよりも、生活の相互不干渉を前提とした上での、イベント等を介した表面的な相互交流が持て囃される。私はそれが社会の組成手段として「仲良し」を偏重し、「政治」を貶めた元凶とみて、かねてより批判の対象としてきた（拙著『デモクラシーを〈まちづくり〉から始めよう』など）。

かつては〈まち〉では人びとが生活のために相互扶助し、施設やサービス等を共用するのが当たり前だったのが、経済成長に伴ってそれらはプライベートな領域に取り入れられていった。自宅に風呂や便所が備わるのが当たり前になったのがその好例である。つまり、人びとは「真のニーズ」が充足するにつれて、その次に「他者との共同」という厄介事を排除した利便性を追求していったのである。こうして人びとは幼稚化していき、人間関係においては「他者との共同」という“困難”を忌避するが、それにより進行した生活の個別化ないし孤立化もあって、「コミュニティ＝仲良し」という“安易”な人間関係を求めるため、フェイスブック（SNS）といった消費商品が隆盛するのである。これらの現象は、消費主義が「社会をつくる自由」を退潮させて生じた空白を「コミュニティ＝仲良し」で埋めていく戦略、つまり見ようによっては消費主義本位のマッチポンプとも映るのだ。

バーバーは本書巻頭に収めた「日本語版刊行に寄せて」において、我が国独自の歴史的背景とともに、その資本主義文化における特異性に強い関心を示しているが、それがグローバル化していくことに対しての懸念をも表明している。それは、我が国では米国はじめ他の先進諸国に負けず劣らず人びとが幼稚化し、すべての人びとがサービスを求める一方で、すべての人びとが（政治家として）サービスを奉仕する務め（バーバーのいう“市民的職務”）を果たさぬという、現代デモクラシーの宿痾を色濃く臓している点においてではないだろうか。

バーバー自身の表現を借りれば我らは「市民的精神分裂症」に陥っているのであって、我が国における表面上の為政者は、“私”による消費の増強を目論むだけの陳腐な経済対策を乱発し続けているが、それにより“私”がその一員となるはずの“我ら”による社会は財政赤字を積み重ねているのである。それは本来の為政者たるべき人びと（国民一人ひとり）が消費に背を向けて内面から自己矯正すべきことが問題として控えているのであって、その指針を示している本書には我が国の人びとこそ真摯に耳を傾けるべき箴言が満ちているように思うのである。

なお、バーバーの新著『*If Mayors Ruled The World*』が2013年10月に発表された。同書でバーバーは、国家よりも都市の方が「共同性」が高いのだから、その為政者たる市長が国家のみならず世界を統治すればどうか、という提起をしている。図らずも同書に少し先行して、私が2013年6月に発表した『デモクラシーを〈まちづくり〉から始めよう』（平凡社）では、偶然というにはあまりに符合する同趣旨の意図を盛り込み、〈まち〉の「共同性」を高めることでデモクラシーを再興していくことを主張している。ご興味のある方には彼我の書籍を是非読み比べていただきたく思う。

*　　　　　*

末筆ながら、本書は数年の歳月を掛けて日の目を見ることとなったが、それもバーバーの『ストロング・デモクラシー』の日本語版を刊行するときの担当者だった吉田真也様の御蔭で出版できたことに不思議な御縁を思うとともに、改めてここに感謝を申しあげたい。

竹井　隆人

訳者紹介

竹井隆人（たけい・たかひと）

政治学者。博士（学術）。㈱都市ガバナンス研究所代表。立命館大学政策科学部非常勤講師。
1968年京都市生まれ。東京大学大学院法学政治学研究科修士課程修了（政治専攻）。長らく政府系金融機関にて〈まちづくり〉に関わり、現職の〈まちづくり〉シンクタンクでは、京都を中心に開発事業や町家再生の企画、行政の政策協力等で活動中。また、政治の原点は〈まち〉にあると思い定め、長らく学究活動にも邁進。これまで学習院大学法学部非常勤講師、放送大学教養学部非常勤講師、日本政治学会年報委員等を歴任。単著に『デモクラシーを〈まちづくり〉から始めよう』（平凡社）、『社会をつくる自由』（ちくま新書）、『集合住宅と日本人』（平凡社）、『集合住宅デモクラシー』（世界思想社）。共著に『排除と包摂の政治学』（木鐸社）、『都市と土地利用』（日本評論社）他。訳書にベンジャミン・R・バーバー『ストロング・デモクラシー』（日本経済評論社）、エヴァン・マッケンジー『プライベートピア』（共訳、世界思想社）、エドワード・ブレークリー＆メーリー・スナイダー『ゲーテッド・コミュニティ』（集文社）他。

著者紹介

ベンジャミン・R・バーバー（Benjamin R. Barber）

世界的に高名な米国政治学者。専門は政治理論、デモクラシー理論。現在、ニューヨーク市立大学大学院センター、哲学及び市民社会研究センター上級研究員。市民ネットワーク「インターディペンデンス・ムーヴメント」の設立者かつ理事長。

1939年生まれ。ハーヴァード大学にて政治学博士。ラトガース大学教授、メリーランド大学教授等を歴任後、ラトガース大学名誉教授。グローバルなデモクラシーと市民社会の確立を目指す観点から政治、文化、教育に関心を寄せ、アメリカのみならず世界各国の政治指導者、市民運動に助言を送る一方、専門誌や一般誌に精力的に寄稿し、政治関連のＴＶ番組制作にも携わるほか、小説や脚本も手掛ける。数多ある著書（単著17冊）のうち邦訳されたものに、『ストロング・デモクラシー――新時代のための参加政治』（竹井隆人訳、日本経済評論社）、『〈私たち〉の場所――消費社会から市民社会をとりもどす』（山口晃訳、慶應義塾大学出版会）、『予防戦争という論理――アメリカはなぜテロとの戦いで苦戦するのか』（鈴木主税・浅岡政子訳、阪急コミュニケーションズ）、『ジハード対マックワールド――市民社会の夢は終わったのか』（鈴木主税訳、三田出版会）。最新著に *If Mayors Ruled the World: Dysfunctional Nations, Rising Cities*（Yale University Press, 2013）。

消費が社会を滅ぼす?!

幼稚化する人びとと市民の運命

2015年3月16日　初版第1刷発行

著　者　ベンジャミン・R・バーバー

訳　者　竹　井　隆　人

発行者　吉　田　真　也

発行所　合同会社　吉　田　書　店

102-0072　東京都千代田区飯田橋2-9-6 東西館ビル本館32

TEL：03-6272-9172　FAX：03-6272-9173

http://www.yoshidapublishing.com/

装丁　サンケイデザイン株式会社　　DTP　閏月社

表紙イラスト　前田いずほ　　印刷・製本　シナノ書籍印刷

定価はカバーに表示してあります。

ISBN978-4-905497-24-0